国家科学技术学术著作出版基金资助出版

国家社会科学基金重大项目（项目批准号：17ZDA291）
"情报学学科建设与情报工作未来发展路径研究"
中国科学技术情报学会重点支持工程

新时代情报学与情报工作论丛
苏新宁◎主编　李　纲◎副主编

情报与智库

栗　琳　初景利　等◎著

科学技术文献出版社
SCIENTIFIC AND TECHNICAL DOCUMENTATION PRESS
·北京·

图书在版编目（CIP）数据

情报与智库 / 栗琳等著 . —北京：科学技术文献出版社，2021.9
（新时代情报学与情报工作论丛 / 苏新宁主编）
ISBN 978-7-5189-8170-0

Ⅰ.①情… Ⅱ.①栗… Ⅲ.①情报学—研究 Ⅳ.① G250.2

中国版本图书馆 CIP 数据核字（2021）第 152129 号

情报与智库

| 策划编辑：崔　静 | 责任编辑：王　培 | 责任校对：文　浩 | 责任出版：张志平 |

出　版　者	科学技术文献出版社
地　　　址	北京市复兴路15号　邮编 100038
编　务　部	（010）58882938，58882087（传真）
发　行　部	（010）58882868，58882870（传真）
邮　购　部	（010）58882873
官方网址	www.stdp.com.cn
发　行　者	科学技术文献出版社发行　全国各地新华书店经销
印　刷　者	北京时尚印佳彩色印刷有限公司
版　　　次	2021年9月第1版　2021年9月第1次印刷
开　　　本	787×1092　1/16
字　　　数	323千
印　　　张	19
书　　　号	ISBN 978-7-5189-8170-0
定　　　价	78.00元

版权所有　违法必究

购买本社图书，凡字迹不清、缺页、倒页、脱页者，本社发行部负责调换

《新时代情报学与情报工作论丛》

丛书顾问委员会

黄长著　梁战平　马费成　胡昌平　靖继鹏　赖茂生　王知津　张晓军　戴国强

丛书编委会

主　任　赵志耘　苏新宁

副主任　夏立新　李　纲　孙建军　卢小宾　潘云涛

编　委（按姓氏拼音排序）

毕　强　曹树金　陈　超　初景利　邓三鸿　樊　博　高金虎　黄水清
蒋　颖　冷伏海　李广建　李月琳　栗　琳　陆　伟　马　捷　马海群
沈固朝　王　芳　王东波　王延飞　王曰芬　吴　鹏　吴晨生　许　鑫
杨建林　姚乐野　臧国全　曾建勋　章成志　郑彦宁　周晓英　朱庆华

学术秘书　赵筱媛

《情报与智库》
著者名单
（按姓氏拼音排序）

陈成鑫　初景利　丁炫凯　范　炜　黄瓶开　李　平
栗　琳　卢胜军　栾瑞英　牛海波　孙　敏　汤珊红
唐　超　王传奇　邢　扬　徐　峰　闫志开　张　颖

总　序

　　情报学的发展与情报工作的重点任务紧密相关，不同时期的情报工作重点，引导着情报学研究和情报学学科建设的发展方向。20世纪50—80年代，我国科学技术的发展亟待情报工作能够提供国内外最新的科技发展动态和文献资料，我国情报学研究也起始于探讨科技文献交流规律的情报研究。20世纪90年代，信息爆炸和信息化浪潮的袭来，使得情报工作更加重视信息资源建设和信息服务，情报学研究的重点转向了信息处理、检索与服务及信息资源建设。21世纪以来，随着互联网的普及，情报工作更加重视网络信息资源的构建和服务，并在国家智库建设中开始显现作用。因此，情报学研究开始转向网络信息资源的构建和知识服务的研究，以及如何融入国家战略的情报学研究尝试。可以说，我国情报学研究历经了"文献"情报学、"信息"情报学、"网络信息"情报学等多个发展阶段。今天，我们进入了大数据时代，情报环境的变化、技术发展的推动、国家战略的需求，情报学与情报工作将向何处发展？这是情报工作者和情报学者必须思考的问题。

　　作为一名情报学学者，长期以来我一直关注情报学的发展，迫切感觉到：时代的发展、社会的需求，情报学与情报工作必须与时俱进，需要做出响应，需要顺应转型，需要在新的时代做出更大贡献。因此，2017年年初，我向全国哲学社会科学规划工作办公室提交了国家社会科学基金重大项目"情报学学科、理论、方法及情报工作未来发展研究"选题，在本学科专家学者的支持和关爱下，该选题得以立项招标。我们团队经过对选题的充分讨论，并请教多位情报学前辈、专家，最后确定以"情报学学科建设与情报工作未来发展路径研究"为题申报国家社会科学基金重大项目。有幸再次得到评审专家的垂青，使本申报课题得以成为2017年国家社会科学基金重大项目之一。

课题在申请时，设立了5个子课题，团队成员也只有30余人。但学科专家高度重视该课题的研究，提出了扩充项目研究内容的建议。根据专家们的建议，我们进行了充分的论证，并向全国哲学社会科学规划工作办公室提出了课题变更申请，即从原有的5个子课题扩大到9个子课题，同时也得到了全国哲学社会科学规划工作办公室批准，从而使这项研究从原有的情报学学科建设、情报学教育体系、情报学理论与方法体系、情报工作未来发展、国家安全情报工作发展等5个方面的研究，又拓展到情报与智库的作用与关系、国外情报学与情报工作、情报工作制度建设、中国情报事业发展史等研究领域。课题组也得到了壮大，成员达到了140余人，涉及南京大学、武汉大学、北京大学、中国人民大学、中国科学院大学、南开大学、南京理工大学、南京农业大学、上海交通大学、华东师范大学、军事科学院、国防科技大学、中国人民公安大学、北京市科学技术情报研究所等20多所高校和10余家科研机构。

新时代的到来，新的环境、新的需求、国家战略实施的期待，使得情报学与情报工作迎来了大好的发展机遇，同样也面临许许多多的挑战。为了探讨我国情报学与情报工作的未来发展，2017年10月，中国科学技术情报学会、中国社会科学情报学会在南京大学召开了"首届情报学与情报工作发展论坛"，会议发布了由本课题组执笔撰写的《情报学与情报工作发展南京共识》（简称《南京共识》）。《南京共识》针对新时代国家安全与发展对情报学与情报工作的要求，重点强调了5个重新：重新定位情报学科发展目标，重新认识情报工作的性质和作用，重新设计情报学课程体系，重新认识理论、技术、方法的重要性，重新认识情报能力。《南京共识》为我们开展重大项目的研究指明了方向，也促使我们下定决心出版一套反映新时代情报学与情报工作发展的学术论丛。

为了写好这套学术丛书，课题组进行了反复论证，召开了10余次书稿论证会，并邀请了情报领域前辈、专家到会指导，专家对书稿的题名、大纲、初稿、修订稿等提出了许多建设性意见，保证了书稿内容的全面和完善。本套丛书涵盖了情报学理论、方法和技术，情报学学科建设和培养体系，情报应用方面的情报工作、情报感知、情报与智库、竞争情报，国外的情报学与情报工作发展，情报制度，中国情报事业的发展等，其中多本著作的主题为国内首次出版。整套丛书从新时代、新使命、新任务的角度来阐述情报学与情报工作的新内容，为我国情报学研究、情报学教育、情报工作和情报事业的发展提供了有力指导。

综观全套丛书，每一本都具有自己的创新和特色：

杨建林教授等所著的《情报学学科建设与发展》以哲学的视角阐述了情报学基本原理和基础理论体系，并基于信息范式与情报范式融合的指导思想，构建了情报学学科体系基本框架，并以此探讨了情报学学科知识体系建设与学科功能单位建设的主要内容。这些研究对促进人们更清晰地认识情报学、助力情报学学科良性发展有很大的帮助作用。

王东波教授等所著的《情报学教育和人才培养研究》紧扣大数据和人工智能下"耳目、尖兵、参谋"情报学人才培养的总目标，通过内容分析、调查问卷和文本挖掘的方法，在所掌握的多个维度的第一手数据基础上，首次对新中国成立以来情报学教育体系进行了系统的探析和全面的梳理，并对情报人才培养方案给出了切实可行的建议。

王芳教授等所著的《情报学理论：哲学基础与应用发展》用历史主义的视角对情报学理论流派和研究范式进行了系统梳理，对情报学理论支撑的哲学思想，包括本体论、认识论、方法论、元理论和范式等命题进行了深入探析，首次以哲学视角对情报学的理论研究进行了系统的审视。该书对于情报学的发展和学术研究的深化具有十分重要的意义，将会在情报学教学和实际工作中发挥理论指导作用。

章成志教授等所著的《情报学研究方法与技术体系》综合使用了信息组织、自然语言处理、机器学习等理论与技术，构建了情报学研究方法与技术体系，开发了情报学研究方法知识库与检索系统，并针对特定场景下的情报学体系问题进行探索。该书开创了机器辅助构建学科研究方法体系的先河，提出多层次、细粒度的情报学研究方法与技术体系，推动了人工智能时代的情报学理论研究。

吴晨生、李辉研究员等所著的《新时代我国情报工作的发展》站在我国情报工作发展的时代潮头，以新时代、新机遇为背景，以"转型"和"融合"两大核心问题为主线，着力从情报工作的使命担当、重点任务、情报机构的智库能力提升、国家情报工作体制构建等方面规划勾勒新时代我国情报工作战略转型的总体方向，为我国情报工作未来发展绘制了新的蓝图和大展宏图的愿景。

初景利教授等所著的《国外情报学与情报工作》立足国外情报学与情报工作历史与现实发展，梳理了部分发达国家的情报学与情报工作起源与发展、情报学理论研究、情报工作机制、情报学代表人物、情报学教育等，并以比较的视角审视了中国情报学与情报工作发展对策。全书以宏观的视野展示部分发达国家情报学与情报工作全貌，总结情报学与情报工作发展的主要特点，揭示情报学与情报工作历史变化与发展现状。

王延飞教授和杜元清研究员所著的《情报感知论》是作者在情报实践基础上所进行的情报理论深耕创新之作。作者秉持"解决决策信息不完备问题"的情报宗旨，着眼"早醒远眺"的情报使命，创造性地提出情报感知理论，阐明了通过情报感知、刻画和响应去应对和解决新时期战略性情报研究所面临的不确定性问题，构建了适合中国国情的情报感知理论和方法体系。

栗琳研究员和初景利教授等所著的《情报与智库》在深入研究战略情报理论方法，系统梳理具有中国特色的科技情报工作、智库建设实践基础上，对学界争论多年的情报与智库若干基础问题提出了独到的见解。作者团队来自科技情报和智库领域，其独特的研究经历为该书奠定了理论与实践基础。作为第一本系统论述情报学、智库研究及相关联系的著作，它的出版对于新时代情报学发展具有很大的推动作用。

许鑫教授等所著的《竞争情报分析方法及应用》立足大数据环境，展现了竞争情报在数据采集、组织存储、数据分析等全链条上的方法变化。该书寻数据驱动之门而入，立方法拓展之地而耕，破应用创新之门而出，极大地丰富了竞争情报分析既有的理论与知识体系，既为学界开阔学术视野，也为业界提供更具洞察力、科学性、普适性的竞争情报分析新范式。

马海群教授等所著的《大数据观下的国家情报工作制度研究》针对信息技术所创造的情报工作新场景、新模式和新业态，构建了国家情报工作制度新思维、新理论、新格局，并指出这是新时期我国情报学内涵演变及情报工作路径创新的根本性的核心组织部分，尤其以《中华人民共和国国家情报法》为标志的国家情报政策法律制度，彰显了我国情报工作制度的新图景与新定位。

周晓英教授等所著的《中国情报学历史与发展进程》对20世纪50年代中期情报学（中国科技情报学）诞生以来的中国情报学发展演变历史展开研究，采用先梳理归纳后分析演绎的方法，梳理中国情报学发展过程中的事件，提炼出一般性的概念，分析发展过程和结果，并阐述情报学发展演变过程及其规律。迄今为止，我国尚没有关于中国情报学历史方面的专门著作面世，该书的出版填补了国内该领域的一项空白。

今天，世界正处于百年未有之大变局，这一"变局"为情报学与情报工作带来了前所未有的发展良机。国家安全、经济发展、社会进步需要情报学与情报工作勇于担当，国家战略的实施赋予了情报学与情报工作神圣的使命。情报学与情报工作需要在新的时期有所作为，必须能够在新的时期做到守正与拓展，即守住情报领域，坚持在新环境、新技术、新需求下，对情报学理论、技术和方法的创新，突出情报本质，体现学科的情报话语内涵，展现学科的情报核心话语权，建立以情报为核心的学科话语体系。另外，拓展情报的应用领域，引进先进的理论技术和方法，以完善情报学学科体系。拓展强调两个方面：一是以大情报观构建情报学学科体系，建立适应国家安全与发展战略的大情报学科体系，构成包括科技、经济、医学、环境、生态、能源、社会科学、军事、国防、安全、外交等领域的情报学学科体系，实现各领域情报工作相互融合又各守其职；二是将先进的理念、理论、技术、方法引入情报学研究领域，开展深度的情报学研究，而不是专门研究人工智能、深度学习、人文计算、区块链等。准确地说，是将这些成果更科学合理地应用于情报学领域，拓展情报学研究方法，促进情报研究更加科学和精准。本套丛书正是在守正与拓展这一思想指导下，集情报学领域集体智慧构思完成的。

本套丛书为国家社会科学基金重大项目（项目批准号：17ZDA291）"情报学学科建设与情报工作未来发展路径研究"成果，出版过程中得到2020年度国家科学技术学术著作出版基金的资助，同时也得到中国科学技术情报学会的大力支持和资助。本套丛书在撰写过程中，还得到情报学前辈和专家们的大力支持与指导，他们是黄长著先生、梁战平先生、马费成先生、张晓军将军、胡昌平先生、靖继鹏先生、赖茂生先生、王知津先生等。在丛书付梓之际，由衷地感谢在本套丛书撰写出版过程中给予我们帮助与支持

的机构和专家们。

扬帆起航正当时，潮头掌舵逐浪高。在中华民族伟大复兴中国梦、强国梦践行时期，情报学与情报工作将以更加崭新的面貌，矗立在科学领域和国家安全与发展战略实施中。在这样一个契机下，《新时代情报学与情报工作论丛》面世了，相信这套丛书一定会在我国情报学建设及情报事业发展中发挥重要作用。

苏新宁

2021年元旦于南京

前　言

　　情报与智库有着相似的发展渊源，其诞生之初都是军事用语，两者都与"军事、战争、国家安全、社会发展"有着密切关系。从智库的发展历程可以得知，智库本身是个舶来词，起源于军事战争。相同的情况，情报也是来源于战争的舶来词，指战争中敌情的汇报。情报与智库在后来的发展中也演变成了社会发展的决策咨询的重要来源，可以说情报与智库是相同土壤中诞生的果实。它们的共同点是为决策提供支持，为发展进行谋划。但二者也有明显的不同，情报是立足于"知彼"的和对决策有价值的"竞争对手"的信息、知识、智慧、洞见，侧重于"对抗、竞争"；智库则是立足于"知己"的己方重大政策、战略、规划、谋划，侧重于"合作、共赢"。情报的手段多样化，如假设、推理、归纳等，也包括欺骗、隐蔽等非公开化的手段。智库则偏重于专家智慧，强调"出思想，出政策"。

　　一般而言，智库指机构，情报指社会现象或活动。为统一认知，本书将情报作为一种功能来理解。情报的本质是"减少冲突中的不确定性"，即解决"信息不完备"的问题。为了更全面分析情报与智库的关系，本书情报的下位概念包括情报工作、情报学、情报机构、情报研究（分析）、情报产品等，智库的下位概念包括智库工作、智库研究、智库建设等。本书将"智库"与"情报机构"相对应，从组织机构的角度开展研究。情报学是一门学科，是相对独立的知识体系的代称，主要包括情报理论、方法工具等内容，与本书中的智库研究相对应，即以智库为对象形成的知识体系，如智库怎么建设、怎么评价等。而情报研究（或情报分析）则与智库工作相对应，智库工作是指智库提供咨询或者生成咨询报告的过程，而情报研究（情报分析）则是情报工作的核心环节。

　　在国外，情报机构与智库泾渭分明，一般不会有人将这两类机构混为一谈。国外的智库一般指关注于公共政策研究的"私营"、非营利组织。而情报机构一般指政府下属的、对国家安全具有重大意义的"对手"情报信息收集机构，当然也开展分析，但首先是情报信息的收集。比如美国情报共同体的18个成员是按照情报的获取方式、途径及隶属关系划分的。在我国，一般不强调智库的"独立性"，大量政府下属的政策研究机构成为知名智库。因此，国内智库的概念更加宽泛。而情报机构，尤其是以各领域国外科技发展跟踪、研究为主要职责的"开源"情报研究机构，也扩展了国外对"情报机构"的界定。

可以说，具有中国特色的科技情报工作实践和智库建设对于情报学创新发展具有重要的推动作用。随着大数据智能时代的到来，情报与智库的研究范围不断扩展，内在联系更加紧密，理论体系日趋完善，实践价值日益提升。系统研究我国的"情报与智库"理论方法具有十分重大的学术价值和实践意义。

全书按照"理论探讨→重点阐述→对策展望"的研究路线，将主体内容分为3个部分。

第一部分主要包括第1、第2章，为后续章节奠定相应的理论基础，形成基本认知。第1章，作者对情报、情报学、情报工作、智库、智库研究、智库工作等基本概念进行了系统梳理，为后文多视角理解、阐述情报与智库的对比研究提供了基本框架和理论工具。第2章，作者通过对情报机构与智库的功能和运行机制的分析，发现两者功能密切联系，都是为决策服务：为决策服务需要独立建议，这是智库的任务；有价值的建议需要整理、综合和分析，这是情报机构的工作。这就为后文情报与智库的对比研究提供了扎实的实践基础和社会意义。

第二部分是本书的主体，包括第3、第4、第5、第6章，分别从情报流程支撑智库核心能力、智库运行的数据信息保障、智库工作中的情报分析方法等方面重点切入，进一步对比分析了两者的关系，分别阐述了情报与智库发展中的重要方面。

其中，第3章在分析情报流程发展和智库核心能力的基础上，提出智库核心能力建设中吸收和融入情报流程中所体现的理念、技术与方法，有利于智库更好地把握知识生产规律，提高核心能力的建设效率，从而在一个更加开放和多元的竞争环境中，强化自身的特色和竞争优势。这一过程能赋予情报流程更加丰富的内涵，在解决智库背景下的专业知识生产问题方面增添生命力。

第 4 章从智库维度分析了智库数据信息保障在信息需求、信息源、组织与管理和平台建设等方面的特点，提出大数据时代的智库数据信息库建设需要引入情报学常见的信息资源管理思想、大数据分析新工具，充分挖掘数据信息的情报价值，使智库工作更加科学。

第 5 章在对比分析情报分析与智库工作方法后，发现情报机构与智库存在普遍的方法借鉴，呈现出融合发展的态势；同时，由于情报机构与智库的功能不同，在方法上也存在差异。智库的方法工具更多与"提出决策解决方案"相关，而情报机构的方法工具更多围绕解决"信息不完备"的数据科学方法应用。

第 6 章在情报视角下剖析智库评价，重点解析智库评价与情报及情报学的关系。通过智库评价的情报价值、智库评价的数据基础、智库评价的案例评析及智库评价的特点分析，从理论和实践层面解析智库评价，以期为智库评价工作及情报机构参与智库评价提供有益的参考。

第三部分主要包括第 7、第 8 章，在前面研究的基础上，分析了在数据智能时代，情报与智库的新进展，为情报机构转型和新型智库建设提供新的视角，展望情报与智库的发展。第 7 章在梳理情报机构改革必然性，美国情报机构转型历程和我国情报机构改革实践的基础上，采用理论分析和案例探讨的方法，结合中国特色新型智库建设实践，对我国情报机构特别是科技情报机构改革，提出了多种路径和举措建议。第 8 章分析了数据智能技术对情报与智库发展的影响，然后从情报、智库与战略决策三者的良性互动入手，提出：需要发展数据智能时代的"敏捷情报"和"智库智囊"，最大限度地减少情报预测和战略咨询的失误，以支持科学决策。

我们认为，本书从谋篇布局上考虑了认识事物的规律性过程，即首先介绍基础概念，并进行理论对比分析，帮助读者构建基本认知；其次就重点问题逐步展开对比分析研究，得出相应结论，令人信服；最后针对数据智能时代的挑战与机遇，为情报机构与智库的共同发展提出综合性的发展策略，令人鼓舞。

本书是国家社会科学基金重大项目（项目批准号：17ZDA291）"情报学学科建设与情报工作未来发展路径研究"的成果。全书由多位学者合作完成，栗琳和初景利拟定了本书框架，第 1 章由栗琳、陈成鑫、黄开木、闫志开完成；第 2 章由孙敏、邢扬、栗琳、丁炫凯、王传奇完成；第 3 章由黄开木、唐超、栗琳完成；第 4 章由李平、初景利完成；

第 5 章由栗琳、孙敏、徐峰、汤珊红完成；第 6 章由张颖、栾瑞英、初景利完成；第 7 章由栗琳、卢胜军、孙敏完成；第 8 章由栗琳、牛海波、范炜完成。

  本书的撰写目标，是期望读者通过这本书，对情报（功能）与智库的异同进行系统对比，同时通过这个视角，深入分析数据智能时代情报学发展趋势，以及情报机构与智库的转型方向，不断完善具有中国特色的情报学理论体系。

栗琳

2021 年 5 月

目 录

第 1 章 情报与智库的基本认知 …………………………………………… 1

1.1 情报与情报学 …………………………………………… 1
1.1.1 情报 …………………………………………… 1
1.1.2 情报学 …………………………………………… 7
1.1.3 情报工作 …………………………………………… 10

1.2 智库与智库研究 …………………………………………… 14
1.2.1 智库 …………………………………………… 14
1.2.2 智库研究 …………………………………………… 21
1.2.3 智库工作 …………………………………………… 26

1.3 情报与智库的关系 …………………………………………… 27
1.3.1 情报机构与智库的特点 …………………………………………… 28
1.3.2 情报与智库关联性 …………………………………………… 31
1.3.3 情报、智库与战略决策 …………………………………………… 35

1.4 本章小结 …………………………………………… 37

第 2 章 情报机构与智库的发展运行 …………………………………………… 39

2.1 情报机构与智库发展概况 …………………………………………… 39
2.1.1 情报机构发展概况 …………………………………………… 39

2.1.2　智库发展概况 ……………………………………………… 44
　2.2　情报机构与智库的功能 …………………………………………… 47
　　2.2.1　情报机构的功能 ……………………………………………… 47
　　2.2.2　智库的功能 …………………………………………………… 55
　　2.2.3　情报机构与智库的功能关系 ………………………………… 60
　2.3　情报机构与智库的运行机制 ……………………………………… 62
　　2.3.1　情报机构运行机制 …………………………………………… 62
　　2.3.2　智库运行机制 ………………………………………………… 69
　　2.3.3　情报机构与智库运行机制的相互作用 ……………………… 77
　2.4　本章小结 …………………………………………………………… 82

第3章　情报流程支撑智库核心能力 …………………………………… 83

　3.1　情报流程的演变 …………………………………………………… 83
　　3.1.1　目标驱动的情报流程 ………………………………………… 84
　　3.1.2　大数据环境下的情报流程 …………………………………… 87
　3.2　智库核心能力 ……………………………………………………… 92
　　3.2.1　智库核心能力的概念 ………………………………………… 92
　　3.2.2　智库核心能力的分析过程 …………………………………… 95
　　3.2.3　智库核心能力的构成 ………………………………………… 100
　3.3　情报流程与智库核心能力的关系 ………………………………… 106
　　3.3.1　借鉴情报流程的整体优势，提升智库核心能力 …………… 106
　　3.3.2　运用情报流程动态迭代特点，促进智库知识生产能力螺旋上升 …… 109
　　3.3.3　情报刻画、表达技术有利于提升智库表达和传播能力 …… 114
　3.4　本章小结 …………………………………………………………… 116

第4章　智库运行的数据信息保障 ……………………………………… 117

　4.1　智库的数据信息需求 ……………………………………………… 117
　　4.1.1　智库的数据信息需求产生 …………………………………… 118

  4.1.2　智库的数据信息需求的基本特征 ……………………………… 119

  4.1.3　智库的数据信息需求分析 …………………………………… 120

 4.2　智库的数据信息源 ………………………………………………… 123

  4.2.1　智库的数据信息源类型 ……………………………………… 123

  4.2.2　智库重点关注的数据信息源 ………………………………… 126

 4.3　智库信息组织与管理 ……………………………………………… 128

  4.3.1　智库信息组织和管理的主流观点 …………………………… 128

  4.3.2　智库信息的组织和管理 ……………………………………… 130

  4.3.3　智库信息组织方法 …………………………………………… 133

 4.4　智库的信息平台建设 ……………………………………………… 138

  4.4.1　国内外智库信息平台建设概述 ……………………………… 139

  4.4.2　智库信息平台建设构架 ……………………………………… 141

  4.4.3　智库信息平台建设的典型工具 ……………………………… 144

 4.5　本章小结 …………………………………………………………… 157

第5章　智库工作中的情报分析方法 ……………………………………… 158

 5.1　情报分析方法体系及特点 ………………………………………… 158

  5.1.1　传统情报分析方法体系 ……………………………………… 158

  5.1.2　大数据时代的情报分析范式 ………………………………… 163

 5.2　智库工作的研究方法 ……………………………………………… 170

  5.2.1　预测规划类方法 ……………………………………………… 171

  5.2.2　优选类方法 …………………………………………………… 174

  5.2.3　评估类方法 …………………………………………………… 175

  5.2.4　其他方法 ……………………………………………………… 177

 5.3　情报分析与智库工作方法对比 …………………………………… 178

  5.3.1　情报分析方法与智库工作方法的共同点 …………………… 178

  5.3.2　情报分析方法与智库工作方法的不同 ……………………… 180

  5.3.3　情报分析方法在智库中的应用 ……………………………… 183

5.4 本章小结 ………………………………………………………………… 187

第6章 情报视角下的智库评价 ……………………………………………… 189

6.1 智库评价的情报视角 ………………………………………………… 189
6.1.1 智库评价的情报属性 …………………………………………… 190
6.1.2 智库评价的情报价值 …………………………………………… 191
6.1.3 智库评价的情报功能 …………………………………………… 192

6.2 智库评价与情报工作的关系 ………………………………………… 193
6.2.1 智库评价与情报工作的共性 …………………………………… 193
6.2.2 智库评价与情报工作流程 ……………………………………… 194
6.2.3 智库评价与情报工作方法 ……………………………………… 196
6.2.4 情报机构在智库评价中的作用 ………………………………… 197

6.3 智库评价案例的情报学评析 ………………………………………… 198
6.3.1 国外智库评价案例分析 ………………………………………… 198
6.3.2 国内智库评价案例分析 ………………………………………… 201

6.4 智库评价特点分析 …………………………………………………… 206
6.4.1 情报的充分性 …………………………………………………… 206
6.4.2 理论与方法的科学性 …………………………………………… 206
6.4.3 信息平台的权威性与数据的可靠性 …………………………… 207

6.5 本章小结 ……………………………………………………………… 208

第7章 智库建设背景下的情报机构改革 ………………………………… 209

7.1 情报机构改革的动因与条件 ………………………………………… 209
7.1.1 改革动因 ………………………………………………………… 210
7.1.2 改革条件 ………………………………………………………… 215

7.2 情报机构改革转型路径 ……………………………………………… 219
7.2.1 情报机构与智库一体化发展路径 ……………………………… 220
7.2.2 情报机构业务迭代升级型路径 ………………………………… 221

    7.2.3 情报机构与智库联合协作化路径 ·················· 222
    7.2.4 情报机构的合作共享能力提升路径 ·················· 224
  7.3 情报机构改革的举措与成效 ···························· 227
    7.3.1 打通情报与智库的理论链条 ······················ 227
    7.3.2 推进治理体系和治理能力现代化，完善新型智库的治理结构 ······ 229
    7.3.3 发掘思想成果价值，建设开放的智库思想市场 ············ 230
    7.3.4 形成适应新形势和新需求的工程实践能力 ··············· 231
  7.4 本章小结 ·· 234

第8章 情报与智库发展展望 · 236

  8.1 数据智能技术驱动情报全流程变革与智库创新发展 ··············· 236
    8.1.1 数据智能技术将持续推动社会变革 ·················· 236
    8.1.2 新时代情报机构与智库面临的挑战 ·················· 239
    8.1.3 数据智能技术促进情报机构与智库转型 ················ 242
  8.2 情报赋能智库实现跨越发展，智库提升情报价值 ················ 247
    8.2.1 情报学方法技术为智库研究提供了新的理论方法支持 ········· 247
    8.2.2 面向智库的情报学学科发展 ······················ 249
    8.2.3 智库提升情报学应用价值 ························ 251
  8.3 数据智能时代情报、智库与战略决策的良性互动 ················ 253
    8.3.1 情报研究与智库是战略决策的"左膀右臂" ·············· 254
    8.3.2 不断提升情报与智库的决策支持能力 ················· 255
    8.3.3 数据智能时代的"敏捷情报"和"智库智囊" ············ 257
  8.4 本章小结 ·· 262

参考文献 ·· 263

索　引 ··· 280

第1章
情报与智库的基本认知

情报与智库有着相似的发展渊源，其诞生之初都是军事用语，两者都与"军事、战争、国家安全、社会发展"有着密切关系，智库和情报在后来的发展中也演变成了政府决策咨询的重要支撑。但将情报与智库放在一起进行研究，是最近几年才出现的一个新趋势，根本原因是信息时代带来的情报学学科发展的新特点，以及政府治理模式变化带来的对智库的新需求。

1.1 情报与情报学

1.1.1 情报

（1）情报概念的梳理

从最基本的字面理解，情报泛指"对于他方事实情况的报道"。情报的概念最早起源于军事领域，是一个发展的概念，从军事领域逐渐向科技、经济、政治等领域扩展。为了更好地体现《情报与智库》的研究主题，本书将情报作为一种功能来理解，即"情报是运用各种手段获取与对手情况相关的资料信息，进行收集、处理、甄别、分析、研判而形成产品，并将结果报知用户"。

从现代汉语的角度，《辞海》（1915年版）将情报具体解释为"军中集种种报告，并预见之机兆。定敌情如何，而报于上官者"。在权威的《现代汉语词典》中，情报是指"关于某种情况的消息或报告，多带机密性质"。我国学界对于情报进行过广泛探讨，提出了多种定义，大致可分为以下几类：有的认为情报是一种知识，如情报是为了解决特定问题所需要的激活、活化了的知识（钱学森）；有的认为情报是一种信息，如情报是使人的知识、状态朝着一个预定的方向变化的信息（何吉成）；有的认为情报的本质是情况，如情报是最新情况的报道（林之达）；还有别的提法，如情报是经过处理对现行决策和前景有真正觉察的、有价值的资料（刘汉鼎）；情报是意志、决策、部署、规划、行动所需要的知识和智慧（杨沛霆）。中国人民解放军军语（2011年版）对侦察情报的定义是"为满足国家安全、国家利益和军事斗争的需要，运用各种手段获取情报资料，并对其进行分析处理生成情报成果的活动"。情报概念主要包括3个最基本的构成要素：一曰"情"，即情况、消息；二曰"报"，即报告、传递、服务；三曰"敌"，即竞争性、对抗性。①

在英语中，情报（Intelligence）有多个义项：智力或智慧、（尤指敌对国家的）情报或谍报、情报人员、情报机构，还包括收集（尤指有军事、政治价值的）情报，分别体现了该词的本义、基本义和引申义。在克劳塞维茨《战争论》中，"情报是指我们对敌人和敌国所了解的全部材料，是我们一切想法和行动的基础"。谢尔曼·肯特将情报定义为知识、组织和活动，扩宽了情报的范围。美国国防部2009年《军语及有关术语词典》指出，"情报是通过对可获得的关于国外（敌人或者潜在对手）信息的收集、处理、综合、评估、分析、鉴定及判读而形成的产品"。

日语中的情报（情报、諜报）一词意义较广，与汉语中的信息和英语中的information的意思更为接近。《汉语外来词词典》中，"情报"一词源于日本。在日语中第一个使用情报的是日本军医、近代著名作家森鸥外，他在翻译克劳塞维茨的名著《战争论》时将第六章译作"战争的情报"，从而创造了情报一词。②继情报一词作为intelligence的对应译词出现在现代日语以后，1921年又作为英语information一词的译语出现在现代日语中。在这以后，情报一词就作为英语intelligence和information的对应译词长期存在于现代日语中。③

尽管情报来源于军事斗争，但是情报早已超出军事情报的范围。可以说，由于自然资源有限，有人类就有竞争，有竞争就有情报。社会整体的发展为国家、企业或军队等组织提供了理念、技术与方法上的支持，在这些组织的需求推动下，情报的规模扩大、技术提高、专业化加强。国家之间的政治博弈、企业之间的经济竞争对情报的理解运用及其影响已经丝毫不逊于军事情报。此外，诸如非营利性、研究性的机构或社团之间，难免存在着竞争，也面临着情报需求问题，只不过不像军事、政治或商业领域那么激

---

① 《中国情报学百科全书》编委会.中国情报学百科全书［M］.北京：中国大百科全书出版社，2010：171-172.
② 缪其浩.日本情报概念及其对情报工作的影响［J］.情报理论与实践，1992（5）：42.
③ 李彭元.从语源学看"情报"改"信息"［J］.图书馆学研究，1997（5）：59-60.

第1章 情报与智库的基本认知

烈,不够明显罢了。①

(2) 情报的分类

情报的分类可以有多种视角,一般按照情报源及业务领域两个角度进行划分,也可以按照应用的层级来划分。从情报的分类入手,研究不同类型情报工作的特点,有助于我们理解情报与智库功能的区别、联系,以及情报机构与智库在运行机制、管理模式、业务流程等方面的异同。

1) 按情报源分类

按情报源分类是目前很多国家采用的方式,美国国家情报总监办公室对情报的分类是根据情报信息的收集方法确定的,主要包括开源情报、人力情报、测量与特征情报、信号情报、地理空间情报等。按照收集渠道分类的情报机构,原则上不会与智库交叉,虽然这些情报机构也会对收集的资料进行研判和分析,但首要工作,是情报信息收集,之后才是分析和研判(图1-1)。

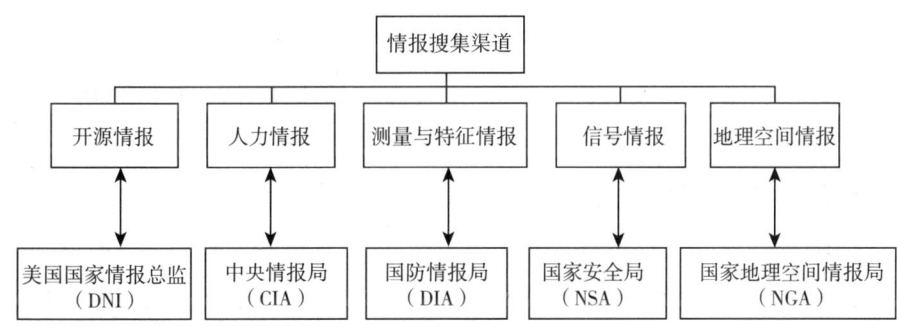

图1-1 美国情报机构收集业务分工

人力情报(Human Intelligence, HUMINT)是从人类收集或者提供的信息中获得的情报。狭义上指"秘密情报",也是普通大众认为情报和"谍报"同义的主要原因。实际上,它还包括了驻外人员公开收集的,商人、留学生和旅游者等观察获取的及叛逃者、犯罪嫌疑人和举报者等提供的相关情报,具有历史悠久、渠道众多和涵盖范围广的特点。

测量与特征情报是信号情报和图像情报以外的技术情报。它指利用雷达、核辐射、光学、射频、声学、地震和材料科学等广泛学科群,分析多种传感器收集的数据,所形成定位、跟踪、识别或者描述目标特征的情报。与信号情报和图像情报相比,测量与特

---

① 闫志开,栗琳. 情报的概念[C] // 2015年全国情报学博士生学术论坛论文集. 北京:北京大学出版社,2015:338-345.

征情报从收集手段上包括了星载、机载、舰载、水下系统和地面站点等；不同的是，后者更强调对各种技术收集活动产生数据进行特殊分析而得到的情报。例如，特定飞机系统的独特雷达特征、空气和水样中的化学成分等。

信号情报（Signals Intelligence，SIGINT），主要包括通信情报（COMMINT）、电子情报（ELINT）和外国仪器信号情报（FISINT）。通信情报指以窃听加密或者未加密的电话、卫星、陆地通信线路和海底电缆等通信系统获取的情报，而电子情报指从非通信系统发射出的电磁辐射中获得的情报。从情报来源看，此类情报包括用于侦察的卫星、飞机、船只、潜艇、侦察站等，处理分析技术涉及信号分析、密码破译、文电研究等。自20世纪中期以来，科学技术蓬勃发展和国际局势的变化带来信号情报的崛起，逐步成为各国情报事业发展的重点。美国负责收集、处理和分发信号情报的主要机构为国家安全局。棱镜计划是信号情报活动的代表之一。

地理空间情报（亦称图像情报）由影像和地理空间信息组成，是对地球上事物的物理特质和地理位置的相关数据进行收集、分析和视觉化描述而获得的情报。其数据来源多样，包括商业/政府卫星、无人机、侦察机、红外传感器、雷达传感器、商业数据库、全球定位系统等；其处理分析活动植根于地理空间科学技术，涉及地图制图、影像分析、地理空间分析、航空海洋分析及区域分析等；典型的地理空间情报产品往往是上述多种形式地理与图像信息融合和集成的结果。实时、高效和精准的地理空间情报对获取环境信息优势，实现"地利"具有重要意义。负责美国所有机密和非机密图像情报活动的主要管理机构为国家地理空间情报局（National Geospatial-Intelligence Agency, NGA）。

开源情报是与本书主题"情报与智库"关系最为紧密的情报信息收集方式，是指产生于公开渠道信息（PAI）且被及时收集利用，并分发到用户以满足特定需求的情报。大数据时代，情报学领域一个最重要的变化，就是开源情报重要性日益突出。公开渠道信息在补充秘密情报方面的价值，很久以前就已经得到承认，但大数据和社交媒体的兴起，给开源情报带来了革命[1]。

公开渠道信息包括书籍、杂志、国内外报纸、期刊、出版物、地图、视频和音频、互联网、无线电广播设备、电视、数据库、会议论文、研究报告及其他信息源[2]。在世

---

[1] HEATHER J, WILLIAMS, LLANA B. Defining second generation Open Source Intelligence (OSINT) for the defense enterprise [R]. US: RAND Corporation Santa Monica United States，2018：11-12.
[2] JIM M. Analytic tradecraft and the intelligence community：enduring value, intermittent emphasis [J]. Intelligence and national security，2014，29（2）：159-183.

界任何地方、任何时间，只要通过这些信息源，几乎只需要几秒钟到几分钟的时间就可以获取有关某人或某事的信息。公开渠道信息往往是免费的，并且很容易获取，从而可以促进情报部门的数据收集工作。但是，公开渠道信息也有一些缺陷。首先，庞大的数据量对情报机构来说是一个巨大的挑战，给数据的收集及评估带来很大的困难。其次，这样的工作需要大量有能力的分析人才及IT专家，可以迅速地找到正确的信息源及数据并进行评估。

公开渠道信息往往描绘出指定情景的全景，但可能无法满足某一个指定情报产品的需要，这时就需要一定的特殊渠道。而特殊来源信息的解读往往又需要公开渠道信息的辅助，因此，将开源情报、人力情报、技术情报等相融合的"多源融合"情报模式愈发重要。

从情报分析人员的角度看，图1-2这种分类方式更加易于理解，即把情报源分为文献情报和非文献情报两大类。这种分类的好处是：对情报分析人员来说，他们只关心所需的情报，而不关注情报的实际来源，分析师必须警惕字面上和非字面上的具体偏差。在翻译方面，他们必须依靠译者。对于非文字，必须依赖于处理器或处理者的判断。美国情报共同体资深分析人员罗伯特·克拉克在这些专家中最具有代表性，他将情报源分为：文献情报和非文献情报[①]（图1-2）。

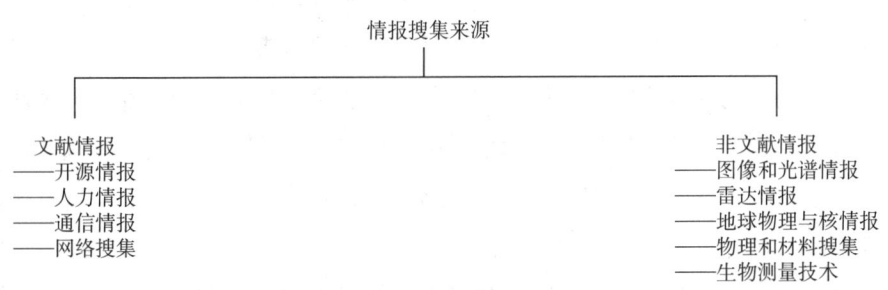

图1-2　根据文献情报和非文献情报的分类[①]

过去几年，美军情报系统建设的主要投资方向是加强情报监视和侦察系统的信息收集能力，由于公开渠道信息的极端重要性，运用互联网海量数据获取技术，这一趋势正逐步转向情报分析技术。张策在《迈向公开渠道信息时代》中[②]，提出公开渠道信息的开发利用将为未来早期预警预告的探索提供新思路，也为信息时代情报体系建设

---

① 罗伯特·克拉克.情报分析：以目标为中心的方法［M］.马忠元，译.北京：金城出版社，2013：119.
② 张策.迈向公开渠道信息时代［J］.军事文摘，2018（17）：59-63.

开创新途径，进而可能建立专门的军事情报力量以加强公开渠道信息收集处理能力。目前，我国情报学专家学者开展研究所采用的方法及研究对象则更符合"文献情报"（Literature Intelligence）的定义。

2）按业务领域分类

按业务领域分类是我国情报学专家学者比较偏爱的方式，由于需要大量领域的专业知识为背景，这类以情报研究为核心业务的机构，与智库交集最多。虽然情报涉及领域可以有很多种，但目前我国情报学专家学者主要活跃在军事、科技、安全和经济四大类，中国的情报学者在这4个领域最具影响力，这些领域的情报研究专家很多也是该领域智库的专家。按照这个原则，情报学可分为国家安全情报、军事情报、公安情报、科技情报、竞争情报等。智库领域有很多国际关系智库，如中国现代国际关系研究院就是在国内外都具有较高知名度的外交智库。但很少听说外交情报机构的提法。此外，经济智库、公共政策智库也在智库领域占有一席之地，但在我国很少听到经济情报机构、公共政策情报机构的提法，而日本的经济情报机构却很有名。可见，虽然情报机构与智库有交集部分，但也有很大的不同，而且与各国的国情密切相关。

3）按服务层次分类

情报也可以按照服务层次的不同，分为战略情报、战役情报和战术情报。战略情报、战役情报和战术情报虽然也有交叉，但这种分类方式也非常重要，对于我们理解情报机构与智库的区别有很大帮助。战略情报是与本书"情报与智库"研究主题最接近的内容，战略情报也是与智库的战略咨询、公共政策研究关系最密切的部分，因此也是最容易产生混乱的情况。战役情报和战术情报则主要用于具体的军事行动、执法行动、企业竞争等，虽然也进行分析研判，但研究主题与智库研究主题少有交叉。所以这种分类方式有助于我们理解情报与智库的区别。

罗伯特·克拉克在《情报分析——以目标为中心的方法》中提出[①]，所谓战略情报，解决的是长期问题，包括为制定国家战略与政策、跟踪国际形势、支持贸易决策所需的情报，军事领域的战略情报包括为制订军事计划和武器装备发展所需的情报。政府和企业这两类组织的战略情报，都涉及评估对手的技术、组织结构和结盟关系。国家安全情报与战略情报的内涵十分接近。

战役情报关注的则是对手或潜在对手所具备的各种能力和企图，军事领域的战役情报包括为计划和实施作战行动所需的情报。在商业企业，战役情报可为赢得某条特别生

---

① 罗伯特·克拉克.情报分析：以目标为中心的方法[M].马忠元，译.北京：金城出版社，2013：15，68-70.

产线上产品的市场份额而开展的活动提供支持。在执法行动中，战役情报可为破获有组织犯罪集团的行动提供支持。

战术情报是直接支持战斗行动需要的情报，往往和前线战场的情报密切相关。军事领域的战术情报包括为计划和实施各种具体作战、交战所需的情报。例如，现在采用无人机开展战术侦察，获取相关情况非常普遍。执法情报也往往是战术性的。

从目前的研究看，没有哪一种分类方法是完美的，或者彼此之间完全没有交叉。例如，通信情报的重要组成部分流量分析，就是非文献信息，它取决于处理和解读。人力情报一般用于材料收集，但也提供非文献情报。但无论采用哪种分类方式，都会出现重叠的现象。而且随着互联网时代的到来，国内外越来越多地使用情报信息这个术语，充分体现了情报与时俱进的发展现状。

1.1.2 情报学

情报学是研究情报活动及其规律的学科，内容包括情报工作的本质、任务、作用和规律等方面的理论方法。很多学者从不同视角，对情报学的研究内容进行了界定。包昌火认为：情报学是研究事实（事件）、数据、信息、知识和情报的产生及其有效管理和利用它们进行分析、合成、发现、解答、控制、学习和决策的一门科学。[1] 在我国，学者采用较多的情报学定义是严怡民主编的《情报学概论》中提出的"情报学是研究有关情报的收集、整理、存储、检索、报道服务和分析研究的原理、原则与方式、方法的科学。"2009 年，靖继鹏先生主编的《情报科学理论》中提出，"情报科学是研究情报的创造、存储、检索、传递及其效用发挥的理论、方法与规律的科学"[2]。

情报的技术主要有以下 4 个问题。第一个问题就是关于情报的收集，信号情报、开源情报、人力情报等分类就是按照情报收集的来源确定的。第二个问题就是建立情报储存、检索体系，这方面技术随着互联网的发展也产生了翻天覆地的变化，谷歌、百度搜索等互联网公司的发展壮大，就是该领域技术发展的结果。第三个问题就是情报信息的处理。过去的情报处理基本以人工为主，因此一般与情报收集或者情报分析环节合并在一起。随着大数据时代的到来，数据情报处理工作量越来越大，方法、技术越来越重要，数据处理已成为情报工作的一个独立环节。第四个问题就是情报分析技术，这方面

---

[1] 《中国情报学百科全书》编委会.中国情报学百科全书[M].北京：中国大百科全书出版社，2010：191-192.

[2] 靖继鹏.情报科学理论[M].北京：科学出版社，2009，13-15.

技术与前两个领域相比，仍然属于进展比较缓慢的领域。

情报学是一种学术研究，主要内容是总结提取情报工作中的规律和经验，形成知识，以便传递和普及。我国的情报学发展主要有两种代表路径：文献情报学和军事情报学，其中文献情报学也被称为图书情报学或科技情报学。对应的英文为 Information Science 和 Intelligence Studies。前者主要讨论数据、信息、文献的处理方法、分析方法；后者主要围绕典型应用领域情报产品的功能。

（1）我国的情报学发展历程

文献情报学领域。1977 年武汉大学图书馆学系建立科技情报学专业，1985 年北京大学增设情报学专业。1990 年国务院学位委员会颁布的《授予博士、硕士学位和培养研究生的学科、专业目录》是目前中国最具影响力的学科体系，它在一级学科"理学"下的二级学科"图书馆与情报学"中设有"科技情报"（071202）专业，可以看出科技情报在我国的独特地位。

20 世纪 50—70 年代，我国与西方处于冷战状态，很难获得西方的最新科技信息。与此同时，以纸本文献为主要载体的西方原版科技类期刊、书报刊十分昂贵，我国外汇紧张，购买的数量十分有限，有的文献全国只有一套，而我国的科技发展需要大量的西方科技信息。在此背景下，科技情报工作成为我国情报实践中成果最丰富的部分。在科技情报工作中，定题文献服务是非常有名的模式，为国家重大科技项目提供持续性的文献定题支撑。此外，为了更好地发挥"参谋"的职责，很多科技情报研究要进行深入分析、研判，解决是什么、为什么、怎么办等决策机构关心的问题。因此，我国情报学包含两部分，既包含科技文献收集整理 Information Science，也包含进一步的科技情报分析 Intelligence Service。只不过，那个时代总体来讲，信息资料数量有限，前面开展的定题服务以检索为基础，后面开展的情报分析以外语翻译为基础，两者之间相对独立，没有实现很好的融合。大数据时代，两者之间的融合不仅成为必须，技术工具的发展，为两者之间的深度融合也提供了可能。

军事/竞争情报学领域。高金虎教授认为，中国古代兵书对情报工作多有涉及，但对情报工作最全面的认识来自《孙子兵法》，孙子的名言是"知彼知己，百战不殆"。"知"贯穿全篇，构成了孙子兵法的基础和核心。[1] 在西方国家，《孙子兵法》现在仍然被奉为军事谋略领域的必读书目。从学科建设的角度看，1990 年开始在一级学科"军事学"下的二级学科"军事指挥学"中设有"军事情报学"（110504）专业。文献情报学与军事

---

[1] 高金虎. 军事情报学［M］. 南京：江苏人民出版社，2017，19-20.

情报学的学科体系得到学界的广泛认同，1993年出版的《中国大百科全书》即采取类似结构，全书74卷中《图书馆学·情报学·档案学》共同作为一卷，而军事情报学则在《军事》卷中。竞争情报领域，1994年中国科技情报学会成立情报研究暨竞争情报委员会，后者还与美国竞争情报从业者协会建立了战略合作伙伴关系。随后，一些高校将竞争情报列入了情报学专业的课程学习内容；部分大学（如北京师范大学和上海交通大学）推出了情报学专业研究生课程进修班和企业竞争情报与竞争战略高级研修班。[①]

我国"文献情报学"中的情报（Information）与"军事情报学"和竞争情报有着不同的出发点，即它们针对的是不同实践经验的系统总结。但是，所谓的不同只是表象。正如国家标准GB/T 13745—2009《学科分类与代码》所述：学科（Discipline）是相对独立的知识体系，"相对"强调了学科分类具有不同的角度和侧面。从逻辑上看，"相对"也表明了三者具有若干共同的基础，并不是截然分离的。比如，其对象均与知识或信息有关，其过程均涉及信息（数据）的收集、分析、报告等。例如，始于20世纪50年代中后期的我国科技情报工作，经逐步演变已成为信息资源管理学科的组成部分，重点研究文献、信息和知识的存储、检索与应用，并与计算机科学形成紧密的学科联姻。军事情报学则以军事、政治、公安、经济、管理等与情报的交叉学科为重点，强调历史视野与国家视野，将人类的情报历史拉深到所有古代战争，在理论视角上与《孙子兵法》保持一致，同时注重研究情报活动对国家和社会的实质性影响，突出军事斗争、国家安全、经济竞争和科技竞争的特殊性，并且在理论建构上，深度融合中国情报经典思想与美、欧、日等当代发达国家的情报实践，从而保持了学术研究的时代性与自主性。

（2）国外相关领域发展历程

文献情报学领域。很多学者认为，"情报学"首先在美国出现。20世纪，由于信息技术的巨大影响，很多大学对图书馆学的名称调整为 Library and Information Science，我国一般译为文献情报学。学者一般以美国学者范内瓦·布什于1945年发表在《大西洋月刊》上的一篇文章《诚如所思》（As We May Think）作为文献情报学的开山之作[②]。

军事/竞争情报学领域。1949年出版的谢尔曼·肯特《战略情报：为美国世界政策服务》一书是该领域奠基之作，对战略情报的定义、战略情报分析、情报体制建设、情报与决策关系等情报学基本理论进行了论述。谢尔曼·肯特之后，美国很多专家学者相

---

① 黄晓斌.论我国竞争情报教育的现状与发展方向[J].情报科学，2006，24（3）：455-474.
② 周晓英，崔佳佳，唐宇萍，等.情报学的起源与方向：从布什的《诚如所思》谈起[J].情报科学，2004，22（2）：129-132.

继出版多本相关著作，使军事/竞争情报学领域取得显著进展。1999年美国中央情报局在《用户情报指南》中称"情报（Intelligence）是对我们周围世界的知与先知，是美国决策者和行动的先导"①。商业/经济领域的竞争情报则是军事情报在商业领域的发展与应用。美国1986年首先成立"竞争情报专业人员协会"（SCIP），并成立全球推进小组，得到法、英、荷、日等国响应。美国波士顿大学、西蒙斯学院和瑞典隆德大学等相继开设了竞争情报课程。②

目前，随着大数据、人工智能等新兴技术的快速发展，数据管理与应用将成为军事情报学及文献情报学学科发展的共同基础，开源信息/开源情报方法工具日益增多，军事/竞争情报学与文献情报学（图书馆学情报学）的交集也会越来越大，对两种情报学区别联系的认识也会越来越深入和明晰。

1.1.3 情报工作

情报工作是一项以情报学为理论基础的工作，不是简单的组织管理工作。情报工作的内容主要包括：情报需求、情报收集、情报处理、情报分析、情报分发及情报安全等。

（1）情报工作领域及功能

根据总体国家安全观理论，情报工作可划分为传统安全和非传统安全领域，具体的情报领域可划分为11个对应领域或者更多③，如政治情报、国土安全情报、军事情报、经济情报、文化情报、社会安全情报、科技情报、信息安全情报、生态安全情报、资源安全情报、核安全情报、金融安全情报等，其中每个领域又可细分为多个子领域，如资源安全情报包括水资源安全情报、矿产资源安全情报、能源安全情报……这些领域的情报既涉及传统安全领域的情报，又包括非传统安全领域的情报，并且在我国国家安全和社会发展进程中做出各自独特的贡献。④

无论是什么领域的情报工作，任务都是一致的，包昌火认为：情报是一个组织对外部环境变化的感知和响应，是组织制定发展战略和安全对策的基础和先导⑤。中国

---

① 张晓军. 美国军事情报理论研究[M]. 北京：军事科学出版社，2007：28, 37.
② 柯平. 关于竞争情报教育的思考[J]. 情报资料工作，1996（1）：33-36.
③ 张家年，马费成. 我国国家安全情报体系构建及运作[J]. 情报理论与实践，2015，38（8）：5-10.
④ 张家年，马费成. 总体国家安全观视角下新时代情报工作的新内涵、新挑战、新机遇和新功效[J]. 情报理论与实践，2018，41（7）：1-6, 13.
⑤ 包琰. 包昌火情报思想剖析[J]. 情报杂志，2013，32（6）：1-4.

科学院王飞跃认为，情报工作的功能是将情报工作所面临的不确定性、多样性和复杂性，转换成为完成特定任务和使命所生成情报之灵捷（Agility）、聚焦（Focus）、收敛（Convergence）等品质和特性[①]。

《中国情报学百科全书》对情报工作的基本功能概括如下：①整序功能，即对大量庞杂无序、交错重复的信息进行筛选、整理和组织，使之有序化，处于随时待用的状态；②检索功能，即将整序的信息进行存储，使之能迅速、准确地加以利用；③传送功能，即通过情报报道和情报服务，使情报广泛传播和交流；④决策功能，即对大量情报进行分析研究、提炼浓缩和归纳概括，使之成为决策的依据；⑤增值功能，即通过情报加工、分析研究、传递利用，使之产生相应的社会效益和经济效益，显示出作为商品的情报产品的价值；⑥管理功能，即通过情报工作来实现科学的组织使情报机构和情报系统投入的人力、财力、物力产生最佳效果，使情报资源及时转化为产品与服务，满足社会需要[②]。

具体来看，情报工作功能如下：①情报工作在国家安全和发展进程中提供战略环境态势或情境感知、公共安全、应急管理、风险预测及战略预见等方面的情报产品。即未雨绸缪，防患于未然。②情报工作在国家安全和发展过程中，向决策机构提供相应领域的情报保障。③情报工作能够发挥其前瞻性、引领性的作用，在"有求"必应的基础上，实现"无求"先应，利用其信息聚合、挖掘、分析等手段，发现新领域、新趋势、新发展，从而为国家创新和发展提供情报支撑。

（2）情报演化路径

不管是军事情报、科技情报、公安情报，还是竞争情报，虽然各自具有不同领域的特殊性，但同时也具有普遍的共性，如情报演化的路径、情报工作的环节等。"信息链"较为清晰地刻画情报的来源和其演化路径：数据—信息—知识—智慧（情报/对策），这也是情报工作应该遵循的基本规律，其中末端的"情报"是包含各领域情报在内的大情报体系，如图1-3所示。

---

① 王飞跃.情报5.0：平行时代的平行情报体系[J].情报学报，2015，34（6）：563-574.
② 《中国情报学百科全书》编委会.中国情报学百科全书[M].北京：中国大百科全书出版社，2010：171-172.

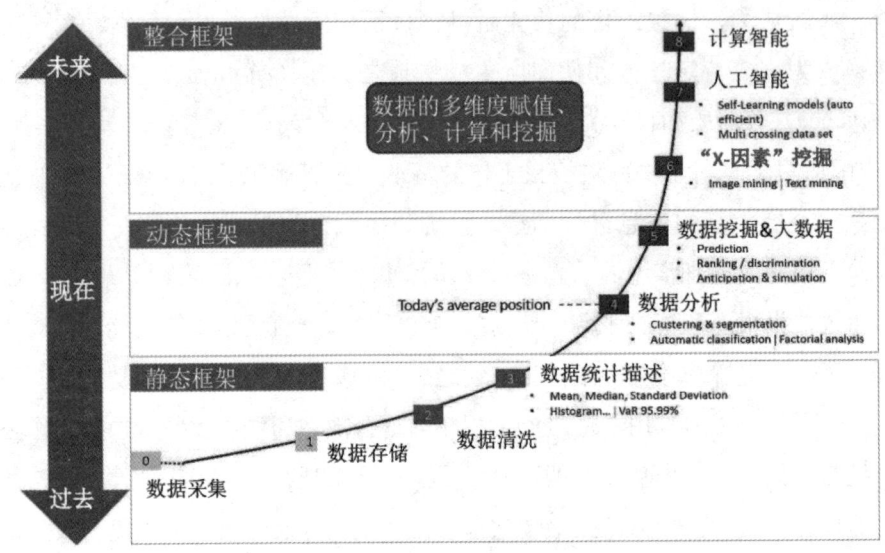

图 1-3 数据演化路径

我国 2015 年颁布的新《国家安全法》也从国家安全角度规定了情报工作的流程。第 42 条规定:"国家安全机关、公安机关依法收集涉及国家安全的情报信息"。第 53 条规定:"开展情报信息工作,应当充分运用现代科学技术手段,加强对情报信息的鉴别、筛选、综合和研判分析"。第 54 条规定:"情报信息的报送应当及时、准确、客观,不得迟报、漏报、瞒报和谎报"。第 67 条规定:"健全国家安全危机的信息报告和发布机制"。从这些规定可以看出,情报工作的流程包括收集、鉴别、筛选、综合和研判分析,以及报送、信息发布等环节,这些是与情报工作实际相符,并得到理论界普遍认可的。

(3) 情报研究(情报分析)

情报研究和情报分析含义十分接近,但在用法上也有稍许侧重,一般在科技情报领域,用"情报研究"的场景比较多,但在军事、公安等领域,则术语"情报分析"的应用更加普遍。情报研究是情报学和情报工作的知识再生产过程,包括战略情报研究和战役战术情报研究。情报研究是指根据特定的需求,通过系统化过程,将信息转化为情报的一种科学活动的统称[①]。情报研究是情报工作中与智库工作最接近的部分。情报研究是我国科技情报工作创建的初衷,是情报学和情报工作的核心内容和根本任务,既是出

---

① 包昌火. 中国情报研究发展纪实 [J]. 情报理论与实践,2010,33(1):1-3.

发点，也是落脚点和归宿。①"情报研究是一项内容广泛的信息加工处理和情报提炼活动，它以大量相关的原生信息为处理对象，通过对原生信息内容的分析、综合或评价，以提炼出对管理、决策等活动有支持作用的情报，为管理、决策等活动服务②。"值得注意的是，虽然美国情报共同体近年来十分重视从公开渠道信息（PAI）中生成有价值的开源情报，但仍然十分看重开源情报基础上的全源情报分析工作。

有许多学者对情报研究的本质和内涵进行了研究和阐述，钱学森（1983年）指出："看十篇、二十篇东西，然后把它综合一下，这还不是现在国外所说的情报分析研究工作。高级一点的情报研究工作，实际上是一个综合的技术。这种综合技术就要用系统科学和系统工程的方法"，之后还提出"从定性到定量综合集成法和定性到定量综合集成研讨厅"的概念。1990年，包昌火先生在《情报研究方法论》中对情报研究的基本含义做了如下归纳："情报研究是根据特定需要对情报信息进行定向选择和科学抽象的研究活动，是情报工作和科技工作相结合的产物，是一类科学劳动的集合。所谓定向选择，就是根据特定的需要进行的情报收集和信息整序工作。所谓科学抽象，就是透过现象，揭示研究对象的本质、规律和联系的思维过程。定向选择和科学抽象的结果，必然形成新的情报或情报集合"③。2006年，史秉能再次提出，"情报研究是在信息搜索、积累和分析研究的基础上，获得解决特定问题所需要的知识的研究工作。也可以说是根据特定的社会需求，以信息工作手段和科学研究方法，采集、鉴别相关领域的信息，通过分析、综合、评估和科学抽象，揭示特定对象的发生、发展和未来发展趋势及客观发展规律与热点及它与其他事物的联系，形成情报研究成果，为相应的决策服务的一类研究工作"④。梁战平2007年提出，情报研究是站在客观公正的立场上，根据所获得的情报信息源，针对特定问题，利用专业的理论和方法来揭示事实真相和规律的科学研究过程⑤。

因此，情报研究就是获得解决特定问题所需要的知识的科学研究活动，是根据特定的需求，以信息工作手段（如信息的收集、整理、积累和有序存放等）和科学研究方法，通过对信息（资料）的分析、综合、评估和科学抽象，揭示特定对象（事物）的发生、

---

① 王知津.大数据时代情报学和情报工作的"变"与"不变"[J].情报理论与实践，2019（7）：1-10.
② 贺德方.数字时代情报学理论与实践：从信息服务走向知识服务[M].北京：科学技术文献出版社，2006.
③ 包昌火.情报研究方法论[M].北京：科学技术文献出版社，1990：1-26.
④ 史秉能.情报研究概论[M].北京：国防工业出版社，2006：7-13.
⑤ 梁战平.我国科技情报研究的探索与发展[J].情报探索，2007（7）：3-7.

发展、现状和未来发展趋势、客观发展规律与特点及它与其他事物的联系，形成情报研究成果，为决策服务的一类研究工作。情报研究作为一项科学研究，其功能就像自然科学探索自然规律一样，旨在研究社会、经济、政治、科技等诸多现象的规律，是一个知识再生产的过程，只是这些知识具有明确的指向性，是针对问题挖掘出来的，而且旨在针对用户的需求为其提供情报保障。

1.2 智库与智库研究

智库（Think Tank），过去多被翻译成"思想库"，就是各种智囊机构，顾名思义，就是储备和提供思想的"仓库"，又被称作"思想工厂"、"外脑"、"脑库"、"智囊团"、"政策研究机构"或"情报研究中心"等。智库的主要功能是通过政策的咨询过程，影响公共政策和社会舆论。近年来，智库热越来越引起专家学者的关注，开展智库研究，特别是智库评价机构的研究成果非常丰富。

1.2.1 智库

(1) 智库的起源

自古以来，决策活动与智囊就是不可分离的。当决策问题比较复杂、单靠决策者一己之力难以胜任时，"谋"与"断"的分工就会出现，作为决策者"外脑"的智囊组织便应运而生了。关于智库的渊源，在中西方的历史文化中均可追溯到与之相关的概念和实体。比如，在西方可以追溯到亚里士多德关于"知识与权力"的论述，在中国古代有一个特殊群体参与君主的治国理政，为主公出谋划策，与智库在职能上有一定程度的相似，然而它们在研究方式上与现代的智库截然不同。

真正科学意义上的"思想库"，是进入现代社会后才得以产生的。第一次世界大战后特别是第二次世界大战以来，新技术革命的兴起把社会化大生产提高到空前的程度。各国政府的行政决策所涉及的内容越来越多，越来越复杂，涉及的范围也越来越广，社会信息量更是不断增多。因此，政府部门需要依靠全社会的"智力资源"来支持公共决策，社会精英也希望借助智库渠道主动介入政治。于是，决策者纷纷转向大学、学术界和全社会范围以寻求"智囊"指点和额外营养。与此同时，企业也出现了大致相同的趋势。这样，独立于政府和企业的公共智囊机构——思想库就产生了。[①]

---

① 李冠瑶. 智囊团：企业家的左膀右臂 [J]. 山西财经学院学报，1995（1）：66-68.

思想库的发展是专家参与公共政策过程的必然结果。这个过程大致可以分成3个阶段①：第一个阶段是20世纪初到第一次世界大战专家会议咨询阶段。这时专家参与公共政策过程的方式是非正式的，决策者常常根据需要，临时召集专家进行咨询。最有名的是第一次世界大战结束前，美国总统威尔逊所组织的一个代号为"探索"的咨询计划。第二个阶段是第一次世界大战与第二次世界大战之间的附属政策咨询机构阶段。随着政府在社会活动中作用的日益增强，决策者对专家咨询的需求也越来越大，以前的那种非正式的方式已不能满足需要了，这时，各种专家委员会或专家顾问组便应运而生。第三个阶段是第二次世界大战以后独立思想库兴起阶段。第二次世界大战后，通过与政府签订合同开展决策研究和咨询的思想库异军突起。

学界关于现代智库的诞生，也存在其他一些被广泛认同的观点：1916年成立的政府研究所（布鲁金斯学会前身之一）是现代智库的起源。也有专家认为英国是智库的发源地，是最早具有智库研究特点的组织，成立于1884年的费边社。此外，也有学者认为1920年成立的英国皇家国际事务研究所、1921年成立的美国外交关系协会及1927年成立的布鲁金斯学会等20世纪20年代产生的一批智库，标志着现代意义上智库的诞生。1948年兰德公司的建立，使得现代思想库具有了全球影响力。

"智库"术语源自于美国，第二次世界大战期间智库指的是国家安全政策专家和军事战略家讨论作战计划和制定战略的保密室，是个军事术语②。20世纪50年代，智库指的是军事研究组织，也被用于称呼合同型研究机构，如兰德公司。20世纪60年代，现代意义上的智库概念开始作为专门词汇在美国普及，智库也被编入词典，但其词义却不精确，泛指各种提供政策建议的私立研究团体，包括研究国际关系和战略问题的研究所。20世纪70年代后，欧洲、日本也逐渐兴起了各式各样的智库，智库开始成为西方政治生活中人所共知的概念，不仅指从事战略、军事、国际关系、外交和国防研究的机构，而且还指研究当代政治、经济、社会问题的机构③。

我国对智库在国家治理、决策咨询、引领发展等方面的作用非常关注。改革开放以来，各领域智库为中国的快速发展提供了智力支持。2015年11月9日，《国家高端智库建设试点工作方案》挑选25家机构作为首批国家高端智库建设试点单位，着力建设一

---

① 薛澜. 在美国公共政策制订过程中的思想库[J]. 国际经济评论，1996（Z6）：48-52.
② ABELSON D E. Think tanks and US foreign policy：an historical view[J]. U.S. Foreign Policy Agenda：an electronic journal of the U.S. department of state，2002，7（3）：9-12.
③ WEAVER R K，MCGANN J G. Think tanks and civil societies：catalysts for ideas and action[M]. New Brunswick：Transaction Publishers，2000：1-35.

批国家急需、特色鲜明、制度创新、引领发展的高端智库,实质性推进中国特色新型智库建设。2017 年 2 月,中央全面深化改革领导小组第三十二次会议审议通过了《国家科技决策咨询制度建设方案》,明确我国将建设国家科技决策咨询制度。

(2) 概念

国内外对智库有着多种解释。有些学者强调智库在机构运作、资金筹集和知识生产方面的自主性和非营利性,也有些学者把与政府、政党或企业关系密切但具有"相对独立性的"公共政策分析和研究组织也视为智库。美国政治家保罗迪克森 1971 年出版了世界上第一本介绍智库的专著①,他将智库界定为:一种稳定的、相对独立的政策研究机构,其研究人员运用科学的研究方法对广泛的政策问题进行跨学科的研究,在与政府、企业及公众密切相关的政策问题上提出咨询。联合国开发计划署认为,智库是"长期从事与公共政策相关的研究与倡导的组织,在现代民主国家是知识与权力之间的桥梁"②,这一定义并不强调其独立与否。尽管世界各国智库工作环境有较大差异,但这一概念基本上可以将大多数不同形态的智库涵盖在内。

对于智库内涵的理解有两点是确定的:智库是一个稳定的机构;以公共政策研究与咨询为基本职责,其目标是通过各种途径对公共政策决策过程施加影响。以上两点将那些临时接受政府委托开展政策调查和研究的高校、研究所、研究中心等区别开来,它们是智库最基本的属性特征,智库研究离不开这两大基本对象③。而"影响社会舆论""政治沟通与调解平台""智库外交""培养公共人才"等功能都是为这一基本职责和目标服务的。

各国关于智库概念的认识不尽相同。现在,尽管智库很多,许多国家都有,但关于智库的概念却没有各方接受的一致定义。据有关学者统计,当前关于智库的定义有数十种之多④。

1) 工具书更强调智库是一个"跨学科专家组织"

各大工具书对智库的界定各具特色。根据在线牛津高阶学习词典的解释,"智库"

---

① DICKSON P. Think tanks [M]. New York:Atheneum,1971:26-35.
② United Nations Development Program. Thinking the unthinkable:from thought to policy. the role of think tanks in shaping government strategy:experiences from central and Eastern Europe, Bratislava [R]. Geneva:UNDP Regional Bureau for Europe and the Commonwealth of Independent States,2003:6.
③ 金学慧,付宏. 情报与智库对比研究:基于理论研究视角 [J]. 图书情报工作,2017,61(7):42-49.
④ 袁鹏. 美国思想库:概念及起源 [J]. 国际资料信息,2005(10):1-5.

是指一组提供关于政治、社会或者经济议题的专家。《世界知识大辞典》将智库定义为"思想库又称脑库、智囊团。一种为国家机关、企业、公司、社团提供研究咨询的智力劳动集团,一般由多学科、多专业的专家组成",该定义突出了智库的智力属性和智库专家的跨学科性。《大英百科全书》认为:智库是从事跨学科研究的研究所、公司或者团体,通常为国家机关和商业机构服务[1],该定义强调了智库的跨学科性和服务性。韦氏大辞典对智库的定义是"进行跨学科研究,通常是科技、社会问题的学会、公司或团体,也被称为思想工厂(Think Factory)",该定义同样重视智库的跨学科性,并指出了智库以科技、社会问题为重点研究对象。《朗文当代高级英语辞典》则将其定义为"一个经国家机关或某机构建立,由某一学科有经验的人组成的委员会,旨在开发思想并就相关问题提供建议",该定义强调了智库的思想性。

《国际社会和行为科学百科全书》认为20世纪中叶,智库在英美国家激增。这些机构虽然在规模、法律地位、政策关注和组织结构等方面千差万别,但是却有共同的使命:影响政策、教育政治精英和参与决策。同时,这些政策研究和咨询机构的政治影响和社会影响随着时间、政策议题和政治文化不断变化。智库已经成为国家机关和国际治理政策决策的关键合作者和信息提供者[2],该定义突出了智库与决策的紧密联系。而国际学术界公认的迄今最具权威的政治学学术工具书《布莱克维尔政治学百科全书》,在1992年中文版中将智库定义为"一系列参与公共政策分析和研究的各种不同类型的机构",该百科全书界定"智库是按合同约定为国家机关服务、但不完全依赖于国家机关的永久性机构,其研究资金主要是靠国家机关、基金会和私人的资助",还指出"智库能够为希望接近公共政策事务的学术界人士,以及希望从事研究工作的公职人员提供改换门庭的过渡机会"[3]。可以说,这一定义基本点明了"智库"在美国政治生活中的"旋转门"效应。

根据2002年版《美国研究词典》的表述,智库是一种"为解决美国面临的诸多公共问题,以跨学科方法进行综合分析、提出解决方案并影响公共决策过程的非官方研究机构,其资金多由财团、基金会及国家机关有关部门提供,其负责人多是企业家或者是退休的前国家机关高级官员,因此与资本、权力的关系甚为密切。智库的成员还经常担

---

[1] 邱伟,吕其昌.试析全球化进程中的思想库[J].国际论坛,2004,6(1):21-24.
[2] International Encyclopedia of the Social & Behavioral Sciences (Second Edition). Think tank [EB/OL]. [2016-04-15]. http://www.sciencedirect.com/science/article/pii/B9780080970868750525.
[3] 戴维·米勒,韦农·波格丹诺.布莱克维尔政治学百科全书[M].邓正来,译.北京:中国政法大学出版社,1992:759.

任国家机关要职,其研究成果作为国家机关、企业制定政策的重要参考依据"。这一概念把为数众多的官方即国家机关内的政策规划机构和半官方智库排除在外。

我国徐东彬主编的《简明政治学辞典》中,"智库"被定义为"一种特殊的研究咨询机构。从功能而言,它是为国家机关、利益集团和社团对外交、国防、战略、经济、社会等方面的问题进行专题研究,为国家机关估计形势、确定目标、制定政策提供依据。这些研究机构每年都以图书、论文、研究报告等成果形式展示并储存大量思想成果,故称之为智库"。这一定义对智库在国家政治生活中的定位、功能作用和工作方式都做了较为明确的界定。

2)国外学者更强调"独立"的政策利益相关者

智库权威学者对智库的界定也是层出不穷。美国西安大略大学政治学教授唐纳德·阿贝尔森认为,智库是指非营利、非党派,但并不意味着非意识形态的研究机构,其首要宗旨是影响社会舆论和公共政策[1],该定义强调了智库的非营利性和非党派性。美国专家肯特·韦弗认为,智库是指相对于国家机关和其他如公司、利益集团和政党等社会组织来说,具有重要的自主性的政策研究机构[2]。同时,智库是分析和参与公共政策的机构,针对国内外问题,开展政策导向的研究分析及提供咨询服务,产出关于国内和国际议题的具有鲜明政策导向的研究、分析和建议,从而使决策者和社会公众在充分了解情况的前提下,对公共政策方面做出明智的决策。另外,智库可能是附属或者独立的机构,但他们不是临时性的委员会,而是常设机构。这些机构通常作为学者和公共决策者之间的桥梁,国家和社会的桥梁,将基础研究和应用研究转换成决策者和社会公众能够理解、信任、访问的独立的声音,服务于公共利益[3]。

美国维克森林大学政治学教授安德鲁·瑞奇将智库定义为"独立的且不以利益为基础的非营利组织,它们提供专业知识和建议,并以此获得支持和影响决策过程"[4]。日本综合研究开发机构政策研究信息中心的高级研究员中村円认为,智库是民主社会的一

---

[1] ABELSON D E. Think tanks and US foreign policy:an historical view [J]. U.S. foreign policy agenda:an electronic journal of the U.S. department of state,2002,7(3):9-12.

[2] WEAVER R K, MCGANN J G. Think tanks and civil societies in a time of change [J]. Think tanks and civil societies:catalysts for ideas and action,2000:1-35.

[3] MCGANN J G. Think tanks and policy advice in the US [EB/OL]. [2016-04-15]. http://oi2-test3.s3.amazonaws.com/attachments/a6a2ba2e2ef420be7d7c45308fb04134a8ca47fc.pdf.

[4] RICH A. US think tanks and the intersection of ideology advocacy and influence [J]. NIRA Review,2001,8(1):54-59.

个主要政策利益相关者，可被视为决策集团中基于智力和知识的"软基础设施"，目的在于确保政策分析、研究、决策和评估过程的多元化、开放性①。日本智库研究专家铃木尚广对智库做出过一个非常精练的界定："智库是从事公共政策研究的机构。"②

英国曼彻斯特大学艾姆赫斯特学院的教授霍华德·威亚尔达指出，智库是研究、讨论与学习的中心，其注意力集中在关键政策议题上。智库并不是公司，不以营利为目的；智库也不是利益集团，因为各种利益集团的目的是通过游说谋利，而智库只是力图影响政策结果③。斯特拉·拉迪将智库描述为"有别于国家机关的，致力于运用专业知识和网络活动，为多元政策议题提供建议的研究机构"。

以上学者对智库的界定主要区别在于一个特定的概念将会放大或缩小智库的范围。例如，在阿贝尔森和铃木尚广的界定下，隶属于政党的政策机构会被认定为智库，而在汉默和拉迪的界定下，隶属于国家机关的政策研究机构不会被当作智库。

3）国内学者更强调"以战略问题和公共政策研究为首要目标"

关于国内智库的界定，不同时期、不同学者从各个不同方面，给出了他们的见解。中科院的张志强研究员认为，智库是专业型的战略与政策问题研究机构，指出前瞻研究重要战略问题并预判政策、良好的管理机制和筹资能力从而巩固决策咨询服务网络、凝聚思想型人才并开展政策设计研究等是一流智库的标志④。清华大学的薛澜从本体、目标、地位和状态4个方面分析了智库的基本内涵，之后，结合国内关于智库的争论，认为智库是一种相对稳定的、独立运作的政策研究和咨询机构⑤。薛澜教授认为，智库主要是指以影响公共政策为宗旨的政策研究机构，通过公开发布研究成果或其他与公共决策者有效沟通的方式来影响公共决策⑥。汪廷炯从权利和知识的关系角度，认为智库是提供整理有序的、卓越的科学思想，使决策者能深化改进公共政策，在权力与知识间架设桥梁，同时，智库从各种途径将与政策有关的信息（知识）送达给决策者（权力），以增

---

① NAKAMURA M. The changing policy environment in Japan [J]. The work of policy: an international survey, 2006: 61.
② 克勒纳帕瑞克. 智库概念界定和评价排名: 亟待探求的命题 [J]. 中国行政管理, 2014 (5): 25-28.
③ WIARDA H J. Think tanks and foreign policy: the foreign policy research institute and presidential politics [M]. New York: Lexington Books, 2010: 29-30.
④ 张志强, 苏娜. 一流智库战略研究成果的质量管理机制 [J]. 中国科学院院刊, 2016, 31 (8): 940-950.
⑤ 薛澜, 朱旭峰. 中国思想库: 涵义、分类与研究展望 [J]. 科学学研究, 2006 (3): 321-327.
⑥ 薛澜. 思想库的中国实践 [J]. 瞭望, 2009 (4): 21-24.

强公共决策的科学性①。孙哲认为,智库特指针对各种内政外交领域的政策议题,由学有专精的专家组成的决策服务团体和咨询机构②。有的还在国外智库研究学者概念的基础上进行概括和总结,如中央党校穆占劳博士认为,现代意义上的智库是"以公共政策研究及影响决策为其首要目标,以国家机关及各类社会组织、集团为主要服务对象,工作内容涉及政治、经济、外交、军事、科技、社会等公共领域,以调查研究、出谋划策、提供各类咨询和建设性的参考意见或政策报告为主要工作形式,其工作性质是为了解决各种与决策有关的问题,一般具有非营利性"③。广东省社会科学院的林平凡研究员认为:智库是指由多学科专家团队组成,为决策者处理社会、经济、科技、军事、外交等各方面的问题出谋划策,提供最佳理论、战略、策略、方法、思想的公共研究机构;同时从功能上,将智库分为策略型智库和战略型智库;策略型智库主要是解决经济社会发展中的具体问题,战略型智库则是以影响和服务经济社会发展重大决策研究咨询为主④。综上所述,虽然不同学者对智库概念的描述有所不同,但总体而言,智库是指以战略研究和公共政策为研究对象,以影响政府决策为研究目标,以社会责任为研究准则的专业研究机构。

(3) 分类

智库是提供公共政策、议题研究、分析和咨询的机构,主要面向政府决策进行研究,针对国内外议题提出建议,使决策者在信息充分的前提下进行公共决策。智库主要提供思想产品(政策、建议、公共知识等)、搭建交流平台(举办论坛、报告会、碰头会等)、培养公共人才(提供大学、企业、政府之间的人才流动平台)、引导社会舆论(为权威媒体提供思想素材等)。

在西方社会,智库基本上都是独立于政府的"外脑型"智库,几乎都为非政府组织。智库一般按研究问题的地域分类,如国际问题研究、区域问题研究、国内问题研究;或者按照研究领域分类,如社会政策、政治战略、科技问题、工业或商业政策及军事咨询等。美国著名的智库研究学者阿米得将智库分为学术型、合同型、游说型及混合型4类。肯特·韦弗则认为,思想库应分为以研究为导向的机构,即没有学生的大学;以接受合同承担委托研究为主的研究机构,也称为"政府合同的研究组织";以及倡导型

---

① 汪廷炯.论思想库 [J].中国软科学,1997(2):24-28.
② 孙哲.中国外交思想库:参与决策的角色分析 [J].复旦学报(社会科学版),2004(4):98-104.
③ 穆占劳.美国思想库与美中关系研究 [D].北京:中共中央党校,2004.
④ 林平凡.战略型智库与战略研究能力:基于地方社会科学院转型的视角 [J].广东社会科学,2013(1):62-67.

思想库[1]。美国著名智库学者詹姆斯·麦甘则将智库分为5类：政策制定型智库、政党代言型智库、影子型智库、学者型智库、社会活动家型智库[2]。

中国的智库类型较多，分类问题也相对复杂。目前学界对中国智库分类，多以智库的隶属关系和行业归属为标准，常见的分类法包括：3类分类法，政府智库、科研院所和高校智库、社会智库[3]；4类分类法，党政军智库、高校智库、地方科研院所智库、社会智库[4]；还有7类分类法，党政部门、社科院、党校行政学院、高校、军队、科研院所和企业、社会等智库[5]。智库在社会经济行业中常常挂着研究机构、基金会和协会等牌子，与公共管理咨询公司十分相像，它们最大的区别在于非营利性。咨询公司属于营利组织，而智库是非营利组织。虽然智库有时也会营利，但没有逐利性，不以营利为主要目标。

1.2.2 智库研究

目前，国内外专家对智库研究的概念并没有统一的认识。本书将智库研究定义为以智库本身为对象开展的学术研究，而形成的知识体系，如智库的概念、特征、规律及怎么建设、怎么评价之类等问题，简言之即"对智库开展的研究"。上文所说的"智库工作"，是指"智库开展的工作"，两者在内涵指向上完全不同。

（1）开展智库研究的主要视角

早在1971年，保罗迪克森的专著《智库》就对智库的起源、影响等进行了探讨。20世纪90年代后，有关智库的研究成果迅速增加。国外学者对智库的研究已逐渐发展出一套较为成熟的理论和分析方法，形成了智库研究的3个传统领域——历史路径、实证主义和国际比较研究，近年来更是逐渐兴起了批判研究、调查研究和网络研究等新的研究视角。关于智库研究的内容和维度，也逐渐呈现多元化趋势。

历史路径视角，主要分析智库兴起的政治、经济和社会背景，以及对某一智库的产生、发展历程进行案例研究。其中，加拿大公共政策研究专家阿里德·马飞尼泽姆在

---

[1] KENT R W. The changing world of think tanks [J].Political science and politics，1989，22：563-578.
[2] MCGANN J. The think tank index [J]. Foreign policy，2009（170）：82-84.
[3] 李凌.中国智库影响力的实证研究与政策建议 [J].社会科学，2014（4）：4-21.
[4] 上海社会科学院智库研究中心.2015年中国智库报告：影响力排名与政策建议 [R/OL].［2016-04-04］.http：//www.sass.stc.sh.cn/eWebEditor/UploadFile/00n/ull/20160128161350250.pdf.
[5] 关于加强中国特色新型智库建设的意见 [EB/OL].［2016-04-01］.http：//news.xinhuanet.com/zgjx/2015-01/21/c_133934292.htm.

《咨询和进步时代的智库》一书中,探讨了智库与美国进步时代(1890—1924 年)之间的关联,并研究了这一时期的智库在社会运动和社会生活中的作用。詹姆斯·阿兰·史密斯 1991 年出版的《思想捐客:智库和崛起的新政策精英》梳理了美国政治精英的兴起和历史发展过程,认为从 1865 年起一些专家就尝试建立美国社会科学促进学会;书中还重点探讨了 20 世纪 70 年代出现的以传统基金会为代表的保守主义智库,认为美国智库的发展归因于美国发达的基金会、特有的三权分立及政党分散的权力。大卫·里奇 1993 年出版的《美国政治变革:新华盛顿和智库的兴起》,分析了智库在美国政治文化中的兴起过程,认为美国联邦政府因为智库的作用发生了巨大的变化[1]。

实证主义视角,英国华威大学教授迪安尼·斯通 1996 年出版的《俘获政治意象:智库与政策过程》从中观层面分析了智库在政策过程中的影响力,奠定了运用实证方法研究智库的理论基础[2]。加拿大学者唐纳德·阿贝尔森在智库研究方面做了比较深入的探索,在其 1996 年出版的《美国智库及其在美国外交政策中的作用》一书中,以美国外交政策的决策过程为案例,详细分析了智库参与公共决策的过程和机制,并对智库发挥影响力的渠道进行了分析。安德鲁·德纳姆和马克·加内特于 1998 年出版的《英国智库和舆论环境》对英国智库与政策咨询和舆论引导的关系方面,进行了实证研究。为了对全球智库的发展有较全面的了解,一些国家开展了针对智库的调查研究,如日本著名智库野村综合研究所编制的《世界智库指南》(NIRA's World Directory of Think Tanks, NWDTT)[3],介绍了知名智库的组织机构、管理和运作机制。

国际比较研究视角,随着智库的政治地位和影响力的日益提升,各国学者也开始关注本国智库的发展,从比较的视角进行思考和剖析。英美学者迪安尼·斯通、安德鲁·德纳姆和马克·加内特合编的《跨国界的智库:比较研究》,通过介绍西方国家主要智库情况,展现了不同国家智库的特点[4]。加拿大学者唐纳德·阿贝尔森于 2002 年出版的《智库能发挥作用吗?公共政策研究机构影响力之评估》,对比分析研究了美国和加拿大智库的发展经历,并以数据和图表为佐证,探讨评估智库在不同阶段以不同方式对政策制定和政策制定环境形成的影响力和作用。近年来,还有很多论文对世界各国智

---

[1] 王佳英. 智库及其对美国外交政策的影响 [D]. 济南:山东大学,2011.
[2] 徐晓虎,陈圻. 智库研究的历史演进及其趋势 [J]. 重庆社会科学,2011(8):105-108.
[3] NIRA. NIRA's world directory of think tanks(NWDTT)[EB/OL]. [2016-04-15]. http://www.nira.or.jp/english/nwdtt/nwdtt.html.
[4] STONE D, DENHAM A, GARNETT M. Think tanks across nations:a comparative approach [M]. Manchester:Manchester University Press,1998.

库的形态、特点及趋势进行了深入的分析和探讨。

批判研究视角,英国西苏格兰大学教授哈特维希·帕乌兹讨论了如何运用安东尼奥·葛兰西提出的批判性方法理解智库的功能,并且运用哈耶尔的话语联盟概念诠释智库作为国家机关的外部促变因素所起的作用[①]。迪安尼·斯通对智库的功能与角色进行了批判性的思考与探讨,指出智库的"三大神话"包括:智库是桥梁,智库为社会公众利益服务,智库思考问题。斯通在对三大神话一一剖析后指出,智库实际参与的诸多活动又大大削弱了三大神话的有效性[②]。批判研究的视角,是对当前全球智库热、智库泛化及智库过度商业化现象的反思,也是一种理论层面的多元探讨。

网络研究视角,迪安尼·斯通致力于全球"知识—政策"网络和政策转移及智库的角色研究[③],他认为市场的全球化,带来了不同类型的网络、全球关系和多边倡议。这些全球政策过程虽然在各个国家内部各不相同,但是仍然有内在联系,跨国智库网络可以考虑通过影响国家机关内部公共决策过程,从而影响国际组织、私有政权和多边倡议[④]。詹姆斯·麦甘和理查德·萨巴蒂尼合著的《全球智库:政策网络与治理》一书,对全球性、地区性、国家级等各种层次上的智库及其所处背景和未来前景进行了清晰描述,对智库扩展的原因和本质及智库的前景做了深入解读。他们认为虽然跨国智库在全球和国家政治领域中还是比较新的面孔,但它们在跨国公司日益增多和西方主导力量减弱的大环境下,正成为决策领域重要的力量源泉,并通过分析阿特拉斯经济研究基金会和全球发展网络在决策中的作用,进一步阐述了全球智库和全球公共政策网络在民间社团中的作用和它们面临的机遇与挑战[⑤]。

(2) 智库研究的主要内容

目前,国内智库研究已经渗透多个学科领域,形成了多点开花的态势。学者围绕智库与公共决策的关系,智库的运行机制、影响力,中国特色新型智库建设等方面开展

[①] PAUTZ H. Revisiting the think-tank phenomenon [J]. Public policy and administration, 2011, 26 (4): 419-435.

[②] STONE D. Recycling bins, garbage cans or think tanks? Three myths regarding policy analysis institutes [J]. Public administration, 2007, 85 (2): 259-278.

[③] STONE D. Knowledge networks and global policy [J]. Global knowledge networks and international development, 2004 (7): 89.

[④] STONE D. Global public policy, transnational policy communities, and their networks [J]. Policy studies journal, 2008, 36 (1): 19-38.

[⑤] 詹姆斯·麦甘,理查德·萨巴蒂尼. 全球智库:政策网络与治理[M]. 上海:上海交通大学出版社,2015:1.

了广泛的研究。此外,还有很多学者对以兰德公司、布鲁金斯学会为代表的西方智库如何开展政策研究,如何在公共决策中发挥作用,以及他们的研究成果如何影响政府和公众,进行了广泛的探讨。

1)智库影响政策的过程和机制

不同类型的智库影响政策的方式和途径不尽相同。孙蔚在分析国内智库主要类型的基础上,认为智库参与影响公共决策的方式主要有5种:一是参与重要纲领性文件的讨论和起草;二是通过各种内参向决策者输送自己的观点;三是通过举办各种学术会议和论坛发表观点;四是通过大众媒体发布自己的观点,进而影响社会舆论和决策;五是通过参与决策者的重要会议等方式影响决策①。

孙哲认为中国外交思想库在关注国际政治现实的大背景下扮演了5类角色,分别是:为外交决策服务的政策建议者;担当信息管道、信息使者和外交谈判参与者;凭借自己的学术声望和人脉关系扮演的外交"纳谏者";政策主张的宣传者和传播者;政策的指导者、审议者和评判者②。

王莉丽比较全面系统地论述了美国智库的"旋转门"机制,认为美国智库的"旋转门"机制具有构建人际传播网络、搭建知识与权力的桥梁和推进"二轨外交"等3项重要功能,同时指出,独特的政治文化创造了"旋转门"机制的思想基础,开放的政治体制提供了旋转空间,美国智库相对的独立性保证了"旋转门"机制的持续运转③。吴寄南在分析日本智库的沿革和现状,以及冷战后日本外交决策过程变化的基础上,认为日本智库影响外交决策主要有两个途径,一是利用高质量的"研究成果",适时发表有关的政策建议和研究报告,用引导舆论、形成民意的方式来影响日本政府的决策过程;二是利用"旋转门"机制,由智库代表充当首相顾问或参与政府组织的各种恳谈会、顾问委员会及首相、官房长官的私人咨询机构,以此推介自己的主张④。王春法在分析智库特点的基础上,从管理体制、筹资机制、成果推销机制、人员交流机制等4个方面分析了美国智库的运行机制⑤。傅广宛等人以公共决策机制的变迁与智库发展为视角,分析了它们之间的对应性和互动性⑥。

---

① 孙蔚.中国智库的现状及其参与决策研究[J].中州学刊,2011(2):119-121.
② 孙哲.中国外交思想库:参与决策的角色分析[J].复旦学报(社会科学版),2004(4):98-104.
③ 王莉丽.美国智库的"旋转门"机制[J].国际问题研究,2010(2):13-18.
④ 吴寄南.浅析智库在日本外交决策中的作用[J].日本学刊,2008(3):16-28.
⑤ 王春法.美国思想库的运行机制研究[J].社会科学管理与评论,2004(2):29-41.
⑥ 傅广宛,刘晓永,毛志凌.我国政府决策机制的变迁与思想库的发展[J].当代世界与社会主义,2011(1):131-134.

2) 智库影响力的评估和提升

不同的智库拥有的资源不同，提高其地位，扩大其知名度，发挥其影响力的途径也多种多样。朱旭峰等人在智库影响力依附于政策过程的假设下，认为智库影响力具有显性、因果性、直接/间接性的特点，梳理了智库影响力的层次结构，提出了基于社会结构的影响力分析框架[1]。朱旭峰在智库、社会思潮、大众媒体三者互相影响这个假设前提下，通过各主要智库被大众媒体引用的统计和排名，以及各智库流派在大众媒体引用中所占的份额，分析了美国智库对社会思潮的影响。邹逸安分析了国外知名智库取得成功的原因，认为超脱的地位、与国家决策者保持密切的联系、研究成果的广泛传播、人员配置的科学性和合理性、严格的成果评审制度、先进的研究方法和研究手段、健全的情报信息网络都有助于智库影响力的提升[2]。

任晓分析了美国智库的发展过程和基本职能，认为智库发挥影响力的主要方式有发行出版物、召开讨论会、与大众媒体建立联系、做国会的工作等[3]。朱瑞博等人基于政策网络，分析了智库影响力的传递渠道和形成机制，认为在公共政策网络的形成过程中，智库通过创新思想引领机制、舆论引导机制和旋转的人才交流机制，采用多种手段和渠道向决策者、社会公众、学术圈和大众媒体、网络宣传推介他们的思想、观点和策略，逐步树立了自己的学术影响力、社会影响力和决策影响力[4]。黄忠敬在分析美国教育智库类型的基础上，从"影响对象"和"影响方式"两个维度研究了美国教育智库的影响力[5]。徐晓虎等人以智库名称、智库思想观点和政策建议在百度的搜索结果数为指标，对国内主要智库影响力进行排名[6]。

3) 智库建设

关于智库的建设，早在1997年，邱衡等人基于国内软科学研究机构都是国家机关下属机构，独立性差，受条块分割体制影响严重等问题，提出建设非营利智库的设想[7]。李占峰等学者认为国内智库建设存在5个方面的难题：一是如何尽快改革"谋"

---

[1] 朱旭峰，苏钰.西方思想库对公共政策的影响力：基于社会结构的影响力分析框架构建[J].世界经济与政治，2005（12）：21-26.
[2] 邹逸安.国外思想库及其成功的经验[J].中国软科学，1999（6）：87-89.
[3] 任晓.第五种权力：美国思想库的成长、功能及运作机制[J].现代国际关系，2000（7）：18-22.
[4] 朱瑞博，刘芸.智库影响力的国际经验与我国智库运行机制[J].重庆社会科学，2012（3）：110-116.
[5] 黄忠敬.美国教育的"智库"及其影响力[J].教育理论与实践，2009（5）：20-23.
[6] 徐晓虎，陈圻.中国智库的基本问题研究[J].学术论坛，2013，35（11）：178-184.
[7] 邱衡，赵澄谋，张代平，等.中国应该建立和发展非营利思想库[J].中国软科学，1997（10）：107-110.

与"断"不分的决策体制;二是如何正式确立智库参与决策咨询的制度性框架;三是如何营造"体制外"智库与"体制内"智库公平竞争的制度环境;四是如何建立以研究项目为纽带、以决策服务为导向的互动合作机制;五是如何建立社会多元化的研究资助机制,在此基础上提出建立开放的公共决策体制、决策咨询的竞争机制、智库成果的社会评估机制、智库人才的旋转门机制、智库之间的互动合作机制、智库的培育孵化机制等六大体制机制方面的建议[1]。卢晶颖从智库与国家机关的关系、智库之间的关系,比较分析了国内外智库建设的环境因素差异[2]。薛澜在分析智库兴起的经济社会发展背景、智库的社会职能及智库发展的制度安排与生态环境的基础上,认为国内智库应该加强公共政策的研究能力、减少政策研究禁区、推进数据信息公开等[3]。

1.2.3 智库工作

本书中,智库工作与智库研究、智库功能具有不同的内涵。为了与智库研究相区分,本书的智库工作特指智库开展的研究工作,即智库提供咨询或者生成咨询报告的过程。而本书的智库研究,是指以智库为对象形成的知识体系,如智库怎么建设、怎么评价等问题。智库的功能则主要是提供思想产品、搭建交流平台、培养公共人才、引导社会舆论等。

中国科学院科技战略咨询研究院的潘教峰研究员认为:智库工作主要是以"服务于国家治理体系和治理能力现代化"为目标,以"学科交叉性、相互关联性、政策实用性、社会影响性、创新性、不确定性"为特征,以"问题、科学、证据"为导向,以"收集数据—揭示信息—综合研判—形成方案"为环节,以"思想性、建设性、科学性、前瞻性、独立性"为要求,以"发展理念与战略、法律法规与方法、体制机制、政策和举措"为评价标准[4]。中国科学院文献情报中心的初景利教授认为:智库工作是面向特定的问题与需求,以解决现实性或战略性公共政策为主导,通过科学研究及其研究成果,支撑或影响公共政策,支撑或参与战略规划制订,引导或影响公众对政策或战略的认知[5]。

---

[1] 李占峰,金家厚,鲍宗豪.中国智库发展亟需理念和制度创新[J].开放导报,2011(6):100-104.
[2] 卢晶颖.中国思想库建设的环境因素探析[J].情报资料工作,2008(5):67-70.
[3] 薛澜.智库热的冷思考:破解中国特色智库发展之道[J].中国行政管理,2014(5):6-10.
[4] 潘教峰,鲁晓.关于智库研究逻辑体系的系统思考[J].中国科学院院刊,2018,33(10):97-107.
[5] 初景利,唐果媛.论从学术研究到智库研究的转化机制[J].情报理论与实践,2018,41(11):5-9.

可以看出，智库工作本质上是政策研究和战略研究，同时具有科学研究的性质，是国家治理体系和治理能力现代化的重要内容。具体而言，智库工作有3个层面：支撑或影响公共政策、支撑或参与战略决策、引导或影响公众对公共政策或战略的认知。首先，智库提出的公共政策建议必须有一定的影响，或短期或长期，或直接或间接。其次，支撑战略决策是智库工作的重要问题，战略决策通常与公共政策息息相关，甚至本身就是一项公共政策，对一个地区、一个行业或者一个领域的影响至关重要。最后，智库需要关注和解决的问题还包括引导公众对公共政策或战略的认知，这是一种重要的宣传和影响的作用，也是智库发挥作用的重要手段和途径。

兰德公司开展的相关工作充分展示了智库工作的作用与意义。兰德公司是以美国国家和军队战略问题研究为主、以各类具体问题研究为辅的智库。目的是通过对公共政策的研究，影响公共政策决策，为用户提供广泛的专门技术和有效的解决方案。所研究的问题大多带有战略性、前瞻性，重视站在理性、科学、战略的高度分析、评估整个世界。在作战研究领域，从海湾战争、科索沃战争、阿富汗战争到伊拉克战争，几乎都有兰德公司的影子。在武器装备科研领域，兰德公司在侦察卫星研制、弹道导弹研制、防空预警系统建设等方面为美军做出了重大贡献。还最先提出了"博弈论""系统分析"等一系列理论和方法。几十年来，它在防务、外交及科学技术、社会、政治、经济等领域为美国政府的决策发挥了重要作用。

智库工作与智库研究相辅相成。智库研究可以更好地推动智库建设和智库创新，智库要在实践中不断摸索、创新，同时还要对这些创新进行理论总结，用理论来支撑实践。智库研究有利于总结智库参与决策咨询过程中的经验和教训，对智库研究中涉及的质量控制、选题导向、研究方法、数据来源、报告撰写、评估标准等方面进行系统归纳，提出有针对性、指导性的理论、规范，保证智库报告的全面性、创新性和价值性。

1.3 情报与智库的关系

情报的分类可以有多种视角，一般按照情报源及业务领域两个角度进行划分。在国外，情报机构与智库泾渭分明，一般不会有人将这两类机构混为一谈。国外的智库一般指关注于公共政策研究的"私营"非营利组织，而情报机构一般指政府下属的对国家安全具有重大意义的"对手"情报信息收集机构。在我国，由于一般不强调智库的"独立性"，大量政府下属的政策研究机构成为知名智库，因此国内智库的概念更加宽泛。而情报机构，尤其是以各领域国外科技发展跟踪研究为主要职责的"开源科技"情报研究机构，也扩展了国外对"情报机构"的界定，导致我国的部分情报机构与智库职责相互交叉，学界对情报学边界界定十分困惑。

1.3.1 情报机构与智库的特点

（1）按情报源分类多为面向国家安全的情报收集机构，按业务领域分类多为面向国家发展的情报研究机构

按情报源（即情报收集渠道和方式）分类的情报收集机构一般不会与智库交叉。这类机构是面向国家安全的"对手"情况收集机构，虽然也会对收集的资料进行研判和分析，但情报信息收集是这类机构的核心和基础业务。例如，美国国家情报总监办公室对情报的分类主要包括人力情报、信号情报、测量与特征情报、地理空间情报、开源情报。美国情报共同体的 18 个成员就是按照情报的获取方式途径，以及国家主管机构的隶属关系划分的。其中，最新加入的情报共同体成员是 2021 年 1 月 8 日与国家情报总监签署加入协议的美军太空部队的情报监视和侦查局（USSF ISR）。目前，美国情报共同体包括：① 2 个独立机构——国家情报总监办公室和中央情报局；②隶属于国防部的 9 个情报机构——国防情报局、国家安全局、国家地理空间情报局、国家侦察办公室、空军/海军/陆军/海军陆战队/太空部队情报部门；③此外，还有隶属于能源部/国土安全部/海岸警卫队/司法部中央情报局和缉毒局/国务院/财政部的其他 7 个情报机构。

面向安全的情报机构主要为政府实现国家安全领域科学决策提供必要的情报信息。这类情报机构具有以下鲜明特点。一是起源早。面向安全的情报机构伴随国家诞生而存在，随着国家安全形势变化和技术发展不断演进。二是运行管理比较成熟。面向安全的情报机构多数隶属于政府部门，有科学规范的预算计划、成熟完整的情报流程、工作规范和管理机制。这些一方面保障了情报机构的运行发展能够为政府决策层提供及时可用的情报信息支持；另一方面较好地避免了情报机构成为离群野象。三是情报信息源广泛。国家安全问题的对抗性决定了情报信息的复杂性。人力情报、开源情报、信号情报等不同情报收集手段各有所长，开展全源情报分析是面向国家安全的情报机构提高产品质量的重要保证。

以开源信息为主要情报信息源，以情报研究分析为主要职责的情报机构，一般是"面向国家发展的"情报研究机构。按业务领域分类是我国情报学专家学者比较偏爱的分类方式。由于需要大量领域的专业知识为背景，这类情报机构与智库交集最多。实际

上，高科技领域的竞争，使得以研究高技术为代表的"面向发展的情报机构"与国家安全的关系也日益紧密。因此，所谓面向安全和面向发展也是相对的，虽然这种划类方式难免会有一定的交叉，但并不影响本书的分析结论。

科技情报研究机构是"面向发展的情报机构"的典型代表，一般可按照行业划分，如船舶、航空、航天、电子等科技情报研究机构。此外，还有各省市科技情报研究机构。这些机构以科技文献等开源信息为主要收集手段，以领域背景知识为基础，开展了卓有成效的研究工作。如中国科学技术信息研究所成立之初的主要任务是提供科技情报、专利情报。

(2) 按服务层次分类，战略情报研究主题与智库工作关系密切

情报也可以按照服务层次的不同，分为战略情报、战役情报和战术情报。美国情报专家罗伯特·克拉克提出，战略情报解决的是长期问题，包括为制定国家战略与政策、跟踪国际形势、支持贸易决策所需的情报[1]。威廉·多诺万在《关于建立战略情报局的计划要点》中，重点分析了情报与决策的关系，他认为："没有情报依据的战略是无用的战略；没有战略指导的情报是无用的情报。[2]"第二次世界大战以来，美国情报共同体虽然经历了多轮改革，但其核心使命一直都是减少美国政府在国家安全相关领域决策的不确定性，服务于实现"百战不殆"的战略目标。即使是最激烈的批评者也不能否认，美国情报共同体在苏联解体、古巴导弹危机、进军伊拉克等重大事件决策中的重要影响。第一，它是政府决策层的"耳目"，通过《总统每日简报》等情报产品为决策者制定国家安全政策提供战略情报支持；第二，它是政府决策层的"参谋"，具有很强的评估预测能力，重点分析战略性议题的发展趋势，帮助决策者发现潜在重大机遇与危机，《国家情报评估》是其代表性情报产品；第三，它是保障国家安全决策实现的"尖兵"，在联合反恐和联合作战行动中提供了有效的支撑，如在美国成功击毙本·拉登行动中的情报分析工作的突出表现。虽然时代变革，情报机构的技术手段、工作重心有所调整，但支撑决策的核心功能没有改变。

与战略情报研究关系密切的智库工作也有自己的特点。权威智库一般都有明确的定位。应对热点问题和突发事件的能力强。一个智库的定位决定了它的业务发展方向、用户范围。这将影响到它的任务与产品的形式和内容、资源的配置及管理模式，进而影响到智库的影响力及它的地位作用。例如，美国布鲁金斯学会以增强民主、经济、国家安

---

[1] 罗伯特·克拉克.情报分析：以目标为中心的方法[M].马忠元，译.北京：金城出版社，2013.
[2] 高金虎.美国战略情报之父威廉·多诺万[J].文史天地，2014（2）：83-87.

全及国际合作等为任务使命，面向国家层面的决策者，取得了非常好的服务效果。英国科技政策研究所关注世界科技政策，以现实世界的问题处理为牵引，以研究科技创新、科技发展相关政策为己任，因此它重点关注技术与创新管理、科学技术与创新政策、经济学发展与技术变革等研究方向。著名智库都有自己的关注热点，这些热点具有突发性、阶段性或重要性。智库对此投入的力量很大，也很及时、积极，同时也会产生大量的针对性研究成果。例如，著名智库都非常关注利比亚、乌克兰等热点问题，研究并发布了很多相关信息，而大多数信息的发布时间都集中在矛盾最突出的阶段和突发事件过程中。图1-4是布鲁金斯学会、兰德公司关于利比亚和乌克兰问题研究成果按发布时间分布的情况。

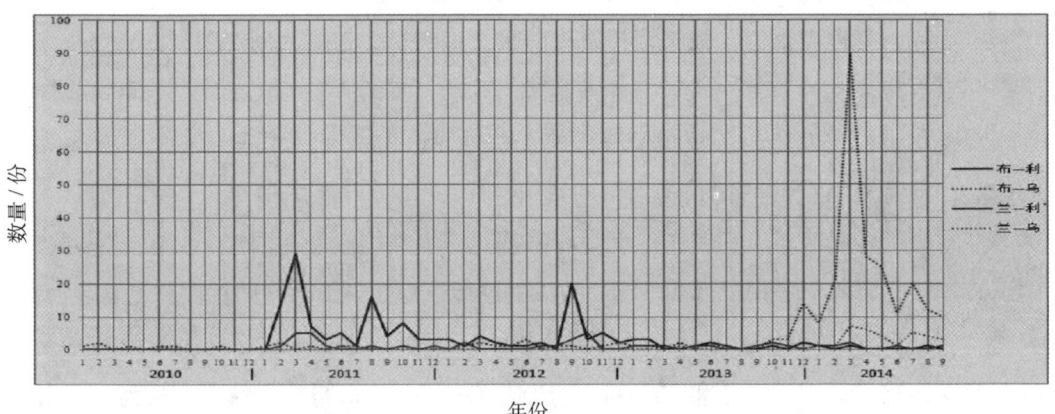

图1-4　布鲁金斯学会、兰德公司对利比亚、乌克兰问题发布的信息分布

此外，智库强调以高价值的产品获得强大的影响力。著名智库往往能够针对现实问题提出有针对性、说服力的解决方案，或能准确推测未来趋势。研究结论客观性、现实性很强。因此，很多产品能被学者、公众、媒体引用，或能引发政策探讨，有些甚至被决策层考虑或采纳，在某些领域能很好地转化为社会价值，这些都不断拓展和提升著名智库的社会影响力，使其逐步被政党或政府机构所接纳，有些智库扮演着决策者顾问的角色。智库通过决策影响力体现其价值，这是一个持续的渗出性过程，绝非短期效应。因此，智库的研究及其成果必须经得起客观标准检验，并融入国家和人类社会的最高利益中，进而提出真知灼见。因为需要融入更多的个性化内容并付出更多的智力劳动，所以智库的研究成果在产出量和形式等方面与信息机构不同。例如，作为多项排名第一的美国布鲁金斯学会，截至2014年9月18日，共发布研究成果27 895份，年产

出量约为1490份；著名的美国兰德公司的研究成果共计26 510份，年产量为200~250份。研究成果呈现多种形式，包括研究与评论、图书、报告、证词、论文、快报、简报等。

正因为如此，战略情报是与智库的战略咨询、公共政策研究关系最密切的部分，也是最容易产生混乱的情况。战役情报和战术情报则主要用于具体的军事行动、执法行动、企业竞争等，虽然也进行分析研判，但研究主题与智库研究主题少有交叉。

1.3.2 情报与智库关联性

智库是一个跨学科融合的产物，智库研究中需要用到多种学科的知识，其中智库和情报是天然紧密相关的。近些年，情报视角和情报学领域的智库研究数量和关注度呈现快速增长趋势，智库研究作为情报学项目招标和论文选题广泛出现。围绕智库建设的情报工作、情报机构和情报研究是核心关键词，情报工作在智库建设中的重要作用及情报机构与智库的协同合作是当下情报学参与智库研究的主要研究议题。我国智库因为起步晚，对理论方法的研究重视不够，因此一直缺少理论指导和方法支持，情报学在情报工作中总结的情报理论、方法，可以为智库建设提供支撑。

(1) 数据支撑成为情报机构和智库的共同基础

长期以来，情报机构与智库一个偏重情报信息的收集整理，一个偏重解决方案的调研论证，分工明确，各司其职。智库的工作重点是提供解决方案，虽然在研究过程中也需要收集资料，但一般采用调研、考察等方法，缺少技术手段的支撑，尤其是没有情报学多年以来在信息资源建设、信息转化流程，以及数据科学等专业化手段的吸纳。

大数据时代，网络化多模式传感器数量激增，社交媒体等开源信息指数级增长，开源情报的价值不断提升，数据资源成为各国情报机构关注的重点。美国中央情报局、国防情报局、情报高级研究计划局等机构近几年支持了多个数据智能项目，包括利用自然语言处理、图像识别等技术，提高数据的收集处理能力，这些技术工具的开发利用，已经在改变情报共同体收集、存储和处理信息的方式，甚至可能会在未来几十年内改变情报流程的所有环节——从收集到分析再到分发。美国中央情报局近年来支持的部分项目分析如表1-1所示。

情报与智库

表1-1 美国中央情报局近年来支持的部分项目①

企业	项目内容
Primer	利用人工智能技术构建机器学习系统，自动分析和汇总大量非结构化数据和自然语言文档
Metabiota	利用人工智能技术建立业界首个估计险情、防备和风险的情报分析平台
Ombud	利用人工智能技术应用于决策管理和知识协作，为政府机构企业提供高效决策管理平台
Brainspace	利用该公司独特的信息处理方法，加速机器学习效率，进行超期案例评估及调查分析，对信息分类判别
Orbital Insight	利用卫星、无人机等地理空间图像数据，结合人工智能技术，预判区域或全球社会经济发展趋势
Databricks	利用人工智能技术建立复杂分析领域开源数据处理引擎

数据也日益成为智库提升竞争力、增强话语权的基础条件，受到各类智库的重视。例如，中国社会科学院的网络数据中心将社会科学领域的学术期刊、社会调查资料和学术经典整合在一个开放平台中，供研究者交流使用，这种模式应当成为未来数据平台建立的主流方向。此外，企业智库发展迅速，在收集、处理和分析大数据方面占有绝对优势，起到了很好的示范作用。例如，阿里、腾讯研究院都有很强的技术实力和研究能力，对于国民网购、出行、快递服务等领域的大数据分析已经较为成熟和细致，涉及对各类人群各类行为的深度分析，但其积累的数据主要集中在商业领域，不能充分满足政府决策的需求②。

国内很多知名专家学者都对数据资源对情报的基础作用进行了研究。马费成教授认为："情报学研究离不开数据支持，同时情报学也是与数据十分密切的学科。情报学研究数据来源具有明显的改善和提升。"③王知津教授提出："情报学和情报工作要以情报为导向，以信息和数据为来源，将分析后的数据和信息转化为有价值的情报，服务于决策和战略。"④智库的信息资源体系也必然要基于大数据网络环境，在这一视角下，李纲提出了协同创新的情报保障体系，认为"智库决策咨询过程应该改变以往拍脑袋的方

---

① 大柳树防务. 美军情报体系人工智能技术发展研究[EB/OL]. (2020-04-23) [2021-08-06]. https://www.secrss.com/articles/18925.
② 吴田. 大数据助推新型智库建设[N]. 光明日报, 2017-06-01 (11).
③ 马费成, 张瑞, 李志元. 大数据对情报学研究的影响[J]. 图书情报知识, 2018, 5 (5): 4-9.
④ 王知津. 大数据时代情报学和情报工作的"变"与"不变"[J]. 情报理论与实践, 2019, 42 (7): 1-10.

式,建设以数据资源为驱动的智库决策咨询支持系统"①。

数据理念和技术为情报机构和智库带来了新机遇,大数据、人工智能、云计算等技术将改变人们思考和决策的方式,大数据时代快速准确地收集与获取信息、分析与处理信息,提升我国的科学决策能力,也是未来决策科学化、实时化、准确化的前提,日益成为国家战略竞争的制高点。

(2)情报机构对分析研究重视程度日益增加,因此可以向智库学习借鉴的经验越来越多

"9·11"事件以来,为了解决美国情报机构之间信息情报共享不足的难题,美国2004年设立了国家情报总监,总体负责和协调各情报机构的相关工作②。美国情报部门还通过项目公开招标、风险投资等多种方式广泛引导智库、研究机构、公司多方面力量参与技术研发和情报工作。通过这些方式,美国构建的国家情报体系能够有效利用军方、政府、智库、研究机构和公司等多方面力量,有力地支撑了美国情报工作的创新发展。此外,美国颁布的多项战略文件都着重强调为了充分利用智能技术的发展潜力,维持美国的创新能力,抢占新的发展机遇,美国必须加大对人工智能、机器人及其他相关智能技术的投资,并且制定相关政策以支持人工智能专家、研究人员等专业人才教育和培养;通过设立标准和评测以开展对智能技术的效果评估,鼓励开展智能技术对伦理、公众政策、法律和社会影响的研究等。涵盖了战略投资、专业人才培养、伦理道德、技术标准等智能技术发展的多个方面,为促进智能技术发展清除障碍、创造条件。

情报工作的整合在各个层面开展。美国中央情报局2015年提出"未来发展蓝图"改革方案,宣布进行自1947年成立以来最大规模的内部重组:成立一个新的数字化创新指挥部,建立10个任务中心,强化数字监控,加速提升情报分析能力,同时促进各部门整合,加强抗击网络威胁能力。这次改革受到美国国家安全形势两大重要变化推动,一是决策者所面对的问题在范围、多样性、复杂性和紧迫性上都已经显著扩大和提高;二是科技发展速度带来史无前例的冲击。各部门之间的隔阂已经成为中央情报局行动中的掣肘,因此这次改革的重点是打破部门界限、整合资源、改变信息碎片化的劣势。全面整合中情局内部的行动、分析、支持及技术资源能力,改变以往将行动分支和

---

① 李纲,李阳.面向决策的智库协同创新情报服务:功能定位与体系构建[J].图书与情报,2016(1):36-43.
② 张家年,马费成.美国国家安全情报体系结构及运作的研究[J].情报理论与实践,2015,7(38):7-14.

分析分支严格隔离开的传统。成立任务中心之后，行动人员和分析人员将会融合到这10个中心中，每个中心由一名助理局长负责管理。任务中心可以按照地域和职能划分为两类，包括中东中心、东亚中心和反恐中心、防武器扩散中心等，每个中心负责所辖范围内的全部情报任务，包括秘密行动、侦查分析、与外国情报机构联络等。为了应对这些变化，中央情报局要吸引人才，并且不断提升情报人员的分析能力和情报技能；完善组织结构支撑决策过程；快速、有效地发挥中央情报局的整体能力。

2017年发布的《中华人民共和国国家情报法》中明确提出"国家情报工作要坚持总体国家安全观"，"国家建立健全集中统一、分工协作、科学高效的国家情报体制"。《南京共识》也呼吁"建立大情报科学，促进各情报领域的相互融合与相互支持，实现军民情报学的融合"。[①]因此，在数据来源与研究工具和手段等多方面趋同发展形势下，在国家发展与安全的新需求下，需要建立统一的大情报观，面向国家经济、科技、社会发展、军事国防和国家安全等国家重大需求，将科技情报、社科情报、军事情报、安全情报等情报子学科联为一体，借助与整合政府部门、军事机构、科研院所、智库等多方资源与力量，促进数据资源、基础设施、工具软件、技术方法和人力资源的互联互通、开放共享，进一步释放情报工作潜能，促进情报事业的发展。

（3）现代智库作为信息中转站，情报学方法技术的应用日益广泛

现代智库不仅为政府设计政策备选方案，还会作为信息中转站，为决策者提供丰富的决策信息和决策知识，既是提供解决方案的智库，又是提供决策信息的信息库[②]。大数据时代，决策机构遇到的难题不是信息匮乏，而是信息爆炸导致的缺乏有效的信息过滤机制。因此，智库的信息过滤功能非但没有弱化，反而作用更加突出了。智库信息主要来源于"公开资料"，智库要对海量信息的可靠性、准确性进行核实、分析，以便为决策者提供可靠、有用、易懂的信息。现代智库要实现创新发展，必须吸纳情报学中数据收集、处理，乃至分析的方法流程，才能在新的国家治理模式中继续发挥作用。目前，我国知名智库越来越重视情报信息收集整理研判等工作，例如，上海社科院已经合并了信息研究所与网管中心，成立专门的部门负责相关工作。

情报学在信息资源建设等方面具有多年的研究基础，智库建设发展可以广泛应用情报学开源信息收集、数据处理、情报分析方法等新技术、新工具、新方法。对此，国内

---

① 中国科学技术情报学会，中国社会科学情报学会. 情报学与情报工作发展南京共识[J]. 图书情报工作，2018，62（1）：142.

② 赖先进. 国际智库发展模式[M]. 北京：中共中央党校出版社，2017.

专家已经开展了相关研究。陈璟浩等[①]设计了基于特定领域的面向中国—东盟的智库体系，体系框架自下而上包括资源采集、数据处理、情报存储、情报分析、情报分发，在框架设计中考虑了面向特定领域和用户的情报工作和运行机制，为特定学科和领域的智库建设提供可借鉴的经验。戎军涛[②]等学者以数据密集型研究范式和知识管理为主线，构建了基于数据和智慧驱动的科技智库知识服务模型，在此基础上对知识服务模式3个集合在不同层次上展开，得到"数据—情报—智慧"的价值链模型，基于此模型构建科技智库的知识服务机制。

1.3.3　情报、智库与战略决策

将情报与智库放在一起进行研究，是最近几年才出现的一个趋势，根本原因是信息时代带来的情报学学科发展的新特点，以及政府治理模式变化带来的对智库工作的新要求。随着时代发展，情报研究机构虽然仍以国外情报收集分析为主业，但越来越需要了解国内情况，在此基础上，以对策研究为主要职责的智库，也要以面临的挑战和世界发展方向为依托，提出具体的解决方案，支撑决策。因此，情报分析作为解决信息不完备的手段，越来越趋向国内外融合。在决策链的"数据信息收集—情报分析—对策研究—决策"中，过去第二、第三个环节主要以国内、国外区分，现在则更多地以工作领域和工作性质区分，因此情报产品与智库工作的交集增多。

（1）情报机构与智库都开展战略性及预测性研究

战略情报研究与智库研究工作都不是纯学术研究，而是与实际问题紧密相连的应用研究。智库学者同情报研究人员一样，扮演着为决策制定者服务的学术专家角色。

世界一流智库在很多和国家安全与发展有关的战略问题上发挥重要作用。美国智库的许多研究主题涉及区域、国家甚至全球重大问题，具有政策宏观、范围广泛等特征。例如，美国战略与国际问题研究中心（CSIS）在战略研究领域取得了许多重大成就。1966年，其研究报告促使众议院就中苏关系破裂问题举行听证会；1985年，改革国防部与参联会的戈德华特·尼可尔斯法案亦由该中心研究小组所首倡；1998年，该中心退休顾问委员会的一份报告让两党在社会保险改革大辩论中形成一定共识；而在2007年，

---

① 陈璟浩，李春雅. 面向中国—东盟的智库情报体系构建研究［J］. 情报杂志，2018，37（8）：18-22，31.
② 戎军涛，李华，乔伟荣. 数据与智慧双轮驱动下的新型科技智库知识服务机制研究［J］. 图书馆，2018（7）：24-29.

该中心向美国政府提交了利用"巧实力"来实现美国全球抱负的一整套政策建议,得到美国政府的高度重视。

未来发展预测也是智库研究的重点,通过运用科学的计算方法,结合各类专家的智慧分析,预测可能发生的重大事件,以期得到相关政府的有效认可。在我国,各类新型智库主要为行政部门决策提供咨询服务,强调突出战略思维,一般围绕政府、社会、公众关心的重点方向和内容,开展战略性、超前性、趋势性、建设性研究。中国科学院战略咨询院出版的《技术预见报告2008》对未来20年中国在信息、通信与电子、能源、材料科学与技术和生物技术与药物等领域的研发前沿与热点,展望了发展趋势与前景,为我国重大科技政策制定和实施提供了依据。

战略性和预测性研究,也是情报机构的工作重点。2019年1月,美国国家情报总监办公室发布《国家情报战略》,提出美国情报机构未来工作的七大任务中,第一项任务是战略情报——开发并维持获取和评估数据的能力;建立并巩固与重要议题有关的专业能力,识别战略风险与机遇;提供关于战略环境的深入评估、背景和专业知识;第二项任务是预测情报——处理新的和正在出现的趋势、不断变化的环境相关情报,开发定量和数据分析技术,将预测情报纳入情报共同体的日常分析工作。开发综合能力,为决策机构提供及时、重要的情报预警。

(2) 情报机构与智库在决策链中处于不同的位置

长期以来,情报机构和智库分别开展相关研究,都可以支撑决策,但这两类机构的侧重点有所不同,以情报收集为主体的"面向安全的情报机构"主要职责是收集"对手"情况,开展全源情报分析。"面向发展的情报机构"则以分析竞争对手及战略环境、发展趋势预测为研究重点,支撑和引领战略决策。以提出解决方案为努力方向的智库工作则侧重于提供具有现实性、针对性和可操作性的对策建议。虽然有时研究内容会有交叉,但总体上通过互补促进决策的科学化。例如,在"一带一路"倡议中,情报的作用是在"沿线国家"研究基础上的战略、规划;智库的作用是基于我国发展需求的"一带一路"倡议、规划。虽然出发点不同,侧重点不同,手段方法有所不同,但目标一致,是支撑战略决策的"左膀右臂"。

情报机构与智库在决策链中的位置不同。美国情报学家约维茨认为,情报是"对决策具有价值的数据资料",阐述了情报与决策的关系。情报活动与智库工作最核心的区别,是情报信息的收集手段更加丰富,智库理论主要集中在公共政策的作用发挥上,源自于政治学、社会学、法学、公共管理、心理学、传播学等多个学科。

从决策流程看,可以分为4个步骤。第一步数据信息采集。第二步情报分析,解决信息不完备问题,而且如果一个单位以情报研究工作为主体,按照广义的智库定义,这个机构就是智库的一种。在上海科学院智库研究中心各领域智库排名中,科技领域智库排名第三和第四的电子科技情报研究所、中国科学技术信息研究所都是传统意义上的科技情报机构。第三步,提出方案对策,进行战略研究,负责开展这方面研究的机构,就是传统意义上的智库,例如,我国的国务院发展研究中心、军事科学院等。第四步,决策(图1-5)。

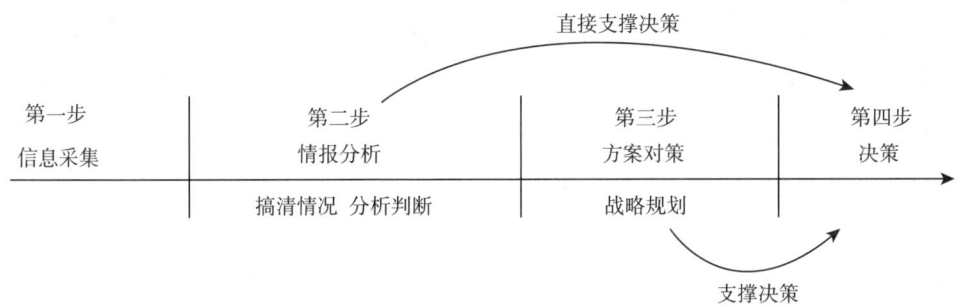

图1-5 情报机构与智库在决策流程中的地位

如果一项决策,面临的主要挑战是情况不清楚,则主要由情报机构开展研究。情报工作的内容主要是分析和监视竞争环境;研究竞争对手;进行竞争战略管理等。这些研究本身就对战略决策具有重大意义,因此完全可以直接支撑决策。如果一项决策,面临的主要问题是拿出切实可行的实施方案,或者提出某项战略构想,则这类研究工作,一般由智库承担。当然,也有不少重大的战略研究和决策,需要情报分析和方案对策两方面的研究,就需要两类机构的共同支撑与参与。

从科技情报机构的发展脉络看,冷战时期的这些机构以重大科技工程的定题服务,以及资料的翻译整理为主要职责,因此不能称之为"智库"。20世纪90年代以来,科技情报机构从过去以采集为主,越来越注重向以分析发现、系统研究为主要职责转变,所以就是智库。

1.4 本章小结

决策环境的日益复杂、科学决策的迫切需要是两者发展的共同基础。决策群体既需要以解决信息不完备为宗旨的情报系统,也需要提供解决方案的智库系统。情报系统一般包括了情报需求分析、情报数据收集、数据处理与情报分析、情报成果分发等过程。而智库工作的核心是政策规划、分析与咨询，其过程一般包括：政策议程的设置、政策辩论、政策决策、政策执行和政策评估。这些不同阶段环环相扣，是不断评价与修正的动态过程。在极端情况下，情报系统仅负责收集处理面向竞争对手的数据信息，而智库仅依靠专家思想智慧负责政策规划与咨询，两者分别处于决策过程的不同环节。而随着决策环境的日益复杂、决策科学的迫切要求和大数据时代的到来，决策者需要情报机构发挥参谋功能，也需要智库基于数据和事实实施政策分析，这使得两者的关系日益密切。本节对情报、情报学、情报工作、智库、智库研究、智库工作等基本概念进行了系统梳理，并对情报分类进行了解析分析，以便在进行情报与智库的对比研究时能够从多个不同的视角理解和阐述，并对情报与智库的关系进行了深入分析，为后续章节的研究奠定了基础。

第 2 章 情报机构与智库的发展运行

情报和智库具有的共同点是为决策提供支持,为发展进行谋划。但二者也有明显的不同,情报是立足于"知彼"的并对决策有价值的"竞争对手"的信息、知识、智慧、洞见,侧重于"对抗、竞争";智库则是立足于"知己"的己方重大政策、战略、规划、谋划,侧重于"合作、共赢"。情报的手段多样化,如假设、推理、归纳等,也包括欺骗、隐蔽等非公开化的手段;智库则偏重于专家智慧,强调"出思想,出政策"。

2.1 情报机构与智库发展概况

2.1.1 情报机构发展概况

情报机构是国家安全的基石。情报机构有多种分类方式,为了与本书的主题"情报与智库"相呼应,将情报机构分为以收集为主要职责的"面向安全的情报机构",以及以分析研究为主要职责的"面向发展的情报机构"两大类。

(1) 面向安全的情报机构

面向安全的情报机构是政府为了防范和化解危害国家安全的风险提供情报支持的国家机构,为政府实现国家安全领域科学决策提供必要的情报信息。面向安全的情报机构从情报获取手段上各有分工,负责的情报门类包括了信号情报、地理空间情报、测量与特征情报、网络情报、人力情报和开源情报等。不同情报门类各有所长,科学的全源情报分析是情报产品质量的重要保证。

美国是面向安全的情报机构体系最完备的国家,因此,我们以美国情报共同体为例,分析情报机构的职能。美国情报共同体由以下 3 类共 18 个机构组成。

1）两个独立情报机构

美国国家情报总监统领国家情报事务，也是美国政府决策层的首席情报官。国家情报总监办公室支持国家情报总监领导情报共同体和管理国家情报计划（National Intelligence Program），实现领导支持情报共同体一体化、为决策者提供洞见及推动美国情报共同体发展，是美国情报体系的中心枢纽。美国国家情报总监下属四大任务中心，即国家反恐中心、国家网络威胁情报融合中心、国家反情报与安全中心、国家反扩散中心。

中央情报局（CIA）负责向美国高级决策者提供国家安全情报，分为7个基本组成部分：分析局、行动局、科学技术局、支援局、数字创新局、任务中心和局长办公室。中央情报局局长由总统提名，参议院确认，负责中央情报局的整体管理并担任国家人力情报主管。中央情报局从事对外人力情报收集、全源情报分析和隐蔽行动。

2）隶属于国防部的9个情报机构

包括国防情报局、国家安全局、国家地理空间情报局、国家侦察办公室、空军/海军/陆军/海军陆战队/太空部队的情报部门。国防情报局作为国防部作战支援局，是对外军事情报的主要生产者和管理者，为国防部和情报共同体的作战人员、国防决策者和部队规划人员提供军事情报，支持美国的军事计划和行动及武器系统的采购。国防情报局局长是国防部部长和参谋长联席会议主席关于军事情报问题的首席顾问；同时担任军事情报委员会主席以协调国防情报共同体的活动。空军情报局主要收集产出利用机载、空间和网络空间传感器获取的情报，满足相应国家战略和作战需求，并负责空军全球综合情报工作的管理。类似美国陆军情报局负责管理陆军情报活动，全面协调陆军五大军事情报门类：图像情报、信号情报、人力情报、测量和特征情报及反情报对策。在海军情报局局长的领导下，美国海军情报小组是海军、联合作战部队、国家决策者和情报共同体海上情报的主要提供者。海军情报人员由现役和预备役军事人员及文职人员组成，在世界各地的海上和岸上服役。美国海军陆战队的情报单位为战场支援提供战术和作战情报，由海军陆战队的所有情报专业人员组成，负责美国海军陆战队内部情报和支持活动的政策、计划、规划、预算和工作人员监督。其中的情报分析员负责地理空间情报、高级地理空间情报、信号情报、人类情报、反情报的整合，并确保海军陆战队情报、监视和侦察的发展有一个统一的同步战略。海军陆战队的情报主管是指挥官的主要情报参谋和情报、反情报与密码事务的专业管理者。

隶属于国防部的国家安全局（NSA）是情报共同体重要的一员，负责协调、指导和执行高度专业化信号情报互动的机构，保护美国信息系统和生产对外信号情报信息。作为一个高科技组织，该局处于通信和信息技术的前沿；也是美国政府内最重要的外语分析和研究中心之一，据说是美国乃至世界数学家的最大雇主。该机构支持军事领导者、国家政策制定者、反恐和反情报团体及重要的国际盟友。其成员队伍代表了一种不同寻常的专业组合：分析师、工程师、物理学家、数学家、语言学家、计算机科学家、研究人员，以及客户关系专家、安全官员、数据流专家、经理、行政官员和文书助理等。作为国防部战斗支援机构，国家地理空间情报局提供及时、相关和准确的地理空间情报，以支持国家安全目标。国家地理空间情报局为情报用户随时提供地理空间情报，为文职和军事领导人提供支持，并为美军的战备状态做出贡献，还负责跟踪洪水和火灾等人道主义援助等。国家侦察办公室负责美国侦察卫星的研发、生产和使用，并向中央情报局和国防部等相关情报用户提供卫星情报产品，帮助规划军事行动，并监测环境。该办公室在实现美国政府和军队的信息优势方面发挥着重要作用，其预算为国家侦察计划，是国家对外情报项目（The National Foreign Intelligence Program）的一部分。2021年加入情报共同体的太空部队情报、监视与侦查局主要负责导航和通信卫星的安全和太空情报任务。

3）其他7个情报机构

包括国土安全部情报和分析办公室、国务院情报研究局、财政部情报分析办公室、司法部联邦调查局和缉毒局情报单位、海岸警卫队情报办公室与能源部情报和反情报办公室。

国土安全部情报和分析办公室负责利用多源情报信息来确定和评估当前和未来的美国本土安全威胁。情报部门的重点放在4个战略领域：通过情报分析促进了解威胁；收集与国土有关的信息和情报；共享行动所需的信息；为国土安全体系管理情报。

国务院情报研究局向国务卿提供及时、客观的全球发展分析及来自全源情报的实时评估。它是国务院内所有涉及情报共同体政策问题和活动的协调中心。其强大的区域和职能背景使该局能够对不断变化的政策优先事项做出迅速反应，并对影响美国外交政策和国家安全利益的事件和趋势提供预警和深入分析。

财政部情报分析办公室是根据2004财年《情报授权法》设立的，负责接收、分析、整理和传递与财政部业务和职责有关的对外情报和反情报信息，是财政部恐怖主义和金融情报办公室（TFI）的一个组成部分。后者负责财政部的情报和执法职能，其双重目标是保护金融系统不受非法使用，打击流氓国家、恐怖分子促进者、大规模毁灭性武器扩散者、洗钱者、毒品大亨和其他国家安全威胁。

司法部联邦调查局作为一个情报和执法机构，负责了解对国土安全的威胁，并渗透那些具有伤害美国能力和意愿的国家与跨国网络。情报部门是联邦调查局情报计划的战略领导者和合作推动者，以实现全面整合情报行动。通过监督情报政策和业务指导，情报部门确保联邦调查局的情报生产保持客观，并在战略和战术工作之间取得正确的平衡。司法部缉毒局负责执行美国管制物质法律法规，其下属的国家安全情报办公室（ONSI）在 2006 年成为情报共同体的成员，以便与美国情报共同体和国土安全部门的其他成员进行情报协调和信息共享。

海岸警卫队情报办公室在情报共同体的独特位置来源于海岸警卫队在海洋领域安全事务中的任务多样性和法定职责。该办公室提供的情报不仅用于支持海岸警卫队任务，而且满足其他情报机构的情报需求和国家层面的决策需要。美国能源部情报和反情报办公室负责整个能源部的情报和反情报活动，包括全国近 30 个情报和反情报办公室。其任务是保护、支持和代表能源部实验室和工厂的巨大科学智囊团。该办公室保护重要的国家安全信息和技术及其知识产权，向美国政府提供科学和技术专长，以应对外国情报、恐怖分子和网络威胁，解决与美国能源安全相关的国家安全问题。

威廉·多诺万认为："没有情报依据的战略是无用的战略；相应地，没有战略指导的情报是无用的情报"[1]。虽然经历了多轮改革，美国情报共同体的核心使命一直都是减少美国政府在国家安全相关领域决策的不确定性，服务于实现"百战不殆"的战略目标。即使是最激烈的批评者，也不能否认，美国情报共同体在苏联解体、古巴导弹危机、进军伊拉克等重大事件决策中的重要影响。在联合反恐和联合作战行动中提供了有效的战术情报支持，甚至参与作战计划制订，如在美国成功击毙本·拉登行动中的突出表现。

（2）面向发展的情报机构

科技情报研究机构不仅代表了"面向发展的情报机构"的主体，更是我国科技发展的重要力量。我国科技情报研究机构始于 1956 年，在编制《1956—1967 年科学技术发展远景规划纲要》时，周恩来总理提出"建立科技情报机构，发展科技情报事业"。同年，中国兵器情报研究所、中国航空工业情报研究所、中国科学院科学情报研究所等机构成立，随后各省情报研究所也相继成立。1958 年 4 月，中国科学院科学情报研究所更名为中国科学技术情报研究所（后改为中国科学技术信息研究所），成为我国国家科技情报的技术总体机构，以此为引领，从国务院各部委到各地市纷纷设立情报部门，形成了具有一定规模的国家科技情报系统。

党的十一届三中全会后，我国将科技情报工作重新纳入改革日程上来，国家科委

---

[1] 高金虎. 美国战略情报之父威廉·多诺万［J］. 文史天地，2014（2）：83-87.

下设情报局，后改为情报司，受"文化大革命"破坏的情报机构和情报工作逐步恢复。1990年，国家科委印发的《关于加强科技情报工作为经济建设服务的意见》指出：要将市场经济的概念加入科技情报的研究工作当中，顺应市场需求，实行有偿服务，用创收来增大有偿收入的比重，使得科技情报工作能够更好地发展，扩大市场服务能力。这份文件在促进情报机构深化改革的同时，也带来了一些负面影响，科技情报工作受到了很大影响，情报研究业务被大幅弱化，偏离了情报服务的大方向。但同时，国家也开始重视情报研究在科技情报工作中的核心作用。1990年9月，《国家科委、国防科工委关于加强情报研究工作的意见》明确提出：情报研究是科技情报工作的重要组成部分，是科学决策的一个重要环节。1991年2月国家科委发表《国家科学技术情报发展政策》，指出"情报研究是对情报的深度加工，属思想库范畴"，"加强情报研究，为决策科学化提供可靠依据，推动科学技术进步与经济发展，是这一工作的基本方针"，明确了情报研究机构的重要任务。但到1998年，科技部撤销科技信息司，从此再无国家层面的专门情报管理机构，进一步削弱了政府对科技情报机构的管理职能。

经过创建发展及20世纪90年代的改革转型，情报工作需要进行反思和重新定位，探索新的发展方向和变革方式。1998年，国务院发布《关于加强技术创新，发展高科技，实现产业化的决定》，并对10个国家局下属242个科研院所进行体制改革，目标是推进以企业为服务主体的国家创新体系建设，以及社会公益性科研机构革新，推进应用研究和创新科技向非营利的公共服务类行业的转变。2002年，科技部、财政部和中央编办3家管理机关共同批复了中国科技信息研究所向公益类转型的改革方案，正式将其定义为公益类机构，明确了科技情报服务机构的定位，随后在全国范围内各科技情报机构纷纷开始重新改革定位。2014年，山东省科技情报研究所更名为山东省科技情报研究院，由原12个部门重组为5个中心，名称特地保留"情报"二字而不采用"信息"，以强化情报研究服务部门职能，使情报服务从侧重信息收集、传统信息服务向注重情报加工整理、分析研究的知识服务转化。

在多轮科技体制机制改革、行业体制机制和事业单位改革之后，原先遍布国家部委、各行业和省市地方的科技情报系统已经分化为多种发展模式，或转制为科技中介机构、科技服务型企业，或与行业其他科研机构合并。但省级综合性科技情报机构基本全部"健在"，如青海省科学技术信息研究所已经转制为企业，上海科技情报所成为全国唯一的省级图情联合体。地市级的传统意义上的科技情报研究机构从业人员有数千人，主体业务仍然是科技信息采集和服务、科技情报研究服务，核心功能和定位依然是服务于科技创新和科技决策。

新时期,科技情报机构仍然面临地位弱化、体制萎缩、改革不到位等严峻挑战,要求其全方位地改革重塑。随着科技情报从文献服务、知识服务到智能和智慧服务阶段,我国的科技情报机构承担着越来越多情报研究咨询任务。因此,通过对未来战略的思考与探索,我国许多情报研究机构确立了情报研究、智库等发展方向,如上海科技情报研究所将"以情报为基础的社会智囊机构"作为长期发展的愿景,湖北省科技信息研究院以建立院、所文化为契机,突出情报研究咨询服务和信息传播服务。可以预见,面向国家科技创新和经济社会发展,通过改革与创新,我国科技情报研究工作将会有更大的跃升,并出现一批能够在政治、经济、科技和军事等领域提供战略性和前瞻性研究与咨询服务的情报研究机构,使情报工作真正成为科技进步的"引领"、社会发展的"思想库"。

2.1.2 智库发展概况

智库的发展历史过程伴随着智库形态、功能和目标的变迁。虽然智库一直到近现代才诞生,但类似"智库"的"智囊"组织在古代早已出现。原始社会时期,人类逐渐走向聚居,对自然的认识和探索进一步加深,一些尊者、智者和强者初步掌握了某些自然认知和自然规律,如三皇五帝尧舜禹汤等,他们通过自身的能动性推动自然规律转化为社会生产力,推动了社会进步。封建社会时期,"智囊"组织经历了从个体决策向群体组织决策的转变,呈现出传播新思想新知识、服务于封建王权或教权的特点。在其初期,无论是在中国还是西方,一些智者形成了个人的国家治理或哲学思想,如孔子、商鞅、苏格拉底等。随着社会发展,在中国,战国时期"四君子"(春申君黄歇、平原君赵胜、信陵君无忌、孟尝君田文)通过广揽人才、豢养门士而形成"幕僚集团",明朝"东林党"提出众多政策观点,这些见证着中国古代智库逐渐走向成熟。而在西方,柏拉图学园、亚里士多德学园的出现启蒙了西方哲学、自然科学的发展,神学院和大学组织在为宗教思想传播、神权统治提供手段和路径支撑的同时,也为哲学思辨的再次孕育萌发提供了良好的环境条件。

进入近现代社会,随着生产力水平的进一步提高,社会分工日趋专业化,社会需求不断增加,真正意义上的智库开始出现并迎来快速发展阶段,这一阶段国内外智库发展呈现出不同的特点,中国明显落后于其他国家。

(1) 近现代国外智库的发展

国外智库发展大致经历了从 19 世纪末到 20 世纪 40 年代的早期发展、从 20 世纪中后期到 60 年代末的实质性发展、从 20 世纪 70 年代到 80 年代末的迅猛发展、20 世纪 90 年代的深度发展 4 个阶段。发展初期，作为老牌资本主义强国，英国智库较为发达，但是随着第二次世界大战结束，美国超级大国地位的确立，美国智库发展后来居上。而在亚洲，日本在美国的帮扶下，进行了战后重建，一度成为世界第二大经济体，其智库发展兼具西方和本土特色。

作为欧洲智库的发祥地，英国是公共政策咨询研究业务最发达的国家之一。其智库发展深受国内政治形态的影响。20 世纪上半叶，发展于第二次世界大战时期的多数英国智库特色鲜明，不属于任何党派，也不强调意识形态，如皇家国际事务研究所、政治和经济研究所等。20 世纪七八十年代，英国智库趋于多元化和专业化，其突出代表是 80 年代的"新右派"智库，拥有确切的政党背景，在意识形态方面倾向性更加明显。20 世纪 80 年代后期，英国出现了一批意识形态淡化的新型智库，如"狄莫斯"等，它们的出现对"新右派"起到了一定的制衡作用并显示出新左派的风格。

美国是世界上智库发展最发达的国家，其发展呈现研究议题多元化、高度国际化和信息化的特征。从 20 世纪初到第二次世界大战是美国公共政策研究机构起步阶段，初期成立的智库大多致力于把科学知识运用于研究和解决广泛的公共政策问题。第二次世界大战期间，美国政府、军方向学术机构征集了大批专家，组成多个智囊服务机构、军事科技突击研究机构，直接为战争服务。从第二次世界大战结束到 20 世纪 60 年代初是政府合同型智库兴起阶段。在这期间，美国政府开始重视由科学家与社会学家相结合所产生的综合研究成果，迅速出现了大批与政府签订研究合同的智库，1948 年成立的兰德公司是其中最具代表性的机构之一。从 20 世纪 70 年代到 80 年代是政治喉舌型智库发展阶段。这一时期国际形势的变化使得智库具有浓厚的意识形态色彩，这些智库一般都有鲜明的政策、党派和意识形态倾向，力求影响当时的政治或政策。同时，保守派智库数量开始激增，其中的代表是传统基金会和卡托学会。20 世纪 90 年代至今是政治家后援型智库发展阶段。一般由具有政治雄心的人物或其支持者，以及离任后着力进一步推进其政治和意识主张的前总统等人创办。这类智库主要有：卡特中心和尼克松和平与自由中心，关注的是推广其政治主张。

日本智库建设既参照欧美智库发展，又对其进行了扬弃，形成了具有日本本土特色的思想库。其发展大致经历了 3 个阶段，20 世纪 70 年代前属于第一阶段，是日本智库的初创阶段，该阶段主要以政府委托营运的形式服务于战后重建；20世纪70—80年代属于第二阶段，是井喷式发展阶段，该阶段智库除了研究国内政策理论和现实问题外，还积极开拓国际业务，推动了日本外向型经济的发展；1981年至今属于第三阶段，日本智库进入优化整合发展阶段，综合性和专业化的智库良性互动，共同发展。此外，该阶段还出现了一种新型智库——政党系智库。

（2）近现代国内智库的发展

由于近代中国的发展严重落后于外国，相当长的时间处于战乱状态，因此智库建设长期处于落后位置，直到新中国成立，智库建设才开始起步。回顾新中国成立以来的智库发展史，大致可以分为3个阶段。

萌芽初成，曲折发展（新中国成立后至改革开放前）。新中国成立后，中国现代智库变迁经历了数量从无到有，研究能力从弱到强的基本过程。1949年11月，中国科学院在北京成立，标志着新中国智库建设正式开启。中国科学院在成立后迅速凝聚了一批海内外优秀科学家，组建了高水平的研究机构，为新中国科学研究工作和现代化建设提供专业知识、科学理论和技术指导，在"向科学进军"中发挥了先导和主力军作用。但是经过10年"文化大革命"，智库发展一度陷入停滞状态。这一时期，中国智库建设的体制和模式受苏联决策咨询体制的影响较大。一般智库类决策咨询机构的设立程序和组织形态也以模仿苏联的具体形式为主，而且大部分智库都属于官方部门机构。

形式有限，快速发展（1978年改革开放至2013年）。"文化大革命"结束后，中国社会发展逐步回归正轨。但是当时国家面临着复杂的国内外形势，为满足国家各项事业的专业化发展和思想理论需要，国家相继成立了多个国家级智库，比如1977年5月，成立中国社会科学院，承担国家经济与社会发展中具有全局意义的重大理论问题和实际问题的研究任务，在党和国家决策咨询过程中起着"外脑"的作用。1985年1月，军队智库——国防大学正式成立，为国防现代化提供了坚实的智力支持。这一时期，我国民间智库也开始出现，开展公共事务、政策分析、理论研究等工作，如曹思源及其创办的北京思源破产事务研究所推动《破产法》颁布，并促进了人大旁听制度的进步。

特色凸显，蓬勃发展（2013年至今）。2013年4月15号，习近平总书记对建设中国特色新型智库做出重要批示，随后国家指导性文件出台，党中央、国务院对建设中国特色社会智库做了全面系统的顶层设计并出台高端智库建设办法，支持、鼓励、推动中国各类智库健康有序发展。中国特色新型智库是以战略问题和公共政策为主要研究对象、以服务党和政府科学民主依法决策为宗旨的非营利性研究咨询机构。《关于加强中国特色新型智库建设的意见》中将中国特色新型智库分成了九大类智库：党政部门智库、社科院、党校、行政学院、高校智库、军队智库、科研院所智库和企业智库、社会智库，并分别对每一类智库建设提出了明确的建设目标。中国将重点建设 50~100 个国家急需、特色鲜明、制度创新、引领发展的专业化高端智库。在这一时期，各部委、各级党政机关积极响应，北京、上海、江苏、湖南等省市迅速出台地方智库建设实施方案，明确党管智库原则，积极推动原研究型机构向智库转型，针对区域经济社会发展特点，支持新建了一批兼具专业与特色的智库，智库实力整体稳健上升。从数量上看，美国宾夕法尼亚大学智库研究项目公布的数据显示，2013 年中国有 426 家智库，2020 年增长至 1413 家，稳定在全球第二位。从质量上看，2013 年，在美国宾夕法尼亚大学智库研究项目发布的全球重要智库排名前 100 名中，中国有 6 家智库入围，在地区顶级智库前 10 名中，中国有 4 家智库入选，中国社会科学院蝉联亚洲第一；2019 年，中国有 8 家智库入围百强，27 家智库入围亚洲大国（中国、印度、日本、韩国）智库百强榜单。目前，中国已经初步形成以党政军智库、社科院智库、高校智库及社会智库为主的板块格局，呈现出体制内智库与体制外智库互相补充、共同发展的特色。

2.2 情报机构与智库的功能

2.2.1 情报机构的功能

无论是信息稀缺还是信息爆炸时代，情报机构的核心功能都是通过情报信息收集、处理和分析分发等过程支持特定用户的科学决策，以在生存发展环境中占据有利地位。由于情报机构生存环境变化和情报用户的多样化，学者们对情报机构的功能认识不尽相同。

（1）关于情报机构功能的主要观点

由于情报机构类型多样，涉及情报业务工作种类繁多，在不同时期、领域和国家间存在很多差别，中外学者对情报机构的功能作用从不同视角进行了诸多论述，其中比较具有影响力的代表性观点包括以下内容。

情报机构的基本作用在于支撑决策，其具体功能与任务无不围绕着这一核心展开。这一点也将情报机构和其他开展信息工作的机构区别开来。美国情报机构的主要职能是收集与分析，相对次要的职能是隐蔽行动，附加的但必不可少的职能是反情报。在综合履行上述职能的基础上，情报机构的主要作用包括：为政府行动收集所需的与外国相关的信息；为政策制定提供可选的范围，协助其做出判断，并对政策实施加以评估；对可能发生的关键变化与冲突提前做出预警等①。洛文塔尔认为情报机构存在的唯一原因就是为了以各种方式支持决策者，因此，情报机构履行的功能至少包括：避免遭遇战略突袭，提供长期性的专业知识，为政策制定提供支持，以及对情报需求和工作方法加以保密②。

谢尔曼·肯特指出，情报机构主要开发三大类战略情报产品，包括：基本描述类、动态报告类和预测评估类。主要目标是要获知"对手"的静态和动态情况，理解其潜在意图；获知既定事实、事情的动态和未来可能的发展，以确保"美国的政治家和军事家在制订计划与行动方案时，不会因为无知而使事业遭受损失"③。

为了实现军事胜利和国家安全，军事情报机构最早出现，也在很长一段时间内是唯一专业从事情报工作的组织。张晓军认为军事情报的首要目标就是提供反映敌人及周围环境的知识，将敌对环境的不确定性消除到合理程度，以有效辅助决策和行动④。高金虎将军事情报（机构）的功能细分为：维护国家安全的第一道防线、最高统帅部的战略哨兵、行动先导、战斗力倍增器、推进国家利益的秘密工具和进行威慑的有力武器。由此看来，军事情报机构履行维护国家安全这一根本职能需要发挥的功能作用可以分为情报预警（即战略哨兵）、收集处理所需情报信息并形成可供行动用的情报、隐蔽行动和参与实施战略欺骗与威慑等。随着国际安全形势的日益复杂和非传统国际安全威胁的增多，除了支援军事行动和维护国家安全之外，美国情报机构还在经济情报、禁止大规模杀伤性武器扩散、科技情报、反毒品、反国际有组织犯罪、网络安全及为其他职能机构提供情报支持方面发挥重要作用。

专业的科技情报机构往往是科学技术水平相对落后的国家为了实现科技跨越式发展而设立的。周恩来、聂荣臻和张爱萍等领导人明确了科技情报工作需要发挥"耳目、尖兵和参谋"作用。经过60多年的变革与发展，我国科技情报系统已经成为一个组织结构比较完整、业务结构和服务对象相对独立、内部资源比较丰富的系统。科技情报机构也演变成公益研究、科技中介、科技服务、综合性服务等多种发展模式。耳目功能是指帮助相关领域用户掌握决策所需的相关科技发展现状与规律；尖兵功能是指准确把握用

---

① The Aspin-Brown Commission, Preparing for the 21st Century: An Appraisal of U.S. Intelligence.
② 马克·洛文塔尔. 情报：从秘密到政策[M]. 杜效坤，译. 北京：金城出版社，2015：2.
③ 谢尔曼·肯特. 战略情报：为美国世界政策服务[M]. 刘薇，等译. 北京：金城出版社，2012：3.
④ 张晓军. 美国军事情报理论研究[M]. 北京：军事科学出版社，2007：77-79.

户情报需求,在全面获取信息资料的基础上,及时、准确地提供所需动态情报产品;参谋功能则是指为用户决策出谋划策,提出可供行动的相应建议。

为了应对经济活动的复杂竞争挑战,现代企业往往设立负责竞争情报工作的内部组织。谢新洲和包昌火等将企业竞争情报系统的功能分为环境监视、市场预测、技术跟踪、对手分析、策略制定和信息安全等方面①。其中,环境监视侧重于当前多因素的信息实时获取;技术跟踪和对手分析实际上是环境中两大关键因素的相关信息追踪和情报分析;而策略制定侧重于情报的决策支持功能;信息安全则是反情报活动。

(2) 情报机构功能的阐释视角

分析上述观点,尽管国内外学者基于情报保障对象或者领域的不同对情报机构功能的理解和表述呈现出较大差距,但总的来说,各类情报机构都是围绕着解决信息不完备问题以支持用户决策来发挥相应功能的。本书尝试从情报用户、情报需求、情报流程、情报产品和情报人员等方面来对情报机构的功能加以分析归纳,如图2-1所示。

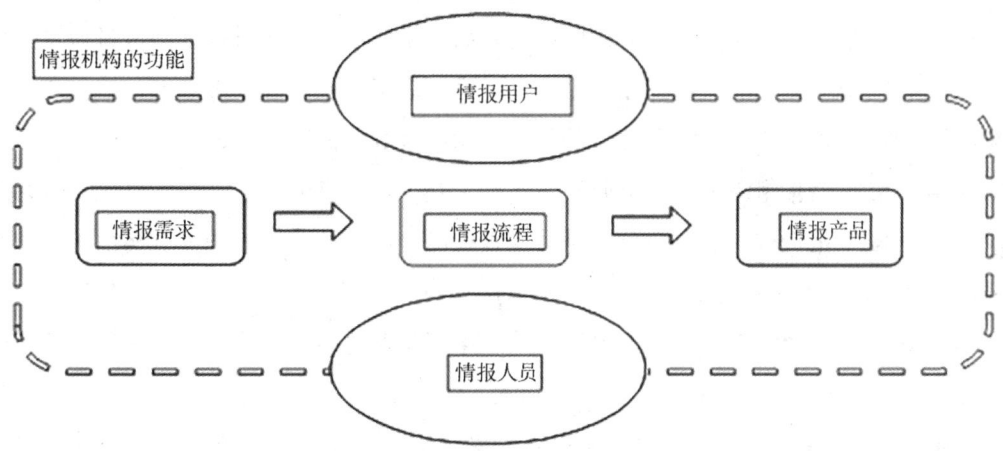

图2-1 情报机构功能的阐释维度

情报用户。同样是解决用户决策中的信息不完备问题,情报机构多样化的根本原因在于情报用户的多样性。从前面分析看,情报用户可能是政府安全领域决策团体、特定领域政策制定者、企业组织领导者和一线科技工作者等,情报机构依据领域实现的功能可以划分为:支持国家安全、支持科技发展及支持企业发展等。

情报需求。不同领域的情报用户有着多样化的情报需求。安全领域决策团队面临

---

① 谢新洲,包昌火,张燕.企业竞争情报系统的功能[J].图书情报工作,2002(8):54-58.

的决策环境往往复杂模糊且具有高度不确定性，迫切需要掌握的是相关行动体的现实状况和真实意图及安全形势的态势等情报信息，以辨别现实和潜在的安全威胁。科技领域政策制定者和科技工作者需要全面把握相关领域科学技术发展的态势规律，识别关键新兴技术，提早发现颠覆性创新技术等情报信息，以保障科技政策的科学性和研究的前沿性。企业需要竞争情报及时发现生产发展的机遇与挑战。

情报流程。情报机构根据情报用户的情报需求，通过情报流程实现数据—信息—知识—情报的转化，形成了丰富顺畅的情报信息流。围绕情报信息流分析情报流程，可以发现，情报机构的功能主要是收集与分析，反情报则是保障情报流程中情报信息安全必不可少的功能。情报机构需要通过多种手段收集关于目标对象的相关信息，通过信息处理与序化形成和维护全面丰富的信息知识库。这是情报机构分析生产多样化情报产品共同的信息基础。在这一阶段，安全领域情报机构往往具备更加丰富的收集门类，实现秘密与公开手段的情报信息收集。科技情报机构传统上更加擅长开源结构化信息的收集处理。竞争情报组织使用的收集手段和情报信息范围则由企业的特定需求决定，具有明显的差异。在信息知识库的基础上，情报机构需要采用不同方法对获取的情报信息加以分析处理，形成多样化的情报产品，以满足情报用户不同层次的情报需求。根据情报用户不同，科技情报机构需要在科技领域信息知识收集处理的基础上，实现耳目、尖兵、参谋作用。竞争情报组织则根据企业特定需要，在获得信息的基础上进一步生产情报产品。安全领域情报机构通过情报分析生产情报产品，以支持决策。情报机构需要在整个情报流程中履行反情报职能，第一是针对对手的收集处理，阻止对方获取特定情报信息；第二是加强整个情报工作中的甄别评估；第三是通过多种手段实施欺骗以降低对方的情报预测评估能力。

情报产品。情报机构通过向情报用户提供丰富的情报产品来支持决策。从层次来看，至少可以划分为战略情报、战役情报和战术情报。情报机构通过战略情报来支持情报用户的长期战略规划和政策制定等决策，通过战术情报来支持用户的具体行动方案制定、实施与评估。从情报门类来看，包括了人力情报、开源情报、信号情报、图像情报、测量与特征情报、技术情报、反情报和全源情报等。从情报内容涉及目标对象的过去、现在还是未来可以划分为基础描述型、现实报告型和预测评估型情报产品。基础描述型情报是关于目标对象总体形势、资源、能力、弱点等多方面的广泛基础情报。现实报告型情报是对当前形势更具有针对性、时效性和可变性的描述。预测评估型情报是在上述类型情报基础上，重点预测某种或者多种可能发展趋势的情报。从情报分发途径来看,可以分为书面报送和现场汇报两种。在决策者存在疑问或者需要咨询的时候,由情报分析人员进行现场解释汇报。除此之外,情报人员还需要出席议会接受问询等,这也是向其他机构分发情报产品的途径之一。

情报人员。情报工作依赖人的专业知识和智慧。一方面情报机构的人员构成情况往往能够反映其功能;另一方面情报机构在发挥功能的过程中培养汇聚了大批专业情报人才。侧重搜集特定门类情报信息的情报机构往往聚集了一批相关领域的专业人才。比如:以信号情报为主要类型的美国国家安全局在网络通信和网络安全等领域拥有规模庞大的技术专家。侧重于情报分析的情报机构往往需要配置和用户决策需求相匹配的情报分析评估人员。比如:组成美国国家情报委员会的国家情报官由学界专家、情报共同体资深分析专家和前外交官等担任。企业往往由小而精的竞争情报团队分工协作,承担收集处理与分析的工作。

(3)情报机构的功能分析

在对不同情报机构从多种维度进行功能阐释的基础上,我们发现,不同情报机构在情报用户和需求维度上具有领域上的功能差异,但是在情报流程、情报产品和情报人员3个维度上具有很高的相似性,如表2-1所示。

表2-1 情报机构多维度功能的关系分析

功能	解决信息不完备问题以支持决策		
情报用户维度	国家安全决策群体	科技情报领域决策者、研究者	企业决策者
情报需求维度	安全领域决策	科技领域决策	企业发展决策
情报流程维度	情报需求、情报收集、情报处理、情报分析、情报分发、情报使用		
情报产品维度	基础描述型情报、现实报告型情报和预测评估型情报		
情报人员维度	情报收集、处理人员,以及情报分析评估人员		

在上述工作的基础上,我们认为,围绕着解决决策中的信息不完备问题,情报机构具有态势感知、动态追踪和未来预测3个方面的功能,能够发挥耳目、尖兵和参谋的决策支持作用(图2-2)。

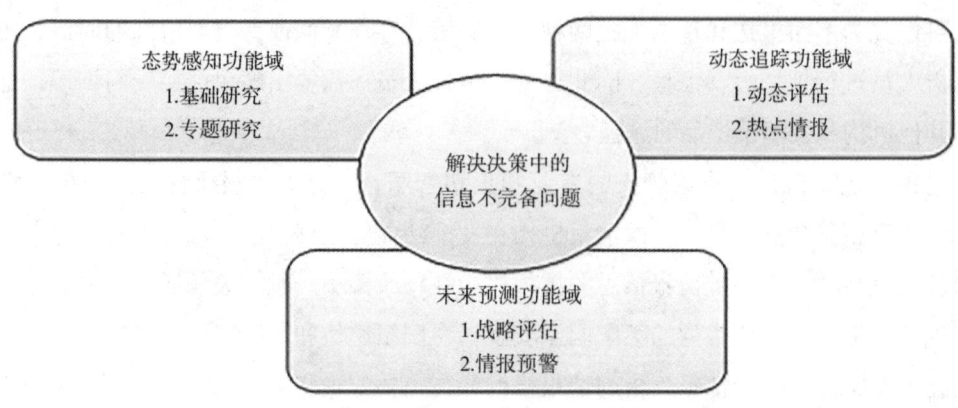

图 2-2　情报机构的功能域示意

1）态势感知是情报机构的基础功能

态势感知即情报机构的"耳目"功能，指情报机构通过各种情报活动获取目标对象总体形势、资源、能力和弱点等方面的基础情报，感知把握其全貌。这些情报在情报人员的情报分析及在情报用户的相关政策制定、行动方案选择或者相关问题评估时，都是必不可少的相对稳定的知识。诚如孙子所说："兵者，……经之以五事，校之以计，而索其情"。为此，情报机构从一开始就注重采用多种方法获取对手国家多种基础情报。

从具体实践来看，与态势感知相关的情报工作具有长期准备、内容广泛、精确可靠、情报价值与数量比值低、费时费力等特点。绝大多数情报机构往往长期从事基础情报的生产工作，并以此针对用户需求积累形成了百科全书式的信息知识库。通过情报收集全面获取己方决策所需的信息，是面向安全的情报机构最为基本的职能之一。对于内部威胁的情报收集和外部态势的感知，向国家安全政策制定者提供政治、经济、军事、科技和环境等方面的情报是"面向安全的情报机构"日常工作的主要部分。美国情报共同体的 18 个成员中，以国家安全局、国家侦察办公室、国家地理空间情报局等为代表的情报机构以收集处理不同门类情报信息为主要功能。国家地理空间情报局的任务是准确、及时地提供相关的地理空间情报，支持白宫、国会、军事指挥官、执法人员。国家安全局是美国主要的密码组织，主要任务是向美国国家安全方面的决策者和作战人员提供从密码破解过程中收集到的情报信息，并保护美国的信号和信息系统不被敌人利用。国家侦察办公室负责美国情报机构的卫星监听和军事行动。

科技情报机构强调的耳目作用是其态势感知功能的集中体现。目前，国内的科技情报机构主要包括 4 类：一是与国防工业有关的行业情报所，如航空、航天、船舶、兵器、电子等；二是部委所属的部委科技情报机构；三是各省市直属的科技情报机构；四是与军队有关的行业情报所,如原总装情报所、各军兵种情报研究机构。而美国国防技术信息中心的职责包括:提供国内外科学技术报告(这些报告特别强调了国防部用于军事用途的信息资源)及管理 13 个信息分析中心。信息分析中心有经验丰富的信息科学专家,他们可以帮助使用者定位并查找公开的信息,还可以帮助有资质的用户定位并查找保密资料。科学技术信息网络是国防技术信息中心提供的先进信息资源,由许多国防承包商和军事机构组成部门提供国防科学技术情报的内容①。空军指挥、控制、情报、监视和侦察中心的任务是将不同系统整合为一个综合的指挥控制战斗信息系统,以增强空军情报的发布量,满足作战人员的情报需求,减少重复工作。

2) 动态追踪是情报机构的重要功能

动态追踪指情报机构根据情报用户的情报需求就对手当前状态或突发变化情况所做的描述分析,即关于目标对象现实状况的情报,表现为尖兵功能。情报机构进行动态追踪往往强调关键问题把握精准、分析方法科学有效,并具有很强的时间敏感性和丰富的细节信息,必须及时、高效和准确。美国情报机构生产的《总统每日简报》是典型的现实情报,反映了情报机构的动态追踪功能。作为美国总统每日必读资料,重点在于涵盖决策者必须知晓的 24 小时之内发生的全球事件,是其决策的情报基础之一。克林顿总统自述:"我们在外交政策中的每个决定都是以我收到的情报为基础"②。文献情报人员及情报资料,又是在军事、科技等部门前沿的 "尖兵"——及时为有关部门提供最新、最快的信息,起到"尖兵"作用。善于猎取新知识、新技术、新事物、新信息、新情报;分析筛选,去伪存真,及时传递、报告,使情报达到新、准、快、活。

3) 未来预测是情报机构的关键功能

未来预测指情报机构在态势感知、动态追踪的基础上,预测某种或者多种可能发展趋势,具体表现为情报评估和情报预警。未来预测是情报机构最为重要也是要求最高的功能,是其发挥参谋作用的关键。因为情报机构获取的情报信息具有明确的决策支持指向,并在用户个人、企业和政府多层次多领域决策中具有重要参考价值,所以情报机构能够通过为决策者生产战略情报实现出谋划策的作用。

面向安全的情报机构发挥功能的核心,在于基于收集的情报信息经过情报分析和科学预测实现战略预警,避免决策中出现措手不及的意外事件,占领先机。当情报机构未

---

① 伯特·查普曼. 国家安全与情报政策研究:美国安全体系的起源、思维和架构[M]. 北京:金城出版社,2017:46-47.

② 徐维源. 美国中情局:从罗斯福到小布什[M]. 上海:学林出版社,2002:276.

能通过情报工作预测重大事件时，即出现重大情报失察，往往被认为存在难以履职的重大问题。以美国为例，珍珠港突袭和"9·11"事件的发生均是此类情报失察，并成为美国重大情报改革的导火索之一。

英国的联合情报委员会并不具备情报信息收集功能，而是通过综合分析与生产国家战略情报产品逐渐成为联系英国其他情报机构和决策层的核心，在第二次世界大战中为英国政府的决策行动发挥了关键作用。进入21世纪以来，英国政府在联合情报委员会设立新的情报分析长官，以增强国家情报产品生产。类似地，美国国家情报委员会同样能够为领导者实现科学战略决策发挥参谋作用。国家情报委员会负责与情报共同体的工作人员和其他政府部门、学术部门与私营部门的专家合作，编制国家安全政策方面的报告。国家情报委员会的国家情报官遍布全球；涉及的主题有常规军事问题、经济和全球问题、科技、战略与核计划，以及潜在的国家安全危机预警等；研究领域包括：未来军事冲突，逐渐发展的国家—州机构，军事力量的性质及其来源变化，美国与世界上的信息技术、生物技术和纳米技术之间相互作用日益产生的影响，能源地缘政治，全球教育等。

科技情报工作是收集、整理、研究和传递科技信息的工作，是科技工作的重要组成部分。根据国家建设发展的需要，科技情报机构进行长期系统跟踪研究，深入摸清国际水平，促进各行各业的技术进步，提高建设发展的起点，缩短同国际先进水平的差距。科技情报工作要在"经济建设必须依靠科学技术，科学技术必须面向经济建设"的战略思想指导下，有效地为经济建设服务。科技情报工作应该围绕国民经济建设和科学技术发展的需要，广辟情报来源，加强文献工作，深入调查研究，掌握国内外科学技术动向，有针对性地、及时地提供情报资料和分析研究材料。科技情报工作要积极地为工人、农民和生产技术人员，科学研究、教学和设计人员，决策、计划和管理人员服务。科技情报工作要采用新技术，逐步实现现代化，同时要开展情报学理论和方法的研究。

企业的一切经济活动都直接或间接地处于市场关系之中，企业领导要想"运筹帷幄之中，决胜千里之外"，就需要及时掌握来自各方面的竞争情报信息。企业技改项目的选择、新产品的开发、生产工艺的改进、产品质量的提高、营销策略的转换、区域市场的开拓等，都需要进行形势分析、方案比较、决策选优，这些环节也都要以竞争情报工作为基础。特别是市场机制尚不完善、信息爆炸带来大量信息碎片，导致市场信号真假难辨，加大了企业领导决策的难度，这就需要企业情报部门发挥好参谋助手作用。

随着大数据技术的推进，信息爆炸给情报机构带来严峻挑战。情报机构在加强情报信息收集工作的基础上，越来越需要增强信息处理与情报分析工作才能更好地实现未来预测功能，促使情报分析革命成为情报机构改革的重点。

2.2.2 智库的功能

智库作为公共政策研究咨询机构，同样具有服务用户，特别是政府，科学决策的核心功能。智库的首要职责是集合相关学者和资深从业者针对政治、外交和公共管理等领域的关键性议题展开研究，为用户提供可行的科学备选方案。

（1）有关智库功能的主流观点

顾名思义，智库的核心在于智，在通过智力活动为领导者提供决策咨询的核心功能之外，还有创新思想和对外宣传等功能。当前，国内外相关机构和学者对智库的功能，从不同维度、不同层面进行过许多阐述，较为典型且影响广泛的观点主要有以下几类。

中国社会科学评价研究院认为智库的核心功能是通过自主的知识产品对公共政策的制定产生影响[1]。同时，还具有提出新思想、教育公众和汇集人才等功能。智库首先通过研究和分析形成新的政策主张，再通过出版书刊、举办各类交流活动、利用媒体宣传等方式，力图使这些主张获得公众的支持和决策者的青睐。

国务院发展研究中心李伟主任、隆国强副主任认为，智库的基本功能国内外没有大的区别，大致分4个方面：一是资政辅政，给决策者提供意见；二是启迪民智、教育公众，为公众接受公共政策而营造良好氛围；三是选贤聚才，储备人才；四是平衡分歧[2]。中国与全球化智库（CCG）创始人王辉耀博士等认为，在发达国家，智库发挥着产生新思想、影响政治决策、引导舆论、教育公众、储存和输送人才、开展"二轨外交"等功能，甚至被称为立法、行政、司法权力机构之外的"第五种权力"，同时也是大众的"思想者"及人才的蓄水池和引力场[3]。复旦大学任晓教授认为智库发挥8种主要功能：生产政策思想；提供政策方案；储备和提供人才；教育公职人员和公众；到国会（议会）做证；政策制定者发表政策演讲的场所；知识创新的主要来源；开展特定民意调查[4]。

---

[1] 吴田. 国内社会智库发展综合评价研究：基于AMI指标体系［J］. 中国社会科学评价，2018，14（2）：74-86，128.

[2] 李伟. 建设中国特色新型智库，推进国家治理现代化：在"国研智库论坛2014"年会上的主题演讲［J］. 中国发展观察，2014（10）：1-8.

[3] 王辉耀. 中国新型智库功能定位的思考与建议［J］. 中国市场，2014（19）：21-25.

[4] 任晓. 第五种权力：论智库［M］. 北京：北京大学出版社，2015.

上海社会科学院智库研究中心是全国第一家专门开展智库研究的学术机构,自2014年起连续几年发布《中国智库报告——影响力排名与政策建议》①。该中心提出,中国特色新型智库应当在"弥合知识与政策鸿沟"的同时,进一步在内政外交中着力发挥"资政""启智""制衡""聚才""强国"等功能作用。具体包括:资政建言,服务决策;解民生之策,为民生提供路径、方案和理念;聚才,使智库成为人才的蓄水池;引领社会舆论,引导国际性议题;发挥中国智库"民间外交""二轨外交"的优势,讲好中国故事,贡献中国智慧和中国方案,引领国际话语;此外,还有发挥思想市场建设的新功能。

针对专业智库的功能,部分学者也做了探讨。云南大学法学院刘红春教授等将社会智库功能体系概括为三大部分:向上的功能,即致力于制定向政府传递规范有效的决策咨询信息,并积极培育社会治理的专业人才,具体包括及时有效上传社会治理的现实问题与诉求、提供社会治理思路和参与政策制定、培养与输送应用型的社会治理专业人才;向下的功能,即及时、准确地向社会公众传播与解读有关政策动态与咨询;内部的功能,即社会智库自身的合理化运行及促进智库系统中各部分的整体性与协调性发展。中国人民大学王莉丽教授从公共外交视角分析,认为智库的重要作用主要为:开展"二轨外交",支持政府的外交政策,提供并试验新思想,冲突问题的事前协商及为一轨会谈做准备;提供政策建议与智力支持;构建政策理念与价值观传播网络②。军事科学院军事科学信息研究中心卢胜军博士等从决策机构需求、智库自身建设发展、社会环境3个角度分析,认为国防科技智库可从资政辅政、自主创新和环境建设3个方面、10个方向发挥作用,其中,资政辅政方面包括重大问题决策咨询、政策法规制度建设、国防科技战略管理、科技军民融合发展;自主创新方面包括先进思想理论创新、国防科技创新引领、决策支持工具研发;环境建设方面包括推进军事科技"二轨外交"、国防科技人才培养、社会舆论宣传引导③。

国外学界对智库功能的认识较为多样而具体,多关注智库知识与政府权力之间的关系。皮特·海耶斯(Peter Hayes)认为智库的功能包括:在政府与公众之间斡旋;识别、阐述和评估当前或近期的重要议题、问题或建议;将想法、点子和难点转变为政策

---

① 上海社会科学院智库研究中心.2013年中国智库报告:影响力排名与政策建议[J].中国科技信息,2014(12):20-24.
② 王莉丽.美国公共外交中智库的功能与角色[J].现代国际关系,2012(1):39-42.
③ 赵超阳,卢胜军.新形势下国防科技智库建设的若干思考[J].智库理论与实践,2016,1(4):57-63.

建议;在政策辩论中发出非正式和独立的声音;在政策制定过程中,为重要利益相关者之间交换想法和信息提供建设性论坛。詹姆斯·麦甘认为智库是"知识"与"政策"之间的桥梁,提出智库功能包括6个方面:就政策难题开展研究和分析;就当前的政策关切提供建议;对政府的政策做出评估;经由媒体解释各种政策,从而便利公众对政策倡议的理解和支持;帮助建立"问题网络";为政府提供重要人才[①]。公共政策学者戴安娜·斯通(Diana Stone)将智库的角色定位为3个方面:"智库联结研究与政策";"智库服务于公共利益";"智库促进知识积累"。其中,智库要做"知识与权力的桥梁",这最能体现智库的功能。此外,西方对智库知识生产进行概念化抽象的方式中,多元化主义与精英理论概念对智库功能的理解具有一定的帮助:多元化主义认为智库"支持和鼓励政策多元化,并且广泛参与和投入政策行动者的公民授权行动",并凭借其政策建议在"思想市场"(Marketplace of Ideas)展开竞争,以获得对决策者的影响力,目前这种观点占据主流;精英理论关注企业、军事和行政权力精英核心层之间的紧密联系,因企业和个人所提供的资助,智库以资助者的利益为出发点进行政策研究与规划,并将其传达给决策者。

(2) 智库功能的阐释视角

综合以上观点,国内外学界对智库功能的理解和表述虽然不同,但几乎都基于智库是咨询服务机构,是"思想库"、"思想工厂"、"外脑"、"脑库"、"智囊团"、"咨询公司"或"情报研究中心"的定位来进行多维延伸式阐释的。综合来看,从智库相关概念和要素分析,智库的功能主要涉及4个维度。这4个维度不仅能够解释智库酝酿、产生和发挥功能的机制,而且基本可涵盖智库功能的主要方面和类型,如图2-3所示。

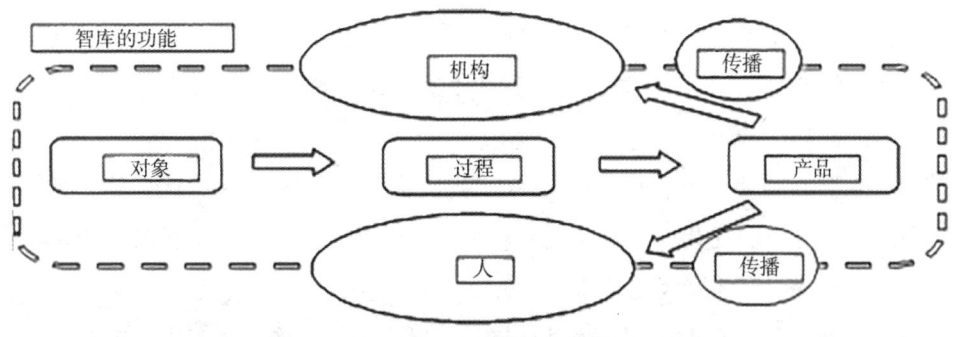

图 2-3 智库功能的维度及机制

---

① MCGANN J. Think tank second thoughts [J]. Foreign policy, 2009 (171): 9-10.

机构维度。作为一个咨询研究机构，智库必须与其他机构产生关系，才能发挥功用。这些机构可能包括政府或决策机构、企业、资助机构、媒体。政府或决策机构、企业是智库的服务对象，资助机构是智库的金主，媒体则可能与智库共存共生，共同影响舆论。该维度的智库功能主要体现在：资政辅政，为政府、决策机构或企业提供咨询服务，影响政策；搭建知识与资助机构及权力的桥梁；影响媒体，引导舆论。

人的维度。智慧源于人，智库更依靠人，必须拥有专业的高端人才及其智慧和思想，同时还要将智慧和思想为政府公职人员和社会公众服务。该维度体现的智库功能主要为：发挥人才的蓄水池和引力场作用，选贤聚才，储备人才，培养和输送专业人才；为政府公职人员提供培训；解民生之策，为民生提供路径、方案和理念，为公众提供社会服务。

对象、过程与产品维度。智库的功能实质上是由智库开展研究的对象、过程和产品决定的。智库开展研究主体上是一个"事实或问题→信息→情报→知识→思想理论→对策方案→决策"的过程。该维度体现的智库功能有：为社会公众阐释政策和解释问题，疏导舆情；提供专业情报信息服务；提出新的知识、理论与思想；研究方法与工具手段创新；为政策或决策需求提供解决问题的对策方案和建议，进而影响决策。

传播维度。智库的思想产品对使用者产生影响，必须有产品的载体形式及传播手段和工具的支撑。智库的产品载体和形式主要包括报告、简报、政策建议、文章、著作、刊物、评论、影像、数据库系统、信息服务、社会服务、专业培训、宣传单等。思想产品传播主要有学术会议和论坛、听证会、征询会、专家座谈会、报告会、互联网、新媒体等形式。该维度体现的智库功能有：建立思想（观念）市场；启迪民智，为公众接受公共政策而营造良好氛围；构建"问题网络"及政策理念与价值观传播网络；平衡分歧，为重要利益相关者交换想法和信息，提供建设性论坛、平台或渠道，在幕后担当"助推器"；在社会问题和政策辩论中发出第三方非正式和独立的声音。

(3) 智库的功能分析

结合以上分析，借鉴相关方法和观点，我们认为，可从上述4个维度对智库的功能进行多维对比分析。在智库发挥功能的对象或者区域方面，首先主要指支持政府等决策，其次主要服务社会大众及实现人才的发展与双向流动，另外还包括影响媒体、国际社会等外部环境。表2-2展示了智库功能域与不同维度相互作用的基本对应关系，对应每个功能域，每个维度都有相对应发挥功能作用的元素。例如，对外来讲，媒体对智库发挥作用可起到很大的帮助，此外建立人际关系网也是智库发挥"二轨外交"功能的重要措施。该表展示了基本的、主要的对应关系,但并非绝对,不同国家、不同类型、不同领域的智库会有很大差别。

表 2-2 智库多维度功能域的对应关系示意

功能域	决策	社会	环境
机构维度	政府或决策机构	企业等社会机构	媒体、国际机构
人的维度	政府公职人员	社会公众	人际关系网
对象、过程与产品维度	政策建议和方案	公众问题阐释	交流与影响
传播维度	报告、简报、政策建议、培训、听证会、征询会等	信息服务、社会服务、宣传单、互联网、新媒体等	文章、著作、互联网、学术会议和论坛等

在功能域多维分析的基础上,我们围绕智库是思想与决策的桥梁这个基点,参考《关于加强中国特色新型智库建设的意见》等相关智库功能观点,在四域四维视角下对智库的功能进行了画像,如图 2-4 所示,并基于此构建了多域多维视角下的智库功能体系。

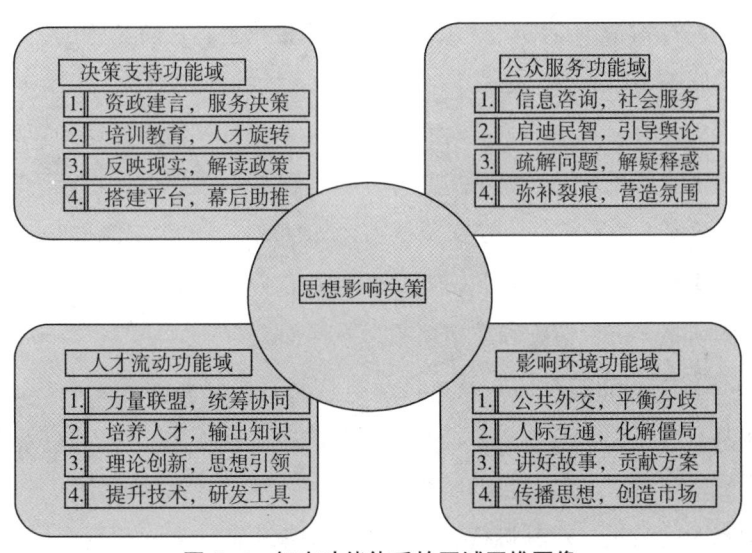

图 2-4 智库功能体系的四域四维画像

决策支持功能域,智库可发挥的功能主要包括:资政建言,服务决策;培训教育,人才旋转;反映现实,解读政策;搭建平台,幕后助推。

公众服务功能域，智库可发挥的功能主要包括：信息咨询，社会服务；启迪民智，引导舆论；疏解问题，解疑释惑；弥补裂痕，营造氛围。

人才流动功能域，智库可发挥的功能主要包括：力量联盟，统筹协同；培养人才，输出知识；理论创新，思想引领；提升技术，研发工具。

影响环境功能域，智库可发挥的功能主要包括：公共外交，平衡分歧；人际互通，化解僵局；讲好故事，贡献方案；传播思想，创造市场。

2.2.3 情报机构与智库的功能关系

（1）情报机构与智库的功能互现

情报机构与智库功能的相通之处。随着技术发展，情报机构越来越成为一种对海量数据信息进行分析和处理、筛选和深加工，进而产生高质量结论，最终为决策层提供必要、必备特定情报支撑的机构。情报研究是以数据信息的采集、分析为基础，以现代信息技术和研究方法为手段，为用户的科学决策提供支持。与之相似，智库的运营模式也是这样的，针对某一主题，集合著名专家、学者，以研究成果的质量和权威性为发展之本，为用户提供政策建议。智库也需要广泛的信息收集和科学的情报分析，虽然智库的信息收集手段不像情报机构那么多样，但从情报学的观点看，两者信息收集的地位作用类似。再者，科技情报机构的一些工作项目，如科技查新、科技咨询、定题研究推送等，都与智库的服务内容有相似之处。

情报机构和智库都是开展应用研究而不是纯学术研究；情报机构和智库学者是各种专家学者与决策者之间的纽带，其研究成果不是纯学术成果，而是综合了学术成果、实践成果（如调查数据、调研报告、专家智慧等）。情报机构与智库工作具有相同的流程，一般来说，智库工作需要收集资料、分析资料和提出对策等3个步骤，这就分别对应着情报研究的收集情报、分析情报和应用情报。

情报机构与智库功能的密切联系。情报机构与智库之间的关系非常密切，这源于两者都与决策具有与生俱来的联系。情报是宏观决策必须依赖的知识，是决策科学化的重要基础，没有情报的决策是盲目的决策。无论在村镇、社区层面还是在政党、国家层面，收集不同来源的情报，对其进行分析，形成决策层的认知，然后产生决策，基本具有相似的流程。决策活动需要独立的意见和建议，这是智库的任务；而意见和建议并不是凭空而生，需要对不同类型、不同来源的情报进行整理、综合和分析，这是情报机构的工作。有学者调研兰德公司、布鲁金斯学会和胡佛研究所开展研究的一般过程，对其

"转识成智"全过程进行了深入分析,认为信息的"收集、筛选、处理同样是智库进行课题研究的初始工作,也是影响决策咨询结论的关键环节"。

(2) 情报机构与智库的功能区分

虽然情报机构与智库的功能非常密切,但它们之间又有着一定的差别。智库主要侧重于对各类公共政策问题的关注,不以纯学术研究和学科建设为目的,基于"问题"导向,收集与重大问题事件相关的所有信息,做出预判、预测。智库研究的学科不只专注于情报类,而加入了更多的其他学科。智库主要针对目前的实时的重大事件进行研究。智库强调引领学术方向,引导舆论导向,也在扩大自身影响力。与情报机构相比,智库更加重视思想上、服务上的创新、创造,从全局角度考虑问题,并重视问题解决之后的影响力和潜在价值,重视研究成果的发布。

情报机构与智库在出谋划策功能上的差异。情报机构和智库都承担着决策支持的功能,情报机构侧重于基于情报信息"出谋",而智库侧重于基于思想智慧"划策"。情报机构和智库提供的"产品"都有明确的问题需求和可行动性。情报产品本质上以数据或者论证驱动,强调准确全面反映问题现实情况,准确预测事态发展,实现情报预警,为决策赢得先机。智库以专家和思想库为核心资源,其产品本质上以思想取胜。智库产品更加具有决策导向性,甚至已具有政策"雏形",强调在复杂环境中帮助决策者发现、比较和评估不同决策方案。英国在国家安全事务方面的决策分工具有代表性,军情六处等情报机构的核心功能在于收集情报信息;以联合情报委员会为代表的研究机构负责战略情报产品生产,不负责情报收集,以情报收集机构上报的初级情报产品为支撑开展研究分析,因此该委员会是政府决策的"智囊",如果按照我国的定义就是智库。此外,英国高层决策者还会就重大国家安全事务咨询其他智库的意见和建议。

情报机构与智库在服务社会功能上的差异。安全领域情报机构的传统用户为国家高层决策者,但是近年来在服务社会方面有一定的功能拓展。随着非传统国家安全威胁的增多,一些情报机构也面向大众发布安全威胁报告、不同国家安全评估报告等产品,为旅游者和普通民众提供相关信息。随着政府信息公开的推进,普通民众可以通过各种方式搜索到情报机构公开版本的工作报告和档案。科技情报机构基于信息检索、文献借阅和查新等能够为需要的科技工作者和民众提供社会服务。竞争情报组织的用户一般聚焦企业领导层,不会向大众提供信息咨询或者服务功能。而智库通过出版著作、发布报告、巡回演讲等方式在服务社会方面具有更大的功能,包括:信息咨询,社会服务;启迪民智,引导舆论;疏解问题,解疑释惑;弥补裂痕,营造氛围。

情报机构与智库在对外宣传功能上的差异。智库可以开展公共外交，平衡分歧；通过人际交流，化解僵局；通过不断创新思想，扩大知名度，拓展市场。而情报机构在传统上都身居幕后，深藏功与名，一般不进行对外宣传。王延飞认为，与现代智库的功能相对比，我国的科技情报机构实际上是出谋划策的主力军，也具有"出思想"的历史传统，并具有"出声音"的潜质[①]。

2.3 情报机构与智库的运行机制

2.3.1 情报机构运行机制

（1）面向安全的情报机构体制与运行机制

国家安全事务错综复杂，决策不确定性大，现代国家情报系统往往都是由多个部门多个情报机构共同组成的，具有天然的跨部门特征，因此组织形式和管理工作复杂。第二次世界大战以来，情报组织和管理研究一直是相关学者关注的焦点，对情报系统运行机制的分析层出不穷，比如：系统组成、机构设计、建制及和领导的关系等。各国通过自身情报系统的不断改革调整和法律规范，逐渐形成了独特的情报体制，以实现政府对情报工作的总体部署和战略意图。可以说，科学完善的情报体制，能够将情报收集、情报处理、情报传递等环节有机联系起来，通过跨部门的情报机构共享协作，发挥情报系统的最大效能。而一个不尊重情报系统机制规律的不合理情报体制，会使情报机构间出现内斗消耗巨大，干扰正常工作开展，重大情报失误频发，导致严重的外交危机和决策被动，甚至导致重大国民生命财产损失。

情报体制和情报工作相互促进发展，既适应于相应的情报实践又反映出一个国家对情报机制的认知水平。情报体制的演进建立在情报工作实践的经验教训基础上，深刻揭示了情报机构运行发展必须遵循的机制规律。下面主要以美国为例，开展面向安全的情报机构运行机制分析。

1）情报业务运行机制：合作共享

世界上大多数情报机构的情报生产与使用都包括了情报需求规划、情报收集处理、情报分析评估、情报分发及使用等过程。谢尔曼·肯特指出：情报生产活动是一个涉及监视与研究等阶段的过程，并将其总结为包括问题出现→问题分析→资料收集→资料评估→情报研究→假设验证→情报陈述7个步骤的公式化表述，形成了描述

---

① 王延飞，闫志开，何芳．从智库功能看情报研究机构转型［J］．情报理论与实践，2015，38（5）：1-4，11．

情报生产活动模型的雏形[①]。美国的情报周期（Intelligence Cycle）包括了情报工作涉及的规划、收集、生产、分发及反馈等环节，反映了冷战时期情报机构工作的日常运作。情报周期概念描述了众多情报机构的结构与功能，通过界定相对独立的业务步骤为情报机构的管理和组织提供了便利。但是，侧重反映情报机构业务差异的情报周期不能反映情报生成使用过程中的不断反馈，影响了实际工作中的信息共享和合作，形成了倍受诟病的情报烟囱。

2004年美国开始情报改革，情报流程（Intelligence Process）逐渐取代了情报周期成为描述情报活动的核心概念，其具体模型的设计与改良成为情报研究的焦点之一。《对军事行动的联合及国家情报支援》条令提出：情报流程就是将信息转化为情报并让用户获得的过程。情报流程包括了计划指导、收集、处理与加工、分析生产、分发整合与评估反馈这6种相互联系的情报行动。十几年来，美国情报共同体改革涉及技术、组织、管理等多个方面，已经融入日常情报工作，形成新的业务规范，打破了情报烟囱的禁锢。和情报周期比较起来，情报流程以相关人员间的情报信息共享为基础，基于不同情报活动之间的关联形成了强调交互的网络化结构，以适应新时代国家安全挑战高度不确定和快速变化的需要。

在这方面，主要国家都针对重大国家情报需求，多部门联合成立了以国家反恐中心为代表的国家级情报中心。国家情报中心作为一个集中式的共享协调实体机构，根据系统环境和治理主体理念的不同，往往可以身兼数职，进一步丰富了不同国家情报系统的适应性变化，其管理实施作用可能体现在以下一个或多个方面。

第一，承担统筹协调系统内情报信息资源与需求的基本职能。国家情报中心首先清点国家情报主体所掌握的情报信息资源形成目录清单，明确国家情报机构间情报信息共享需求，通过内部安全网络集中发布。作为安全可信的中立第三方，为多部门情报信息共享实现牵线搭桥的基本功能，基于情报信息特点再考虑共享方式手段，保障共享双方的权利与义务。由于本身只负责需求与资源对接，和情报机构不存在职能重叠，不会加剧竞争问题。对环境要素要求也相对较低，相对易于实现。

第二，承担系统内情报信息共享治理与服务相结合的职能。国家情报中心作为国家情报管理者的下属机构，负责建立情报信息共享的统一标准和原则，对国家情报机构收集与共享的情报信息在格式、分级管理、应用范例与安全义务等方面做出详细规定。将多数国家情报涉及部门都需要的情报信息资源集中起来，建设基础情报信息库实现集中

---

① 谢尔曼·肯特.战略情报：为美国世界政策服务[M].北京：金城出版社，2012：123.

式应用开发。培养锻炼一支大数据分析人才队伍，专门负责共享情报信息的应用创新，充分挖掘共享带来的协同收益。其他国家情报机构将自有情报信息和情报中心实现共享融合，通过满足相应情报需求实现情报价值增益。情报中心由国家负责人才与预算支持，并不参与协同收益的分配，因而只需要保障其他共享参与方的协同收益就能够实现共享的持续稳定发展，有利于实现情报信息共享向预期方向发展。

第三，承担满足特定国家情报需求的联合情报生产职能。国家情报中心基于法定权限聚合政府范围内的相关情报信息和情报人员，实现跨部门联合情报生产以支持国家高层群体的决策需要和一线执行人员的行动需求。国家情报中心既是特定情报需求的集中式情报信息库和知识库，也通过情报分析成为联系国家情报相关部门的中枢。美国的国家反恐中心是此类型的典型代表。从美国实践来看，虽然由于和其他情报机构存在生态位重叠，存在恶性竞争，有可能影响情报机构的共享意愿，但是能够实现反恐情报信息共享与反恐情报产品生产。这类国家情报中心能否推进国家情报系统情报信息共享的发展同样依赖于该中心能否与其他情报机构实现跨边界共享。

第四，承担动态化联合情报团队的管理以实现推进共享的功能。此类国家情报中心由专业化的联合情报任务主管队伍为核心。动态化联合情报团队指：无论是国家情报需求还是部门情报需求，无论情报门类和情报机构与部门，不同国家情报人员根据各种情报需求，通过各种情报信息共享方法，动态定制形成的联合情报团队。动态化联合情报团队协同完成情报流程，实现联合情报生产与使用。并随着情报流程的结束、情报产品的完成、情报需求的满足及共享效用的消失而自然解体。联合情报任务主管的协调管理能够实现动态化联合情报团队的正常运转。主要负责发现和响应需要跨部门情报信息共享的情报需求，构建和管理相应联合情报团队，协调所需资源和解决收益冲突等方面。因此，联合情报任务主管需要既精通特定领域的国家情报业务又擅长跨部门情报团队的管理工作。

2) 情报管理协调机制：协同治理

面向安全的情报机构关乎国家长治久安，实际上涉及政府多个强力部门，其组织体制管理一直非常重要。对珍珠港事件中情报失察的研究认为：美国军事情报部门间缺乏统一的规划与管理带来诸多问题是主要原因；在情报收集方面表现为各自为战，毫无协作与共享；在情报分析方面，各自为政甚至相互矛盾。

基于官僚层级和科学分工管理的组织结构和工业时代的情报管理需要相互适应，这也是情报机构间条块分割严重的根本原因。新时代政府组织向整体性治理的适应性转变，客观上要求政府在情报工作发展中，在组织结构和组织运作方面均实现自我革新，否则配备了各种信息技术的国家情报系统不过将彼此分离的情报烟囱升级为电子化的情报烟囱而已。

在这方面，美国情报改革的作法具有一定代表性。一是依据大部制理念设立国土安全部等新部门为情报机构和情报信息共享措施的实施主体，明确相应法定权限与职责；二是依据多年研究成果和委员会建议，设立独立于任何部门的国家情报总监以加强合作共享的一体化协调管理；三是依据整体治理理念，在官僚层级式组织传统基础上成立创新型跨部门新机构履行情报信息共享职责，比如，基于关键情报议题成立以国家反恐中心和国家反扩散中心为代表的国家级跨机构国家情报中心等[①]。

在2004年的情报改革中，美国通过设立国家情报总监和国家情报办公室等机构，进行了情报机构体制调整，管理协调情报机构间的合作共享，以推进美国情报一体化的进程。更重要的是，美国在国家领导群体、国家情报总监、相关政府部门和情报机构领导等管理者的协调分工方面进行了很多尝试，为情报工作的整体治理奠定了良好的组织条件。

3）情报环境保障机制：善打组合拳

情报机构本身也是政府部门，其运行发展都离不开相应的国家和政府大环境，必然受到政治、经济、文化、技术和法律政策等方面的约束。美国在情报改革中建立一系列保障机制为情报机构发展培育有利条件。

首先是为情报信息共享提供相关法律政策依据。"9·11"恐怖主义袭击发生以后，美国国内改革国家情报系统的呼声日益高涨，美国政府为了提升国土安全能力首先在法律政策等方面进行了大幅调整。2001年《爱国者法案》扫除了情报信息共享的长期障碍，从法律上允许国内刑事侦查和情报侦察、对内情报和对外情报之间的情报信息共享。然而，法律上共享禁令的解除并未带来情报信息共享方面预期的改观。基于相关人员和机构会担当相应职责服从公众利益的理念，美国政府逐步规定情报共同体成员有共享的责任。《国土安全法案》（2002年）指示相关机构为了美国本土安全彼此共享国土安全情报信息，但是效果依然不佳。《情报改革与反对恐怖主义法案》（2004年）明确规定所有相关机构"有责任应当"共享国土安全相关情报信息。2008年布什政府颁布相关备忘录，就情报信息共享制定了统一的标准，明确了共享条件、范围和维护管理等事务，

---

① Intelligence Reform and Terrorism Prevention Act of 2004 [Z] // United States statutes at large, Volume 118, Part 4. Washington: United States Government Printing Office, 2005: 3638-3700.

为情报信息共享措施提供了更进一步清晰的规范，也起到了一定积极作用。以情报共同体内部国家情报信息共享为主题的第 501 号情报共同体指令（Intelligence Community Directive, ICD, 2009）将情报机构间的情报信息共享规定为情报人员和情报机构的职责，提出：情报机构应将收集和生产的情报信息视为国家财产，将自身视为情报信息的管理者（Steward）；情报机构有责任将收集和生产的情报信息提供给那些有授权的情报人员，使得他们能够通过自动手段获取这些情报信息（国家情报总监免除的情报信息除外）；情报人员有责任发现那些有可能对其情报任务有帮助的情报信息。

其次是多样化手段改变情报文化。尽管中央情报主任于 20 世纪 90 年代末就已经将跨机构任职经历作为情报人员晋升的必要条件，但是包括中央情报局在内的所有情报机构都选择性忽视了这一命令。相反的，跨机构轮值的往往都是情报机构的"菜鸟"。2004 年的《情报改革与预防恐怖主义法》明确指出国家情报总监需要提供一个促进情报机构人员轮岗的有效机制，从而促进情报共同体人员对情报需求、方法、用户和能力形成统一的认识，创造人员跨机构技能和培育乐于共享的情报共同体新文化。2006 年开始，国家情报总监发布了情报共同体联合任务项目（Joint Duty Program）指令，要求情报人员必须担任为期至少 12 个月的联合情报任务，联合其他情报机构为担任情报任务提供相应的职业培训和教育，并将联合轮岗作为情报人员晋升高级职务的必需条件之一。

再次是引入创新型信息技术。一方面，引入大数据和云计算等先进技术。伴随着信息技术的跨越式发展，新的科技知识和信息量呈指数级增长，政府部门各个领域充斥的大量数据难以得到有效利用。在大数据相关技术未得到有效发展之前，"信息爆炸"给人们带来的困扰远远大于信息共享所带来的收益。在这种情况下，各个情报机构处理自身的信息就已经消耗了巨大的资源，即便政府硬性推动了信息共享，但由于数据处理能力、计算速度、响应时间等方面的限制，共享之后所带来的收益并不大。针对这种困境，美国通过制定相关政策机制，加大在大数据、人工智能等相关技术的研究投入，如奥巴马政府 2012 年的"大数据研究与开发计划"、2016 年的"联邦大数据研究与开发战略计划"。以技术创新来解决"信息爆炸"带来的困境，降低了海量数据处理的资源消耗，有效地促进了信息的共享利用。另一方面，推动应用创新产生新的收益增长点。大数据应用的典型模式是发现数据之间隐藏的关联关系，挖掘数据的潜在价值。近些年来，蓬勃发展的大数据应用为很多尘封已久的数据开创了新的应用价值，催生了很多产业发展。现有的大数据应用典型案例，具有很好的示范引领作用，为相关领域的发展起到了重要的借鉴作用。但是目前已经发掘出价值的数据仅仅是很小一部分，未知远远大于已知,尚有大量未知的应用场景等待持续的应用研究去发现。新的应用价值会作为增长点,大幅提升数据共享带来的收益,极大地促进信息共享行为。当前情况下,应用创新属于密集型的智力劳动,需要有好的政策和机制来推进。当前政府机构、各大公司企业广泛开展的各类数据创新大赛,以悬赏模式进行的众包,以及各类科研计划投资开展的数据应用研究等属于促进应用创新的有效手段。

最后是情报预算统筹助力共享发展。规划设计国家情报信息共享需要涵盖收集处理、分析评估和共享适应情报全流程,涉及多个情报门类不同类型情报信息,以免出现标准各异、情报业务同步协同等问题。但是国家情报系统的技术升级、信息系统建设的规划设计、预算、审批和评估等环节都由各部门机构分别管理,存在多头立项和多头审批的问题。缺乏牵头部门对国家情报信息共享项目的全方位统筹,很容易造成重复投入和专项建设过多,进一步加强情报烟囱林立的现象。

因此,美国政府有效集中统筹国家情报信息共享项目的关键在于宏观统筹情报预算,推动软硬件建设,将情报机构升级改造信息系统、发展联合情报生产和推进情报信息共享与情报安全联系起来,从规划立项、资金预算到运行维护等实现全周期的预算管理。一方面要给予国家情报管理者一定的预算控制权,在统一的技术平台、统一的数据标准流程、国家级情报中心等方面加大支持力度;另一方面加强对各部门机构信息化建设项目申报的审核力度,对不符合国家情报信息共享发展要求的项目不予拨款,切实加强机构发展管理。

由于国情所限,美国在情报改革中,虽然增加了国家情报总监的国家情报预算权限,但是最主要的情报预算由于显性和隐性地包含在军事预算当中,还是控制在国防部长手中。更别说,国家情报总监无力干涉国务院、国土安全部的相关预算。这也是美国情报共同体缺乏集中式治理的重要表现和原因。

美国情报机构已经在管理和运行体制上做出了巨大调整,当然,由于美国体制、情报工作特殊性和情报文化等多方面原因,美国情报改革难以实现一体化的目标,但是从顺利击毙本·拉登等事件来看,改革对于情报机构履行其组织职责起到了一定积极作用。

(2)面向发展的情报机构体制与运行机制

面向发展的情报机构在我国大多数是科技情报研究机构,一般是政府行政管理部门直属机构,采用事业单位管理办法。自我国科技情报事业20世纪50年代创立以来,各部委、各省市相继设立科技情报研究机构,完成了国家科技情报机构的体系建设。1985年全国科技情报体制改革座谈会后,各级科技情报机构在内部调整、业务集成和人员分流等方面都做了积极的改革。如原化工部科技情报研究所与经济信息中心合并成立中国化工信息中心。其他一些部委、省市也正在考虑解决科技信息机构、信息中心、计算机中心、软科学研究中心等重复设置的问题。随着我国社会公益类科研院所的改革工作全面启动,科技情报研究机构普遍面临转制改革问题,面向发展的情报机构的管理体制也将发生重要变化。

在运行机制方面,传统科技情报研究机构在行政方面推行机构领导负责制、承包责任制、目标责任制、分类管理等制度。在经费问题上,过去全靠国家主管部门拨款,现在事业经费国家已逐步由全额拨款,改为按照公益机构性质实施差额拨款,将科技信息事业经费以项目费方式通过项目招标,重点支持实力强的科技信息机构,或者依据项目申请国家的项目拨款,不足部分由自己创收弥补。工作任务也不再是单纯计划模式、等待主管部门安排,而是根据市场需求生产信息产品,为用户提供信息服务。随着国家拨款方式的改变,科技情报机构主动根据社会需求开发情报信息产品,提供信息服务,通过盈利增强自我支持和发展的能力,将原来的事业单位管理模式改变为企业化管理模式,逐步推行企业化管理方式,许多机构正在由公益型科技信息机构向社会服务型、高技术产业型的企业和信息服务公司等方向发展,市场观念、效益观念、竞争观念已逐步在科技信息工作者脑海里扎根。新型情报信息服务机构成立,如信息咨询机构、智库、网络服务公司等,机构形式越来越多样化、网络化,横向联合也逐步增多,办起多种形式、不同规模、丰富内容的网络或合作组织,开辟了新的活动场所和服务领域。同时,政府管理职能已逐渐从具体的科技情报研究机构中分离出来,前者行使其事业管理职能,科技情报研究机构专门从事具体情报业务。

传统政府主导型、事业单位体系的科技情报体系,虽然给科技情报研究机构带来许多发展资源,但也存在诸多体制性障碍,造成资源与服务不能满足当前科技与经济发展的新需求。例如,由于每年有财政拨款,因而对社会和市场的情报需求不够敏感;由于属于事业单位,在人才引进、使用和管理方面会受到许多限制;由于属科委系统,在机构发展上常常以上级要求为导向来开展业务等。因在计划经济管理模式下,情报研究机构没有经济上求生存的压力,也有走向市场进行有偿服务的动力,不具备现代管理制度的激励机制,有"等、靠、要"的思想,上上下下"守摊子",难以调动积极性。

但综合来看,情报信息整合是重中之重。当前,科技情报研究机构多采取自主型和主从型的组织形式:自主型科技情报研究机构实力雄厚,人才齐全,专家咨询系统完善，能够满足自身开展各种情报咨询研究和服务的需要；主从型科技情报研究机构职员从 10 人至上百人不等，有相当强的研究实力，决策咨询研究和服务以自己为主，但亦需借助社会上的力量，聘请社会上的专家学者共同开展大型情报咨询课题研究。特别是进入大数据智能时代，科技情报工作仍处于改革摸索阶段，以往条块分割的行政体系，造成了资金紧缺、文献资源重复建设严重、资源共享困难等深层体制机制问题，这使得政府背景的科技情报机构能力弱化严重，跟不上时代发展，新形势下的体制机制改革仍在路上。

2.3.2 智库运行机制

一般来说，一个社会组织的发展直接影响因素无非是人、财、物。对于智库而言，人的因素主要是指运用一定研究方法并结合自身知识对信息资料进行整合再加工，从而生产出思想产品的研究人员及为思想产品的产出和宣传服务的智库内部的行政、管理人员，而各司其职的内部组织可以统称为人才队伍。物的因素主要是指像生物个体系统一样实现物质、信息和能量循环需要的资金和条件平台。条件平台可以分为技术设备、情报系统和宣传平台。人才队伍和条件平台并非孤立存在，而是在资金流的保障下相互影响、共同演化驱动着智库生存和发展（图 2-5）。

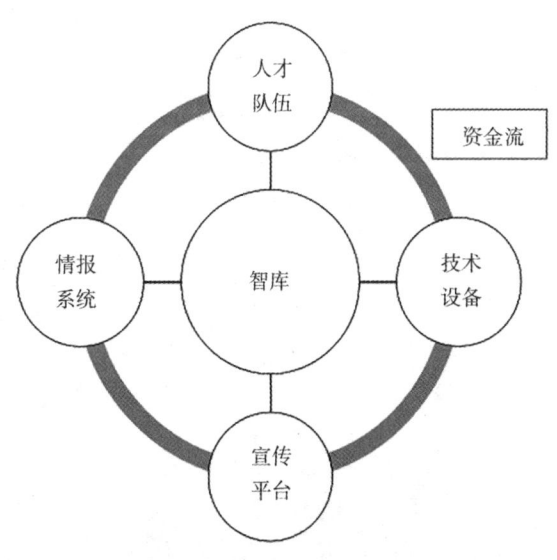

图 2-5 智库发展的影响因素

智库的运行机制是引导和制约人才队伍、情报系统、技术设备、宣传平台及资金流这 5 个基本要素运行行为的相关制度和基本准则。高效的运行机制是基本要素转换为智库胜任力的必要非充分条件，主要包括组织架构、人员管理机制、资金管理机制、成果宣传推广与应用转化机制。

（1）组织架构

智库作为生产知识、思想和方案的组织，具有高科技、高智力行业的特征，需要建立更加灵活的、适应新思想涌现、相对宽松的组织管理体系。智库的生产过程，主要包括各类信息资料的输入，运用理论、模型、大数据进行知识生产，思想和政策产品的输出。智库组织架构的重点是处理好研究与行政两者关系，怎样管理和服务研究人员是组织架构建设的重点。现代智库通常学习现代化企业管理架构，实行董事会领导下的经理负责制。智库设立董事会（理事会、监事会）作为智库的最高领导机构，通常由政界要员、学界名人、著名媒体人、与智库研究相关的大型公司董事等名流组成，共同行使制定和审议研究规划、审核财务、主导合同签订、选拔和任用总经理、所长等高级行政管理人员等重大决策。董事会按研究议题、合同项目及专业分类设置多个研究部门，并由总经理或所长任命部门主任，总领部门内的各项事务。美国卡内基国际和平基金会的成员由各国学者和董事会组成，董事会成员包括前政府官员、公司银行经理董事、研究院负责人和基金会的总裁等[①]。美国布鲁金斯学会、兰德智库等国际知名智库都定期更换理事会主席及成员，以提高人员流动性、保证组织活力、最大限度地建立优质人脉。除此之外，还有以美国胡佛研究所为代表的所长负责制，所长一人为智库最高领导，定夺人员招聘、合同签订、项目组筹建、活动举办、成果发布等重要事务。现代化内部治理结构发展、智库跨学科研究需求日益增多，促使智库的组织架构逐渐从直线式的早期学科制（图 2-6）向更为灵活的矩阵式的跨学科单元制发展（图 2-7）[②]。

---

① 朱海波，朱聪，聂凤英. 国际知名智库的组织体系、运行机制及对中国农业智库建设的启示[J]. 世界农业，2017（12）：20-27.
② 杨瑞仙，权明喆，魏子瑶. 国外一流智库运行机制现状调研及启示[J]. 情报理论与实践，2017，40（12）：29-34.

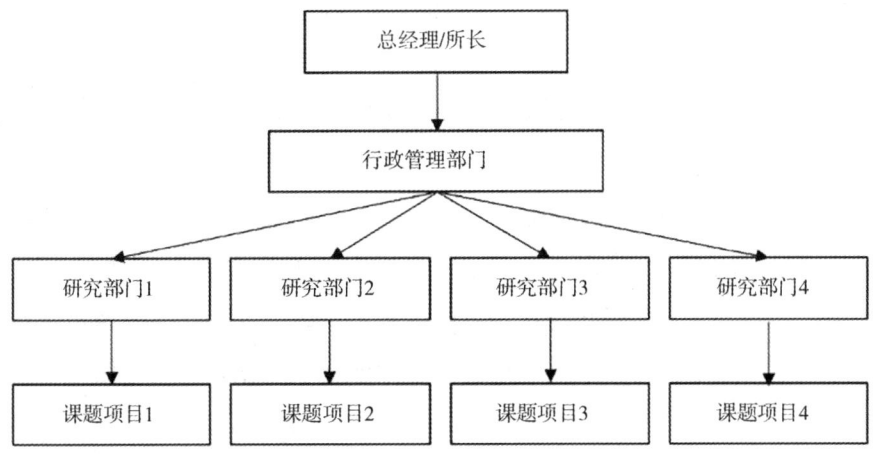

图 2-6 直线式的早期学科制组织架构

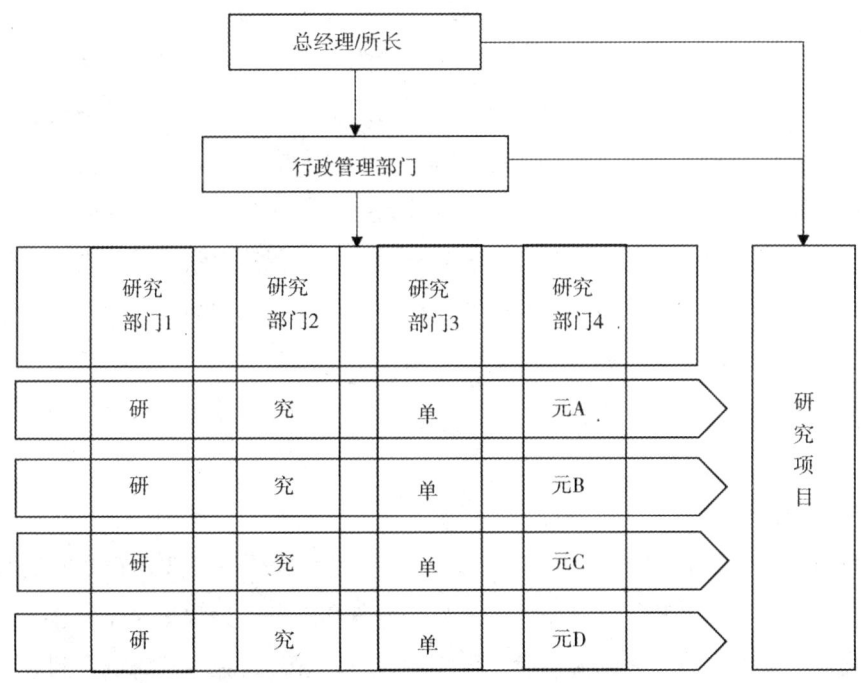

图 2-7 矩阵式的跨学科单元制组织架构

全球最负盛名和影响力之一的综合性智库——兰德公司首创了矩阵式智库组织结构，随后被美国布鲁金斯学会等其他智库争相学习采用，这一组织架构也被称之为"兰德模式"。这种组织架构非常适合大型智库将人员管理、财务管理、项目管理三者分开，也将研究者与评价者分开，保障研究成果的质量控制。这也是多学科合作，充分发挥跨学科优势的极佳模式。但小型智库或学科单一的研究型智库并不需要如此复杂，大多沿用直线式学科制组织架构，如日本三菱综合研究所、德国经济研究所等。

除此之外，政府委托、企业委托研究较多的智库则大多采用横向的任务型组织结构，这些智库往往专职研究人员较少，研究课题需要聘请相关专家学者，这类智库往往实现人随项目走的模式，这种柔性组织架构更为灵活。随着经济全球化和信息技术的发展，智库人员的信息传递更为便捷、跨度更大，智库人才队伍的建设不再受限于办公场所，更多的中小型智库崭露头角，使得智库向着扁平化、网络化、信息化方向发展。

中国智库运行和西方智库运行，最大的区别在于，西方智库的运行商业化导向较强，而中国智库的发展环境决定了其运行的服务决策的行政导向较强。我国目前大多数智库是官办性质智库，除了大多数社会智库参考国外智库的矩阵式组织架构外，体制内智库在纵向上分国家级、省级等层级，横向上分党政、军队、社科院等部门，受两方面影响大多数党政智库、高校智库和少数由体制内人员在外注册的智库都沿用母体单位旧有机制。自上而下的科层式组织架构往往很难处理好智库母体与智库载体的关系，在研究组织架构上，囿于部门分割和学科类别等因素，纵向分组多，横向联合少，统得过死，缺少灵活，影响了研究成效。也有部分高端智库在积极探索法人治理组织架构，如江苏产业技术研究院是由总院和专业研究所组成的智库，总院为具有独立法人资格的省属事业单位，实行理事会领导下的院长负责制，防止体制回归，有效增强了智库的自主性、客观性。

（2）人员管理机制

智库机构人员大多实行合同制和聘任制，定期进行研究人员的交流和更替，以最大限度地利用外界力量扩大影响力。"旋转门"机制是美国智库产业最核心的机制，每次美国政府换届都有很多卸任官员到智库成为政策研究人员，为智库人才发展提供了新鲜血液。大量兼备理论与实践的人才涌入智库的同时，智库研究者也有机会到政府机构或国际组织担任要职。这一机制既帮助政策制定者加深学术积累，又帮助智库研究者增加实践经验；既搭建知识与权力的桥梁，又构成人际传播网络；既提供了"人才流"，又拓展了"信息流"渠道，它为需求方和供给方的一个有效通道，是非常重要的消除信息不对称的机制。大多国际智库都采用开放式研究模式，美国布鲁金斯聚集了世界各地的政府和学术界的 300 多名著名专家，为布鲁金斯提供高质量的研究、全方位的政策建议并分析公共政策问题。卡内基国际和平基金会拥有 200 多位专家，专家分为居民专家与非居民专家。居民专家又有高级研究员、访问学者、研究员等分支。加拿大可持续发展研究所等建立了指导委员会、实行顾问制等方式招揽国内外优势资源，既能节省经费又能充分利用外部研究力量扩大自身影响力。

人员考评是智库管理机制的重要环节，科学的考评机制是促进人才成长的前提。国际智库主要采用绩效考核机制，对不同岗位人才实行差异化考核，以丰厚的奖金、荣誉奖励和晋升发展机会鼓励研究人员、管理人员不断进步。兰德公司主要由部门主管对研究人员进行年度考核，但不同人员考核频次不一，新入职人员一年两次考核，资深研究人员两年一次考核，考核内容包括成果的数量和质量。除此之外，理事会每4~5 年对研究部门进行一次综合审查，结果作为该部门研究人员考核、晋升和淘汰的参考。美国国会研究服务局专门建立了绩效评价系统。该系统确保所有员工都有明确的绩效计划可执行；确保项目进展中的总结、绩效评估和个人发展计划都能有效地协调统一；确保每一位员工都能持续获得有关绩效的反馈；同时，还为员工评价提供了绩效评价标准[1]。

有效的激励机制是人才队伍发展动力的重要保障。国际知名智库都建立了具有竞争力的薪酬机制，激励研究人员不断努力创新，鼓励管理人员向研究人员转换发展。英国改革研究所的薪资标准根据研究人员级别和工作量综合制定，一般资深研究员年薪为 6 万英镑，是伦敦市人均收入水平的两倍[2]。布鲁金斯的研究人员和非研究人员各占一半，其中非研究人员大多为年轻人，收入不到研究人员的 1/3，平均年薪在 5~10 万美元。但布鲁金斯十分注重专职研究人员和辅助人员的有机结合，鼓励年轻的非研究人员跟随研究人员学习成长。除此之外，智库的名望也是吸引人才的重要因素，知名智库的研究人员和管理人员转入政府部门和其他机构的可能性更大。

建立交流平台和培训机制是人力资源存量开发的高效途径。兰德公司除了与高校合作建立帕迪兰德研究生院，专门培养政策研究分析人员外，还与英国伦敦战略研究院等智库定期互派访问学者。美国国会研究所非常注重内部交流，专门建立午餐研讨制度，充分利用午餐时间促进员工进行研究问题分析和成果分享交流。

多样性与竞争性的开放人才选拔和培养机制是国外知名智库打造高水平人才队伍的保证。我国党政、高校等官办智库的薪酬制度、人事制度、外事制度等基本参照行政管

---

[1] 赖先进. 国际智库发展模式 [M]. 北京：中共中央党校出版社，2017：181.
[2] 戴慧. 英国智库考察报告 [J]. 中国发展观察，2014（1）：36-40.

理部门的制度,与智库运行的规律尚不完全符合。在人员选用上,囿于招录制度、体制性质等因素,主要表现为"选人口子窄、育人通道少、留人引力小",人才流转不畅,待遇与智力劳动不相匹配。

(3) 资金管理机制

智库资金主要来源是政府拨款、社团捐献、出版物销售收入、合同研究收费、会员费、会议资金、教学培训收费等[①]。一般来说,主要服务于政府政策研究的官方智库和半官方智库的主要资金来源为政府资助及财政拨款。德国智库认为接受社会捐赠难以避免受利益集团的影响,妨碍了研究的公正客观性,所以其政府资助比例远高于西方其他国家。英美两国的官方智库和半官方智库的经费来源也主要依靠政府拨款:伦敦财政研究所每年接受政府资助比例占总资金收入近一半,其他多为企业捐赠。美国国家科学院主要为联邦政府、州政府提供政策咨询服务,其2012年总收入为2.95亿美元,其中85%来自联邦政府[②]。相比官方智库,独立智库的筹资渠道则以社会化为主,主要依赖于社会捐赠和资助。美国智库兴起于第二次世界大战末期到20世纪60年代,这一时期美国财务迅速增长、垄断资本地位牢固,社会阶层不断分化,出于维护资本主义及宗教慈善文化传统需要,美国各类基金会盛行,社会捐赠和资助推动了智库的发展。布鲁金斯学会是筹资多元化的典型代表,其每年预算为9100万至1亿美元,80%来自世界各国、公司、高校、研究机构及私人捐赠,10%来自理财收入,其他则来自培训和出版收入。卡内基国际和平研究院每年预算金额的45%来自社会捐赠,研究经费占总额的50%以上[③]。日本的"SOHO智库"、经济研究所、"日本国际论坛"等民间智库主要以社会赞助和会员会费收入为主要来源[④]。除此之外,智库发展初期大多为政府合同(委托)研究智库,接受政府、企业、高校、研究所、私人等各类客户委托咨询课题是智库筹资的传统渠道。例如,美国斯坦福国际研究所的政策咨询服务主要面向政府和军方委托,其主要收入依赖于合同咨询费用。筹资渠道多元化、社会化成为智库提升竞争力、实现可持续发展的重要措施和核心动力。总体来看,国际智库的筹资范围和金额多少与其社会影响力直接挂钩。

---

① 朱海波,朱聪,聂凤英. 国际知名智库的组织体系、运行机制及对中国农业智库建设的启示[J]. 世界农业,2017(12):20-27.
② 王桂侠,万劲波. 美国国家科学院咨询机制及启示[N]. 中国科学报,2014-07-11.
③ 张大卫. 美国全球知名智库发展现状与启示[N]. 光明日报,2016-08-10.
④ 程永明. 日本智库经费来源渠道研究[J]. 人民论坛,2014(8):240-243.

我国的官办智库也主要依赖财政拨款、基金委托课题经费渠道获得资金收入。随着智库建设经济投入的不断增加，智库也迅速发展，但占比较大的官方和半官方智库，政府的财政拨款占其收入的比重很大，资金筹措的多元化机制仍不健全。2018年，国务院发展研究中心决算总收入为17 698万元，财政拨款和事业收入占比达到了约99.6%，中国社科院决算总收入为340 950万元，财政拨款和事业收入占92.78%[1]。我国社会智库仍然主要通过自筹获得资金，即使作为国家高端智库中两家社会智库之一的中国国际经济交流中心，也是在财政拨款的500万元以外，通过基金董事会的形式与国企、民企、外企合作吸纳资金[2]。除此之外，很多体制内智库在资金预算、报销等方面还受到母体单位的限制，并不能灵活吸纳和使用资金。所以，目前我国智库的现实情况，尤其是社会智库的资金还远不能满足我国智库发展需求[3]。在经费筹集使用上，我国智库囿于决策咨询市场不发达和缺乏法律依据等因素，经费来源单一、数量不足、使用受限，只能维持机构日常运转，战略研究和基础建设等方面经费很少，这在一定程度上抑制了中国特色新型智库建设的进程。

（4）成果宣传推广与应用转化机制

智库成果宣传推广的根本目标是识别目标受众，把研究成果精准送达目标受众手中，并产生影响力。智库的成果宣传主要有3种途径。

第一种是提供信息情报产品。在纸媒时代，美国智库就创办了具有全球影响力的国际关系方面的大牌期刊（表2-3）。邀请政界要员在刊物上发表阐述自己政策纲领的文章，随着智库刊物影响力不断提高，许多一流学者也选择这些期刊发表原创性理论。为了扩大影响，这些刊物中一部分是OA刊物（开放获取），任何人都可以免费下载。除了期刊，智库还及时通过研究简报、研究报告、快报等出版物向社会各个阶层宣传思想产品。

---

[1] 中国社会科学院2018年度部门决算［EB/OL］.（2019-07-21）[2020-01-02］. http：//cass.cssn.cn/zwgk/201907/P020190718605925805153.pdf.
[2] 王超. 资金捉襟见肘中国智库严重缺血［N］. 中国产经新闻，2009-07-31.
[3] 苗绿，王辉耀. 中国智库资金来源多元化初探［J］. 科学与管理，2017（4）：15-18.

表 2-3　部分美国智库名牌出版物一览

智库	刊物
布鲁金斯学会	《布鲁金斯评论》（Brookings Review）
卡内基国际和平基金会	《外交政策》（Foreign Policy）
战略和国际研究中心	《华盛顿季刊》（The Washington Quarterly, TWQ）
兰德公司	《兰德评论》（Rand Review）
外交关系委员会	《外交》（Foreign Affairs）
威尔逊国际中心	《威尔逊季刊》（Wilson Quarterly）
和平研究所	《和平观察》（Peace Observer）
企业研究所	《美国企业》（The American Enterprise, TAE）
外交政策研究所	《奥比斯》（Orbis）
国家利益研究中心	《国家利益》（National Interest）

第二种是借助多元化传播平台。早期智库利用广播、电视、报纸等平台进行成果宣传。互联网时代，国际智库还通过网站、数据库、社交媒体平台加强对外宣传。机构的官方网站是传播一切信息的主阵地，也是外界获取机构信息的主要渠道。一流智库的官方网站的设计、制作和运维水平已经不亚于任何一个大公司的官网水准，真正达到了企业级。例如，日本经济研究所的官方网站分中文、日文、英文 3 种版本，不仅定期发布研究成果、会议资料，还建立了共享型研究数据库，该网站 2009 年 4 月至 2010 年 3 月底一年访问量达 12.1 万次，研究成果下载数量从 2001 年的 2300 篇到 2009 年猛增至近 300 万篇，影响力提升效果显著。另外，几乎每个有影响的智库都有新媒体传播平台，借助新媒体不断创新和发展智库成果的传播机制，引导对国际问题的看法，及时反应抢占话语权，引发公众关注，形成国际舆论，从而塑造其全球品牌效应。

第三种是各种人员流动。智库通过定期举办专题研讨会、成果报告会、培训讲座等活动，与政界、学界互通信息，交流思想，推销研究成果，影响政府决策。目前，闻名于全球的各类国际论坛，几乎都是由欧美智库或拥有智库功能的国际机构运营。例如，每年年初在瑞士举行的达沃斯论坛，几乎能确定未来一年经济评价的总体脉络；每年夏季由英国智库承办的香格里拉论坛，则基本上主导了亚太地区甚至全球安全评估的总基调；还有每年下半年召开的 G20 会议、APEC 会议都有世界一流国际智库的身影，思想交流的背后是垄断国际话语权和合作主导权。

除此之外，国外知名智库都与主流媒体建立密切联系。许多大型智库都设立了专门的公关部，负责与全世界各大媒体的沟通和联络。相比媒体，智库长期跟踪研究某一领域，对该领域更有发言权。英国智库常常通过召开成果发布会邀请大众传媒进行报道。每当某一国际问题出现新变化或有新的热点事件发生后，欧美智库常用做法都是由长期跟踪研究相关问题的智库研究人员发布简评、专栏，积极接受媒体采访和出版合作，将其研究成果和观点通过大众媒体传播出去，转化为影响舆论的资源，扩大影响力。

智库研究成果的价值在于运用于实践，我国智库在成果宣传和应用转化方面，囿于思想观念和隶属关系等因素，还存在注重政府影响多、关注社会影响少，注重短期效应多、关注长期导向少，依靠传统渠道多、依托现代媒介少等现象。新型智库建设仍需拓宽成果的转化渠道，建立多渠道、多形式、多层次、多载体的信息报送和传播机制，确保研究成果能够及时便捷地被目标受众所关注和了解。此外，还要充分利用电子网络等新媒体和学术报告、高端论坛、蓝皮书等多形式载体对外传播研究成果，让智库的研究成果尽可能实现影响力的最大化。

智库发挥作用的过程，本质上是一个影响力传递过程。智库要发挥其应有的作用、不断提升影响力，必须完善运行机制，促进智库职能分工的明晰化，智库产品生产的精细化，智库成果转化的程序化，多种思想交流的常态化。

2.3.3 情报机构与智库运行机制的相互作用

情报机构与智库运行机制不同，国外智库和我国智库由于历史发展过程与具体的国情不同，运行机制也表现出不同的特点，以下从情报机构和智库的组织架构、业务方向、运作模式、主要产品、营销方式等方面进行比较，如表2-4所示。

表2-4 情报机构与智库运行机制比较

	面向安全的情报机构	面向发展的情报机构	智库
组织架构	按照情报收集方式机构设置	按照专业领域设置	按照专业领域设置
业务方向	研究按照地区分组	多元化业务，注重交叉领域研究，使用专业化策略定位提升核心竞争优势	以战略研究和政策服务型为主

续表

	面向安全的情报机构	面向发展的情报机构	智库
运作模式	政府、军方主导,利用外围技术研发力量	依托政府	中国多数均依托于政府,部分机构为民营;美欧等国智库一般为民间研究机构,接受政府委托研究
主要产品	简报类、基础研究类、定量化分析工具、专题研究类		简报类、基础研究类、专题研究类
营销方式	一般不重视营销,更多是满足上级需求		强有力的政策推销机制和多元化推销渠道
人才要求	要求从业人员有较高的专业知识,还要求要有法律、心理、社会、文化等方面的相关知识,同时又要有职业道德和咨询经验	人才多为自己培养,人才引进渠道不畅,未形成多元化的人才结构	重视人才的质量,一般说来,只有拥有某专业的专家资格,才有条件加入智库
经费来源	政府拨款	政府拨款为主	大部分的智库靠自身筹措资金,或以承接国家及大企业有关课题取得资助
评审机制	重视研究成果的质量管理,有严格的成果评审制度		已经建立成果评审制度,各类智库评审制度不同

从上面的分析可以看出,情报机构与智库运行机制相互作用如下。

(1) 情报合作共享的运行机制有助于智库提升新时代决策支撑能力

为智库提供相应信息资源。信息资源采集是整个智库工作的前提和基础,能够得到准确而全面的信息是智库能否生存和发展的关键,也直接关系到智库成果的质量。第二次世界大战结束以后,美国只有规模极小的汉学文献资料,且侧重于中国古代历史和文化,当代中国的文献资料缺失。这种状况造成美国智库及决策者在当代中国问题方面缺乏智慧,难以制定出良策[①]。科技情报机构在长期的发展过程中,积累了包括书籍、期刊、照片等在内的大量情报信息资料,在一定程度上可以解决我国智库建设中信息资源缺乏的问题,为智库活动提供信息资源支撑。

---

① 吴育良.从胡佛研究所的转型谈地方社科图书情报机构在智库中的前端作用[J].四川图书馆学报,2012(6):15-17.

为智库功能实现提供情报洞见。智库学者在制定决策策略时，必须了解当前时代的政治、经济、社会情况及事件所含的全部信息，这就要求智库学者有着全方位的信息掌控能力，热点问题的分析能力。如今日益广泛的信息资源、花样翻新的信息形态，都会对智库学者的咨询研究造成干扰。在这种情况下，情报工作中把无效信息剔除的技术方法手段，可以使智库学者在最短时间内，从浩如烟海的知识世界里得到更多更有效的信息资源。因此可以说，情报机构在保障文献资料的同时，还对这些信息进行激活，从而为智库开展咨询研究提供事实依据和隐藏在原始信息背后的情报信息，并据此形成情报研究系列产品，包括简讯、公报、年报、调研报告及综合分析报告等，这些产品在为智库提供前端研究支撑。

为智库功能提供相应策略。智库项目确定后，其主要任务就是资料和数据的收集与分析，情报机构可以参与这一过程，为智库项目制定检索策略和研究策略。智库项目的检索策略，就是在分析智库项目问题的基础上，确定检索的数据库、检索的用词，并明确检索词之间的逻辑关系和查找步骤的科学安排。事实上，在构造检索策略过程中，要涉及许多方面的知识与技能。诸如，对智库课题的明确程度、对智库课题的分析、对数据库及其系统特性和功能的掌握、编制逻辑检索式的技巧及调整检索策略的方法等方面都会影响检索的整体效果。因此，制定检索策略是一种全面的知识与技能，也需要有经验的科研人员。而情报机构的相关人员往往具备了这种技能和经验，通过他们一般可以获得比较好的检索效果。智库知识的产生需要借助并使用科学的分析工具来制定研究策略。早在第二次世界大战前后，兰德公司的"兰德计划"就曾把"运筹学"应用于战事分析与战略制定，并首次提出运用了"系统分析"方法，取得了良好效果。情报机构工作人员接受过专业的信息分析教育，历经长期的信息分析实践，熟悉信息分析方法，具备信息分析、信息组织素质能力，可以快速将信息转化为知识、情报、谋略。情报机构有关人员应运用其掌握的信息分析方法服务智库知识的生产过程。

（2）智库人才管理机制有助于情报机构提升情报研究分析的水平

情报机构通过生产情报产品不断增强参谋功能，是发挥决策咨询功能的具体体现。情报机构一般都有自己特定的研究成果上报渠道，而且都会有特定的上级主管机构，因此发挥决策支撑的效果一般都更加直接，不需要通过智库进一步开展研究，再送达决策机构。只不过由于长期以来各类情报机构过于看重情报"收集"的效果，情报分析能力严重不足，与新时期"智囊团"出思想、出对策的要求差距越来越大，因此，情报机构可以借鉴"智库"的研究理念，提高战略情报分析和建言献策的整体水平。例如，反恐、教育、交通等公共事务日益复杂，科学决策不再仅仅依靠一两条窃取的关键情报，而越来越依赖情报分析人员采用科学方法综合多方面情报信息实现预判。以《特定领域发展态势报告》等为代表的情报产品无不对关系国计民生的重大领域决策提出相应建议。即使是强调情报与决策之间保持距离的美国也成立国家反恐情报中心，一方面加强反恐领域的跨部门情报信息共享，形成相应的知识库；另一方面加强情报机构对反恐工作的参谋作用，该中心主任是总统的反恐事务情报顾问，甚至直接参与跨部门反恐工作的行动规划。而面向发展的科技情报机构，更是直接扛起转型的大旗，提出建设依托开源情报信息的高水平智库等发展目标。

人才聚集。权威智库的共同特点是人才济济，这是智库的一个重要支撑条件，是智库获得成功的决定性因素，也是著名智库的共同特征。从横向上看，各智库结合不同的任务使命，吸纳了相关专业领域的人力资源，既包括研究人员，也包括信息和数据支持、技术支持、市场推广、管理等多方面的人员，而研究人员占比较高；从纵向上看，都拥有不同层次学历、资历的人员，而高学历人员比例较高；具有深厚职业背景的人员受到重视。高学历、高资历、高能力的人员直接关系到智库研究成果的价值，影响研究成果能否有效发挥作用，对智库的生存发展具有重要意义。

科学管理。这是智库能够立身的关键性因素。表现在人才管理机制灵活，研究工作管理规范。智库不拘一格加强人才储备，积极吸纳有能力的人，为他们提供良好的工作环境和条件，采取有效措施激励他们发挥作用。而对于研究过程和成果管理又非常严格、规范。从立项到准备、从研究到成果评审，都具有一套严格的标准和严密的程序，保证了智库的研究工作和研究结果的高质量。

基础丰厚。决策咨询研究是智库的主要业务，高价值的研究成果并非空穴来风、空中楼阁，而是需要具有客观丰富的信息和数据与深入严谨的分析，为研究人员提供有力的基础支撑。因此，各智库都非常重视基础资源的建设，具有广泛而可靠的信息和数据来源。此外，智库也非常重视新的研究方法和技术手段建设，不断创新发展，以适应新的需求。

（3）智库宣传推广与应用转化机制有助于大数据智能时代提高情报产品影响力

情报工作在智库活动的不同阶段中发挥其对信息数据的收集处理与分析优势，大大降低智库专家对数据、信息与情报的"认知负担"，继而大大提升智库战略咨询的效率与成果。

提供情报信息资源。几乎所有的智库都建有各类专题特色基础信息资源库，为智库的前端服务提供了基础。美国国际经济研究局建立了内容丰富的各类数据库，主要包括宏观数据、产业数据、国际贸易数据、个体数据、医疗数据、人口与生命统计数据、专利与科学论文数据及有关指数等，这些数据都在网站上公布，成为研究人员引用和参考的重要情报源。美国的国际战略研究中心编辑出版各种计划简报、每月通信、实况报道和当前争论的关键问题等，并提供给研究人员在线查看。美国的城市研究所在网站上设有政策术语词汇表，这个词汇表将该所报告中所出现的一系列政策术语按照字母顺序进行归类和解释，并有专人负责更新，向所有公众开放，体现出智库开启民智的功能。瑞典斯德哥尔摩国际和平研究所多年来建立了许多大型的数据库，包括国际关系与安全数据库、多边和平数据库、军费开支数据库、武器转让数据库、军工业数据库等。美国的传统基金会在1997年还建立了数据分析中心，进行数据分析比较和挖掘研究工作。

建立独立的信息资源或数字资源部门。在全球的各类智库中，大多数智库均具有独立的信息资源或数字资源部门，以及自建的专题数据库，部分智库还有专门的知识服务与共享部门。英国皇家国际事务研究所可提供丰富的电子资源，包括2100种全文期刊和多个专题数据库，并有自建的英国皇家国际事务研究所的专家演讲数据库，动态更新精选的期刊和电子资源，面向全球各地的会员提供服务；此外，还有专门的数字资源部门，提供资源共享。英国皇家国际事务研究所的2014年报显示，在文献资源建设、出版、学术交流等方面费用支出占总支出的17%，高达233万英镑。英国的国际战略研究所将资源建设作为一项重要内容，1958年开始收藏关于国际问题、安全和国防内容的相关文献，自建军事数据库，动态监视世界范围内的军事冲突，包括非政府军事组织，动态更新，并可以自动生成各类数据统计报告，建立相关索引，提供远程访问和定题服务，进行知识积累和服务。英国发展研究院为配合其"将知识应用于发展实践"的理念，专门设立了知识服务信息部。美国传统基金会在1997年建立了数据分析中心，进行数据分析比较和挖掘研究工作，为智库的研究需求提供服务。英国国际经济研究局有内容丰富的各类数据库，包括经济、医疗、人口与生命统计、专利等大量数据，成为研究人员引用和参考的重要资源。

综合来看，多数国际知名智库均可为研究人员提供丰富的文献资源，传统文献类型多样，根据智库的研究领域而有所不同；电子资源建设也比较完善，有专门的数据库，尤其是智库本身产生的高价值的报告、视频等资源都通过数据库形式保存并提供服务；部分智库还设立了学习与共享中心，加强知识共享与利用。英国发展研究院为配合其将知识应用于发展实践的理念，专门设立了知识服务信息部，提供各类信息和资源及咨询服务。知识服务信息部还包括各类信息收集、传递、互动和共享平台，如知识合作中心、参与资源中心、学习小组等。英国发展研究院先后建立了网站和信息系统网络，成立知识合作小组，以统筹全院的知识信息的整合与传递。

德国国际政治与安全研究所成立信息服务部：一是由专人为各研究室、议会和联邦政府各部门提供直接的信息服务；二是负责德国国际事务和区域研究网络的开发、维护和运行。瑞典斯德哥尔摩国际和平研究所自1968年起也专门为研究人员成立了图书馆，其馆藏基本是以研究项目为导向，而其中大量的报告、丛书和会议文献成为不可多得的灰色文献。日本著名的社会智库野村综合研究所专门收集国内外各类情报资料及各地区、各行业的宏观与微观数据信息，为智库的咨询研究提供了完备的信息数据支持。

编辑出版各类情报产品。智库的各类出版物不仅成为智库的研究成果，而且也可以成为有价值的新情报源。布鲁金斯学会每年出版四期布鲁金斯公报，发表颇有分量的研究报告和专题文章，还出版各类季刊和年刊研究成果，被认为是智库和媒体的信息库和分析库。瑞典斯德哥尔摩国际和平研究所的军备、裁军与国际安全年鉴，成为世界各国政治家、外交官、记者和研究人员年度最权威的独立信息资料汇编。美国国际战略研究中心每年出版数十册的专题性研究报告，成为研究国别和国际关系等问题的重要参考资料。日本综合研究开发机构注重对日本智库的信息收集和分析，从1974年起，每年都发表日本智库年报，成为权威的全日本智库研究成果统计年度情报，并每三年发表一次世界知名智库名录"NIRA World Directory of Think Tanks"，可据此了解全球智库发展的信息。

2.4 本章小结

情报机构和智库在功能上的差异与密切联系决定了两者在发展上既能够相互借鉴、也能够彼此增强，通过协同发展为科学决策发挥作用。决策环境的日益复杂和科学决策的迫切需要是两者发展的共同基础。情报机构和智库功能共通性表现在：情报机构和智库都是开展应用研究而不是纯学术研究；情报机构和智库学者是各种专家学者与决策者之间的纽带，其研究成果不是纯学术成果，而是综合了学术成果、实践成果（如调查数据、调研报告、专家智慧等）。两者密切联系取决于都为决策服务：决策活动需要独立的意见和建议，这是智库的任务；而意见和建议并不是凭空产生，需要对不同类型、不同来源的情报进行整理、综合和分析，这是情报机构的工作。

第 3 章
情报流程支撑智库核心能力

21 世纪以来，无论是发达国家还是发展中国家的政府和决策者，都面临着如何将专家知识转化为政府决策的挑战。政策决策者需要的是与政府管理相关的可理解、可信任、可获取的有用信息，同样，他们还需要知道当前政策的运行状况，以及如何做出政策调整[1]。可以看出，智库的运行、发展和信息环境的变化、信息手段的优势等因素具有天然的联系。智库核心能力与情报流程，尽管分属两个不同的学科领域，为不同的学术共同体所关注，但究其本质，二者具有相通之处。情报流程在经过实践检验之后，所体现出的标准化、可操作等特点，及其对知识加工和决策支持所具有的优势，使其能够支撑智库核心能力的建设，并且基于对智库核心能力的支撑，优化智库的发展模式，提升其竞争力。

3.1 情报流程的演变

情报流程是情报理论与实践所关注的一个重要内容。"情报流程"概念的使用，强化了情报管理实践和情报产品的体系属性。情报流程提供了一种相对成型的情报工作和管理模式，而其内涵又并非一成不变，因而可以从学理角度分析情报流程所存在的矛盾、缺陷和弊端，提出调整、弥补或完善情报流程的理论观点[2]。彭知辉[2]认为，关于情报流程，形成了"四环节""五环节""六环节"等不同的观点，可以概括为情报规划、

---

[1] JAMES G M. 2018 Global go to think tank index report [R/OL]. [2020-10-10]. https://repository.upenn.edu/cgi/viewcontent.cgi？article=1017&context=think_tanks.2019-03-30.
[2] 彭知辉. 情报流程研究：述评与反思[J]. 情报学报，2016，35（10）：1110-1120.

情报收集、情报处理、情报分析、情报应用、情报反馈等基本环节。文献[①]论述了面向情报流程的情报方法体系构建，文献[②]明确了以目标为中心的情报分析流程就是"确定目标—问题分解—建立模型—评估数据—填充模型—进行预测"。

3.1.1 目标驱动的情报流程

情报活动在类型和领域方面呈现出丰富的多样性，学者们将这些活动归结为若干步骤或行动，抽象提取和有效组合其中的共同内容，就构成了情报流程[③]。传统的情报流程，将情报活动视为一种按周期性顺序推进的过程，强调情报活动的相互递进。严格地讲，这是一种情报组织流程，并没有完全深入信息向情报转化的规律。传统的情报流程脱胎于情报周期的概念。在军事领域中，情报流程主要服务于特定军事行动的完成，体现为鲜明的"目标驱动"特点。

(1)"情报周期"概念

1948年，美国情报学者罗伯特出版了第一部有关情报周期的学术著作，自此"情报周期"概念被广泛运用于各专业情报领域[④]。2000年3月出版的美军《联合作战情报支援条令》第二章专门论述了"联合作战情报周期"理论。该条令将情报周期界定为6个阶段：计划与指导（Planning & Direction）、收集（Collection）、处理与加工（Processing & Exploitation）、分析与生产（Analysis & Production）、分发与整合（Dissemination & Integration）、评估与反馈（E-valuation & Feedback），如图3-1所示。

尽管这一情报周期存在着诸如僵化、机械、与情报活动现实不符、缺乏整体性等问题，但客观地讲，情报周期概念的提出，为情报工作的系统有序运行提供了基本的操作规范，使得高度灵活、对抗的情报工作具有了组织层面的依据，使得高度个性化的情报活动变得有章可循。情报周期的提出有利于情报活动从个体依靠自身能力而上升到有计划、有组织的集体智慧活动，这一情报组织模式更适合小规模、常规性的情报活动，具有其积极意义。

---

① 化柏林，李广建. 面向情报流程的情报方法体系构建[J]. 情报学报，2016，35（2）：177-188.
② 罗伯特·克拉克. 情报分析：以目标为中心的方法[M]. 马忠元，译. 北京：金城出版社，2013.
③ 彭知辉. 情报流程研究：述评与反思[J]. 情报学报，2016，35（10）：1110-1120.
④ STOKES R L. Employing the intelligence cycle process model with-in the homeland security enterprise[D]. Monterey, California：Naval Postgraduate School，2013.

第 3 章
情报流程支撑智库核心能力

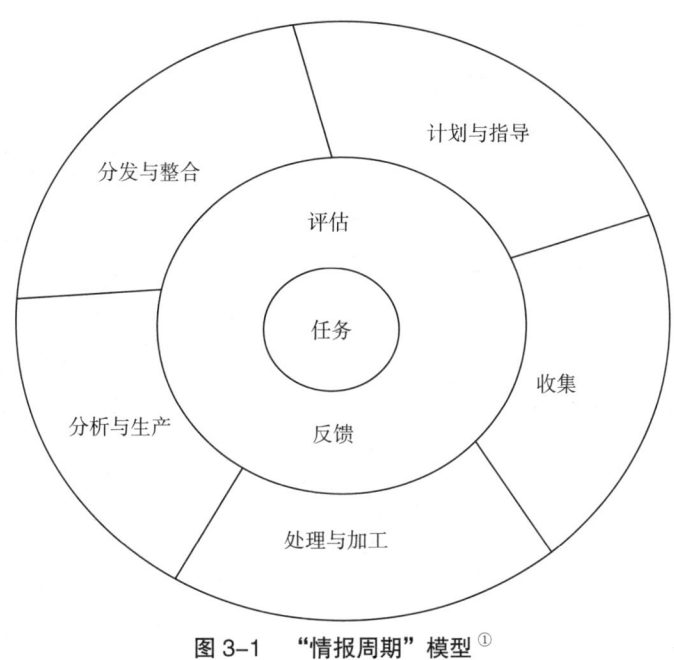

图 3-1 "情报周期"模型①

(2) 从"情报周期"到"情报流程"

理论界很快发现情报活动并不是一个简单的线性过程或循环过程,各环节之间存在着彼此支持、相互协调、密切配合的关系,伯科威茨(Berkowitz)等学者提出,应建立一种非线性的、"以网络为中心"(Network-Centric)的情报流程模型②。美国情报共同体逐渐以"情报流程"这一概念代替"情报周期"。2004 年 10 月美军颁布 JP2 – 01 条令《对军事行动的联合及国家情报支援》,这是官方文件首次使用"情报流程"的概念,这一概念取代了之前的"情报周期"概念。同时,美国还将构成"情报周期"的 6 个阶段改进为"情报流程"中的 6 种"情报行动"(Intelligence Operation)。"情报流程"由 6 种相互联系的情报行动组成:计划与指导、收集、处理与加工、分析与生产、分发与整合及评估与反馈,如图 3-2 所示。

---

① Joint Chiefs of Staff.Doctrine for intelligence support to joint operations [EB /OL]. [2000-03-09]. www.Dtic.mil/doctrine/new_pubs/jp2_0.pdf.
② 董尹,刘千里,赵小康.基于情报流程视角的情报活动相关变量识别与分类[J].情报杂志,2012(10):6-11.

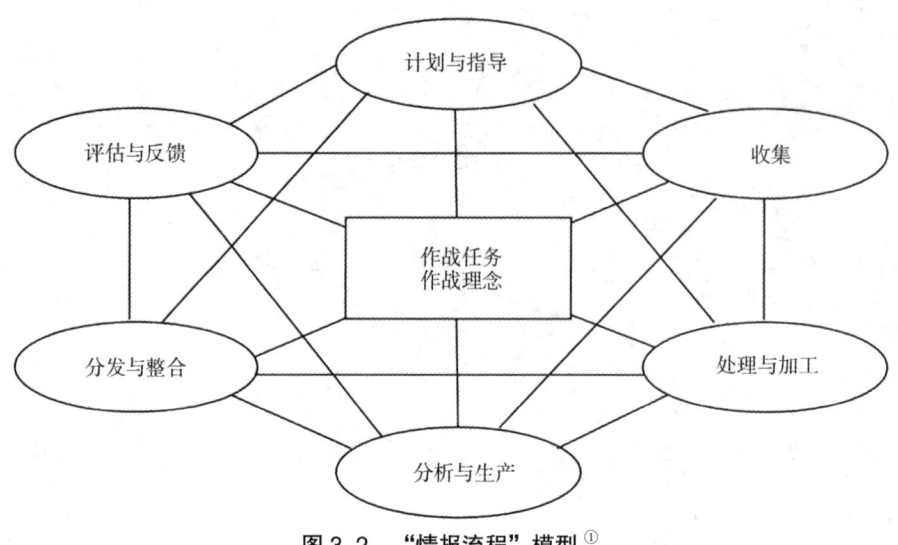

图 3-2 "情报流程"模型[①]

情报流程概念的提出，打破了对情报活动各环节依次推进的传统，突出了各环节之间相互影响、彼此交互的特征，描述了情报活动与决策之间的"网络交互"属性，反映了情报活动的复杂过程和关系。这一流程有助于情报活动各环节相互沟通与协调，同时可以看到，该流程的几个环节，仍然沿用了原情报周期中的6个阶段。与"情报周期"相比，"情报流程"的模型采用了网络拓扑结构，而非以往线形或星形的结构。它更强调不同情报行动之间的相互联系，体现出现实情报工作的复杂性和多样性。但情报流程与情报周期一样，仅仅把情报活动视为一种业务实践，而忽略了情报活动的社会性，即情报活动中需要与不同的社会成员沟通、协同，以更好地完成情报任务。

(3) 以目标为中心的情报流程

与传统情报周期和情报流程不同，以目标为中心的情报流程着重强调让全部利益相关者，包括情报用户、收集人员、情报处理人员、情报分析人员及其他人员一起，围绕共同的情报目标，更为直接地参与情报生产流程，并且共同对最终情报产品负责。同时，参与人员也能够根据自己的资源围绕同一目标做出贡献，从而促使目标更为全面精准，让所有的利益相关者都能够从目标中获取他们所需要的资源来开展工作[②]。该流程

[①] Joint Chiefs of Staff.Joint publication 2-01：joint and national intelligence support to military operations [EB/OL].[2004-10-07]. www.dtic.mil/doctrine/new_pubs/jp2_0.pdf. 2019-3-21.

[②] 吴素彬，陈云，王科选，等．美国"以目标为中心"的情报分析流程研究[J]．情报杂志，2013，32（4）：6-9, 21.

的一个突出特点是，情报活动不再被视为一个纯粹的业务流程和简单的线性流程，也没有被定义为一个机械循环周期（尽管它包含了许多的反馈回路或循环周期）。该流程关注到了情报活动的社会性和协同性，将情报活动定义成一个网络流程和社会流程，所有与任务目标有关的利益相关者都以目标为中心开展活动，如图 3-3 所示。

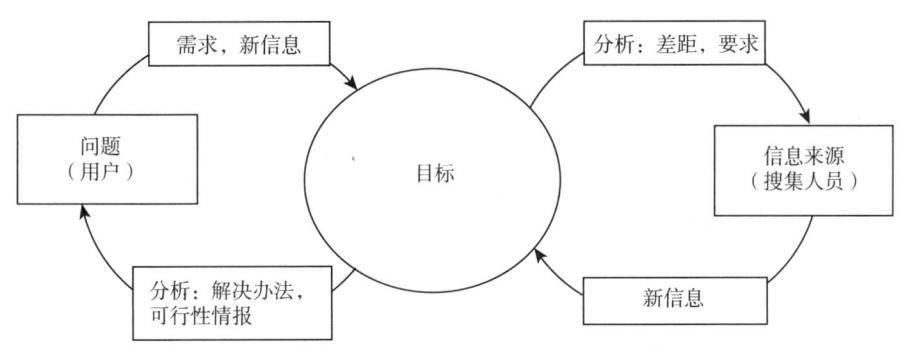

图 3-3　以目标为中心的情报流程模型①

以目标为中心的情报流程，突出了任务或目标在情报活动中的核心地位。在目标一致的社会环境下，用户、情报人员、情报活动都有各自的分工和角色，他们可以进行充分的共享和交流，形成一种面向目标的社会交流网络。它的优势在于情报活动参与者和利益相关方均有着非常明确的共同目标，便于围绕共同目标开展信息共享和交流；用户和情报人员均可以及时补充和反馈新的需求；利益相关者可以围绕目标展开协同，适合组织跨学科、跨地域、跨知识领域的情报目标；研究过程在利益相关者内部保持相对透明和公开。但与此同时，该流程没有将情报资源的因素考虑进去，还面临着运行成本提高、安全保密难度大、与其他组织管理活动兼容难度提高等风险。大多数情况下，情报机构面临的情报任务是复杂的，具有时空跨度大、涉及因素多、非线性交互、结果不确定性强等特点。面对这样的复杂情报目标，需要综合考虑情报目标、情报人员、情报资源、情报机制等要素，并且用协同论的思想指导情报流程的设计。

3.1.2　大数据环境下的情报流程

大数据背景下，越来越多的有价值信息在网络中产生和传播。对于情报机构和智库而言，针对多源、异构、海量、快速的大数据环境，建设自动发现、鉴别相关信息源，并开展自动化采集数据的能力，成为其开展情报研究的重要基础。2013 年斯诺登披露美

---

① 罗伯特·克拉克.情报分析：以目标为中心的方法［M］.马忠元，译.北京：金城出版社，2013：22.

国国家安全局（NSA）棱镜计划（PRISM），该项目与微软、雅虎、Google、Facebook、YouTube、苹果等多家公司合作，监控包括电子邮件、即时通信、视频、照片、存储数据、语音聊天、文件传输、视频会议、社交网络等多种类型数据在内的信息。为储存这些数据，美国国家安全局仅在犹他州建立的一个数据中心总投资就高达 12 亿美元，具备以尧字节（2^{80} 字节）为计量单位的数据存储能力，美国国家安全局至少有 1/7 的报告使用该项目数据。

开源情报分析由来已久，曾经在很长一段事件被认为对秘密来源情报的价值具有补充和拓展作用。随着社交媒体的发展，开源情报迎来新革命。2005 年，美国情报共同体正式成立开源中心，将开源情报视为一种情报门类。随着时代发展，针对情报的需求会越来越多，必须借助以大数据及人工智能为代表的技术和工具，才能有效处理海量信息以满足情报需求。

在此基础上，必然针对不同的信息类型，发展建立各类不同的信息收集手段，主要包括访问日志采集、社交网络数据、过程行为数据、传感网络数据、智能终端数据、移动终端、视频采集、语音通话等类型的数据。在所有数据收集方法中，开源情报大概是唯一一种完全合法的方式，它可以在任何时间、任何地点、使用任意的合法工具或软件进行收集管理。

开源情报与其他情报的最大区别在于其分析过程，只有拥有很好的分析技巧和知识的专家，才能在正确的时间给予决策者正确的信息。由于情报分析专家对获取情报的高级技术、分析步骤、情报的利用及复杂数据的分析都十分熟悉，因此他们能够更好地使用开源情报。兰德公司的报告中，还分析了在运行周期的各个环节所面临的不同类型的开源情报，以及获得相应开源情报的难度，如表 3-1 所示。

表 3-1 开源情报各子环节的难度

开源情报流程	九类子流程	新媒体	灰色文献	长式内容	社交媒体
第一步收集	获取	从左到右难度递增			
	持有				
第二步处理	翻译	从左到右难度递增			
	整理				

续表

开源情报流程	九类子流程	新媒体	灰色文献	长式内容	社交媒体
第三步利用	证实	从左到右难度递增			
	可信度评估				
	背景分析				
第四步生产	分类	从左到右难度递增			
	分发				

兰德公司所提出的开源情报处理流程，较为简略地概括了公开来源情报的开发与利用，是一个情报流程框架。该流程具体实施，还需要依赖信息技术的支撑。大数据环境下，传统的数据向知识转化的思想，可以对开源情报处理流程进行必要的补充。

从数据向情报转化的过程，包括数据获取（收集、存储）、数据利用（数据清洗、转化）、特征提取、数据挖掘（聚类、分类）、评估、知识存储、知识利用（知识重用、知识分享、知识转化、知识测度、知识评估）等不同的环节，更具有可操作性。开源情报越来越成为情报机构工作的核心内容。美国情报研究高级计划局正在开展的"开源指数"（OSI）项目，旨在开发持续且自动的PAI分析方法，对诸如政治危机、人道主义危机、大规模暴乱等社会重大事件进行评估和预测，并对相关部门提供预警。在由数据向情报生成的过程中，数据之间的关联逐步被发现和挖掘，形成"关系"、"模式"和"规则"。通过数据之间的"关联"还原其中蕴含的"意义"，成为开源情报分析的重要目标（图3-4）。

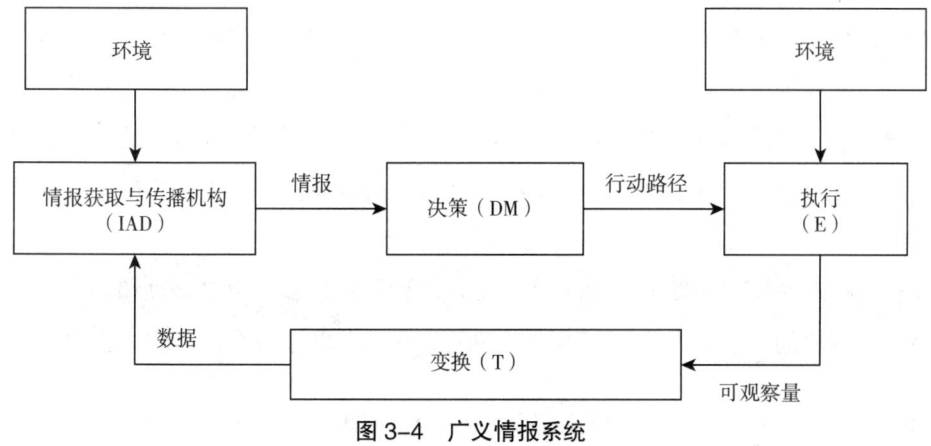

图3-4 广义情报系统

美国情报学家约维茨（M.C.Youits）从决策论出发对一般情报系统进行研究后，提出了一种以决策为中心的情报学理论，认为情报是对于决策具有价值的数据资料，通过分析情报在决策过程中的功能，提出情报学的研究对象是"广义情报系统"（Generalized Information System）。在"广义情报系统"中，情报获取机构向决策者提供情报，决策者利用情报进行最佳决策，并在执行中转化为可观察的数据资料。这些数据资料通过外部或者内部反馈再次进入情报获取与传播机构，决策者可以利用反馈，评价和改善决策过程和效果，从而形成一个可以不断优化的运行系统。

该模型以接收情报后的决策为中心，利用情报产生的效果，观察其对人类行为的影响，再据以确定情报过程的各种变量和参数，形成研究情报及其效率、情报效用和价值的一种新视角和新方法，具有创新意义。这一"决策系统"理论对情报学的定量化研究和情报经济学研究具有较大影响，形成情报学中的决策学派，如图3-4所示。约维茨所提的"广义情报系统"，将情报与决策放进同一维度进行讨论，明确论述了情报的决策价值。李品等提出的决策驱动的情报流程则更加侧重情报对环境的感知，以及在动态的决策环境下，情报的决策价值实现问题。决策驱动的情报流程中，决策者的决策需求被置于核心地位，将情报作为决策辅助进行了系统化的表达，对于动态、非对称信息环境下的决策活动，具有参考价值[①]。

大数据环境下，信息的分布、情报生成机制等都发生了重大变化，传统的情报流程受到挑战。但情报活动的核心要素并没有发生本质变化，依然可以限定为需求、收集、整理、分析、传播和安全。与"广义情报系统"中，政策制定者向情报管理者明确表达情报要求不同，大数据分析往往可以通过异常检测和关联算法，在海量数据中集中判断一般趋势和异常点，从而更加准确地识别潜在的情报目标，推动情报需求的显性化。情报人员则需要对情报需求进行甄别和优先排序。

大数据技术可以在情报收集中发挥重要作用，通过索引机制和自动识别、汇总和存储相关数据的数据汇总算法，促进海量数据的收集。但同时，大数据技术在情报收集中面临着虚假信息和虚假宣传的影响。为克服这个问题，需要开发筛选算法，筛选出可能有价值的信息内容。大数据技术难以解决信息的真伪判断问题，人的判断依然在情报收集中扮演着重要角色。

大数据技术对情报实践的主要贡献是在处理和开发领域，通过处理和开发，将原始数据转化为有用的信息。大数据技术可以通过整合来自多个来源的数据，围绕人员、事

---

① 李品，许林玉，杨建林. 决策驱动的情报流程理论模型及其运行[J]. 情报学报，2019，38（1）：46-57.

件和活动的互动,以发现相关模式,确定和识别变化,并表征这些模式,以推动情报收集。而情报人员则需要设置情报处理的议题和核心关切,从而帮助大数据技术不断明确目标和优先选项。

情报分析可以被定义为应用知识、推理和方法,将多源数据和信息转化为对决策有用的信息输出。大数据分析一般侧重于相关性,因此最适合用来帮助回答谁、什么、在哪里和何时提出的问题。大数据可以帮助分析师洞察长期发展,产生情报假设,并引证反驳事实。大数据分析可以优化传统的情报分析,但不能取代它,因为情报分析归根结底是一项人类活动,需要基于上下文和人的知识,还原信息中蕴含的意义,并形成判断。情报分析师将大数据分析过程的结果与背景联系起来,并将这些结果与小数据或具体案例合并,以生成一份可操作、及时和全面的报告。

大数据工具可以帮助将情报从生产者传递到消费者。除了大多数情报系统用于传递定期和不定期报告的标准化路线外,数据分析工具还可以通过自动推送、可视化等手段帮助分析师更有效、更快速地传递信息。情报人员则需要及时与大数据进行交互,从而对推送的情报报告进行反馈。

大数据技术在情报安全领域的应用是识别网络空间中的恶意域和恶意代码(恶意软件)。大数据技术通过检测系统的海量数据,以自动阻止网络威胁,从而有效地取代了人类的劳动。然而,大数据技术并不是灵丹妙药。因为算法无法考虑到攻击的广泛背景,所以机器很难自己检测到社会工程骗局。情报人员则需要及时评估情报系统的安全风险,从而优化情报安全方案。

可以看出,大数据工具架起了情报人员与数据之间的桥梁。尽管大数据的介入并没有引起情报流程的本质变化,但推动了"人—技术—数据"之间的交互,使其变得更加深入和敏捷。大数据环境下的情报流程模型如图3-5所示。

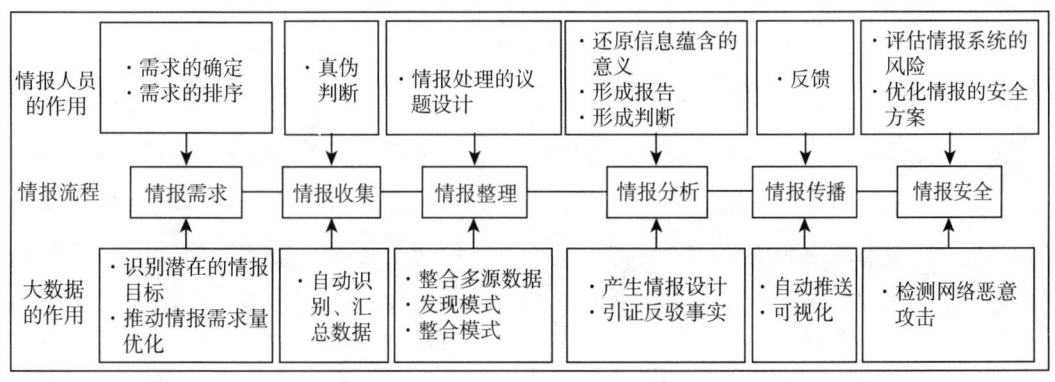

图3-5 大数据环境下的情报流程模型

3.2 智库核心能力

智库核心能力是智库根据其独特的资源（人才资源、思想资源、资金资源、平台资源及资源的整合）创造的、在参与政策研究和决策咨询过程中不断积累的、能使智库获得持续竞争优势的、动态发展的知识系统。

3.2.1 智库核心能力的概念

（1）智库核心能力与智库资源

智库核心能力与智库资源存在有机的联系。首先，智库资源和智库核心能力缺一不可。智库缺少核心能力，资源难以发挥作用；离开必要的资源，核心能力再高，也无济于事，难有作为，正所谓"巧妇难为无米之炊"。智库资源具备基础性，起根本性和决定性作用的是智库核心能力。其次，人力资源既具有资源的性质，又具有核心能力的属性，是资源和能力的共生体。最后，智库通过能力，可以把小资源变成大资源，把死资源变成活资源，把分散资源变成集中资源，把一次性资源，变成循环再生资源。

智库核心能力与智库资源有着明显的区别。首先，作用地位不同。智库资源是显在的、静态的、有形的客观使役对象；智库核心能力是潜在的、动态的、无形的主观能动条件。前者是客体，是某个时间点上的静态存量，具有被动性和使役性；后者是主体，是动态的可持续的时段性动量，具有主动性和驾驭性。其次，增长规律不同。智库资源在使用、交换的过程中，通常只发生形态和价值的等价转移，而智库核心能力在使用、交换的过程中，却会发生增值，甚至倍增。最后，衡量准则不同。对智库资源价值的度量相对容易，而智库核心能力是一个多维向量，具有复杂的结构和形成机制，不同类型的智库具有不同的能力要素构成，且处于动态变化状态，具有多维度、多层次和非线性等特点，其价值难以简单测度。

智库核心能力与智库资源之间可以相互转化。一方面，智库资源可以在某些方面直接转化为核心能力，例如，知识作为资源，可以通过学习内化为核心能力；智库的一些异质性资源本身就构成智库核心能力，例如，领军人才既是智库的异质性资源，也可以说是智库核心能力的重要组成部分。另一方面，智库也可以将核心能力变成资源。例如，专家的思想创新能力通过研究报告、专著、论文等方式，成为资源形态的知识产品，特别是利用专家思想创新能力形成的政策建议，可以直接构成智库的重要资源。

(2）智库核心能力与智库影响力

智库核心能力和智库影响力的共同点。都来源于智库在政策研究和决策咨询中的专业水准。无论是智库核心能力还是智库影响力，都是智库创新思想的重要体现。都发生在智库与其他政策参与者互动的情况下。无论是智库核心能力还是智库影响力，都不只是一种静态属性，还是一个动态的作用过程，甚至主要是后者。也就是说，它们主要发生在当政策参与者确实因为智库的政策建议或其他知识产品，做出了智库希望得到结果的行为（政策产出）的时候。

智库核心能力和智库影响力都具有多样性。由于参与者的多样性，智库参与公共政策的方式和途径也多种多样，这也决定了智库核心能力和智库影响力的多样性。正如著名智库专家唐纳德·埃布尔森指出的那样，智库最重要的目标就是实现其在公共决策过程中的影响。无论智库的规模如何，智库的研究人员总是寻找机会向国家机关官员、记者、资助者和其他公共组织的负责人，直接或间接地传递他们的研究报告。为了发挥自己的影响，智库也会采取间接影响的方式，它们可能不会直接将自己的报告传递给官方决策者，但会做好动员社会公众、奠定群众基础的工作，从而使得国家机关在面对社会公众的诉求时，不得不做出智库期望的决策。同时，智库可以采取撰写文章、出版论著、做简报、召开研讨会或在电视节目上做嘉宾等形式发表政策评论等。

智库核心能力和智库影响力的区别。智库核心能力是隐性的，而智库影响力只能表现出显性的特点。智库核心能力是智库在政策研究和决策咨询过程中资源及资源的整合，通常不易被观察到，而是默默支撑着智库的运转。但是，智库为了达到影响政策产出的结果进行的努力，必须是可以被观测到的具体行动，而且这些行动也必须是有目的、有意识的。所以，经常可以看到，智库采取一些主动的公开的活动，如会议（国内、国际）、座谈会、研讨会、新闻发布会、发表文章、出版著作、简报、新闻社论、特写、向国家机关送简报或报告等。

智库影响力可以看作是智库核心能力的外化，借助智库影响力的研究，可以挖掘出智库内在提高影响力的核心能力；智库核心能力可以看作是智库影响力的内化，通过智库核心能力的培育，可以有效促进智库影响力的提升。智库核心能力是基础。智库围绕经济社会发展重大问题，开展全局性、战略性、前瞻性、系统性、综合性研究，为决策提供高质量的智力服务，为国家机关提出专业化、建设性、切实管用的政策建议，就需要增强其核心能力。同时，影响力对智库来说也非常重要，影响力是智库核心能力的重要表现。

(3) 智库核心能力的特性

独特性。核心能力是智库积累的知识，是长期形成的战略资源，是确保智库拥有持久竞争优势的稀缺性资源。它具有不易仿制、难以买卖的特点，因此不易被智库中的个人所占有，更不易被其他智库占有。因为要获得核心能力这种战略性资源，不但要耗费一定的时间，而且具有相当难度。即使智库中的个人或其他智库想获得，也要付出较大的代价。独特性是智库产生竞争优势的基本条件。核心能力是独一无二的、与竞争对手有着较大差异的。这种差异可能表现为技术手段、信息资源、管理体系等某一方面，也可能是各种能力的综合体现，是一组能力要素的组合。独特性最终体现在能为智库带来影响力或保持持续的竞争优势上。

价值增值性。核心能力不可能在短时期内形成，是智库在长期政策研究和决策咨询中，以独一无二的方式逐步积累和培育起来的。同时，它深深扎根于智库的文化中，有较强的核心刚性和进入壁垒，因此核心能力富有战略价值。核心能力的价值性能显著地降低研究成本、提高研究效率。同时，智库核心能力能够提高政策研究的质量，为国家机关提供更好的咨询服务。识别一种能力是不是核心能力，首要标准就是看它有没有价值。从某种程度上说，持续不断地创造价值是智库核心能力的使命。核心能力是智库持续竞争优势的源泉，有利于智库提高效率，使智库在创造价值和提高效率方面优于竞争对手，为公共决策提出专业化、建设性、切实管用的政策建议。因此，具有核心能力的智库，一定是其产品或服务在思想市场上得到决策机构承认的智库。而要取得决策机构的认可，智库需要通过政策研究或咨询服务为科学决策做出显著的贡献。

持续影响性。罗杰·斯克鲁顿在他的《政治思想词典》中有这样的解释："影响力是权力的一种形式，但与控制力、力量、强迫和（可能的）干涉截然不同。它通过告诉其他人行动的理由（除了威胁的方式），这些理由或者是对他人有利的，或者是道义上及善意的考虑，来对其行为进行影响，但是这些理由和考虑必须是对他有分量的，从而影响其决策。"[①] 可以看出，影响力通过具有说服力的语言和"潜移默化"的行为影响别人决策。有时，这些决策对影响力的施加者可能是有益的。因此，可以认为智库影响力实际上是一种科学理性的力量，来源于智库在政策研究和决策咨询方面的专业水准。智库研究专家安德鲁·里奇认为，智库影响力是专家们成功地向官方决策者传递其想法，

---

① 柏必成. 咨询需求、思想产品与传播能力：智库影响力的一个分析框架[J]. 学习论坛, 2015 (9): 50-55.

或者引起他们对政策相关信息的思考与行动[1]。王莉丽指出，美国智库影响力的实质是舆论影响力，是智库凭借其舆论聚散核心的地位、独立性、创新性和全方位的舆论传播机制，对官方决策者、大众媒体和社会舆论所产生的，不具有强制性的支配或改变其思想或者行动的舆论力量，是实现其影响公共政策最终目标的工具。很多学者也认为，影响力是智库的生存之本。

周期演进性。智库核心能力需要紧随国家的经济发展周期和技术发展周期，其提升具有周期演进的特征。为保证智库具有持续竞争优势并实现可持续发展，核心能力也需要适应经济周期和技术周期进行调整和升级。智库发展受外部环境影响巨大，政治周期、经济周期和技术创新周期均会影响智库的发展。政治体制的改革和领导人的更迭及决策体制的变化，都会影响智库未来的发展。开放经济条件下，国家经济也必然受到国际经济周期的干扰，智库发展在受国家宏观经济影响的同时，也需要考虑国际经济发展情况。而技术创新本身具有周期演进的特征，新技术的发明和创造都需要依赖于传统技术的革新。因此，智库的发展也必然体现周期演进的特征。对于智库核心能力而言，需要跟随政治周期、经济周期和技术创新周期进行周期性的动态调整，才能保持核心能力的先进性和竞争性。在智库不同的发展阶段，由于外部环境的动态变化，以及组织环境、竞争环境的调整和科学技术的不断发展，智库需要根据积累的经验，利用已有的知识和资源要素不断更新核心能力。在不同发展阶段和不同外部环境下，智库需要具备不同的核心能力才能保证智库竞争优势的可持续性。智库核心能力是多种要素资源经过内部组织体系整合之后的综合能力，但并不是一成不变的固态竞争力，而是需要根据外部环境变化，不断更新调整、周期演进的。

总的来看，智库核心能力对不同智库而言有所不同，主要源于各个智库的定位不同。核心能力的形成受智库内部和外部环境变化影响，也离不开智库管理的指导。因此，每个智库核心能力的形成都具有特殊的过程。智库核心能力以政策研究和决策咨询为依托，是智库的组织文化、价值观、战略观、成长历程、经营理念和风险偏好的综合反映。

3.2.2 智库核心能力的分析过程

(1) 政策环境

政策环境就是指影响政策产生、存在和发展的一切因素的总和[2]。政策环境包含政

---

[1] 安德鲁·里奇. 智库，公共政策和专家治策的政治学 [M]. 潘羽辉，译. 上海：上海社会科学院出版社，2010：76.
[2] 陈振明. 政策科学：公共政策分析导论 [M]. 2版. 北京：中国人民大学出版社，2003：131.

治制度、决策体制、经济状况、文化状况、教育状况、法律状况、人口状况、科技状况等方面。政策的制定或实施，都与政策环境息息相关，尤其以政治制度和决策体制最为重要。因此，政治制度是决策体制的基础，是政策过程的根本政治环境，也是智库进行政策研究和决策咨询最深层次的土壤。

智库发展受政治制度、决策体制和历史文化等多方面的影响。可以看出，智库的核心能力离不开它的政治和经济土壤。智库研究的"宏观—体制"维度，发轫于智库研究的国际比较视野，尤其是比较政治经济学的发展及对智库的研究，使得理论界对智库的认识更为广泛而多元。政策环境作为解释政策产生、发展、变化的外生变量，始终影响着政策参与者运用资源的能力。政策参与者嵌入特定的政策过程之前就已经在政策环境中获得相应的资源、能力和技巧。

决策体制是决策权力分配的制度、决策机关、决策过程的总称，其实质就是三者间的有机统一和相互协调。正如著名的行政学家赫伯特·西蒙所言：决策是行政的心脏。决策体制不是自然而然生成的，而是人为设计的产物。人们设计决策体制的目的是为了使决策活动更加规范、决策成本更加低廉、决策方案更加可行、决策成效更令人满意。由于有了权力分配制度，政策参与者对政策的影响力各不相同。为了形成一致的政策，就产生了公共决策过程中各个参与者的分工和互动。因此，决策体制是政策过程的关键因素，是智库政策研究和决策咨询的基础和遵循。

（2）政策参与者

所谓政策参与者即政策过程中的参与者。公共决策中的参与者是指在公共决策过程中，所有对政策的制定和执行感兴趣并对其有影响的组织和个人。从决策权力的角度，下面重点论述各个参与者在公共决策中的作用，分析他们在政策过程中的位置，确定智库在政策过程的互动对象，为参与者互动分析奠定基础。

官方决策者是指政治体制内的、行使公共权力的政策参与者，一般包括行政机关、立法机关和司法机关。行政机关特别是行政机关的首脑，对公共政策有着最直接的影响，是智库决策咨询服务的核心对象。立法机关作为法律规定的制定者，在政策过程中处于十分重要的位置，也是智库决策咨询服务的对象。司法机关是官方决策者的一个重要构成因素。严格地说，司法机关判决并不是完全意义上的公共政策。但是，由于司法机关裁决确立的某些原则对社会公众的资源分配形成了具有权威性、指导性的规制，因而它们也属于公共政策的范畴。

非官方参与者是指政治体制外的、不直接行使公共权力的政策参与者，但是在施加压力、提供信息、监督评估、说服妥协、提供思想等方面，发挥着巨大的作用，主要包括大众媒体、社会公众及智库等。大众媒体对公共决策的影响与作用具体体现在[①]：大众媒体能及时反映社会所发生的公共问题，同时，其传播的信息是对政策信息和政策议题进行选择、整理、淘汰、处理，经过层层加工和筛选后，再提供给社会公众的。它建构的"第二现实"影响社会公众对问题内容及其性质的认知和态度，进而影响政策议程的建立。由于大众媒体的直接性、迅速性和广泛性，它能为公共决策创造良好的社会公众支持环境，从而扩大政策诉求群体，提高政策议题的认知程度。这些现象主要是因为在现代社会中，人们普遍会把大众媒体凸显的事实认为是现实社会的重点而且代表了民意，大众媒体能够使得某些公共问题很快被社会公众所认同，由此形成的强大舆论使政策议题能够很快进入政策议程。

社会公众在公共决策中的地位不容忽视，这是因为国家机关制定的政策所要解决的社会公共问题都与社会公众的生活密切相关。同时，由于政策执行在很大程度上取决于政策对象的合作程度，有许多政策只有依靠社会公众的合作与参与才能得以贯彻执行，如环境保护、社区发展、社会治安等方面的政策，若没有社会公众的支持，即使公共政策制定出来了，贯彻执行仍相当困难。

智库是非官方参与者的一个重要组成部分。它在当代政策研究中起着重要作用，有学者称"智库是现代国家决策链条中不可缺少的一环"[②]。智库政策研究的专业性、科学性及综合性，确保智库能为公共决策提供不同的政策建议和政策思想。智库的研究报告提供了有关政策议题的基础信息和数据，提出解决问题的选择和建议，并能够协助官方决策者评估公共政策的有效性。智库已成为现代公共决策一个不可或缺的组成部分，智库的成熟程度是衡量一个国家公共决策水平高低的重要尺度。

（3）智库影响公共决策的方式与途径

智库的研究成果能否最终转化为公共政策，一方面取决于其研究成果是否科学合理，是否符合国家机关的政策思路；另一方面，智库影响公共决策的方式与途径也在其中发挥着相当大的作用。曾经担任过肯尼迪政府助理国务卿的哥伦比亚大学教授罗杰·希尔斯曼提出"权力分层理论"，认为影响美国政策的力量可分为三大部分：权力内层是决策层，是国家机关首脑和负责制定政策的重要人物，包括总统、国会议员、司法部门和联邦行政机关官员；第二层则是其他精英阶层，指具有一定影响力的精英人

---

① 游腾芳. 大众传媒与公共政策创新［D］. 桂林：广西师范大学，2014.
② 梅松. 中国智库崛起的国际借鉴：中国智库期待国际话语权［J］. 人民论坛，2009（10）：34-35.

物,主要包括大众媒体、智库;权力的第三层则是社会公众及由此而来的社会舆论等,他们是社会的主体,但是远离决策层[①]。

政策参与者为了最大限度地影响政策结果实现政策效益的最大化,都寻求与最有影响的其他参与者建立关系,以期获得关键资源,分享决策权力,扩大自身影响。政策参与者试图将自己的影响从边缘部门延伸至核心部分。通过政策过程,其他政策参与者能够有条件和方法接触到处于核心的或者半核心的政策参与者,然后建立合作或者结盟关系,分享更多权力、占有更大资源并且扩大组织成员以充实自身的实力。

(4)智库与其他政策参与者的关系

所谓参与者互动,即政策过程中各参与者之间的关系。关系是政策过程的基础,分析参与者之间的关系,对认识各个参与者在政策过程中的地位和作用,以及各个参与者所特有的资源优势,都至关重要。

政策参与者之间的互动是一个复杂、动态的行为过程。当参与者理解了共同的规则,并采取反复一致的行动策略来相互交换各种资源时,政策过程就达到了稳定。政策参与者嵌入政策过程后,依据规则诠释各种机会和行动边界,然后根据认知结果采取各种互动策略来加强政策过程。

公共政策本身就是以官方决策者的政治背景为依托的,但现实中的政策制定和执行并不是孤立的、片面的,公共政策分配价值的社会属性,决定了公共政策制定过程需要广泛的社会参与和互动,参与者会主动选择互动策略,亦是为实现自身利益和整体利益的双赢[②]。政策过程的出现是政策参与者交流人才、思想等资源的需要。在决策过程中,参与者都占有各自的优势资源,他们中有的拥有权力,有的掌握情报资源,有的领导了一支成员众多的宣传队伍,有的可以给其他参与者提供决策咨询服务。而政策参与者想要获得其他参与者所占有的独特资源,就需要进行互动交流,政策过程为政策参与者相互交流人才、思想等资源提供了便利渠道,为互动交流创造了条件和机会。参与者互动分析模型如图3-6所示。

---

① 希尔斯曼.防务与外交决策中的政治[M].北京:商务印书馆,2000.
② 师容,李兆友.公共政策制定中参与者的互动性分析[J].理论月刊,2013(9):102-105.

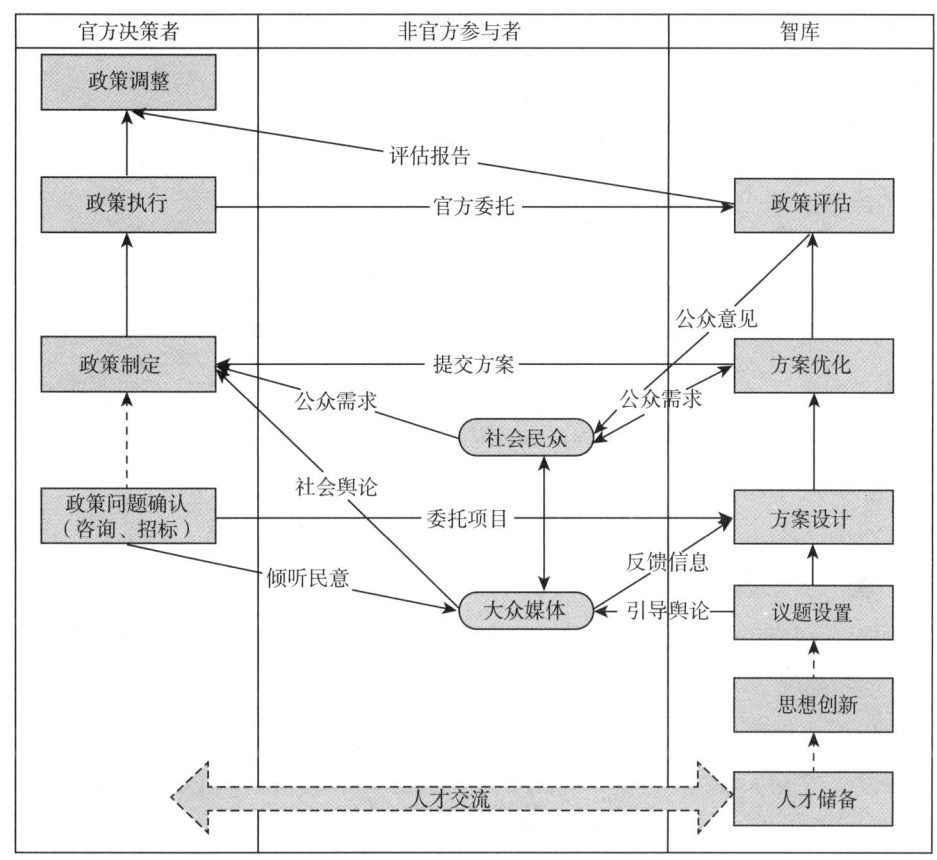

图 3-6 网络互动分析模型

智库与官方决策者之间的互动,是政策过程中对智库作用发挥和核心能力培育提升最为重要的关系,也是智库影响公共政策的核心途径。行政机关作为公共决策的重要机构,是智库决策咨询的核心对象,也是智库课题的重要来源。同时,为了更直接输出思想,智库主动向行政机关推荐人才;为了更充分利用行政机关官员多年的从政智慧和个人关系资源,智库积极吸纳的离职行政机关官员到智库担任董事会成员、顾问或研究人员等,与其他政策研究专家进行思想碰撞,产生更多的思想火花和创新的政策建议。

在参与者互动分析中,智库与行政机关的互动分析主要包括智库与行政机关在人才、思想方面的供需关系及智库的优势和劣势。智库与大众媒体和社会公众等非官方参与者之间的互动,是政策过程中对智库作用发挥和核心能力培育提升起着支撑作用的关系,也是智库影响公共政策的辅助途径。智库通过接受采访、发表文章等方式,借助各种大众媒体向社会公众传播政策观点,以提升知名度和影响力,也能传播政策观点、主张。随着信息社会的发展,许多智库也注意通过建立官方网站、博客、微博等形式发布成果。公共政策发布前,大众媒体对各智库专家的报道基本遵循"谁影响力大则报道"的原则。智库在识别社会公众需求、确保社会公众利益这一方面,与提供合适的技术知识和信息以解决当下的问题同样重要①。

3.2.3 智库核心能力的构成

智库的资源是智库政策研究和决策咨询服务的基础,智库的核心能力也是通过智库资源积累和整合形成的。在政策过程中,智库通过与其他参与者互动,不断积累、整合优势资源,形成了思想创新能力、决策支持能力、舆论引导能力、政策评估能力和管理运营能力等核心能力,促进智库在公共决策中竞争优势的形成和保持。

(1) 思想创新能力

思想创新是智库赖以生存的根本所在。只有创新的思想才能够更好地发挥释政、资政和谏政的功能,也只有创新的思想才具有最大的传播力。智库一刻也离不开思想的支撑,没有思想支撑的智库是没有灵魂的,也不会有持久的生命力。智库存在的核心价值就是通过创新思想影响公共决策、推动社会进步②。

思想创新能力保障智库功能正常发挥。中国特色新型智库不是官方决策者,也不是大众传媒,而是专注于思想创新的政策研究机构,其核心角色和首要功能是以客观的态度、求真的精神、科学的方法为科学决策提供可操作性的政策建议和高质量的智力支持。虽然世界各国智库都发挥着为官方决策者提供思想支持的功能,但在中国经济社会高速发展、政治经济体制改革逐步深化的今天,很多公共政策问题的专业化程度、复杂程度和不确定性,决定了政府对智库的思想创新需求更大,也使得中国智库在提供智力支持方面担负的责任更大。

思想创新能力支撑智库产出高端成果。没有高端的成果,就没有高端的智库。智库的重要功能是探求和形成新的政策思想。思想资源是智库最重要的资源,主要包括及时的对策思想、长远的战略思想和政策研究的方法思想。首先,不同的智库,其规模大小、研究领域和范围往往差别甚大。有的智库研究的政策议题范围广泛,内政外交、政治经济无所不及,因而能够对公共政策提出全面的新看法;有的智库或专注于外交政策,或专注于内政问题,或专注于内政或外交的某个方面,都是在其所擅长的政策领域

---

① 萨拜因·马森,彼德·魏因加. 专业知识的民主化:探求科学咨询的新模式[M]. 姜兰,马晓琨,秦兰珺,译. 上海:上海交通大学出版社,2010:294.
② 王莉丽. 智力资本:中国智库核心竞争力[M]. 北京:中国人民大学出版社,2015:10.

提出政策方案。其次,战略思想虽然短期内在政治上未必可行,但有可能逐渐为决策者所接受,最终获得足够的拥护者,以至立法成规。智库一般是长期反复地倡导某种思想主张,以期到一定时候瓜熟蒂落,成为政策或获得立法。最后,作为专门研究政策的机构,智库注重发展政策研究的方法论。而基于智库研究人员多元的知识结构、长期研究形成的专业知识,智库的研究成果具有一定的延展性,即不仅推动某一具体问题的解决,还有可能将某一领域的深厚积累转化成分析问题、解决问题的先进模式,即智库研究人员提出新的战略思想、评估模型和方法工具。

思想创新能力提升智库政策建议质量。当今,决策议题的多元性、复杂性和综合性,客观上需要更加多元化的智库、社会主体参与观察、分析并提出各自独特且互补的观点。这些观点以推动现实政策议题的研究与解决为目的进行互动、竞争、交流和碰撞,形成综合性强、受益面广的公共政策。

(2) 决策支持能力

智库的根本职责是开展决策支持,促进决策的科学化、合理化、及时化和智能化,通过自身努力,推进国家治理现代化。

决策支持能力促进智库自身价值实现。智库积极参与决策咨询研究,以研究解决重大现实问题为导向,对涉及经济社会发展全局性、战略性、前瞻性、长期性的重大问题,开展应用研究、对策研究,对发展态势做出分析预测,为决策提供有理论支撑和应用价值的对策思路、政策建议。智库要善于发现历史的逻辑和内在规律,善于吸收历史的经验,汲取历史的教训,并将其转化为人类认知财富;智库要能够看出时代精神及其进化,善于捕捉时代机遇,洞悉时代挑战;智库要善于确立自觉的主体性,找准自我在发展中的地位,认清使命,提升境界,大数据时代的决策支持应自觉运用丰厚的数据资源,并读懂大数据所揭示的社会内涵、社会矛盾和发展趋势,善于发现问题,探索解决问题的契机和途径。智库要帮助官方决策者更好地识别社会价值,并引领社会价值体系健康发展;要通过大数据对社会价值状态做出定性、定量和定时的分析,帮助决策建立在科学的基础上,以构建和完善国家治理体系。智库要善于把握未来的时间和时机,能看出"大势所趋"和"人心所向",制定出未来一个相当时段的流动性、阶段性、系列性的运作程序,寻找出代表未来的萌芽,并使其构成未来发展的阶梯。智库应尽可能借助现代科学技术,尤其是大数据和人工智能,推动决策咨询理念的时代化,决策咨询目标的合理化,决策咨询体系的科学化,决策咨询方式的智能化,决策咨询功能的实效化。

决策支持能力保障智库进行政策研究和决策咨询服务。智库发挥专业优势，根据客观实际，参照历史经验和未来预测结果，以自身所具备的专业知识和公共政策的各种情报为基础，对公共政策提供科学的依据和可行的方案，供官方决策者参考，从而直接或者间接地影响公共政策。政策过程中，参与者众多，每个参与者都有自己特有的影响公共政策的资源和能力。智库可以充分利用各个参与者的优势，拓宽决策支持的渠道和效果，促进政策思想向公共政策转变。首先，承担项目是智库参与公共政策最重要的机制，智库通过提供项目报告，直接参与公共政策。其次，"旋转门"是智库参与公共政策的重要机制，智库通过往官方决策者输送人才，直接影响公共政策；通过吸收官方决策者到智库任职，促进公共政策思想创新。再次，社会活动也是智库参与政策的机制，智库通过参加官方决策者组织的活动、邀请官方决策者参加智库组织的活动、组织学术研讨会等，间接影响公共政策。发布研究成果也是智库参与政策的机制，智库通过出版专著、发布研究报告、发行期刊等，宣传政策思想，间接参与公共政策。最后，大众媒体也是智库参与政策的重要途径，智库通过大众媒体特别是社交媒体，积极与政策参与者互动，收集情报，传递政策思想，间接影响公共政策。

（3）舆论引导能力

舆论是在特定的时空范围内公众对公共事务集中表达的意见态度，是社会公众个人情绪、社会心理、利益诉求和思想状况的综合反映。智库生产的"思想产品"局限在小范围内加以使用，只是影响少数人。相反，越是成熟的智库越注意利用各种信息传播渠道来传播自己的研究立场和研究成果，扩大自身的影响力。从这个意义上来讲，智库的定位早已不仅仅是专门为官方决策者提供智力服务的"第四部门"，同时也承担着相应的公共职能，用思想产品开启民智、为社会公众提供思想和观点，宣传解读政策，引导社会舆论，增进社会共识。

舆论引导能力辅助智库参与公共政策。一是深入研究形成思想深刻的政策意见，提供给相关官方决策者，通过他们影响舆论。这是智库最常见最直接的信息传播方式。二是出版发行相关研究书籍，在社会公众中形成广泛影响。三是出版发行相关的报纸杂志。四是通过电视、电台、报纸等大众媒体传播智库声音。国外有的智库"每年有几百人接受电视台、电台采访"，信息曝光率很高。五是通过网络媒体，及时便捷迅速地发布智库的研究成果。这是互联网特别是移动互联网兴起后，智库更加重视的信息传播方式。其网站及新媒体载体都相当完备，并且易于用户检索查询。六是通过举办学术会议、开展国际合作等，传播智库的研究理念和思想产品。

舆论引导能力推动智库成为公共政策的桥梁。智库通过舆论引导，通过各种媒介将其思想观点进行广泛传播，能够有效引导社会舆论，为政策形成和政策实施营造有利的社会氛围。从某种意义上来说，智库还是促进官方决策者与非官方参与者沟通的桥梁，积极正面的智库意见可以增进决策的权威性和公信力。比较常见的做法是，智库通过组织搭建论坛、研讨会等平台为社会大众和官方决策者提供了交流思想、意见和建议的渠道，推动他们之间的相互了解，有助于达成共识，推动问题的解决。特别是在不同舆论产生分歧时，智库可以以其独立、客观、公正的角色和专业的知识背景充当官方决策者与非官方参与者之间分歧的"缓冲阀"。通过积极与社会信息需求进行互动，智库为非官方参与者更加全面地解释和分析政策信息，帮助他们深入理解公共政策，澄清误解，纠正偏见，指出错误，从而影响舆论分野的发展变化，在一定程度上促进共识的达成。

舆论引导能力促进智库全面发展。中国特色新型智库服务党中央决策、服务国家发展，还应在阐发中国理论、贡献中国智慧方面走在前列。智库主动就重大决策、重大战略实施和群众关注的热点问题，通过撰稿解读、媒体专访、新闻发布等形式，进行全方位、深层次、专业化的评价解读，主动发声，解疑释惑，回应关切，传达施政理念、决策意图，推动全社会更好地了解政策、掌握政策、用好政策。智库全面深入地总结中国实践、提炼中国经验，用中国理论回答中国问题，用中国话语解读中国道路，更好地在国际上发出中国声音，让世界真正读懂中国，为人类文明进步提供中国思想、中国价值。

(4) 政策评估能力

政策评估是国家治理现代化必不可少的重要组成部分，也是智库工作的重要组成部分。政策影响的广度和深度不断扩大，进行政策评估的需求也越来越强烈；随着经济分工和社会形态日益复杂，决策的难度不断上升，要通过评估提升政策的科学性、有效性；有效落实政策，必须进行政策评估。为确保政策的科学和效率，政策评估应该贯穿于政策的整个过程中。在政策制定时对拟出台政策进行评估，在政策执行时对政策执行过程和效果进行评估，最后还要对政策的产出、结果和影响进行评估。

政策评估能力反映智库政策建议水平。智库开展重大决策评估工作，以重大决策落实的实施主体为评估对象，围绕重大改革举措、重要政策措施、重点工作任务的决策、执行、完成情况，开展科学、公正、独立、专业的评估。根据评估结果提出决策调整完善的意见建议，推动决策过程更加科学、决策执行更加高效、决策效果更可检验。智库开展政策评估工作，要准确认识政策评估在国家治理现代化中的地位，客观认识智库在政策评估中的优势和劣势，始终秉持专业性、科学性和开放性的理念，在政策评估的实践中，不断探索路径、积累经验、创新方法，推动政策评估工作迈上一个又一个新台阶。

政策评估能力促进智库优势发挥。智库作为一类特殊的机构有许多优势，在政策评估中应发挥更重要的作用。智库既贴近决策层，又独立于决策层，其评估具有信息充分与相对客观性的优势；智库大多受托于官方决策者，由公共财政提供资金支持，所做的评估更能体现社会责任感和公正性；智库具有沟通渠道和信息资源方面的优势，其评估更加准确。

智库要做好政策评估工作，实现评估的客观、公正和准确，就必须坚持专业性、科学性和开放性理念。要站在公众的立场进行政策评估，做好专家储备和人才培养工作，把政策评估和政策研究有机结合起来，不断学习、运用新的研究和评估技术方法，保持评估的开放性，加强与有关机构的交流合作，坚持政策评估的开放性，提高评估过程的参与度、透明度，确保评估结论客观公正。

（5）管理运营能力

智库间的竞争既是思想创新的竞争，也是管理运营的竞争。缺乏科学精微的管理运营，再优质的独特资源也难以转化为高端成果。

管理运营能力推动智库资金来源稳定、可持续。智库的融资模式主要有以下 5 种：政府资助、社会捐赠、市场化运作收益、PPP 模式和委托研究项目经费。不同类型的智库，其资金来源各有不同。官方智库资金来源以政府财政拨款、政府委托研究项目经费为主，高校智库和社会智库则以社会捐赠、市场化运作收益为主，企业智库以创办企业提供资金为主。不同类型的智库，其资金压力也各有不同。官方智库和企业智库一般有资金保障，压力最小。高校智库差别较大，著名高校创办的智库较容易获得社会捐赠，资金压力不大；一般高校创办的智库寻求社会捐赠难度较大，资金压力大。资金压力最大的是社会智库，其创办人或负责人必须把筹集资金作为头等大事。因此，对智库而言，建立多元化的资金筹集渠道非常重要，同时，为保障其可持续发展，还需要探索理事会和基金会这样长期固定的资金来源渠道。

管理运营能力促进智库重要资源整合。智库的重要资源包括人才、数据、方法、工具、品牌等。智库的重要资源是其开展关键性活动，与其他机构合作，打造自身影响力的基础。除资金外，重要资源至少包括人才资源、数据库及独有的模型方法、便捷的工具、以品牌为中心的声誉资产等。首先，人才资源是智库最有价值的资产，主要有 3 类：专家团队、研究团队、管理运营团队。其次，数据、方法、工具资源是保障智库政策研究成果质量的重要资源，也是智库建设中亟须投入但被普遍忽视的资源。这些资源必须是独有的，这样才能发挥其重要资源的作用。最后，智库品牌等无形资产也是其重要资源。拥有良好的品牌和形象，智库可以获得更多的社会捐赠，承接更多的委托研究项目，还可以吸引更优秀的专家学者加入专家团队和研究团队，吸引更称职的工作人员。

管理运营能力确保智库关键活动有序开展。智库的关键活动包括研究、传播、交流等。资源与活动是一体两面的，资源是开展某项活动所需要的条件，活动是资源发挥效用的场所。两者互为促进，优质资源保证活动的质量，有效的活动能够积累和提升资源。研究：智库实力的基础研究主要包括课题设计、团队组建、项目执行、成果评估与验收4个子环节。传播：智库影响力的关键影响力是评价智库的指标，包括决策影响力、学术影响力、社会影响力和国际影响力。因此，打造智库的影响力就成为智库建设的重点任务。思想创新能力与舆论引导能力是智库核心能力的"双轮"，思想创新是基础，舆论引导是关键。没有思想创新的舆论引导，短期可形成知名度，但无法长期形成影响力；没有宣传推广的思想创新，最多在学术界产生影响力，而难以形成决策支持力、社会影响力和国际影响力。交流：智库的交流主要是指人际交流，包括不公开的工作访问交流和公开的各种类型的会议、论坛等研究成果交流。前者一般不对外传播其内容，后者通过大众传媒和自媒体进行二次传播。良好的交流沟通有利于智库与服务对象或合作伙伴建立长期稳固的关系，不良的交流将使智库研究实力和传播能力大打折扣，不利于智库影响力的提升。

管理运营能力促进智库与合作伙伴互学共进。智库可能的合作伙伴（除服务对象外）主要有以下类型：相同或相关研究领域的学术研究机构、大数据及知识管理技术提供者、同领域/同地域的其他智库、大众媒体、外国智库及学术研究机构、相关领域的国际非政府组织。运用自身的重要资源做好关键活动并不是智库工作的全部。首先，任何一家智库不会拥有从事关键活动所需要的全部资源，不会在关键活动的所有环节都拥有专长。其次，随着智库战略定位的调整，客观上需要新的重要资源和关键活动。通过合作获得需要的重要资源并共同开展关键活动，是实现新的战略定位的有效途径。最后，在全球化环境中，许多国内政策问题呈现出国际性、全球性的特征。对这些问题的研究更需要通过合作才能提供有效的解决方案。所以，寻找合适的合作伙伴，与其相互学习、共同进步，也是智库工作的重要内容。

3.3 情报流程与智库核心能力的关系

通过梳理可以看出,不同信息环境和场景下,情报流程在不断发生调整,以保证情报目标的前瞻性和情报处理的高效性。金学慧等[①]认为,情报和智库概念之间存在着差异,但情报学家较早就具备了"智库"意识,情报工作服务决策的功能早已在业内形成共识。智库和情报活动出于不同的目的,形成了各自不同的运行机制和流程。张心源[②]对美国一流智库调研发现,兰德公司、布鲁金斯学会和胡佛研究所开展课题研究的3个关键环节为:一是研究资料的准备,二是选定合适的方法进行信息分析,三是对分析结论进行质量检验并汇总成一定形式的文件资料。可以看出,智库的运行与情报流程有着较高的契合度。

3.3.1 借鉴情报流程的整体优势,提升智库核心能力

(1) 情报与智库共同关注的目标具有一致性

情报研究与智库决策咨询都希望支撑决策。情报工作的核心和优势在于数据采集、量化处理和分析,一般包括情报需求分析、数据收集、数据处理与分析、情报生成、情报成果分发等过程。而智库决策咨询的核心是基于数据和事实的政策分析和解决方案,其决策咨询过程一般包含以下过程:政策议程的设置、政策辩论、政策决策、政策执行和政策评估。这些不同的阶段环环相扣,是一个不断评价、修正的动态过程。在决策的不同阶段,通过高度整合技术和人员的各自优势,实现数据、系统、人员的高度整合,大大降低决策中对数据、资料和情报成果的"认知负担",并提升战略决策支持能力。

情报流程与智库管理过程分别基于不同的目的和视角关注知识,二者在目标上具有较高的一致性,具有相互借鉴和相互融合的空间。在情报学视角下,智库的本质是情报信息资源在智力加工下形成的智慧产品,这种智慧产品的质量明显地会受生产过程(即智库管理流程)的影响。智库的过程管理对于智库能力建设至关重要,合理、优化的过程管理可以在恰当的时机、采用科学的方法将智库产品生产中所涉及的各种要素有机融合在一起,聚焦于面向特定问题的解决。一般而言,智库的工作流程可以概括为:选题(包括委托课题、自主研发课题两大类)—课题分析—数据采集与组织—数据分析—思

---

① 金学慧,付宏.情报与智库对比研究:基于理论研究视角[J].图书情报工作,2017(4):42-49.
② 张心源,赵蓉英,邱均平.面向决策的美国一流智库智慧产品生产流程研究[J].重庆大学学报(社会科学版),2016(2):132-138.

想创新—各类智库产品—传播与存储。这一过程与情报流程具有很大的重合度，正如李纲教授所认为的，智库在拟定最终方案之前的资料准备工作，以及在信息分析工作过程中均需借助大量情报研究理论与方法。张家年博士认为①，情报工作是智库运行机制的重要基础；智库运行机制是情报流程、智库管理流程的有机融合；智库建设应以组织结构建设为基础，情报流程融入智库研究为支撑，智库生态环境构建为支撑的三方联动。

（2）情报流程的整体优势能够促进智库核心能力建设

传统的信息环境下，情报流程对有限信息进行收集、整理、分析加工，一方面，努力还原事实真相；另一方面，实现信息的增值，生成新的知识。对于情报转化的机制，最典型的描述就是信息链（Information Chain），它描述了事实—数据—信息—知识—智能（情报）的转化过程。进入数据时代，有学者认为任何数据都要经历创建与采集、组织与锤炼、存储与发布、发现与获取、利用与增值 5 个阶段②。随着人工智能、数据挖掘等技术的发展，实现了直接从"数据"向"智能"的转变，典型的表现如无人驾驶汽车。情报流程运行机制在不同的信息环境中有着不同的表现形式，但其从数据、信息中生成知识、情报的目标没有发生变化，如图 3-7 所示。

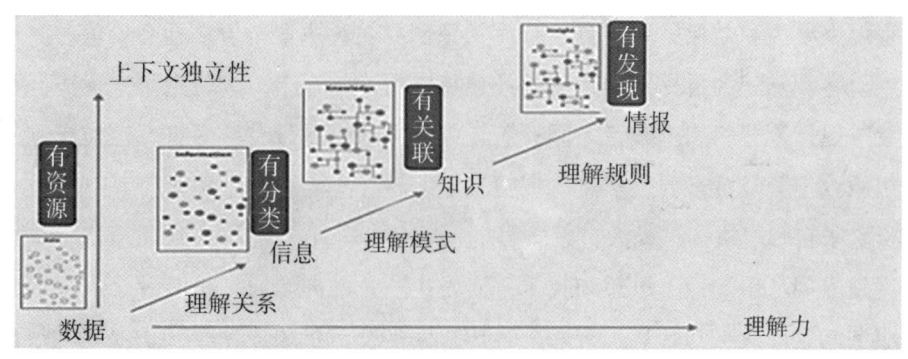

图 3-7　数据金字塔

在智库工作实践中，智库为保障信息资源的完备、准确，避免因失察、失误造成的结论偏颇，其自身也建立了一套独立的信息采集、组织与分析系统。可见，情报流程事实上已经成为智库过程管理的重要组成部分。智库产品生产链和服务链与情报流程链大

---

① 张家年，卓翔芝. 融合情报流程：我国智库组织结构和运行机制的研究［J］. 情报杂志，2016，35（3）：42-48.
② 丁红发，孟秋晴，王祥，等. 面向数据生命周期的政府数据开放的数据安全与隐私保护对策分析［J］. 情报杂志，2019，38（7）：151-159.

体相似，张家年博士认为，两者均包括信息链、知识链和情报链。所不同的是，智库产品更加强调专家智慧，这种专家智慧可能是专家在一定信息资源、专业知识资源分析基础上形成的，也有可能是由专家的经验性隐性知识决定的。例如，美国一些智库对华军事研究的信息源，多数来自其长期以来对中国军事情报信息的收集、处理和分析，并在此基础上提出新观点、新论断和新建议，在此过程中的前半段与情报流程大体一致，而后半段便是专家智慧的结晶。

智库核心能力的实现，一是更加突出行业知识和专业知识。世界上不同的智库基于自身特色，在不同的行业领域或专业领域发挥自身优势。如在美国公共政策领域中具有举足轻重地位的美国进步中心（Center for American Progress）就是以公共政策咨询为主要研究领域。二是强调知识的多元表达与影响力传播。与情报天生具有保密性相比，智库所生产的知识中，部分是面向公众的，在智库管理流程中，更加强调知识的多元表达和影响力传播，以吸引更多的关注。比如 TED（Technology Entertainment Design）作为一家全球领军的媒体型智库，兼顾在线视频播放和线下活动，将内容产品毫无违和地结合在一起，建立了内容的影响力和用户的强大关联[1]，形成了独特的话语体系。三是具有明确的立场。情报产品以决策价值为主，而智库的运行往往拥有利益相关者，智库研究很大程度上要为利益相关者服务。智库知识产品兼具决策价值和社会价值，其流程不以追求绝对客观知识为目标，而是需要注重特定用户的需求，为特定用户发声。基于党派、经费等因素，智库和决策者之间有着较强的关联。尽管有许多智库定位于独立的、非营利组织，但其资金来源仍然难以保持独立，这在一定程度上奠定了其立场。如兰德公司的资金来自政府机构、私人、慈善募捐、基金会等[2]。

智库是专门从事知识、思想和技术等研发生产，并向政府、社会及个人提供专业决策咨询服务的辅助机构和智囊，智库与客户之间的交流抽象成一个知识溢动的过程，并且认为智库的知识属性是影响知识溢动的最关键因素[3]。智库的核心能力是思想创新、决策引导、舆论支持，其中，决策引导、舆论支持能力的实现依赖于思想创新。智库产品是向社会提供的，能够被获取、使用、消费，能够满足公共政策和政府决策需求的智力

---

[1] 姜杰，瞿丛艺.TED智库运行机制及其对中国智库建设的启示［J］.智库理论与实践，2018（8）：70-76.

[2] 栾瑞英，初景利.国外典型高水平科技智库运行机制剖析［J］.中国科技论坛，2017（11）：174-179.

[3] 任福兵，王玉梅.互动视角下的智库知识溢动影响因素实证研究［J］.情报理论与实践，2018，41（10）：73-78.

成果。包括事件报告、政策分析报告、行业报告、反馈报告等。智库产品很大程度上是服务社会需求的，具有鲜明的行业背景和专业背景。

情报流程和智库管理过程的设计和运行蕴含着两个活动领域特定的观念、思想、目标、方法等，是这些因素共同作用的产物。从智库核心能力建设来看，借鉴和融入情报流程后的智库管理流程，能够更好地实现其知识生产功能和思想创新功能。智库管理流程可以借鉴情报感知理念提升其对于议题的选择能力，借鉴情报客观性理念提升其决策支持能力，借鉴情报序化与检索技术提升其信息利用效率，借鉴情报分析的方法技术提升思想创新能力，借鉴情报表达方法和艺术提升其舆论引导能力。

3.3.2 运用情报流程动态迭代特点，促进智库知识生产能力螺旋上升

（1）情报感知促进智库知识生产的前瞻性

情报流程强调对问题的提前发现和前瞻性预判，即情报感知。情报感知的本质是对情报用户需求、情报对象内容和情报任务组织进行充分认知、解读和表达，帮助解决管理者决策时所遇到的信息不完备问题[1][2][3]。情报收集环节的感知表现，实质是通过多维度透视和解析，透过可能被伪装或处理的情报源，对其表达的情报内容进行初步的理解和判断，同时评估数据或信息产生的背景。情报组织环节的感知表现，是对于不同情报单元之间语义关联的发现和呈现。正如布鲁克斯的设想：情报学的理想图景，就是构建人类的"知识地图"，其核心思想是知识关联，而不是基于语法信息的信息组织。在情报组织环节，情报系统能够发现和表达情报之间的语义关联，包括基于时间、地点、人物、事件、因果的关联等。把不同来源的情报，基于特定情报主题或情报任务进行语义整合，形成完整的情报图景。情报分析环节的感知，包括情报内容的解析，情报内容的理解，情报预测。情报保障环节的感知，一是对用户情报需求的感知，二是情报表达方式的效用判断。

情报收集环节的感知表现为，对于情报对象选题的前瞻性预测和对情报源的感知。在情报分析环节，情报感知决定了"看多远"的问题，该环节的情报感知，一是情报内容的解析，二是情报内容的理解，三是情报预测。在情报服务环节，情报感知表现为对用户情报需求的感知和情报表达方式的效用判断。智库核心能力实现过程中，运用情报

---

[1] 陈美华，王延飞.情报感知的条件辨析[J].情报理论与实践，2018，41（8）：5-10.
[2] 赵柯然，王延飞.情报感知的方法探析[J].情报理论与实践，2018，41（8）：11-16.
[3] 王延飞，赵柯然，陈美华，等.情报感知的研究解析[J].情报理论与实践，2018，41（8）：1-4.

感知的理念,能够提升智库选题的前瞻性、对智库发展环境的适应性、智库研究素材的代表性、智库成果的科学性和适用性。

就思想创新能力而言,可以运用情报感知的理念,感知相关领域的研究前沿,发觉具有深远意义的选题并进行创新型研究。思想创新能力的提升,并非在真空中进行,而是在及时和敏锐感知全球发展、世界格局、本国国情、行业领域发展的基础上进行的。从情报感知的角度而言,情报体系及情报人员应该能够通过各种系统手段对有潜在价值的情报对象(如风险源、潜在竞争对手、新生技术等)或情报环境(如竞争环境、风险环境、危机环境、机遇环境等)进行监控和扫描,获取政策、文化、法律等各种相关信息。从已有的情报研究成果、情报信号及现实斗争中,初步分析情报对象的发展态势,结合风险形势,主动发现有价值的情报对象和前瞻性的情报选题。2006 年兰德公司发布《2020 年的全球技术革命》预测 15 年内 16 个应用最广泛的科技领域,敏锐地抓住了酝酿中、兴起中的趋势,基于其前瞻性判断而形成影响力。通过思想创新取得引领作用是高端智库建设和发展的重要途径,智库往往通过思想创新,形成前瞻性和预测性的理论成果引领国家甚至世界潮流的进步,如兰德模式的最大优势不是为了解决个别的对策问题,而是创造概念、形成思想去影响他人。智库需要运用情报感知理念和情报感知技术,从国家博弈、行业竞争、科技前沿、理论空白中寻找突破和创新,发现研究命题的战略价值,并且在研究过程中寻找新的证据,对研究对象进行新的解读、理论建构和思路设计。

就决策支持能力而言,需要运用情报感知理念,感知用户需求,为用户提供容易理解的决策支持服务。用户的情报需求属于隐性知识的范畴。智库在发挥自身决策支持价值的过程中,需要通过沟通交流等方式发现决策者或服务对象的目标,通过决策者的信息行为,发现影响其决策的文化因素、宗教因素、认知偏见、知识背景、情报感受和反馈等因素,对用户的知识状态、情报需求、情报动机、情报差距、情报保障方式、载体等因素进行探索和发现。智库所进行的决策支持服务不仅是构建一个便于用户使用的知识空间,而是形成一个便于用户理解的感知空间。智库应当充分考虑社会因素、人文因素、信息行为因素、语言因素和个性化因素,通过界面的友好度设计、组织体系的构建、成果展示技术的使用、成果表达方式的运用、知识载体的合理选择等,为用户理解研究成果创造条件。

就舆论引导能力而言,需要运用情报感知理念,探测舆论传播效果,调整舆论传播策略。通过多年的积累,西方国家已经熟练地运用智库的"二轨外交"功能,使其成为合适的发声平台，发挥着"缓冲带"效应或"试探气球"作用，在推动外交更为灵活的同时，也加强了相关智库的影响力。比如，兰德公司每年发布多篇报告、英国国际战略研究所定期举办香格里拉对话、瑞典斯德哥尔摩国际和平研究所每年全球发行 SIPRI 年鉴等，都在试图设置国际重大议题、主导全球形势评估的基调和引导世界对特定焦点对象的关注[①]。

(2) 信息组织优化智库资源保障体系

情报流程注重信息"序化"和"转化"。情报检索是情报活动中重要的组成部分。情报学诞生的现实背景是信息爆炸，情报学通过对信息的"序化"并建立检索系统，实现了对信息的有效管理。围绕"序化"这一目标，情报学者形成了一系列科学的信息组织、存储、检索的理念、工具和方法。传统信息环境下，形成了面向文本信息的分类法，计算机环境下，形成了信息检索系统。网络环境下的语义检索、跨语言检索、内容检索等，都具有鲜明的专业特点。大数据环境下，利用数据智能技术进行情报检索、摘要自动编写等，逐渐走向成熟。美国的情报高级研究计划局（Intelligence Advanced Research Project Agency）的"从预测和预见开展研究"（Foresight and Understanding from Scientific Exposition, FUSE）项目，致力于通过系统持续自动扫描大量的学术文献、专利和其他科学类文件，其通过自动化手段发现多语种来源的新兴科学技术及相关证据线索，这些结果可以持续提供给研究人员和专家，从而发现各类有价值的新兴技术和对国家具有重大价值的颠覆性技术，并有力支持科研立项、管理、评价等各类科研决策。情报学基于"转化"思想，实现信息增值。在军事领域，美国国防部于 2017 年 4 月成立"算法战跨职能小组"（AWCFT），其目标是希望通过利用人工智能、大数据等关键技术，将国防部的大量数据快速转换为具有实际价值的情报。其首个任务便是通过技术手段将战术性无人机及中空全动态视频（FMV）的处理、开发与传播实现自动化处理，以支持对 ISIS 的作战，将情报分析员从海量的信息辨识、分拣和提炼工作中解放出来，产生更多具有实际价值的情报，以提高军事决策水平。

传统信息环境下，信息组织和检索能够辅助智库及时获取有用的信息和知识。资源的累积需要情报学研究中的信息采集、信息组织、信息检索等技术方法的支撑，尤其是提供构建面向不同问题解决方案的特色数据库建设方案。关于信息检索的研究，产生了新的进展，如跨语言检索、自然语言检索、内容检索、语义检索、可视化检索等，基于信息组织和检索，可以形成特定领域的知识图谱，可以为智库研究者提供更好的知识产

---

① 王延飞，闫志开，何芳．从智库功能看情报研究机构转型［J］．情报理论与实践，2015，38（5）：1-5.

品和知识服务。

在复杂信息环境和复杂情报选题（Wicked Problems）的背景下，不同类型和结构的数据广泛存在，智库资源能力建设迫切需要破解：如何借鉴大数据思维获取、组织与挖掘海量相关数据的问题。其中，计算机学科可以提供具体的技术与工具，而情报学研究能够从顶层设计上提供思维、方法的指导，为智库适应大数据环境、利用大数据优势提供强有力的支撑[1]。智库应当具备跨信息环境的情报融合能力，即把不同来源的情报，基于特定主题或任务进行语义整合，形成完整的情报图景。通过情报组织，形成更加立体和直观的情报刻画和更加迅速的情报响应，为用户形成生动的情报图景。

智库的运行需要资源丰富且独具特色的知识库作为支撑。兰德公司开发了CalWORKs数据集、背景数据图书馆、公共健康备用数据库、兰德—MIPT恐怖事件数据库和兰德圣战声音数据库等[2]，包括多媒体信息库、最新报道、工具和数据库等。其中，工具和数据库主要来自本公司的统计和调研，内容包括健康、社会、安全、家庭等诸多领域。日本野村综合研究所拥有自己的"信息银行"与企业财务情况数据库，美国胡佛研究所更是在图书文献机构的基础上发展而成。中国知网已经创建了"中国特色新型智库知识资源总库"。信息组织和检索能够为智库知识库的利用提供方法支持。

（3）借鉴情报分析技术和方法提升智库知识生产能力

情报流程追求知识生产活动的客观性。情报活动作为一种知识加工的过程，是主客观因素的统一。客观性是信息科学的基本特征[3]，无论是情报的收集还是分析环节，都力求客观。信息分析的目标就是还原事实，预测其对现实和未来的影响[4]。为了达成这一目标，情报人员需要克服信息噪声、信息盲点、事件中的"情绪场"及分析者自身的因素（如性格、党派、信仰、立场等）的影响。情报活动中人的参与是必然的，为了达到追求客观的目的，需要掌握基本信息，通过小心的假设、缜密的推理，从而得出正确的结论[5]。这也是情报理论研究需要解决的问题。

情报流程善于通过信息关系而生成新知识。情报分析是情报流程中的核心部分，通

---

[1] 孙琴. 突显情报功能的智库能力提升[J]. 图书馆，2018，1：59-64.
[2] RAND. Tools[EB/OL].[2019-04-09]. https：//www.rand.org/pubs/tools.html.
[3] NIGEL F. Creativity and convergence in information science research：the role of objectivity and subjectivity, constraint, and control[J].Journal of the American society for information science and technology, 2004（10）：1169-1182.
[4] 张寅. 分析的力量[M]. 北京：中心出版社，2015.
[5] 高金虎，张魁. 情报分析方法论[M]. 北京：金城出版社，2017.

过情报分析，还原客观事实，尽可能摆脱情报分析者个人因素对分析客观性的干扰。情报分析可以大致分为聚类、验证、互补等几种情形。通过聚类分析的方法，发现数据和信息之间的关联。网络分析法、关联分析法、画像分析法、系统辨识法都是基于数据关联特征而进行的。通过多数据关联的多维分析，则可以完整地呈现出情报对象的全貌，并对其进行预测。在情报工作中，验证是一种很重要的分析思想。霍耶尔指出，假设需要通过收集和提供证据加以检验。竞争假设分析法、关键假设分析法等，都体现了验证的重要思想。数据之间通过互补，能够还原关键事实的全貌。从数据技术上看，不同来源的数据融合是发挥数据互补效用的最好方式。数据互补包括形式上的互补和内容上的互补，各自具有优势。情报分析更擅长对信息"关系"的发现，而实现信息增值的目的。美国为了增强对情报的处理和分析能力，从2012年起，国防部高级研究计划局部署了以X数据（XDATA）和洞察力（Insight）等为代表的大数据系列研发项目。洞察力项目旨在提高多源、多类型和海量复杂数据的关联处理和评估分析能力，重点开发一种综合性、适应性强的新一代情报、监视与侦察专业化大数据系统及其相应技术。在反恐领域，美英等国一直在运用各种方式从社交媒体中获取有价值的情报。如两国情报部门利用社交网络分析建立了国际恐怖分子数据库。情报人员在这个数据库中输入数千名嫌疑人的信息，通过社交网络分析梳理其社交关注和聊天网络，分析相互之间的关系，就可以找出其中的关键人物，由此确定恐怖组织的领导者和骨干分子，进一步预测其可能发动的恐怖袭击活动。

情报分析主要功能包括：情报噪声和附加内容的去除、情报立场信息的去除、情报干扰信息的去除、情报检索技术带来的偏向性及去除等，在情报分析中要规避情报内容偏差、不同来源情报内容的局限性等，实现过程包括情报中蕴含的语义解读（包括文字的含义、数据的含义、符号的含义、图像的含义、语言的含义等）、片段情报的关联与融合、情报信号的解读等。智库不仅需要对研究对象的发展态势进行前瞻性的判断，还应当基于对情报内容的理解，提出新的情报命题或情报假设，为后续的研究提供基础。

智库产品的生产与情报过程一致，即都是通过智力资源和知识资源的投入，产生增值后的知识产品，在这一过程中，情报分析发挥着重要作用。许多智库在研究过程中，结合实际需要，不断丰富拓展原有情报分析方法，如兰德公司改进了德尔菲法、成本效用分析、启发式规划、线性规划、非线性规划、动态规划、系统分析等方法。

国际上有影响力的智库，都把研究方法的创新作为提高组织竞争力的重要手段。黄晓斌认为，情报研究方法创新是兰德公司提高竞争力的核心所在，是兰德公司发展的持久动力①。为了使研究分析做到科学化，兰德公司提出了"理性管理"的思想，建立了一整套称之为"兰德式理性程序"的理性化、程式化思考方法模式，即 4W 思考模式：发生什么事（What's going on）？这事为什么发生（Why did this happen）？应采取哪一条行动路线（Which course of action should）？前途如何（What lies ahead）？由此而将理性活动即研究分析活动划分为状况评估、问题分析、决策分析和预测分析 4 个既互相区别又互相联系的方面或环节，并为之发展出一系列可操作的结构化、程序化的研究分析工具和方法。为此，兰德公司提出高质量情报研究和分析规范，明确表达了公司关于高质量情报研究的理念，该规范既是研究人员的工作指导守则，也是研究队伍、管理人员和同行评议者的重要工具。规范主要从 8 个方面提出要求：一是以解决实际问题为目标，系统地阐述问题，明确研究目的；二是针对研究的问题和目的，精心设计研究途径并严格执行；三是研究要建立在对相关研究成果全面理解的基础上，并做出新的贡献；四是数据和信息应该是可取得的最好的；五是假设应该是明确的和合理的，以降低影响研究发现效力和建议可行性的不确定性；六是研究发现应该提升知识，对重要的决策有影响力；七是对策和建议应该是有逻辑的，有研究发现作证明的，并得到完整的解释及适当的说明；八是研究报告应该表达准确、易于理解，结构清楚，语气温和。尤其是兰德公司的战略评估系统，克服了原有战略评估方法在分析假设、对象和影响因素等方面的不足，核心价值在于"开创了现代美国战略评估与战略分析的新思维、新方法、新时代"②，在方法上将兵棋推演和分析模型有机结合，在技术上融合数据智能技术实现多方代理设计，在思维上向系统性与多场景分析的思考模式转变"③。兰德公司的分析方法在全球相关领域内产生影响，在研究方法推广的过程中，自身的影响力也得到提升。

3.3.3 情报刻画、表达技术有利于提升智库表达和传播能力

情报是竞争和对抗的产物。情报通过服务决策等途径，实现其在对抗或竞争中的价值。情报与用户之间的关系是一对一的，情报保障过程中的知识表达，是面向用户个体的。情报学在长期的实践中，形成了用户画像、个性化信息推荐、用户需求挖掘等技术，发现和挖掘用户的特征，提供个性化服务。克拉克在《情报分析》一书中，提出了面向目标的情报分析，其基本思想是：情报工作的各个环节运作合理固然重要，但情报

---

① 黄晓斌，罗海媛. 兰德公司的情报研究方法创新及其启示［J］. 情报杂志，2019，38（5）：6-14，28.
② 李健，毛翔. 兰德战略评估系统及其影响［J］. 军事运筹与系统工程，2015（1）：5-12.
③ 黄晓斌，罗海媛. 兰德公司的情报研究方法创新及其启示［J］. 情报杂志，2019，38（5）：6-14，28.

分析成功的关键取决于对情报需求的准确挖掘和刻画[1]。情报刻画的思想，能够辅助优化智库的知识服务模式。

知识社会背景下，信息技术的蓬勃发展和互联网所提供的纷繁复杂的信息世界，使得战略情报用户的需求呈现出动态、模糊和潜在等特征[2]。对于用户知识需求的刻画，是智库开展个性化服务的基础。隐性需求管理的目标有 3 个：一是将模糊含混的需求转变为清晰明确的需求。二是将潜在的需求转变为现实的需求。三是将动态变化的需求转变为持续稳定的需求。只有这样才能对用户的需求起到前瞻性预测和引领性作用[3]。情报学以知识服务作为重要使命，用户研究积累了诸多刻画用户需求的方法，如用户使用周期画像、用户行为画像、情报产品画像、用户触点画像[4]等，可以辅助智库进行更加个性化的服务。情报学和信息管理学领域，根据用户浏览信息的内容和行为习惯，建构用户本体，从而实现信息的自动匹配和推送。大数据环境下，用户模型与自动推送技术取得了新的进展，不断从"人采集数据"向"数据找到人"的个性化情报保障迈进[5]。

情报表达和刻画技术可以服务智库产品的可视化呈现，从而服务智库与用户的沟通，提升其决策支持能力。信息表达方法体系包括符号（自然语言和数字符号）、列表、图解、意象等元素[6]。情报表达的形式决定了情报分析人员能否准确、清楚地理解情报内容[7]。在智库服务环节，应当构建表征符号体系，用以清晰地展示智库产品的内容，降低智库服务过程中的理解误差。信息可视化是情报学领域广为接受的信息处理方法，包括文本信息可视化、资源可视化、知识结构可视化等，可以辅助智库服务产品的呈现。情报学方法还能够支撑智库服务产品的可理解。信息建筑学（Information Architecture）在信息的可理解方面，做出了较好的探索。信息建筑学所提倡的清晰的结构、友好的界面、视图、集成运行的信息，能够使用户更好地感知信息的内容[8]。在情报体系中，符号、结构图、思维导图的运用，有利于形成更加直观的认识，有利于更有

---

[1] 罗伯特·克拉克.情报分析：以目标为中心的方法［M］.马忠元，译.北京：金城出版社，2013：56.
[2] 王馨.战略情报研究模式反思与探索：计划、动态还是协同［J］.情报理论与实践，2013，36（8）：1-5.
[3] 张福元.论新形势下有效应对国防科技情报需求的途径与对策［J］.情报探索，2011（1）：71-73.
[4] 王益成，王萍.基于用户动态画像的科技情报服务推荐模型构建研究［J］.情报理论与实践，2018（12）：83-88.
[5] 刘如，唐磊，吴晨生，等.基于情报主动推送服务的用户管理模型研究［J］.竞争情报，2016，12（5）：10-16.
[6] 彭聃龄，张必隐.认知心理学［M］.杭州：浙江教育出版社，2004.
[7] 徐芳，金小璞.认知心理学视角的情报分析模型构建［J］.图书情报工作，2011，55（8）：16-19，45.
[8] 周晓英.论信息构建对情报学的影响［J］.情报理论与实践，2003，26（6）：481-486.

效的人机交流和理解。

情报表达和刻画技术能够更加深刻地挖掘受众的信息需求，从而使智库知识传播更具指向性，提升其舆论引导能力。智库在舆论引导过程中，除了运用传统的情报刻画技术，还应当引入新的信息表达技术和方法，为受众提供更加可理解的知识服务。如虚拟现实技术基于视觉、听觉、触觉等多种感觉维度的沉浸度能够激发受众的多感知性、存在感、交互性及主动性，使受众能够在仿真环境中感受到智库传播的内容，也可以基于虚拟现实技术，为受众呈现多维和动态的信息空间。

3.4 本章小结

知识经济时代，知识的核心地位更加突出，知识更新加快，学科和行业界限越来越模糊，知识和核心能力越发成为组织获得战略优势的重要砝码。任何一个组织都需要从其他学科和行业中获得启示，以完善自身的核心能力结构。情报流程是情报实践过程的系统化、结构化表达，这一过程的实质是知识的有效生产、组织、呈现与表达。这与智库思想创新、决策支持、舆论引导的核心能力，具有较高的契合度。走向专业化的智库，组织内部的分工和专业化建设会更加明确。智库核心能力建设中吸收和融入情报流程中所体现的理念、技术和方法，有利于智库更好地把握知识生产规律，提高核心能力的建设效率，从而在一个更加开放和多元的竞争环境中，强化自身的特色和竞争优势。展望未来，在以大数据和人工智能技术为主要代表的信息环境中，智库所承担的数据和信息负载会更大，面临的信息迷雾也会更多，对于专业化、批量化和流程化知识生产需求更加迫切，情报流程中所强调的感知、组织、呈现等理念和技术对于智库的支撑作用更加凸显。为其他学科和行业提供理论指导和方法支撑，是情报学走向成熟的重要表现之一。在支撑智库核心能力的过程中，智库的智力优势和独特的行业背景可以检验情报流程的运行效果，探索出二者融合的最优路径，为情报流程赋予更加丰富的内涵，使其在解决不同背景的专业知识生产问题中展现出更鲜活的生命力。近年来，"情报工程学"的提出，使情报与智库管理流程的差异日益缩小。情报工程学强调了在大数据技术下的基于"事实数据＋工具方法＋专家智慧"的情报工程体系，专家智慧已渗透到情报流程中。因此，智库工作过程中如何发挥情报工作的作用，尤其是借助情报工程学思维、理论与方法，充实自身的工作过程，是提高智库能力的重要议题。

第 4 章
智库运行的数据信息保障

智库研究需要情报学理论方法的支持,情报流程与智库工作流程高度一致,情报学、情报工作为智库运行提供了理论与实践基础。从智库的角度思考情报保障,本质上就是要从情报学的维度研究智库开展决策咨询工作所需的数据信息,多途径采集数据信息源,组织和管理数据信息,建设智库数据信息平台,为智库运行提供数据信息保障。智库数据信息平台通过信息采集、处理、分析等"全流程"功能,提供对公共政策领域的重大问题、重大变化和中长期趋势的监测、评估、预测、预警,为智库研究及政策决策提供有理有据的科学决策方案或建议。

4.1 智库的数据信息需求

智库工作越来越离不开情报学方法理念的支撑与引领。我国情报学家严怡民教授从决策行为的角度出发[1],提出了"决策所需的知识与决策者主观知识之间的差异是产生情报需求的原因"。文献情报学界一般认为,情报需求是用户以自己方便的各种方式获得所需完整可靠的情报的欲望和要求。情报研究,就是满足用户的情报需求的过程,情报需求的识别是情报工作的起点和基准点,是情报工作的最重要、最基本的环节。可见,无论是从智库的产生,还是从智库的运作机制,以及智库工作中,都需要情报学理论和情报工作方法的支撑。

---

[1] 严怡民. 现代情报学理论 [M]. 武汉:武汉大学出版社,1996:89-90.

4.1.1 智库的数据信息需求产生

（1）智库研究需要数据信息支撑

大数据时代，情报研究已经不再局限于传统文献资料，信息源包括互联网、数据、信息系统等多个途径，信息正成为与物质资本和人力资本同样重要的基础生产要素。智库研究工作的开展往往需要大量的相关数据和信息。智库研究关系着国家重大战略的政策问题，更需要大量的原始数据和信息的支撑。而情报学的方法理念正好弥补了智库在这方面的不足。这些信息资源在政府和公共服务领域的应用可有效推动政策与决策的制订，提高政府部门的服务效率、决策水平和社会管理能力[1]。金泽龙对广东省内400多家大中型企业的调查结果显示，可靠的信息保障有助于智库做出正确的决策分析[2]。任何事物都有其数量特征，通过客观有效的描述，能够反映出事物的面貌和发展变化的规律。在智库的建设过程中，不仅需要原始信息的积累，也同样需要研究过程中产生的二次信息及对研究成果的存储和共享[3]，这些都可以作为智库开展具体调研之前的重要依据。只有获取到准确可靠的信息，才能便于智库研究人员理性看待事物发展变化规律，准确分析未来走向，从而更好地为政策和决策提供咨询支撑。

（2）智库研究与情报流程密不可分

从理论的视角研究情报与智库的关系，二者处在同一条价值链的两端——情报分析处于决策咨询流程链的前端即情报信息收集与分析，而智库更注重后端即如何靠近决策者并产生影响。因此，作为政府公共决策的辅助机构和"军师"的智库，离不开前端数据信息收集工作的支撑。特别是在当前大数据背景下，情报工作通过对一些无序信息进行收集加工，按学科主题或学术资源体系对信息进行检索、分类、整理，向智库研究者提供相关支撑数据与信息，引导智库研究者去查找、开发和利用信息。情报学的"计算传统"是情报学理论体系中的双重传统之一，很多智能化情报技术已经在大数据时代被广泛应用并推广，成为智库发挥情报功能的重要支撑。情报工作是智库运行机制的重要基础[4]，是智库知识创新和决策支持的依据，智库的情报功能是智库能力体系的重要组成部分，也是智库更大功能的重要支撑。情报研究与智库工作相互融合，可以使智库结

---

[1] 宋忠惠，郑军卫.支撑智库研究的信息源建设策略［J］.智库理论与实践，2016，1（3）：65-72.
[2] 金泽龙.企业高层次人员情报信息需求的调查与解析［J］.图书馆理论与实践，2009（1）：67-69.
[3] 袁建霞，董瑜，张薇.论情报研究在我国智库建设中的作用［J］.情报杂志，2015（4）：4-7.
[4] 张家年，卓翔芝.融合情报流程：我国智库组织结构和运行机制的研究［J］.情报杂志，2016，35（3）：42-48.

(3) 情报研究扩展了智库工作的深度与广度

在大数据时代，环境监测、舆情变化、预警分析等是公共政策重点关注的对象，是智库研究必不可少的内容。这就要求智库必须有能力开辟多种数据来源与渠道，快速而准确地获取各类信息，并运用先进的分析工具和处理方法，在科学系统化评估的基础上，有针对性地提出独到的解决方案与决策建议。因此，智库内在地蕴含情报研究需求，需要情报机构在大数据分析与信息处理上予以支撑。而情报研究在对外部环境进行监测、对竞争对手进行跟踪，对竞争态势进行持续分析，对竞争风险进行预警等方面有先天的优势。从这一点来看，情报研究完全能够为智库研究提供深度的大数据分析与信息支持，弥补智库研究在结构上的缺陷。而智库研究也可以引领情报研究向高端发展，进一步优化情报研究的功能，促进情报机构将大数据分析与信息支撑功能向上延伸，进一步发展为具有服务政府决策咨询功能的智库性质的机构。情报研究特别重视决策理论和跨学科研究，不断推进研究方法、对策分析工具和技术手段创新，搭建互联互通的信息共享平台，为战略决策提供学理和智能支持。情报机构可以根据智库研究方向，提供工具与方法上的帮助，通过有选择地建设资源门户和网站，方便智库研究对信息资料的获取，为智库研究信息线索的查找节省时间成本。

我国新型智库建设需要借鉴情报研究的工作方法。在我国，从历史渊源上来说，无论是在实践层面还是在理论研究层面，情报与智库始终存在一定交集，战略情报研究、国家竞争情报、政府竞争情报等情报学方向带有鲜明的智库资政色彩，情报与智库在功能上存在明显的重叠性。自2013年，习近平总书记提出建设"中国特色新型智库"以来，国内重组了一批示范型高端智库。但中国特色新型智库建设还面临着人才短缺、资源整合不足、信息重复等种种问题。情报研究可以发挥其信息收集、分析研究等优势，通过多种途径调研分析，跨学科研究，充分展现智库的"智慧"，为我国新型智库的建设完善建言献策，指明发展方向。

4.1.2 智库的数据信息需求的基本特征

前瞻性。智库的一大功能是"预测未来"，这就决定了智库研究者需要从不同的角度运用各种方法，提出预测方案供决策者选用。预测方案作为智库研究成果的一种形式，带有前瞻性，这一性质由获取情报的前瞻性决定。这也是智库需要情报机构的显著特征。

综合性。智库收集的信息数据涉及范围广,特别在当前大数据时代,互联网等新媒体无时无刻不产生着各类新的信息数据,包括学术研究、新闻报道、时政热点等信息资源中有可能提供影响决策的关键信息。实时获取可能用到的全部数据用于信息保障,是智库良性发展的必要前提。大数据环境下,国内外智库都在为实时获取全面的数据提出新的理念,开发新的工具平台,并在实践中探索改进。

现实性。智库项目要开展务实研究,需要研究现实、服务现实,具有很强的现实针对性,要用专业的视角来为政府和公众提出问题和解决问题,在对环境、政策背景、决策方案等进行分析和研究的过程中,力争把高深、复杂的思想和理论变得易于理解,从而引起公众和政府的注意和认可,并转化成可操作的政府决策。

客观性。智库研究需要基于大量的客观事实数据,研究隐藏在原始信息背后的数据信息,形成反馈意见,为决策提供支持。在研究过程中,只有准确、客观的信息保障,智库发布的报告才具有实用性,因此,智库必须确保获取大量研究的客观信息,获取数据信息,才能保证其在智库相关领域研究的核心竞争力。

持续性。不管智库多么权威和具有影响力,为了使各项研究始终处于领先水平,需要根据社会发展变化不断做出适应性反应,要不断面对新课题和新领域。智库要不断关注、收集新的信息和数据。由于信息数据具有时效性,信息更新速度快,智库要保证准确把握时局、引导政策走向,要全面、及时地收集各类信息,进行持续性的信息数据收集工作,并加工整理为有价值的决策资料。

4.1.3 智库的数据信息需求分析

在大数据时代,智库长期所依赖的资源体系与服务环境发生了重要变化,传统的智库服务内容和形式、决策咨询空间等随之改变,出现了较大跨度的延伸。普通数据信息需求的分类不能完全套用在智库工作数据信息需求中。智库工作具有综合性和多样化的特性,决定了智库工作需求多变,信息需求呈现出明显的多元化和个性化特征。智库工作中各种数据信息需求往往交织在一起。只有从每个服务对象的具体需求、每个阶段、每个层面的数据信息需求进行深入了解和分析,才能构建有效的数据信息平台。

(1) 不同类型智库的数据信息需求

根据上海社会科学院智库研究中心《2018年中国智库报告——影响力排名与政策建议》及南京大学智库研究中心[①]等机构对中国智库的研究,我们将中国特色智库分为以

---

① 李刚,王斯敏,丁炫凯. 中国智库索引[M]. 南京:南京大学出版社,2017.

下5类：①党政军智库（包括国家和地方）、②科研院所智库（中央直属机关和地方）、③高校智库、④社会智库、⑤企业智库。具体各类的服务范畴如表4-1所示，同时，作者根据服务范畴、智库的功能，整理了各种类型智库服务对象所需情报的特点。

表4-1 不同类型智库的数据信息需求

智库类型	服务范畴	数据信息需求特点
党政军智库	服务公共决策；提供政策方案；积极参与政策制定	1. 党政军政策信息 2. 舆情监测 3. 媒体国际环境分析
科研院所智库	从科技运行规律来对世界科技发展进行趋势分析和预测，提出富有建设性的指导建议	1. 科技信息 2. 科技相关决策信息 3. 科学共同体协作
高校智库	以服务高校发展为目标，基于高校发展的决策需求，面向决策层和管理层提供决策参与和智力支持	1. 国家发展战略信息 2. 高校优势专业特色 3. 储备人才
社会智库	依托于社会力量设立的社会组织智库，包括社会团体智库、民办非企业智库	1. 民生政策信息 2. 公众关注问题 3. 启迪民智
企业智库	由企业法人创办，同时也面向社会大众和政府部门提供服务	1. 行业经济政策信息 2. 竞争态势分析信息 3. 产品项目改进信息

党政军系统直属的政策研究机构是最纯粹的官方智库，如国务院发展研究中心、国家行政学院、中共中央党校等。这类智库需要向政府和决策部门提供他们所需要的国内国际环境分析、舆情导向和政策建议等。科研院所智库与政府部门保持密切联系。中国社会科学院、中国科学院、中国科学技术发展战略研究院等科研机构是典型代表，要充分发挥其"出思想、出对策"的功能，为政府和机构提供高质量的政策建议方案。

高校智库，是指依托于高校研究力量、设立于高校的智库。北京大学国家发展研究院、清华大学国情研究院、复旦大学中国经济研究中心等一批优秀高校智库被入选为2015年中国最具影响力智库阵营。高校智库特别是依托高校的优势学科、特色学科或者特有资源而建设发展的智库，需要发挥优势，针对相关问题拟定可行性建设和发展规划，为学校和政府部门的决策提供建议。如云南省内高校，其所处的区位决定了民族问题和少数民族区域经济发展就是其建设智库应重点关注和研究的问题[①]。

社会智库，是指依托于社会力量设立的社会组织智库，包括社会团体智库、民办非企业智库等。中国法学会、察哈尔学会、零点研究咨询集团等是社会智库的优秀代表[②]。这些社会智库积极为服务对象提供各种数据信息需求，主要集中在收集民众需求，表达民众心声，给政府提出政策参考意见，引导社会舆论，启迪民智，化解社会矛盾。

企业智库，是由企业创办的具有智库功能的非营利的研究咨询机构，除了为创办企业服务外，也为政府和公众提供服务。通常由行业内领先企业创办，其研究成果具有很重要的商业价值。例如，中国石油集团经济技术研究院、阿里巴巴集团的阿里研究院、国家开发银行研究院、中国银行国际金融研究所等。企业智库，一方面是企业的"参谋部"，直接向企业提供战略决策的智力支持；另外一方面通过媒体传播，实行"舆论引导、服务社会"的功能。

（2）智库研究过程中的数据信息需求

通过分析智库工作流程中每个阶段的数据信息需求特点，有利于有针对性地开展情报收集工作，为后续智库信息平台建设奠定基础。智库工作分为：选题阶段、研究创新阶段和成果应用阶段。

选题阶段：研究者需要根据自选或者委托课题的研究方向确定数据信息需求内容。这一阶段，研究人员需要借助各种检索工具进一步确定研究领域、代表专家、代表机构等，查阅与课题相关的信息，特别是综述、相关研究报告，确定当前研究的价值和思路。判断课题是否符合国家政策要求，是否满足服务对象数据信息需求，是否具有可行性和创新性。

研究创新阶段：通过获取各种情报用以提高项目创新研究能力，获得研究所需的人才。这一阶段集中在对课题相关科技情报和领域专家信息的需求，专家的智慧和经验是研究阶段最为重要的信息资源。

成果应用阶段：需要了解技术情报和市场情报，推广智库产品，提高服务质量。智库成果应用阶段还需要收集大量的评价信息，包括用户评价、同行评价和社会评价等信息，收集整理市场情报和用户评价数据，积累新的数据信息，发现新的项目，开始新的一轮研究工作。

---

① 李印. 建设中国特色高校智库的思考与建议 [J] . 情报杂志，2017, 36（6）：45-49，77.
② 任林茂, 王伟静. 我国新型智库的分类、特点和能力提升策略 [J] . 高教探索，2017（4）：37-42.

(3) 智库研究中不同角色用户的数据信息需求

智库研究中的数据信息需求主要是指智库的研究人员为满足决策者的决策需求而在一系列研究和管理活动中的信息需求。在大数据环境，复杂的国内国际背景下，智库以各种现代化的技术手段获取各种可靠的数据信息，满足智库用户的需求尤为重要。智库的数据信息需求主要来源于智库工作人员。研究人员是研究过程中的主体，他们是智库咨询课题的研究者、决策信息的提供者和决策研究信息的需求者，他们构成了智库信息资源需求的主体。他们的数据信息需求，已经融入智库工作流程之中。此外，智库管理人员为了保障智库工作的顺利开展，需要对研究过程进行有效的管理。他们为支持科研而实施有效的管理离不开大量的各类资源采集和组织。因此，管理人员也成为智库工作中主要的信息需求主体。

由于在智库工作中所承担的角色差异，不同层面用户的数据信息需求存在差异。例如，领导者更关注智库的发展前景、人才建设；情报研究者，更关注研究课题的内容、情报的收集、整理、处理和分析，支撑课题完成；管理人员需要相关的数据信息来支持其高效的管理，通过管理活动来支持智库的运行。通常，管理人员需要及时采集研究的相关信息和数据，加强专业研究的数据库建设。智库运行中，不同角色能及时获取所需的数据信息，完成各自承担的工作，才能确保智库的政策运行。

4.2 智库的数据信息源

数据信息源是为满足信息需要而获得信息的来源，主要用于传播情报，是用户获取情报的来源和渠道。人类在科研、生产及其他一切活动中所产生的成果和原始记录，以及对这些成果和原始记录加工整理而得到的成品都是用户赖以获得情报的源泉。随着信息技术的飞速发展，各种载体形式增加，数据信息源的研究内容进一步深入和细化。智库的数据信息源，必定带有智库研究的特色。对于一些数值型情报，政策类信息源关注的更多。信息源在未被正式利用之前，还不能成为情报源，而研究情报源，不能完全将数据信息完全分裂开来。本章研究的数据信息源，既包含产生实用信息的信息源，又包括获取所需要信息的渠道、途径与媒体，属于广义的信息源。

4.2.1 智库的数据信息源类型

早期，情报源一般可分为文献情报源和非文献情报源两种形式。非文献情报源通常指口头情报、实物情报等非记录性情报；文献情报源指各种类型的文献。按文献载体类型分，情报源类型有：图书、期刊、报纸、科技报告、会议文献、专利文献、学位论文、政府出版物、档案、标准化文献、产品样本，等等。计算机出现之后，磁带、磁盘和 CD-ROM 光盘等计算机可读型载体逐渐成为信息资源的主要载体。随着网络的出现，网络信息资源成为重要的数据信息源。根据情报的来源，分为直接情报源和间接情报源两大类，各类还会根据来源进一步划分。

（1）直接情报源

智库在辅助决策，提供新的见解、思路和建议时，会面对各种复杂的政策决策问题及针对特定项目、计划、产品等发展中遇到的战略问题，在开展研究前往往需要进行大量的信息调查和数据采集工作。对于智库工作来说，科学数据对智库资源的保障、成果的提升有重要的意义。

实验型信息源。实验型信息源（包括实时动态监测信息源）是指研究者按照研究目的，通过建立模型，利用科学的工具或实验的方法获取特定研究领域的数据全貌。这一渠道的信息源可以得到大量客观真实的实验信息，而且数量化指标明确，便于研究人员能控制地观察分析某一现象。特别是在研究人类活动或人工干预对地球生态环境和资源质量数量水平产生的变化及变化的程度上应用最多。例如，世界资源研究所（WRI）作为具有重要影响力的国际环境类智库机构，开展研究的数据资源大量来源于实验型信息源。该研究所的研究活动致力于探索环境与社会经济的共同发展，研究课题涵盖气候、能源、食物、森林资源、水资源及城市的可持续发展 6 个领域，并且在全球范围内与政府、企业和公民社会合作，共同为保护地球和改善民生提供革新性的解决方案。

调研类信息源。作为信息收集重要的来源途径，调研数据是研究人员利用问卷调查、直接访谈等方法进行采集选取、统计分析后积累起来的数据集，具有广泛性、易获取性和可操作性，并且调研数据可以在综合分析和研究的基础上产出具有增值效益的研究型数据。

在这两类数据的基础上，提出了"科学数据"的概念。近几年，无论是个人、团体还是国家，越来越重视科学数据的利用。2018 年 3 月 17 日，国务院办公厅印发《科学数据管理办法》，该办法称科学数据主要包括在自然科学、工程技术科学等领域，通过基础研究、应用研究、试验开发等产生的数据，以及通过观测监测、考察调查、检验检测等方式取得并用于科学研究活动的原始数据及其衍生数据。可见科学数据的管理已经上升到国家的战略管理地位，对于智库工作，也有重要的决策支持意义。科学数据类型复杂多样，不仅包括数值型数据，还包括文本数据、档案数据、汇编数据、音频、图片等，以及微观、宏观尺度数据等。访谈、问卷调查、资料汇编、档案研究是科学数据创建的常用方式。例如，北京大学中国社会科学调查中心（Institute of Social Science Survey, ISSS）主要对中国家庭、中国健康与养老进行追踪调查，调查结束1~2年后，数据对学术界开放。目前，复旦大学人文社会科学数据中心（FISR）已有长三角居民消费与碳排放数据库、新中国历次人口普查分省数据库、中国人口、消费与碳排放数据库等数据集，初步实现了科学数据长期保存和公开获取。这些数据为智库工作提供了重要的数据信息参考和支持。

（2）间接情报源

正式出版物。正式出版物一直是数据信息的重要来源。智库的研究工作需要借助大量公开发行的期刊、图书、学术研究成果库，各种专业数据库。这类资源具有系统性和正确性。参考工具型数据库（传记、字/词典、目录、百科全书等）、数值型数据库、文摘索引数据库、中外文期刊全文数据库、专业数据库、企业知识库和专利库为智库研究提供了前端支持。

公开资料类信息。主要包括：国家政策新闻报道，行业新闻，政府企业信息，行业统计数据和报告。这类信息具有及时性和准确性。在一定程度上反映一个国家和相关行业的发展趋势，是智库工作过程中重要的参考依据。兰德公司研究对华军事政策时，选取了大量的国内公开信息[①]，尤其重视时效性较强的新闻信息源，其中网络新闻来源于中央机构网站、权威新闻网站、地方政府网站等。公开报道通过与其他信息源结合，在可靠性、灵活性和针对性相互补充的基础上为智库的研究活动提供了动态多样的信息，保证了智库研究产出成果的质量。美国智库对华军事研究的信息源包括权威机构公开资料（研究报告、会议资料、领导人发言稿、官方文件等）、访谈资料（信件、口头交流资料）、网络新闻（如通讯社网站发布的新闻稿）、电视新闻和学位论文等。国外各大知名智库发布的产品成果都离不开专门的统计机构和数据平台的支持。

合作建设或购买类信息源。智库还通过与各类经济信息中心、信息咨询机构、专业调查机构进行合作共建数据库，丰富彼此的数据资源，实现双方共赢。例如，美国国家经济研究局（National Bureau of Economic Research, NBER）与美国人口调查局共同创建"波士顿人口研究数据中心（The Boston Census Research Data Center）"，提供对非公开人口

---

① 齐欣，杨建林.美国智库对华军事研究的信息源分析：以兰德公司2000—2013年报告的引文分析为例[J].图书与情报，2014（3）：116-120.

微观数据的统计分析①。再如，世界资源研究所（WRI）的CAIT气候数据资源管理平台汇集了来自美国能源部二氧化碳信息分析中心、中央情报局世界概况、联合国粮食和农业组织、国际能源机构、世界银行、美国人口普查局、美国能源情报署、美国环境保护局等一系列权威组织提供的一手数据，该平台面向全球用户提供免费、开放、用户友好的气候和排放数据。正是因为这一强大的信息合作平台，才使得后续各种研究项目得以顺利开展。

社交信息。社会活动将产生用户消费行为信息、产品交易数据、社交网络信息。据《2017年中国社交媒体影响报告》统计，目前市场占有率最高的社交媒体主要有微信、QQ、微博、今日头条等，这些社交媒体用户基数大、新闻热点多，极易成为舆论场所。通过采集社会用户的社交媒体数据，分析研究对象的情感倾向，洞察用户对社会热点事件的真实态度和观点，形成有效的智库产品，为政府机构提供舆情监测、预警及疏导。

4.2.2 智库重点关注的数据信息源

智库最基本的需求是对信息情报资源的需求②。王健美等③研究指出，智库最关注的情报源有：产品类、数据类和项目类资源。智库关注的数据信息源可以来自某一方面，也可以是多方面，智库信息源具有多源性和交叉性，宜从研究内容上选择数据信息源，以便进一步构建智库信息保障体系，实现智库的价值。

（1）战略决策政策类数据信息源

对于智库功能而言，以公共政策研究与咨询为基本职责，通过各种途径对公共政策的决策过程提供参考和建议。要重视政府类数据信息源的权威性，保证信息的准确性。信息内容包括决策所需的各个方面的信息，如社会经济总体运行信息、国家自然资源、人力资源、信息资源等，也包括制定法律规范时要考虑的社会现实和国民意愿，如社会民众的需求，与政策制定相关各方的利益均衡方面的信息；从信息的范围来看，既牵涉国内经济发展、公共建设等方方面面，也涉及国际外交事务。信息需求形式趋向于多样

---

① The National Bureau of Economic Research（NBER）. Data［EB/OL］.［2019-11-17］. http：//www.nber.org/brdc/.
② 李品，杨国立. 智库建设中情报的功能定位与功能实现［J］. 图书情报工作，2018，62（8）：93-99.
③ 王健美，魏晨，鲁啸. 科技智库的信息服务能力及服务模式研究［J］. 中国科技资源导刊，2017，49（1）：47-52.

化，包括研究报告、简报、论文、技术报告、图书专著等形式。其中政府信息源显得尤为重要。

政府信息资源是产生于政府内部或虽然产生于政府外部，但对政府活动能够产生影响的信息资源的统称，包括政策、法规、政府公告、民意调查等，是相对于工商企业、社会团体、医院等政府以外其他社会组织的信息资源。政府信息资源占整个社会信息资源的80%，并且它具有一般信息资源无法相比的权威性和战略性。

（2）专业或项目数据信息源

根据专业数据，更能提取智库所需要的情报内容，生产智库产品。每个智库侧重的专业领域不同，并非所有的智库都有能力购买或建设资源库。在有条件的情况下，智库可以依托所属的政府、高校、研究机构、专业公司或者合作智库等进行数据的收集及整合。这样，不仅满足了智库自身对数据资源的需求，而且节约了大量的人力、物力和时间。

许多知名的国外专业数据库的建设都源于早期研究项目的数据积累，科技智库就是其中的一类。因为科技智库属于专业智库，主要关注科技领域的需求和态势，并聚焦于特定的研究项目，所以有很多的科技智库都会具有项目研究性质。例如承接来自政府、个人、企业项目任务的著名日本未来工业研究所，就是一个典型的项目导向型智库机构。其研究机构囊括政策分析中心、社会问题研究中心、信息传播研究中心等，且各自有独立研究项目。在进行项目研究中，对初期采集的资料进行多次分析后再利用，直至生成研究报告，并在此过程中积累了大量的机构数据资源。随着智库工作的深入扩展，很多与智库研究相关的项目数据成为其产品的重要信息源。

（3）商业数据信息源

要想实现智库服务对象类型多样化，服务领域范围不断扩大，就必须建立长期的发展机制。如中国科学院，主要是通过购买和引进商业数据库资源。这是因为普通的智库单靠采集、积累和数据合作等方式难以满足科技智库的整体需要，通过稳定的资金来源购买商业数据库是其必然的选择。情报机构向智库迈进的主要优势，在于其丰富的数据信息资源，其中商业数据库占很大的比重。智库还通过与各类经济信息中心、信息咨询机构、专业调查机构进行合作共建数据库，丰富彼此的数据资源，实现双方共赢。资金实力雄厚的智库会通过购买专业数据商提供的数据库，丰富本机构的信息源。例如，德勤有限公司下属的成员事务所 GovLab 作为一家关注公共部门创新的智库，为了探索和分析政府当下面临的挑战，订购了世界上最大的统计数据门户网站 Statista 数据平台，该平台拥有超过

18 000 个数据源，覆盖 170 多个行业、3000 多个主题、超过 100 万条记录的英文统计资料。通过这类专业数据库提供的信息源，能够更快捷有效地获取本领域研究的基础数据，方便比较分析，产生增值效应。

（4）调研和实验数据

这类数据来自调研和实验积累[①]，是研究人员利用各种调查方法进行采集选取、统计分析后积累起来的数据集。或者研究者按照研究目的，通过建立模型，利用科学的工具或实验的方法获取特定研究领域的数据全貌。这一渠道的信息源可以得到大量客观的实验信息，而且数量化指标明确，便于研究人员有效地观察分析某一现象。这些数据资源除了供研究人员使用外，还能作为政府部门、研究机构和公众信息库等研究成果的说明资料。所以，智库建设对此类数据资源的需求相当迫切。

4.3 智库信息组织与管理

智库信息源在智库工作过程中起着支持性和辅助性的作用。智库工作流程嵌入了情报处理流程。情报工作对于智库产品和服务的有效输出发挥着关键性的作用。大数据驱动下的智库工作必须解决以下两个问题：一是如何构建一个统一的数据模型，使得任何大数据资源都能够通过该数据模型的加工处理最终成为可支持决策研究的智能数据，逐渐实现半自动到自动化的决策研究过程。二是如何针对决策研究过程对各种来源各种形式的相关信息进行语义化处理，加强数据之间的关联以提升知识发现的能力，为决策者提供更有价值的政策参考信息。因此，基于智库信息需求及智库多元的数据信息源，需要研究智库信息源的组织，为智库工作构建支持多源异构的数据信息平台打下基础。

4.3.1 智库信息组织和管理的主流观点

（1）数据信息源的组织源于情报的信息转化理论

包昌火[②]认为，信息转化理论是情报学的核心理论，类似于美国情报学中的情报分析理论，是情报价值得以实现的关键。信息转化即 Information 的 Intelligence 化，信息转化理论主要包括数据、信息、知识、情报等相关核心概念内涵、关系，Information 的 Intelligence 化的实现路径、转化方法、认知心理等内容。

---

① 宋忠惠，郑军卫. 支撑智库研究的信息源建设策略［J］. 智库理论与实践，2016，1（3）：65-72.
② 包昌火，刘彦君，张婧，等. 中国情报学论纲［J］. 情报杂志，2018，37（1）：1-8.

第 4 章 智库运行的数据信息保障

信息、知识和情报是情报学的 3 个基本概念，三者既紧密关联，又有所区别。信息和知识是生产情报的重要基础，离开信息和知识，情报就会成为无水之源①。情报源于知识，高于知识，是对知识的激活②；情报是对信息的解读、判断和分析；是人脑思维的产物，具有对抗性、战略性、智能性、增值性和行动性（Actionable）等特点③。信息和情报的联系在于：信息是情报的素材和载体，情报是信息的激活和升华，信息是客观存在，情报是思维的产物，信息是原料，情报是产品。"信息链"较为清晰地刻画了从事实到情报的转化链条：事实—数据—信息—知识—情报，如图 4-1 所示④。人们获取事实、数据和信息，加工，有序化，形成知识，通过情报人员的智力加工，知识被活化，产生用于决策的情报和谋略，即 Information 的 Intelligence 化⑤。

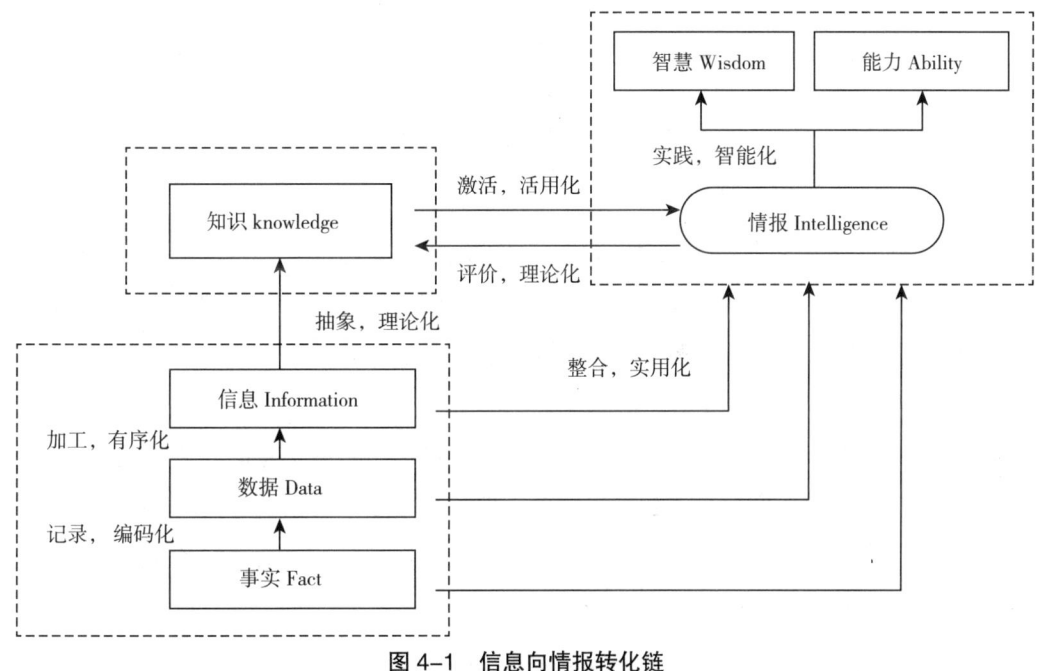

图 4-1　信息向情报转化链

在这个链条中，从事实、数据到信息，是信息链的低端部分，附加值较低，而后面

---

① 包昌火，马德辉，李艳. Intelligence 视域下的中国情报学研究［J］. 情报杂志，2015，34（12）：1-6，47.
② 钱学森. 科技情报工作的科学技术．关于思维科学［M］. 上海：上海人民出版社，1986：426-444.
③ 包昌火，谢新洲. 关于我国情报学研究中若干问题的思考［J］. 情报理论与实践，2006，29（5）：513-515.
④ 张家年，卓翔芝. 融合情报流程：我国智库组织结构和运行机制的研究［J］. 情报杂志，2016，35（3）：42-48.
⑤ 《国家竞争情报研究》课题组. 国家竞争情报：概念及体系构建［J］. 竞争情报，2005（z1）：3-9.

的知识和情报阶段是信息链的高端部分，附加值较高，支撑智库工作的是附加值较高的知识和情报部分。基于情报的信息转化理论的数据信息组织是将事实、数据和信息向知识、情报序化、转化、融合的过程。

（2）数据信息组织是实现智库工作的关键环节

智库信息工作是周而复始的循环过程，而且每次循环的主体和产品内容有一定的差异性。无论是美国军方或联邦调查局（FBI）还是国内学者，提出的情报循环都是情报生产的逻辑过程。智库信息工作过程是由以特定任务为核心的若干阶段组成：计划和定向（需求）、收集（数据或信息）、（信息）处理和开发、（情报）分析和产出、（智库产品）分发和融合、产品评价与反馈等6个阶段。数据信息的收集、信息数据的处理和分析、情报产出与应用共同构建形成了智库信息平台的工作流程基础架构。在信息数据的收集和处理阶段，数据信息的组织和管理是其重点。在建立信息平台之前，需要确定数据信息的组织和管理规则，以保证智库信息平台的有序运转。

4.3.2 智库信息的组织和管理

通过网站调研全球排名靠前的具有代表性的国内外智库，发现智库采取多种形式管理智库收集的信息。除了从组织上建立机构对数据信息源进行统一管理外，还利用信息技术手段构建数据库和信息检索系统，支持智库的研究工作。

（1）建立数据信息管理中心

智库的信息中心一般由特设的图书馆或者档案馆承担数据信息的收集整理工作。因而，从组织上保障了数据信息源的稳定来源。以下是从多家著名智库网站获取的馆藏信息。可以看出，智库信息中心建设往往和智库的研究目标紧密结合，特色突出，有力地支持了智库工作（表4-2）。

表4-2 著名智库信息管理中心一览

名称	国别	关注数据信息	馆藏内容	资源类型
布鲁金斯学会图书馆	美国	专门向机构内成员提供信息和知识资源	馆藏资源主要集中在经济、外交政策、政府管理、城市化政策及全球化发展领域	图书、期刊及布鲁金斯内部的历史纪录档案
胡佛研究所	美国	图书馆与档案馆保存和记录战争档案，收集关于俄罗斯、欧洲和中国的历史文献资料	收藏第一次世界大战以来关于战争及世界主要国家社会变革的历史资料和文件	数据来自171个国家、将近100万卷、超过6000条图书纪录、档案纪录、口述资料、照片、录音带、影像胶片等

续表

名称	国别	关注数据信息	馆藏内容	资源类型
兰德公司	美国	政治、经济、军事、科技、社会等多方面信息	收藏国家安全与恐怖主义，健康、卫生保健与老龄化和儿童、家庭与社区等领域资料	图书、专著、国际官方出版物、期刊、报纸及报告、会议记录等，还整合了来自美国联邦、各州等层次级别共计14大类343个数据库，一些名人的信件、照片、手稿和项目资料
斯德哥尔摩国际和平研究所图书馆	瑞典	服务机构内部研究人员，收藏绝版历史资料	收藏与国际安全、武装军备和裁军相关的材料；提供与机构研究日程相关研究主题领域的链接，包括相似的国际组织、数据库、可参考资源等	图书、专著、国际官方出版物、期刊、报纸以及报告、会议记录等灰色文献
英国皇家国际事务研究所图书馆	英国	关注当代问题，掌握自1920年以来的核心出版物	收藏关于国际关系、国际经济、能源、环境与资源管理方面的资料	图书和单行本、期刊及相关电子资源
伦敦国际战略研究所图书馆	英国	核时代的国际安全和防务政策	收藏了世界各地政府、非政府组织和研究机构生产的12 000余本图书，覆盖现当代国际关系、安全和国防等话题，一般是前瞻性的观点，很少涉及历史资料；每年会评估现有藏书的价值，并进行相应的资源更新和撤销	图书、期刊、文章、报纸、IISS的全部出版物和一些在线资源
德国国际政治和安全研究所图书馆	德国	为研究人员提供快捷的、主题化的、相关的且质量经过控制的信息	集成来自学术出版商、专业数据库、网页和出版社的重要资源，并按研究子领域提供	学术著作、电子或印刷期刊、灰色文献

(2) 积累数据，建设数据库

智库工作需要大量的数据信息源支撑，通常通过多种途径收集了大量的数据，为了方便管理和利用，将这些数据结构化为数据库或数据集。这种结构化数据形式的优点是便于管理、共享性高、冗余度低、容易扩充。智库在多年的工作中，积累了大量的数据信息源，一些技术实力雄厚的智库，将自己积累的智库产品和收集的数据信息源建设成专题数据库，成为专题政策研究的重要的数据信息源。

布鲁盖尔国际经济研究所（Bruegel）是一家专注于国际经济政策研究的智库，其将关于政策经济的7个专业数据集对外开放[①]，包括：①全球及地区基尼系数；②欧元区货币总量Divisia指数；③178个国家的实际有效汇率；④全球经济下的欧洲企业，外部竞争下的内部政策；⑤持有的主权债券；⑥欧元体系流动性；⑦在PATSTAT应用程序上基于回归的记录链接。斯德哥尔摩国际和平研究所（SIPRI）以其对全球安全问题权威性的评估享誉世界，SIPRI所有研究的根据和来源均完全开放，因此其研究成果成为国际政治家、研究人员及媒体人员经常使用的权威性资料来源。SIPRI拥有4个专业数据库：①多边和平行动数据库；②军费开支数据库；③武器转让数据库；④军需工业数据库。此外，SIPRI还全面掌握了关于军备控制和裁军的数据集[②]，包括军火禁运报告、国家军火报告、全球军火贸易价值报告等，这些专业数据库对SIPRI的研究活动提供了强有力的信息支持。

（3）构建信息检索系统

一个机构信息检索系统的完善程度也可以直接反映出其信息组织的好坏，对于智库来说，强大的检索系统不仅能从内部为研究专家提供高效率的数据支持，同时为用户快速准确地获取所需信息提供了便利。

卡内基国际和平基金会提供了简洁易用的站内检索系统，用户可选择精确匹配或任意匹配的方式对题名、作者名或全文进行检索，检索结果可通过文档类型、发表年份、地区、主题、项目进一步筛选，并可按照日期或相关度对结果进行排序。兰德公司的检索系统功能相对完善，用户可以通过关键词匹配、额外属性、文档特征等多种检索条件进行限定，额外属性包括页面标题、所属兰德部门、内容类型、起始日期等，文档特征涵盖了题名、作者、主题、ISBN等，用以快速定位到相关资源。

兰德公司研究产品以解决问题为主要目标，多采取实证研究的方式，在实证过程中需要大量的事实、信息和数据进行支撑与分析，兰德公司构建了属于自己的数据库体系，以便研究人员使用。兰德公司整合了来自美国多层次行政级别共计14大类343个数据库，其范围涵盖人口、环境、商业、能源、犯罪、交通、政府等方面的数据统计资源，通过链接的形式提供统一入口，方便使用，有效地为研究人员提供数据与信息支持，并详细标明了各数据库的数据层级、数据库名称、地区覆盖范围、更新周期、数据

---

① BRUEGEL. Datasets［EB/OL］.［2019-03-01］. http：//bruegel.org/publications/datasets/.
② SIPRI. Databases［EB/OL］.［2019-03-01］. https：//www.sipri.org/databases.

时限、本次更新时间与下次更新时间、数据源和数据库应用网址等内容。

（4）构建智库知识库

知识库（Knowledge Base）是关于某一领域各种知识的集合，用于实现知识的存储、管理和重用。一般知识库有两种基本的类型：领域/专题知识库和机构知识库。前者收集、组织和传播特定学科领域或主题的知识内容，后者主要提供对一个机构产出的知识进行保存和传播管理的服务。知识库作为一种存储、组织和管理数字知识的机制，在科研领域已经有着较为广泛的应用，然而在智库等决策咨询机构中的应用尚不成熟，相当一部分智库由于资金、资源等原因或者还没有意识构建智库内部的知识库，仍停留在信息"存储库"的阶段。

许鑫通过对国外智库知识库案例进行分析研究，借鉴机构知识库的经验，提出了一种知识库构建通用流程，但是缺少实例验证[①]。丁晟春和史金晶引入本体理论提出了南海问题知识库的构建方法。在信息源分析和需求分析的基础上，设计了知识库的总体结构，构建了南海问题本体，并以"中菲黄岩岛对峙事件"为例实现了知识库的构建[②]。

国外智库多数采取分类方式组织智库信息和分类标准多元化[③]管理系统。虽然国内专门的智库建设起步较晚，但可以借助现代的大数据技术，利用后发优势，在前期智库信息积累的基础上，以知识/情报发现为建设目标，构建机构知识库和专题知识库。

4.3.3 智库信息组织方法

智库信息的管理通过一定的组织方法完成。同时在大数据时代，有必要进一步研究数据信息的组织方式，特别是基于知识发现的数据信息组织，为智库信息平台建设奠定良好的基础。安楠和祝忠明[④]研究全球排名靠前的10余家具有代表性的国外智库发现，国外智库采取多种组织形式和组织方法组织智库信息，具体如图4-2所示。

---

① 许鑫，吴珊燕. 智库知识库的构建研究［J］. 情报理论与实践，2014，37：68-72.
② 丁晟春，史金晶. 面向南海问题的智库知识库构建研究［J］. 智库理论与实践，2016，1（2）：63-69.
③ 陈志新. 智库的分类组织方法研究［J］. 数字图书馆论坛，2018（9）：60-65.
④ 安楠，祝忠明. 智库信息组织策略及其在大数据环境下的挑战［J］. 智库理论与实践，2017，2（3）：25-35，50.

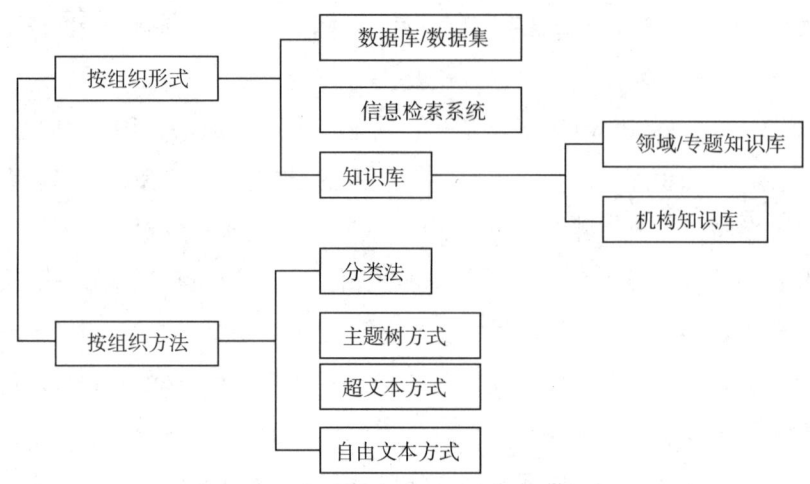

图 4-2 智库信息组织形式和组织方法

美国中央情报局建有专门的图书馆，对数据信息进行组织和管理，通过数字图书馆提供信息数据、地图、文本、书单、报纸、报告、网页、视频等的检索服务[①]。其中，以世界各国纪实年鉴（The World Factbook）、《信息自由法》电子阅览室（Freedom of Information Act Electronic Reading Room, FOIA）和视频中心（Video Center）较为著名，其都能实现信息资源检索和获取。

（1）分类法和主题词表

分类法和主题词表是文献情报领域的两大信息组织工具。它们遵循各自的知识组织架构组织相关知识。最典型的分类法有《中国图书馆分类法》《杜威十进分类法》《国际十进分类法》《美国国会图书馆分类法》等；主题词表主要有：《汉语主题词表》、《美国国会图书馆主题词表》（Library of Congress Subject Headings, LCSH）、《日本科学技术情报中心主题词表》（Thesaurus of Japan Information Center of Science and Technology, JICST 主题词表）和各领域类的主题词表，如《医学主题词表》（Medical Subject Headings, MESH）、《社会科学叙词表》、《农业主题词表》等。

分类法是以知识门类的层层划分、以代码为标识来揭示和组织信息的，它比较全面客观地反映了知识全貌和内在逻辑，它的知识系统性和标识语言的通用性及族性检索能力和扩检/缩检功能是其他情报检索语言所不具备的。在互联网大数据环境下，分类法都重视其在组织各类型信息资源方面的应用，都有了网络版，拓展应用于网络信息组织。

---

① 黄如花，李白杨. 智库建设背景下的美国中央情报局信息管理实践与启示[J]. 信息资源管理学报，2015，5（3）：37-41.

主题词表又称为主题词语言，是从事物主题的角度对文献进行标引和组织，以规范性的词语作为检索标识，应用相当广泛。通过自然语言和受控语言相结合，能更好地规范网络信息资源。我国的《中国分类主题词表》《汉语主题词表》《军用主题词表》都开发了网络版并可初步应用于网络信息组织。如《中国分类主题词表》网络版就提供了更有吸引力的知识发现环境，具有非常丰富的主题概念集与语义关系资源；新型《汉语主题词表》（工程技术卷）是基于基础词库、核心词库、范畴分类等信息构建的专业叙词表，是包含了分类、主题和概念等不同语义级别的一系列词汇和概念数据库的集成知识组织系统，在文本信息处理、知识学习、智能检索、学科导航、知识揭示等方面具有广阔的应用前景。

分类—主题一体化是分类语言和主题语言结合在一起进行统一控制的检索语言，目前很多数据信息机构利用该方式组织和管理信息资源，建立检索系统。在调研的过程中，发现很多智库除提供主题检索外，还提供分类检索分类语言和主题语言。在大数据环境下，分类法能较好地组织数据信息源，而主题词能更好地揭示知识内部的关联。因而，分类—主题一体化信息组织方式受到网络知识组织的欢迎。目前，已经出现了分类—主题一体化网络表。例如，《中国分类主题词表》第二版及其电子版，是分类法和主题法对应索引式的一体化检索语言，可以从分类角度和主题角度表达文献信息的内容并加以标识；美国联机计算机图书馆中心（Online Computer Library Catalog, OCLC）建立了术语服务平台，向各类应用程序提供基于多种词表的词汇服务。

（2）元数据

元数据最简明抽象的定义是"关于数据的数据"（Data About Data），其本质含义是指按照相应的句法结构与语义结构组织元素集，使其成为所描述对象的"缩影"或"替代物"，然后利用这个"缩影"或"替代物"来对相应对象进行识别、组织、检索、保存与显示等管理操作，这是元数据的本质职能[1]。元数据方法擅长揭示文献资源的整体内容，主要用于文献资源的描述、定位、选择与检索。

一些智库通过建立规范的元数据组织和管理数据信息源。抛开政治因素，单纯从业务运行看，美国中央情报局（CIA）作为美国乃至世界著名的情报机构之一，力求对海量情报进行科学管理使其效果得到最大程度发挥，这也令 CIA 成为情报机构中进行信息资源管理与增值的典范。CIA 的解密档案检索系统在对档案材料进行数字化保存时采用

---

[1] 王绍平. 组织数字信息资源的元数据方法和 Ontology 方法［J］. 上海高校图书情报工作研究，2005（4）：10-13.

了元数据方法（表4–3），统一的元数据标准将海量信息资源进行科学归类，同时能够将文本、音视频等不同类型的媒介资源进行有机融合，使其在同一个存取体系内进行统一检索，极大提高了信息利用效率。

表4–3　CIA的解密档案检索系统中使用的元数据

1	文件类型	Document Type
2	文件编号	Document Number
3	文件页数	Document Page Count
4	文件附件	File Attachment
5	案件编号	Case Number
6	专藏	Collection
7	公开决定	Release Decision
8	原始密级	Original Classification
9	序列号	Sequence Number
10	出版日期	Publication Date

元数据的元素项主要为隶属关系和相关关系，然而这种语义关系简单、粗糙，且隐含在元数据标准的语法结构中，灵活性较差。元素与子元素之间的隶属关系在定义具体元数据标准时得以确定，而这些元素要描述对象之间的复杂关系则需要借助外部程序实现。例如，DC的"主题"元素、CNMARC的"主题附注"元素都是为了描述文献资源的主题概念，然而所描述主题概念间的相互关系则需要通过其他途径进行显示。元素之间的相关关系及通过相关关系所描述的对象之间的复杂关系，同样存在着无法进一步识别的问题。例如，DC通过"关系"元素连接了在内容、版本、形态等方面相关的文献资源，然而这些文献资源之间的复杂关系无法进一步识别。这些是元数据方法的局限所在。

分类标准需结合内容特征与形式特征。南京大学中国智库研究与评价中心和光明日报智库研究与发布中心联合课题组在一定意义上建立了中国特色新型智库的统计指标体系和元数据框架标准CTTI（Chinese Think Tank Index）。全部871个字段实现了对智库基本信息、专家信息、成果信息、活动信息等各种属性的全面覆盖，给出了立体的智库各要素画像。

DC、MARC等少数元数据格式占据主导地位，然而在应用过程中，不同的研究定义的元数据不尽相同。这为数据信息源的共建共享带来了一定的难度。由于只有专业的元数据对于特定的领域应用最合适，因此专业领域存在着大量的不同元数据方案，由此引发了不同元数据的映射与互操作问题，这也是数据信息组织需要解决的难题。

（3）知识本体

20世纪90年代初，起源于哲学范畴的知识本体（Ontology）逐渐被引入人工智能、知识工程等领域，而后进入文献情报领域，用于文献资源的组织与检索。知识本体定义众多，但本质区别不大，目前公认的定义是Studer于1998年提出的："知识本体是指概念体系的明确的、形式化、可共享的规范。"[①]知识本体善于描述信息资源内在的知识内容，从功能上看，它与主题法、分类法相通，但比主题法、分类法更加灵活和复杂。

知识本体主要采用面向对象的分析方法，将事物（领域知识）作为整体对象，对其属性和过程进行处理，而分类法和主题法则是将概念抽取出来进行处理[②]。显然，知识本体在描述领域知识时，将领域知识的一些重要属性和操作与知识本身紧密联系，因此其表示方法更加形象、准确与合理，更符合智库工作的需求。总体来说，知识本体充分吸收了面向对象编程语言的经验，具有抽象、继承和封装的三大特征，是一种面向对象的知识表示方法，某种程度上接近于分面分类法的思想，但明显有别于主题法和分类法，因为分类法和主题法本身虽包含了概念关系，但它们的关系描述简单而松散。

和元数据方法一样，知识本体亦无法解决特殊性和一般性的矛盾，目前以领域本体的构建与应用为主。

（4）关联数据

2006年，蒂姆·伯纳斯·李在URI和RDF技术基础上，提出"关联数据"的概念。关联数据实质上是一套应用规范，它规定在网络上发布的数据必须满足4个原则：①使用URI作为任何事物的标识名称，不仅是标识文档；②使用Http URI，使任何人都可以参引这一全局唯一的名称；③当有人访问名称时，以RDF形式提供有用的信息；④尽可能提供链接，指向其他的URI，以使人们发现更多的相关信息。

由于关联数据的框架简单，目前商业、媒体、出版、政府、图书馆等诸多领域的关联数据集发展迅猛，构建了庞大的数据网络[③]。关联数据技术上实现虽不困难，但围绕数据集的发布、消费与应用而形成的开放应用标准、URIs复用、RDF的动态链接维护、

---

① STUDER R, BENJAMINS V R, FENSEL D.Knowledge engineering：principles and methods [J].Data and knowledge engineering，1998，25（1）：161-197.
② 常娥，夏婧.多种知识组织方法比较 [J].图书馆论坛，2016，36（8）：1-6.
③ Linking Open Data [EB/OL].[2019-02-20].https://www.w3.org/wiki/SweoIG/TaskForces/CommunityProjects/LinkingOpenData.

RDF 关联发现等一系列重要问题，研究尚待深入。值得注意的是，关联数据仅仅是一套网络数据发布原则，类似于行动指南，对于不同应用领域，还需设计具体数据关联模型，以支持领域关联数据集的发布。

(5) 知识地图

在众多知识组织方法中，除元数据和知识本体外，还包括知识地图、主题地图、概念地图等方法，简称知识地图类组织方法。知识地图概念最早由布鲁克斯于1988年在其经典著作《情报学的基础》中提出，他认为人类的客观知识结构可绘制成以各个单元概念为节点的学科认知地图[①]。由于概念地图和主题地图都以知识单元为节点，并以图解的方式提供知识结构的可视化表达，因此都可视作知识地图的一种，在主题地图中，可通过"事件"来描述与主题相关的知识资源，而概念地图并不存在类似的结构来指明知识资源。有学者指出，以超文本方式存在的概念地图可作为资源导航工具；概念地图中，知识概念及其关系类型的设计比知识本体要灵活，没有严格定义概念之间的关系类型和约束函数，正因为如此，概念地图不具备知识推理功能。智库信息源组织利用知识地图组织数据信息源还处于起步阶段，未见有成果。

作为语义网的关键技术，本体具有揭示语义关系明确化、模型化和机器可读等特点，是语义网发展的突破口，而本体构建的瓶颈在于领域知识库的构建。传统信息组织工具是本体构建的基础或改造源，是一条捷径。因此，在兼容改造传统的叙词表、分类表的基础上，创新研发知识本体、语义网络、主题图等语义工具成为网络信息组织工具的发展方向。

智库如何对数据内容进行组织加工将直接影响研究人员与情报专家对信息资源的利用效率，科学合理的组织方式不仅能提高数据存取效率，更有助于挖掘数据中的潜在价值信息，产生增值效应。

4.4 智库的信息平台建设

智库信息平台主要是满足智库工作需求的数据信息源的收集、整理、处理和决策信息系统。建设中，需要解决好两个关键问题：一是如何构建一个统一的数据模型，使得任何大数据资源都能够通过该数据模型的加工处理最终成为可支持决策研究的智能数

---

① BROOKERS B C. 情报学的基础（四）——第四篇情报学：变化中的范式［J］. 情报科学，1984，5（1）：66-77.

据,逐渐实现半自动到自动化的决策研究过程。二是如何针对决策研究过程对各种来源各种形式的相关信息进行语义化处理,加强数据之间的关联以提升知识发现的能力,为决策者提供更有价值的政策参考信息。

从实践来看,与国外组织结构健全、管理体系成熟、发展环境良好的智库相比,我国智库建设还在发展过程中,党和国家非常重视中国特色新型智库建设,期待智库在国家治理中发挥更大的智能决策支持作用。但智库的信息来源与情报获取能力并不强,至今在原始数据积累、基础数据信息收集和组织方面需要进一步加强,决策战略中最核心的智能支持系统也停留在概念层面,尚未进行深层次的技术解构,智库信息服务平台建设尚有待加强。利用大数据思维与数据挖掘技术,打造更好的技术平台,将海量、多源、异构、碎片化的数据整合成为应急决策所需的情报资源,促成更多前瞻性理论方案和决策成果的产生,成为智库建设实践必须思索的重要问题。

4.4.1 国内外智库信息平台建设概述

(1) 构建智库信息平台是智库实力的象征

通过调研发现,无论是国外著名的高端智库,还是国内入选为高端智库的机构,都有自己专属的数据库面向大众开展服务。科学合理地组织数据信息,不仅能提高数据存取的效率,更有助于挖掘数据中的潜在价值信息,产生增值效应。研究者选取了全球智库排名较靠前的10余家具有代表性的智库作为研究对象,归纳总结了智库信息的3种组织形式:数据(数据集)、信息检索系统和知识库[1]。美国著名的兰德公司、布鲁盖尔国际经济研究所(Bruegel)都为智库工作建设了信息服务平台。美国战略与国际研究所建立了功能完备的信息采集分析发布系统[2]。

我国的高校智库利用后发优势,也建设了基于信息管理系统的智库信息平台。例如,中国人民大学国家战略研究院的"中国调查与数据中心(NSRC)"信息服务平台,复旦大学公共绩效与信息化研究中心的绩效管理体系与信息化系统平台。

(2) 多种模式的数据信息平台支撑智库的发展

构建独立的信息平台推动智库工作。复旦大学公共绩效与信息化研究中心的绩效管

---

[1] 安楠,祝忠明.智库信息组织策略及其在大数据环境下的挑战[J].智库理论与实践,2017,2(3):25-35,50.
[2] 孔青青.美国战略与国际研究中心的运营机制、研究产出及主要特点分析[J].智库理论与实践,2017,2(5):89-97.

理体系与信息化系统，以大数据建设为切入口，以四大专题数据库（评价指标库、实践案例库、管理标准库、绩效数据库）和一个信息平台（绩效管理信息平台）为支撑，促进和推动政府及其公共部门工作执行的标准化、规范化，进而数据化，为决策部门提供了基于强大数据分析的决策咨询。此外，复旦大学发展研究院建设的"金砖国家经贸信息共享平台"被列入2013年《金砖国家贸易投资合作框架》。

中国人民大学国家战略研究院以"中国调查与数据中心（NSRC）"为平台，科学、系统、全面地采集、整理、存储与开发中国经济与社会调查数据，进行调查方法与相关技术的研究开发，通过实施中国综合社会调查（CGSS）、宗教调查、教育追踪调查、老年社会追踪调查等若干具有重大科学与现实意义的大型调查项目，为相关智库工作提供了有力的数据支持，并以此构建了囊括自主调查的各类经济社会调查数据的共享平台。该中心自2007年以来持续发布的"中国发展指数（RCDI）"为合理度量我国综合发展水平提供了科学的依据。

依托智库所属主体资源构建信息平台。国内很多智库工作是依托所属主体的资源开展工作。我国也建设了一批依托高校和科研机构的智库。例如，中国人民大学国家发展与战略研究院、北京大学国际战略研究院、清华—卡内基全球政策中心、清华大学国情研究院和中国社科院世界经济与政治研究所等。高校智库，可借助高校高端的专业研究人员，高校图书馆丰富的信息资源开展研究工作。科技智库，利用科技情报所及机构附属的专业研究人员，开展智库工作。

构建多层次智库合作平台。一些学者和实践者建议从宏观、中观和微观3个层面探索建立和完善发展具有中国特色的科技创新智库信息保障体系。宏观和中观智库信息平台需要有大量微观智库信息平台为基础，本书会从宏观环境出发，分析微观智库平台的建设。

江苏省社会科学院章寿荣研究员对智库建设中的平台进行了详细分解，认为智库平台载体分为：研究平台、辅助平台、成果载体平台和成果传播平台。该理论是根据智库的工作流程"调研研究—加工生产—成果推介"来设计[①]。

广东省社科院图书馆提出了建设社科大数据知识联盟平台的目标，平台的主要功能架构包括门径输入、知识需求分析、知识分类加工、成果审查通过和门径输出5个部分。戴建陆和金涛对我国社科院系统数字资源建设与服务的现状进行调研[②]，提出了各省

---

① 章寿荣，梁剑. 江苏新型智库体系建设中的平台载体研究[J]. 智库理论与实践，2017，2（4）：23-28，35.
② 戴建陆，金涛. 基于智库服务的地方社科院网络公共资源开发研究[J]. 河南图书馆学刊，2018（5）：110-112.

级社科院图书馆应从收集整合网络公共资源、宣传推广网络公共资源、构建智库信息综合检索平台和开展嵌入式学科服务等方面开发利用网络公共资源，推动新型智库建设。

(3) 技术发展推动智库特色信息平台建设

一般情况下，高端智库都设置有专门的数据采集处理机构，因此对于大数据资源的利用优于其他智库。上海社科院信息研究院的丁波涛研究了人工智能技术（感知智能、计算智能和认知智能）在新型智库建设中的主要应用领域和典型场景。国内建设了一批高质量的新型智库信息平台。2016年9月，光明日报社与南大联合研发的"中国智库索引"（CTTI）辅助平台正式上线。该平台既可以作为智库统计平台，又可以作为信息查询平台，随着数据和系统的累积完善，将为我国新型智库治理和利用提供有力的数据支撑。

4.4.2 智库信息平台建设构架

在大数据时代，情报来源渠道、情报分析能力、情报用户需求均在变化之中，智库机构必须建立以数据信息源为核心资源的运行机制，提升智库的情报服务机能。加强智库的情报服务功能，构建智库信息服务平台，不仅可以增强智库的情报功能，加强数据信息需求与决策服务之间的有机联系，而且还可以使决策服务的内容、形式、空间得到较大的拓展。以美国国防部联合情报系统为例，情报过程是由以特定任务为核心的若干阶段组成：计划和定向、收集（数据或信息）、（信息）处理和开发、（情报）分析和出品、（情报）分发和融合、（情报效用）评价与反馈等6个阶段。综合分析国外一些著名智库的信息平台，研究得出信息平台构成如图4-3所示。

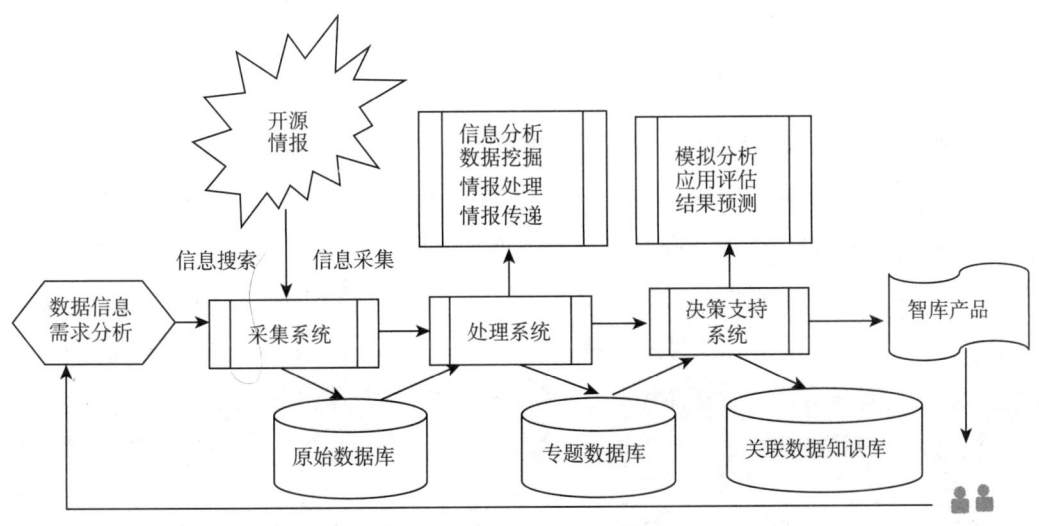

图 4-3 智库信息平台模型

(1) 数据信息需求分析

需求分析实际上是一个明确任务的过程，这一过程必须感知服务对象的决策困境、相关领域基本动态、行业发展趋势，帮助智库确定研究领域、研究方向、研究目标和任务，实现智库与决策需求的无缝对接，避免出现闭门造车的现象。因此，智库工作前，情报工作往往先期启动，这有助于提升智库的战略环境感知能力。需求识别的根本就是要以用户为中心，要求以智库的个性化需求为牵引，提供最贴切的信息服务，还要通过分析智库学者特征和信息使用习惯，主动收集智库学者可能感兴趣的信息，并以个性化方式呈递给智库学者。

西方国家中几乎每个权威智库，都有自己主要的研究所长和专业方向，形成了业内公认的权威性。如兰德公司长于军事发展和国防发展战略，布鲁金斯学会长于中东问题，胡佛研究所则更专业于美俄关系和苏联东欧问题；英国的亚当·斯密研究所长于市场经济，法国的国际关系研究所长于欧洲发展和欧盟成员关系等，都是最具权威性、专业性的智库[①]。我国的新型智库同样需要凭借研究专长和实力，准确定位。

(2) 信息采集系统

在完成需求识别后，接下来需要确定智库研究工作所涉及的学科范围，有针对性地选择关联数据库，该任务主要由信息采集系统来完成。信息采集系统主要是收集各类需要的数据、案例、文献、信息等，既包括从多途径获取各种数据信息源和智库前期服务积累的产品资源；又有采购的数据库信息资源，如商业数据资源、机构数据资源等。另外，智库还大量收集专题项目信息资源类，如调研数据、一次数据、二次数据等。基础问题，以网络舆情为例，需要建立网络民情信息收集机构和民情监控系统，对重点网站的民情、重点论坛进行信息收集，全方位、多角度了解社情民意。

信息采集需要根据选定数据信息源内容和形式特征制定切实可行、操作高效的采集策略，通常情况下，采集策略包括人工型采集（面向具有主观性、模糊性或隐性特征的数据）、数据接口采集（面向仪器仪表或相关设备上承载的数据，包括各类传感器、音视频设备和开放 API 等）和网络爬虫采集（面向互联网数据、日志数据等）。最后，对采集来的数据进行向内的组织、存储管理，以及向外的按需扩展计算管理。包括元数据标准的建立、数据之间语义关联的挖掘、按需扩展算法构建，以及包括采集的方法、策略、代码，存储的方案、软硬件管理和数据测试在内的数据质量管理。

信息采集系统实现对数据的采集，是智库工作的基本前提，也是智库信息服务平台

---

① 刘宁．智库的历史演进、基本特征及走向［J］．重庆生活科学，2012（3）：103-109.

的常规任务，及时得到全面而准确的文献资料是事关智库研究质量、促进智库发展的关键所在。智库信息平台将海量的文献资料、智库成果、智库专题数据库、"灰色文献"等信息集成，传递给分析处理系统，形成智库信息平台的专题数据库资源。通过智库信息平台的分析和决策系统，实现数据信息和数据的监控、采集、交互及利用，分层地传递给智库决策咨询研究使用。

国外智库非常注重信息资源的收集和整理，许多智库都拥有规模不等的资料馆和图书馆，如日本亚洲经济研究所建立了日本国内规模最大的有关发展中国家的图书馆[①]，存放大量有关发展中国家的学术图书、统计资料、政府公报、报纸、杂志、地图、国际组织的报告等，藏书量约60万册，收集定期刊物3400多种，成为世界范围内屈指可数的专业图书馆，美国著名大学智库胡佛研究所[②]，拥有自己的图书档案馆，涵盖20世纪以来的大量珍贵历史和政治史料，为其在美国公共政策和外交政策中承担智库角色发挥了重要作用。

互联网大数据环境下，通过各种数据采集工具进行系统而有针对性地收集。例如，麦肯锡咨询公司panorama旗下产品Global Banking Pools采集了世界各地60多个国家或地区银行及其他金融机构1500多个终端数据，统计了70多种银行产品的数据情况。后来发现收集到的数据存在矛盾，可靠性和可用性差，故安排140多名专业研究员搜集公共和专有来源，实时观测可靠的宏观经济和市场动态数据，并验证数据的准确性和一致性。[③]

（3）信息处理系统

该阶段是智库信息服务平台的关键所在。在明确检索需求后，广泛地信息采集之后，需要对智库工作主题与内容进行分析，进一步明确主题与内容之间、内容与内容之间的逻辑关系，并用一定的概念词来表达这些主题内容。所有这些完成后，即可编制检索表达式进行数据资料的收集检索。数据分析阶段决定着检索策略的质量并影响检索效果，智库信息平台必须根据自身条件，配备业务精湛的专业人员，组建结构合理的专家团队，设计具体的工作方案，着手把任务进行个性化分解，进一步明确工作性质及任务所需的资源与工具。采集得到的信息或者是调查数据、文献资料等，需要根据信息类型和采集方式的不同进行加工、处理、甄别，才可以用于研究。如通过社会调查得到的数

---

① 吴育良.国外智库决策信息支持研究及启示［J］.图书馆理论与实践，2015（10）：31-35.
② 陈英霞，刘昊.美国一流高校智库人员配置与管理模式研究［J］.比较教育研究，2014（2）：66-71.
③ 麦肯锡.Panorama global banking pools［EB/OL］.［2021-02-20］.https://www.mckinsey.com/industries/financial-services/how-we-help-clients/panorama/our-offerings/global-banking-pools.

据，在调查完成后，还需要进行数据清理的若干程序，方可成为正式可用的数据集。这些数据集为以后的研究提供强有力的支持，一些机构将这些数据集制作成专题数据。

兰德公司建立了应用网络分析与系统科学中心、定性和混合方法中心、应用定性和混合方法中心（C-QAM）、博弈方法中心、因果推断中心、不确定性决策中心和可扩展计算与分析中心等 6 个方法中心，每个中心都积累了大量的基础数据，从不同角度创新研究方法。公司收集的资料浩如烟海，涉及各种领域、活动、人物和事件。

美国国际经济研究所与美国人口调查局共同创建"波士顿人口研究数据中心（The Boston Census Research Data Center）"。中国人民大学国家发展与战略研究院创建"中国调查与数据中心（NSRC）"数据库，也主要是完成数据处理和分析。

（4）决策支持系统

决策支持系统通过提取信息分析系统形成的专题数据库信息，按关键词、主题重新组织信息，对所收集信息进行计算机决策模拟与人工决策相结合的决策。如以按需定制的方式将相关数据或者决策建议供给相关部门，在相关问题的分析决策系统运行过程中，对口部门可以对已有的信息进行评估，又会产生新的信息需求，进而规划新的信息重点，形成一个良性循环的机制。在决策支持系统中，利用可视化决策技术与工具，建立决策支持系统和专家系统，对备选决策方案进行直观比较与评估，寻找最优决策；基于对重大问题、重大变化和演化趋势的监测、评估、预测和预警，提供各种决策方案。例如，中国人民大学国家发展与战略研究院建立 "公共政策实验室"系统，对研究结果借助该系统进行决策模拟，评估后改进策略方案[①]。

4.4.3 智库信息平台建设的典型工具

大数据环境下，智库信息平台面临着前所未有的机遇和挑战。首先，大数据能够为智库信息平台提供有力的数据处理分析方法和工具，并能提升智库信息分析的应用价值，更好地为政府机构和企业提供决策支持。其次，大数据环境下，智库信息平台建设过程面临数据量越来越大、数据类型更加复杂、数据信息处理和分析难度增大、精准化的用户需求及有针对性的结果呈现等问题。传统的智库信息平台中情报分析处理已到了瓶颈期。而大数据分析和数据信息分析都是以数据为基础进行研究，通过分析数据和信息，为用户提供相关服务。并且都以多源数据融合、信息的定量分析、相关关系的探讨

---

① 关晓斌，伍聪. 大数据背景下的高校新型智库信息支持平台构建研究[J]. 高教探索，2017（2）：37-41.

为研究重点。因此，优化和改进传统的情报研究方法，引进和创新适用于情报分析的大数据分析方法、思路、新工具和新手段，解决大数据为情报分析带来的新问题，充分挖掘大数据中蕴含的情报价值，使研究结果更加科学，就很有必要性[1]。本书选择智库信息平台建设过程中重要的情报分析方法和软件进行介绍，希望给智库信息平台建设提供一定的参考。

智库研究人员通过信息平台开展情报分析工作，在对海量异构数据的分析处理过程中，通常需要借助专业的情报分析软件，以缩短分析周期、提高分析的效率和准确性。以下对大数据环境下数据信息平台建设常用的软件工具进行概括分析，如表4-4所示。

表4-4 大数据环境下智库信息平台建设常用工具

软件类型		软件名称	主要功能
数据采集		网络爬虫	基于Python、Scrapy等框架，按照一定的规则，自动抓取万维网上数据
大数据处理	传统分析软件	Excel、SAS、SPSS、Stata、Matlab	结构化数据分析
		R语言、Python语言、Flurry	编程语言，对非结构化和半结构化数据分析
	分布式分析软件	Hadoop、Spark平台	进行分布式并行挖掘数据，并提供了典型的机器学习算法和模型
		Vensim、Netlogo、Tensorflow	构建深度神经网络模型及训练，支持分布式计算和异构计算
	智能分析软件	SDAP、DeepVariant、Google Earth Engine	领域专用工具，利用大数据、机器学习和云计算等新技术处理和保存领域内大量数据
可视化分析		Vosviewer、CiteSpace、RefViz、HistCite、Leydesdorff	管理文献及参考文献、定位核心文献，发现文献关联性，探测研究前沿等
		Echarts	提供坐标系、图例、提示、工具箱等基础组件，能够提供数据可视化图表
		Gephi	开展关系分析（如信息传播图、社交关系网等），实现各种网络和复杂系统的动态和分层图的交互可视化

---

[1] 谢新洲. 发展情报方法研究，应对大数据挑战［J］. 图书情报工作，2014，58（14）：5.

续表

软件类型		软件名称	主要功能
情报分析工具	专利分析	PatentGuider、BizSolution、PatentEx 专利分析系统、汉之光华专利情报分析系统、Total Patent、Aureka	专利采集和加工工具，采集专利信息等
		Delphion Innovaton、TDA（Thomson Data Analyzer）	专利检索分析工具，进行数据检索、文本挖掘等
		Pro/Innovator、Goldfire Innovator	计算机辅助创新工具，分析典型技术问题专利，提出解决问题方法等
	竞争情报分析	Knowledge XChanger、ACIS、TeamPage、Knowledge Xchanger Knowledge Works、STRATEGY、ClearResearch Suite	竞争情报平台软件、实现部分竞争情报流程自动化
	安全情报分析	Open Threat Exchange	收集威胁数据，分析安全策略
		Theatcrowd	威胁情报搜索引擎，调查相关威胁；
		IBM X-Force	监视并分析各种来源的安全问题、提供威胁情报内容、预知新兴威胁
		Socializing the Enterprise、Geofeedia	公开信息分析和度量软件、社交媒体分析等
		Open Source Indicators	利用公开信息预测政治动乱、经济危机、传染病暴发等
		Information Volume and Velocity	互联网信息收集系统（美国国防部资助）
		Recorded Future、Palantir、Aggregative Contingent Estimation（ACE）	筛选各种博客、推特、卫星图像等提供社会动乱的预警等
知识库建设工具		本体建设工具（Protégé、Ontolingua、WebOnto、KAON2、OntoEdit及WebODE）、关联数据、知识图谱	通过构建各种本体（领域实体、问题本体、任务本体、通用本体）揭示知识的关联
其他辅助工具		语料库（DBpedia、WordNet、YAGO、DBLP、Freebase）	分词包、分类表、主题词表、语料库等辅助完善知识库的建设

（1）数据采集

基于Python的聚焦型网络爬虫是一种按照一定的规则，自动的抓取万维网上数据的程序或者脚本。网络爬虫主要分为两类：一类是搜索引擎服务商设计的通用爬虫，这类爬虫通过网页链接采集互联网信息，然后返回的信息供搜索引擎建立索引。所以，当用户在搜索引擎中输入文字搜索时，引擎会根据输入信息进行检索，找到搜索文字的相关内容并返回。另一类是对确切指定的网址进行数据抓取，获得所需信息。

搜索引擎中网络爬虫的基本工作流程如下。

①确定初始种子 URL 集合。

②从集合中取出待抓取的 URL 队列，将其对应的网页下载下来，存储到已下载网页中，再将对应的 URL 放进已抓取 URL 队列中。

③分析下载的网页数据，从中获取新网站的 URL。若新的 URL 不在已抓取的 URL 队列中，就将其加入到待抓取 URL 集合中。

④不断循环②③步骤，直到待抓取 URL 队列中所有的 URL 已经完全抓取。

⑤清洗数据，根据使用者文字搜索，展示相应页面。

目前，聚焦爬虫对抓取目标的选取可分为基于目标网页特征、基于目标数据模式和基于领域概念 3 类。基于目标网页特征的爬虫所获取、存储并搜索的对象一般为网站或者网页。基于目标数据模式的爬虫主要针对网页上的数据，所抓取的数据一般要符合一定的模式，或者可以转化或映射为目标数据模式。另一种描述方式是建立目标领域的本体或者词典，用于从语义角度分析不同特征在某一主题中的重要性。

（2）大数据处理

传统分析软件。对于结构化数据，宜采用传统分析工具 Excel、SAS、SPSS、Stata、Matlab 等进行处理。半结构化数据和非结构化数据处理相对较复杂，R 语言、Python 语言和 Flurry 则具有绝对优势。

R 语言是由 Nuckland 大学 Robert Gentleman 和 Ross lhaka 编制，用于处理大数据环境下海量数据的统计软件包。R 语言的优势在于有包罗万象的统计函数可以调用，提供了包括广义回归分析、风险分析、矩阵计算、抽样检验等功能，并且能读取由 SAS、SPSS、Stata、Matlab 等软件处理的数据。Python 语言具有非常清晰易读的语法特点，支持目前主流的操作系统，能够支持移动应用，拥有良好的学习支持资源并不断对库进行改良。Python 的网络爬虫及 R 语言的 RCurl 包、Rweibo 包等都可以进行网络数据和文本挖掘，对非结构性数据亦能进行分析处理。常用作文本挖掘、日志统计分析、社交网络分析等。Flurry 是专门为统计移动应用用户数据而开发的统计工具，能够支持包括 iPhone、iPad、Android、Windows Phone、Java ME 和 BlackBerry 终端平台的数据分析，支持超过36万个移动应用。Flurry能够支持移动应用的构建、用户偏好的分析和数据智能分析推送等功能，在移动应用数据统计方面处于领先地位。此外，国内外的移动应用统计分析工具/平台还有：Talking Data、Cobub Razo等。

  分布式分析软件。在分布式环境下，开源社区提供的大数据分析软件成为主流，基于Hadoop、Spark创建的软件平台Hadoop Mahout、Spark MLlib，帮助研究人员解决了分布式并行挖掘问题，并提供了典型的机器学习算法和模型。近年来，涌现出一批开源深度学习框架，如Vensim、Netlogo、Tensorflow、Caffe、CNTK、MXNet等，用于深度神经网络模型的构建及训练，支持分布式计算和异构计算。下面重点介绍Hadoop、Netlogo、Tensorflow的技术框架及应用。

  Hadoop框架是Apache基金会开发的开源项目，是云计算领域内的一项重要技术。Hadoop用户可以在不了解分布式底层细节的情况下，开发分布式程序。充分利用集群的威力进行高速运算和存储。Hadoop实现了一个分布式文件系统（Hadoop Distributed File System, HDFS）。HDFS有高容错性的特点，并且设计用来部署在低廉的硬件上；而且它提供高吞吐量（High Throughput）来访问应用程序的数据，适合那些有着超大数据集（Large Data Set）的应用程序。Hadoop的框架最核心的设计就是：HDFS和MapReduce。HDFS为海量的数据提供了存储，而MapReduce则为海量的数据提供了计算。基于Hadoop的数据挖掘系统广泛应用在各个领域医药、农业、水利、地质、公共管理、物联网和公共交通等。构建基于Hadoop的智库自动化数据信息收集与处理系统，每日可从互联网上的海量信息中快速、准确地获取有用信息，并完成对情报资料的自动筛选、分类、分析工作，为政府部门、科研人员和企业提供具有前瞻性、时效性和专业化的情报服务。它采用知识管理的理念和技术对各种信息资源进行深度挖掘和战略优化，通过强化信息的智能采集和深度加工、发布和共享机制，构建智库信息创新服务体系。

  Netlogo是一个可编程的建模环境，主要用来对自然和社会现象进行仿真模拟。它是由美国西北大学连接学习和计算机建模中心（Center for Connected Learning and Computer-Based Modeling, CCL）开发并负责持续开发，其研发目的正是为科研教育机构提供一个强大且易用的计算机辅助工具。

  Netlogo的特点让它很适合随时间变化，它会向系统中的智能代理发布指令，可以用来探究个体行为的微观层面和多个代理之间交互完成的宏观模式之间的联系。Netlogo主要功能有：多Agent建模、运行控制、仿真实验、系统动力学仿真、参与式仿真和模型库等。其中的多Agent建模指的是将分布在系统中独立的Agent同步更新，从而整体随时间变化而变化。实验管理是Netlogo平台存在的行为空间，即Behavior Space自动管理仿真运行，并记录结果。而仿真的输出主要是提供多种手段实现仿真运行监视和结果输出。

黄炜、余辉等[1]利用Netlogo来模拟整个网络舆情系统运作，以图形输出窗口展现网络舆情传播演化的过程，直观地展示了网络舆情事件的初发、加剧、爆发、衰弱至消亡的整个生命周期。韩文英和卢宇航也对Netlogo平台展开了研究，通过研究该平台仿真模拟反腐舆论在网络反腐事件中的演化与传播，为政府决策做参考[2]。史波、金洪志运用Netlogo仿真软件进行模拟仿真[3]，分析政府介入时间、政府公信力、政府信息真实度和政府引导与监管等政府主体属性在不同参数设置下的演化结果。并在此基础上提出公共危机网络信息扩散的政府应对建议，以期为政府有效调控公共危机网络信息扩散提供决策依据。

随着第三次人工智能浪潮的兴起，机器学习作为一种数据挖掘的方法被广泛应用于垃圾邮件检测、定向客户的产品推荐、商品预测等领域。近年来，受益于计算机在通用计算领域计算性能的持续提升和海量数据的便捷获取，深度学习作为一种特殊的机器学习范式在图像识别、语音识别、机器翻译、文本分类等领域获得巨大成功，凭借从输入数据中判断"哪些是特征值"，无须人工干预的能力，其在艺术创作、医疗诊断、自动驾驶等更加复杂的领域也有突破性的进展，并已开始应用于实际工作中。

相较于其他机器学习方法，深度学习在模拟人脑神经元间的连接、对外界刺激的感知和传导的同时，采用让各层预先学习的方式，建立观察数据（或称训练数据、输入）和标签（或称输出）之间的联合分布。学习从浅层顺次开始，上一层学习得出的数据会作为下一层的输入数据，由浅层的初级特征逐步学习到深层的高级特征。如在学习什么是狗时，第一层是一个轮廓、下一层是眼、鼻子的形状，再下一层是脸上的其他细节。以此类推，是一个从全局到局部再到细节特征的学习过程，每一层都在分段学习，学习过程中的错误也可以在每一层得到相应处理，这使得其具有自我学习和解决问题的能力。

Tensorflow是谷歌于2015年推出的一种供机器学习所使用的利用数据流图进行计算

---

[1] 黄炜，余辉，李岳峰，等.网络舆情事件演化的仿真实践研究[J].现代情报，2017，37（8）：65-73.
[2] 韩文英，卢宇航.基于动力场理论的网络反腐舆情演化与传播仿真研究[J].现代情报，2016，36（3）：3-11，16.
[3] 史波，金洪志.公共危机网络信息扩散的政府应对仿真研究[J].图书情报工作，2012（19）：114-121.

的库套件，遵循 Apache2.0 协议。相对于其他几个神经网计算框架而言，Tensorflow 属于其中的后起之秀，它支持多种机器学习常用的开发语言（如 C++、Python、Cuda），支持几乎所有类型的深度学习算法的开发（如 CNN、RNN、LSTM 等），能在多种硬件环境（CPU、GPU、TPU 手机、云）下很好地利用各自的长处和特点运行，并能够进行网络分布式学习[1]。谷歌是 Tensorflow 的最大用户和推动者，在谷歌的强力推广下，很多高校、科研机构和第三公司已开始使用 Tensorflow，例如，谷歌利用该平台对其自动翻译服务进行了系统升级，翻译质量比过去有明显提升；在谷歌邮件系统中，用 sequence-to-sequence 模型来自动建立文本摘要，并对邮件语境预测可能的回复；对视网膜影像数据进行训练，已能成功预测影像是否有糖尿病引起的视网膜病变；在 AutoDraw 中开发"预测"功能，可以根据标题和用户画出的部分元素推测并继续完成一幅绘画作品；Google Now 则通过适当的数据反馈（RNN，反馈神经网络）来理解音频信号，进而实现语音识别、语音搜索、语音情感分析等。这些科研应用也给深度学习在其他行业中的应用提供了参照。

上海图书馆通过 Tensorflow 平台上的深度学习模型，利用《全国报刊索引》约 170 万条纪录进行模型训练，并对 7000 多篇待加工的文献做中图法分类预测，其在生产情况下一级分类准确率为 75.39%，四级准确率为 57.61%。当置信度为 0.9 时，一级准确率为 43.98%，错误率为 1.96%，四级准确率为 25.66%，错误率为 5.11%。证明该模型有着较低的错误率，可为《全国报刊索引》分类流程的半自动化提供帮助，解决存在的编目人员紧缺、加工质量和效率下降等问题。

智能分析软件。云计算环境智能分析软件。通过云平台提供大数据智能分析服务已成为大型公有云平台的标配服务，"机器学习即服务"（machine learning as a service, MlaaS）也成为多家领先云平台厂商的发展趋势。自然科学包括大量细分领域，每个领域都存在专用的科学数据智能分析软件。

新兴的领域专用科学数据分析软件。这类软件指采用了大数据、机器学习和云计算等新技术的分析软件。SDAP 目前是 Apache 软件基金会的孵化项目，是面向地球物理海洋学领域的科学大数据分析平台。SDAP[2] 依赖于 NEXUS 系统进行大数据处理，NEXUS 是由美国国家航空航天局喷气推进实验室（NASA/JPL）开发的一个软件项目，采用 Map/Reduce 分布式并行计算技术，旨在对 NASA 各种任务收集的大型数据集进行科学

---

[1] 郭利敏.基于卷积神经网络的文献自动分类研究［J］.图书与情报，2017（6）：96-103.
[2] Science Data Analytics Platform（SDAP）［EB/OL］.［2019-02-20］.https：//sdap.apache.org/.

分析。美国国家能源研究科学计算中心（NERSC）[①]，具有美国能源部科学局的主要科学计算设备。最近，NERSC 支持将深度学习应用到气候研究、中微子实验及神经科学研究，并取得了一批突破性科学发现。Verily Life Sciences（原谷歌生命科学公司）的研究人员开发了一种深入学习软件工具 DeepVariant[②]，该工具可将基因组信息转换成图像进行分析，可显著提升基因变异的识别准确率。Google Earth Engine 是 Google 提供的对大量全球尺度地球科学资料（尤其是卫星数据）进行在线可视化分析处理的云平台，相关领域的科学家团队可以利用该平台提供的长时序近地卫星数据及数千台的云服务器进行在线数据处理和分析，目前已经取得了一批有显示度的研究成果。可以看出，Google Earth Engine 的特定领域海量数据、云端分布式并行计算、在线挖据分析算法库、地图即时展现等特点，正代表了新兴科学大数据智能分析软件的发展趋势。

（3）可视化分析

数据采集后要对数据进行数据清洗、规范、分析，形成具有一定组织形式和规范的存储结构，采用合适的数据处理方法，将所需数据信息映射到不同的视觉通道，在制作或写代码过程中，再不断调整和迭代，最后呈现出想要的结果。可视化技术是现代知识挖掘常用的技术。可视化技术旨在利用图形图像领域的技术和方法，研究大规模信息资源的视觉呈现，帮助智库工作人员理解和分析数据。该技术是知识计量学、科学计量学等领域重要的研究方法和手段。信息可视化工具包括：ECharts、Gephi、CiteSpace、RefViz、HistCite、Vosviewer、Leydesdorff 等。

ECharts 是百度推出的一款可视化开源开发框架[③]。它使用 JavaScript 技术，底层依赖轻量级的矢量图形库 ZRender，主要的图表绘制方式为 Canvas 绘图，提供直观的数据可视化图表库。基于 ECharts 的可视化图表可以在多终端设备上流畅运行，兼容桌面系统移动端，浏览器兼容性强。ECharts 的引入简单，通过配置项的设置，就可以控制数据呈现形式和视觉效果。ECharts 通过丰富组件和高度个性化的可视化解决方案，实现用户和数据的交互，从而增强用户获取知识、优化数据分析的能力。

RefViz 是一款对参考文献进行管理并发现文献之间关联性的软件，由 OmniViz 和 Thomson ISI Research 公司共同推出。该软件能够将文献按照内容和关联度进行分组，

[①] NERSC［EB/OL］.［2019-02-20］.http：//www.nersc.gov/.
[②] DeepVariant［EB/OL］.［2019-02-20］.https：//github.com/google/deepvariant.
[③] 王龙，王一男. 基于 ECharts 的可视化高校综合信息分析决策系统［J］. 现代电子技术，2017，40（6）：68-70.

以词语加权方式对词语的重要性进行分类，对热点词语权值进行干预。

Vosviewer 是荷兰莱顿大学 CWTS 科学技术研究中心开发的集成文本挖掘、分散视图、标签视图、聚类密度视图的文献计量和可视化分析的工具。最新开发的版本，对可视化效果进行了提升，提供了新的命令。允许用户对网络和数据密度可视化叠加效果进行自定义，并能够以自动化的方式创建 Vosviewer 地图。Leydesdorff 是针对多种数据源分析的系列软件，由荷兰阿姆斯特丹大学研发，能够实现共词、合作、耦合、共引等分析。

HistCite 是用来分析领域内文献关系，并绘制引文图谱的软件，能够通过可视化方式对最新、重要的文献进行展示。

Gephi 是一个基于 JVM 的开源免费跨平台的软件，支持多种环境（如 Windows、Linux、Mac OSX 等），支持俄语、法语、汉语、西班牙语、葡萄牙语、捷克语、英语等[①]。可以对社交网络、语义网络、地理网络等多种网络、动态分层图及复杂系统进行可视化展示与交互，堪称是一个理想的可视化呈现工具。Gephi 同时提供了多种布局算法，算法可以根据节点与边的权重，传递排斥力与塑形引力，从而可以更好地反映网络的拓扑结构及统计特征。数据通过 Gephi 可以以图像的形式（点、线等）展现出来，可以较为清晰地表现出节点之间的联系，从而反映数据的重要程度及数据间的关系。

CiteSpace 由陈超美教授开发，能够通过对某学科领域的文献数据进行挖掘、绘制可视化图谱，展示学科发展趋势和动向。目前，CiteSpace 5.0 为软件最新版本。新版本具有四大核心功能：快速定位本领域核心文献、快捷梳理领域的文献关联、探究研究前沿和知识基础及探测学科主题分布与主题趋势。

（4）情报分析工具

专利分析软件。目前，国内外专利分析工具分为：专利采集和加工工具、专利检索分析工具及计算机辅助创新工具。专利采集和加工工具通过爬虫对专利进行采集、清洗，为专利分析提供数据，主要有台湾连颖科技公司开发的 PatentGuider、北京彼速软件公司开发的 BizSolution、保定大为软件公司开发的 PatentEx 专利分析系统、汉之光华专利情报分析系统等；专利检索分析工具具有先进的数据检索、文本挖掘功能，主要有美国 Lexis Nexis 公司的 Total Patent、Aureka、Delphion、Innovaton 等。计算机辅助创新工具包括：美国 Invention Machine 公司开发的 Goldfire Innovator9.0，以 TRIZ/ARIZ 为工具，与全球超过 70 个专利库进行连接，包含了超过 9000 条来自各个领域的科学原理。

---

① 李姿萱，张帆. 基于 Gephi 的数据可视化与分析［J］. 科技信息，2018（3）：13-15.

主要作用是通过对典型技术问题专利进行分析，提出解决问题的方法。Pro/Innovator 由亿维讯公司开发，支持隐性知识挖掘利用，对知识的产生、表达、组织、更新、检索、共享等过程进行全程管理。TDA 是一种数据挖掘和可视化分析研究工具。具有自动化程度高、界面友好、直观的特点，可提供一种轻松的方法从 Derwent 世界专利索引数据库中的原始数据中挖掘出有用信息，为洞察技术发展趋势，掌握竞争对手的专利发展情况，找出多产的专利发明人及其供职的公司，发现行业新出现的技术，确定研究战略和发展方向等全面提供有价值的依据。TDA 分析输出主要有列表，比较矩阵及数据图谱。

竞争情报分析软件。瑞典 Comintelli 公司研发的企业竞争情报平台软件 Knowledge XChanger，获得了美国和欧盟组织的认可，使用范围相当广泛，能够实现部分竞争情报流程自动化。此外，还有 Coemergence 公司的 ACIS、Traction Software 公司的 TeamPage、Comintell 公司的 Knowledge Xchanger、Cipher 公司的 Knowledge Works、Strategy Software Inc 公司的 STRATEGY，ClearForest 公司的 ClearResearch Suite 等。

安全情报分析软件。面向安全的情报分析，是迅速出现在信息安全领域的方法。Solutionary 公司的白皮书将这类情报称为"威胁情报"，认为这类情报是通过对与安全相关的信息进行收集、分析、快速和清晰的评估、仔细判断后形成的产品，其为决策和行动的先导。Open Threat Exchange 系统能够访问威胁研究专家的全球社区，通过威胁指标分析多个来源的威胁数据，为研究人员提供安全设施更新的建议。Threatcrowd 是一个威胁搜索系统，能自动从 malwr.com 获取信息，能够协助情报人员对关联数据进行分析。IBM X-Force 是世界上最知名的商业安全研究软件之一，软件能帮助客户、研究人员和公众更深入地了解最新的安全风险，提前预知新兴威胁。公共安全威胁信息的分析和度量可以通过一系列软件的组合来实现，美国情报机构利用：Visible, Socializing the Enterprise，Geofeedia（社交媒体分析）、Open Source Indicators（利用公开信息预测政治动乱、经济危机、传染病暴发等）、Information Volume and Velocity（互联网信息收集系统，由美国国防部支持），对公共安全信息进行分析。用于商业公开情报分析的软件主要包括：Recorded Future, Palantir, Aggregative Contingent Estimation（ACE）（通过筛选各种博客、推特、卫星图像等提供社会动乱的预警）等[1]。

---

① 李超，周瑛，周焕，等. 大数据环境下情报分析方法与情报分析软件探讨[J]. 现代情报，2017, 37（7）：151-158.

（5）基于本体的智库知识库建设工具

知识库是智库信息平台的信息中心。智库知识库[①]（Knowledge Repository）泛指支持和服务于智库运作的知识库系统，是智库知识能力建设的重要组成。围绕智库服务的决策领域，进行相关知识内容的收集、保存、组织和服务，是智库知识库的首要任务；同时，发布和传播智库自身产出的决策咨询产品也是智库知识库的重要功能。因此，智库知识库兼具领域知识库和机构知识库的双重属性和功能——既是智库正常运作及决策产品产出的重要信息支撑工具，也是智库有效管理并利用其知识资产的工具。

本体建设。本体是一种共享的概念定义集，能在语义和知识层次上描述概念及概念间的关系，消除领域概念间的混乱与歧义，最大限度地实现知识的共享与重用。国内已有很多领域引入了基于本体的知识库，如产品设计、军事、生物医药等领域。Protégé、Ontolingua、WebOnto、KAON2、OntoEdit 及 WebODE 是建设本体的常用工具，这些工具都在不断地更新升级。这里重点介绍开源本体建设工具 Protégé。该工具由斯坦福大学的 Medical Informatics 开发。作为一个开放源码的本体编辑器，它用 Java 编写。Protégé 2000 界面风格与普通 Windows 应用程序风格一致，用户比较容易学习使用。本体结构以树形的层次目录结构显示，用户可以通过点击相应的项目来增加或编辑类、子类、属性、实例等，使用户在概念层次上设计领域模型，所以本体工程师不需要了解具体的本体表示语言。Protégé 支持多重继承，并对新数据进行一致性检查，具有很强的可扩展性。国内外利用 Protégé 建本体知识库的很多。祁琪、张克亮研究了利用 Protégé 构建南海问题本体知识库等问题。

关联数据。关联数据由"互联网之父"TimBerners-Lee 于 2006 年首次提出，关联数据采用 RDF（Resource Description Framework）三元组数据模型，利用 URI（Uniform Resource Identifier）命名数据实体，来发布和部署实例数据及其他各类数据到数据网络上，用户可以通过 HTTP 协议解释这些数据，并以易于人机理解的语境信息来获取。关联数据遵循 4 项基本原则：①使用 URI 作为 Web 上资源的唯一标识名称；②任何用户都可以使用 HTTP URI 定位并查找到这一资源；③当某一 URI 被访问时，以 RDF 标准形式返回有用的信息；④尽可能返回指向其他 URI 的相关链接，以便检索到更多信

---

① BENJAMIN H, TANYA T, JESSICA M. Think tank management: establishing a knowledge repository [EB/OL]. [2019-03-30]. http://www.ksiindonesia.org/en/news/detail/think-tank-managementestablishing-a-knowledge-repository.

息①。因此，在建设机构知识库时，可以利用关联数据的基本原理和基本原则达到知识组织、知识库构建、资源集成与共享等目的。

关联数据工具很多，如 D2R、Silk Workbench、Virtuoso、Pubby 等，不同的工具适用的范围和环境均有所差距②。D2R 是一款开源的应用软件，支持 JAVA 语言，是目前使用较为广泛的关联数据发布工具，该款软件支持 SPARQL 查询，数据范围为 RDF 格式，将关系型数据库中数据转换成关联数据，形成虚拟的 RDF 数据。同为开源的应用软件 Silk Workbench，它的数据存储方式为实体 RDF 数据，但是两者的数据转换方式不同，Silk Workbench 是将 CSV/RDF 等数据的 URI 进行转换。Virtuoso 是语义数据库，支持关系型数据库和 RDF 数据库的转换，数据直接存储在数据库中，Pubby 与前三者之间的差别在于它是一个接口，除了返回 RDF 格式的数据外，还能返回 XML 格式的数据。因此，许多机构会根据自己需求对 Pubby 接口进行 JAVA 开发。机构在实际应用中需要根据数据特性、开发环境的不同具体问题具体分析，选择最适当的开发工具。例如，郭卫兵，臧莉娟研究了关联数据在国防科研机构知识库中的应用，构建了基于国防关联数据的框架，包含 5 个部分：关联数据访问器、关联数据整理器、关联数据存储器、关联数据检索器和关联关系构建器③。

机构知识库建设。市场上常见建设机构知识库的开源软件有 DSpace、EPrints、Fedora 等④。DSpace 是由美国麻省理工学院与惠普公司共同研发的一种数字管理系统⑤，它以元数据方式保存多种格式的数字资源，如文档、视频、期刊预印本、图像、实验记录等。同时允许创建、索引和搜索相关的元数据以便定位和存取该条目，这样就可以通过资源名进行检索和查看与资源相关的所有内容。该软件是当前世界机构知识库应用最广泛的开源软件⑥。

EPrints 是由英国南安普顿大学研发的一款机构知识库建设软件。EPrints 具有较大的

---

① 史海燕，锅艳玲.基于关联数据的分布式信息查询研究［J］.图书馆学研究，2012（5）：71-74，26.
② 成全，周兰芳.关联数据的语义动态发现及关联构建机制研究［J］.情报科学，2016，34（10）：88-94.
③ 郭卫兵，臧莉娟.基于关联数据技术的机构知识库构建与服务［J］.兵器装备工程学报，2020，41（12）：275-280.
④ 王颖洁.机构知识库建库软件 DSpace、Eprints、Fedora 的比较分析［J］.图书馆学刊，2008（4）：133-137.
⑤ DSpace repository［EB/OL］.［2021-08-05］. https://github.com/DSpace.
⑥ Open DOAR［EB/OL］.［2021-08-05］. http://www.opendoar.org/.

灵活性，可按机构的实际需求进行改进①。用户可以通过一个 EPrints 软件注册安装运行几个独立的知识库，共享源代码，但各自构造不同。一个知识库称为一个 eprint，eprint 对应系统内的一条记录，它由一些文档和元数据组成。通常，同一信息会有多种格式的文档存在。

Fedora 由南康奈尔大学和弗吉尼亚大学图书馆共同研发，其核心内容是数字对象和知识库体系，具有较强的灵活性和扩展性，可用于建设功能全面的知识库和数字图书馆。②这 3 种软件中，DSpace 的社区性较强，EPints 的普及度较高，具有广泛性，而 Fedora 的灵活性和拓展性更为优越。3 种软件各具特色又有丰富的功能，可满足许多机构对其数字资源的提交、保存、管理等需求。各机构在建立机构知识库时，可根据其自身需求和实际条件，选择适合的软件作为建库平台。从国内的应用来看，国内大多数机构利用 DSpace 建设知识库，有些单位还进行了一些本地化的开发。例如，中国科学院在 DSpace 的基础上根据自身要求深度开发了 CSpace 系统③。

（6）其他辅助工具

主题词表、分类表这些传统的情报语言组织工具在知识库构建过程中能辅助本体的建设。但要完全表达网络环境下知识的关联关系，这 2 个词表表达的内容还是过于粗糙。因而，各领域通过自己的积累，运用云计算和大数据处理技术，建设了一些反映知识内部关联的语料库，用以表示概念与概念之间及概念所具有的属性之间的关系。

国外相继建立起了许多大型的综合语料库，如 DBpedia、WordNet、YAGO、DBLP、Freebase 等。DBpedia 由柏林自由大学和莱比锡大学的研究人员发起，与 OpenLink Software 公司合作，致力于从维基百科（Wikipedia）的结构化和半结构化信息中抽取数据并生成 RDF 三元组，将其组织后形成庞大的数据集，与外部的关联数据连接，提供给人们使用。DBpedia 三元组的形式已经和本体的组织形式一致，所以我们可以利用 DBpedia 来更方便地实现本体进化。

其中，WordNet 是一种基于认知语言学的英语词典，YAGO 是从维基百科自动抽取信息，用 WordNet 进行结构化处理形成的大规模语义知识库。DBLP 是计算机领域学术期刊和会议文献目录信息，Freebase 是一种遵循知识共享协议的大规模开放结构数据集。

---

① EPrints services［EB/OL］.［2021-08-05］.https://www.eprints.org/uk/.
② Fedora repository［EB/OL］.［2021-08-05］.https://wiki.lyrasis.org/display/FF.
③ 朱立禄，宋世俊，王琳.国内外机构知识库建设现状及建议［J］.现代情报，2017，37（3）：109-115.

国内比较知名的语料库是 HowNet，它是一个以揭示概念与概念之间及概念所具有的属性之间的关系为基本内容的常识知识库。国内外学者从上述各种途径抽取概念和关系信息进行本体的建立。

Google 公司于 2012 年提出知识图谱的概念，它将各类信息、数据和链接关系聚合为知识，是大数据环境下知识的有效组织方法[①]，是本体、关联数据技术融入知识库建设的表现形式。定义好本体与数据模式，再将实体加入知识库；从一些开放链接数据中提取出实体，选择其中置信度较高的加入知识库，再构建顶层的本体模式。各类大规模知识图谱在智能搜索、智能问答、智能推荐、情报分析、反欺诈、社交网络、金融、医疗、电商及教育科研等领域发挥了重要作用。

大数据环境下，随着云计算技术的发展应用，通过建立基于第三方平台的云信息服务模式，获取大量云数据信息，为智库工作开展研究提供决策支持；通过利用大数据分析工具，结合传统数据信息分析工具和方法，融入智库专家智慧，为用户提供有价值的智库产品和服务；开展智库与企业、政府和研究机构之间的合作模式，借助这些机构自行开发的信息平台，整合智库内外的数据信息，生产高质量的智库产品和服务。

4.5 本章小结

智库研究建立在数据信息需求的基础上，从智库的维度看，智库信息需求具有一定程度上的不同类型和不同特点。需要了解满足智库需求的情报源，并对智库信息源进行组织和管理，在此基础上构建智库信息平台，通过智库采集系统完成智库信息源的收集和采集，分析处理系统完成信息分析、数据挖掘、情报处理和情报传递、决策系统模拟分析、应用评估和结果预测，最后生产高质量的智库产品。智库信息平台的构建需要利用大数据思维与数据挖掘技术，打造先进的技术平台，将海量、多源、异构、碎片化的数据整合成为应急决策所需的情报资源，促成更多前瞻性理论方案和决策成果的产生。支持智库信息平台建设需要多种关键技术和常用工具，从而优化和改进传统的情报研究方法，也需要引进和创新适用于情报分析的大数据分析方法、思路、新工具和新手段，解决大数据为智库信息分析带来的新问题，充分挖掘大数据中蕴含的情报价值，使研究结果更加科学，推动智库信息平台的建设。

---

① 顾绩，王际芳，郭惠平，等.基于知识图谱技术的勘察设计企业知识库建设探索［J］.中国勘察设计，2020（11）：49-54.

第5章
智库工作中的情报分析方法

"工欲善其事，必先利其器"。研究方法是学术共同体的通用语言，对于智库工作和情报研究均有重要意义。由于智库的主要目标是出思想、出对策，因此与智库工作方法交集最多的是情报分析方法。为了支持科学决策，智库和情报工作者均重视多学科方法的综合运用、特色研究方法的创新实践，在方法体系上存在交叉。

5.1 情报分析方法体系及特点

一般而言，一个学科的研究方法包括了哲学方法、一般方法和专门方法。情报分析作为一个年轻的跨学科领域，具有多学科属性，在学术研究和业务过程中涌现出了数据范式、文献范式、人际范式、机构范式和认知范式等。在不同时代背景和不同任务情境中，情报人员往往会根据需要选择多样化的情报分析方法。本节首先梳理传统的情报分析方法体系，然后研究大数据时代的情报分析体系。

5.1.1 传统情报分析方法体系

情报分析方法体系对于情报研究实践和情报学科发展均具有重要意义，一直是情报领域学者关注的重点。约翰斯顿在归类对比了公开发表的情报分析定义之后，认为：情报分析是一个把问题分解为若干相关部分，然后通过一定逻辑过程得出解释性或者预测性结论的过程。这个过程包括提出一定数量分析的假设，根据可获得的证据，按照公认的原则方法严格评估假设等[1]。

---

[1] JOHNSTON R. Developing a taxonomy of intelligence analysis variables [J]. Studies in intelligence analysis variables, 2003, 47 (3): 61-71.

(1) 基于社会科学的情报分析方法：谢尔曼·肯特等的奠基性工作

以谢尔曼·肯特为代表的早期战略情报分析专家本身都是历史学等社会科学领域的知名专家，自然在情报分析实践中采用了相应的研究方法。诺曼布朗、威廉兰格、谢尔曼·肯特、拉尔夫本奇等情报分析者认为情报分析与社会科学研究类似，是一个生产知识的过程，因而从社会科学领域借用了大量的分析工具。其中，既包括归纳与演绎、分析与综合等一般的思维方法，也包括德尔菲法、投入产出分析和类比分析等横断科学方法。

这些基本情报分析方法已经成为情报工作中不可或缺的工具和更加复杂方法体系的基本组件。该阶段的情报分析往往依赖于情报专家的自身经验和知识储备。以威廉兰格和谢尔曼·肯特为代表的历史学派强调情报分析客观中立的业务准则，总是将历史事件的前因后果归于某种历史范式。这些学者往往假设分析对象具有"理性"，也不考虑分析对象的心理认知和民族文化知识等方面，因此在古巴导弹危机等事件中出现重大情报失察难以避免。

兰德公司最初是因军事科学研究而成立的，但成立初期很快就成立了社会学部，引入了大量从事社会科学研究的专家和在战争中从事战略情报和军事战略分析的专家，从而将社会科学领域的诸多研究方法引入兰德公司的研究中。

(2) 基于情报流程的情报分析方法：情报工作中的方法集成

情报分析是一个由多个环节构成的动态过程。在不同环节往往需要不同的研究方法，甚至是多种方法的综合应用。包昌火指出，情报研究方法体系应当包括：研究课题的选择、情报信息的获取方法、情报信息的整序方法、情报信息的抽象方法、情报研究成果的表达方法和情报研究成果的评价方法。在方法范围上，是以系统思想为指导，广泛吸收现代技术和其他软科学研究的方法，积极采用计算机技术方法。在具体方法构成上，包昌火结合实例指出情报研究实践常用的方法包括：思维方法、专家调查法、文献计量学方法、内容分析法、多元分析法、趋势外推法、实践序列法、模型模拟法、最优化方法、层次分析法、技术经济分析、投入产出法等。

情报机构成为政府常设组织，使得情报工作日益正规化和常态化。情报人员在长期的情报业务中形成了基本的情报流程，围绕着相应环节形成了相应的情报方法。在日新月异的情报技术手段和分析环境中，情报分析专家吸收其他横断学科的研究方法，不断将量化分析方法、网络分析方法和认知分析方法集成到情报流程中去。根据霍耶尔的总结，情报分析人员综合使用的方法可以分为定量分析方法和认知分析方法等①。贝叶斯方法、交叉分析方和内容分析法都是典型的定量分析方法。为了解决集团思维等认知缺陷问题，霍耶尔提出了竞争性假设分析方法②。此外，还有红队分析、A组/B组竞争等。

（3）结构化的情报分析方法簇：认知学派的新发展

作为系统化思维的新发展，结构化情报分析方法簇吸收了认知心理学的新成果，为分析性思维提供了更具操作性的流程。结构化分析技巧表现为一系列原则和程序，能够指导分析人员有意识地综合使用多种思维来提高情报分析效果，虽然具体体现在多样化的分析方法之中，但是已经超越了一般方法的范畴。

结构化分析方法簇是为了克服分析人员的思维定式和偏见风险而产生的。George 和 Bruce 认为情报分析是整合推理的认知与经验活动，通过生产判断、提供有洞察力的观点和做出预测帮助决策者增进理解和减少不确定性。霍耶尔指出情报分析可以理解为由分析人员的思维模式主导的，从大量的素材信息中收集和评估证据，据此产生并验证假设，并根据用户的需求生产分析产品的循环认知过程，需要克服情报分析人员的认知偏见。

霍耶尔在20世纪70年提出竞争性假设分析、替代性分析、红队分析等旨在减少偏见对分析影响的方法是结构化分析方法的早期成果，因为良好的效果在美国情报共同体逐渐普及。然而，情报分析的固有风险使得情报失察仍然时有发生。对"9·11"事件和关于伊拉克有用大规模杀伤性武器的调查都表明在新的国家安全形势下，决策者迫切需要情报工作者革新情报分析新途径以提升决策支持的能力。美国情报共同体在情报分析革命中掀起了改进情报分析方法的新高潮。认知心理学的双重加工理论指出直觉思维（系统一）和分析思维（系统二）共同影响人类决策的思维过程③，如图5-1所示。

直觉思维以现有知识、以往经验为基础，是长期存在的固有思维模型，具有直觉、省力、高效的特点。分析思维对于常规事件和环境能够产生快速反应，以慎重、费时和有意识推理为特点，需要经过一定训练和有意识地实施，在分析非常规事件时能够破解直觉思维带来的偏见影响。分析思维（系统二）包括四大类方法：结构化分析、批判性思维、实证分析和准定量分析。

---

① HEUER R J.Qualitative approaches to political intelligence：the CIA experience [M].Boulder：Westview Press, 1978：1.
② 小理查兹 J 霍耶尔.情报分析心理学 [M].张魁，朱里克，译.北京：金城出版社，2015：128-140.
③ YOUNG B M . One mind or two？ An introduction to dual process theories [J]. Consumer Psychology, 2018, 7 (5)：113-140.

第 5 章
智库工作中的情报分析方法

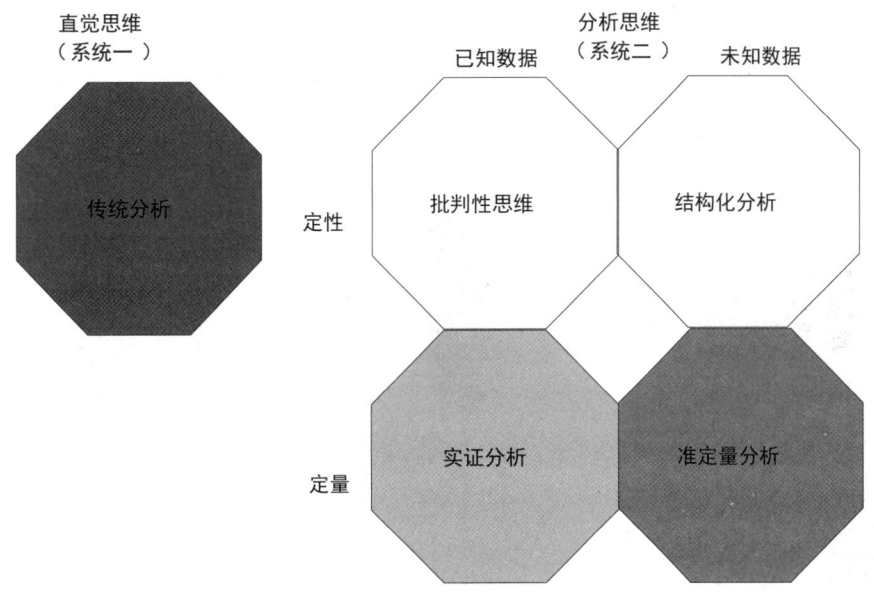

图 5-1 直觉思维与分析思维

美国情报共同体的培训教材《谍报分析技术入门：一种改进情报分析的结构化分析技术》收录介绍了 55 种结构化分析方法。从技术类型角度分析，这些方法可以分为诊断性技术（关键假定审查、信息质量审查、信号指标变化、竞争性假设分析）、对比逆向技术（少数反对者、A 组/B 组竞争、高影响/低可能性分析、假设分析）、想象思维技巧等（头脑风暴、外来者思维、红队分析和替代性未来分析）[①]。

2005 年，美国情报届开始使用结构化分析方法术语来统称上述分析方法群，以系统化的方式，将隐性化的内部思考过程显性化，外化为多种分析方法，使得情报分析过程能够被多人共享、改进和评估。结构化分析方法的使用过程会留下明确的信息线索，以帮助分析者和管理人员逐步审视分析判断的依据，并在特定线索提示事件变化发展时及时改进情报分析结果。

围绕着结构化分析技巧，霍耶尔等人将 55 种典型情报分析方法进行了分类，形成了结构化分析方法体系（Structured Analytic Techniques），并根据这些方法的主要特点和目的，整理成了：分解与可视化、观点生成、情景与指标、假设生成与检验、因果评估、质疑分析、冲突管理和决策支持等八大类方法族，图 5-2 是这些方法之间的关系[②]。

---

① The US government. A tradecraft primer: structured analytic techniques for improving intelligence analysis [EB/OL]. [2021-08-06]. https://permanent.access.gpo.gov/gpo587/Tradecraft%2520Primer-apr09.pdf.
② 小理查兹 J 霍耶尔. 情报分析：结构化分析方法 [M]. 张魁, 等译. 北京：金城出版社, 2018：359-360.

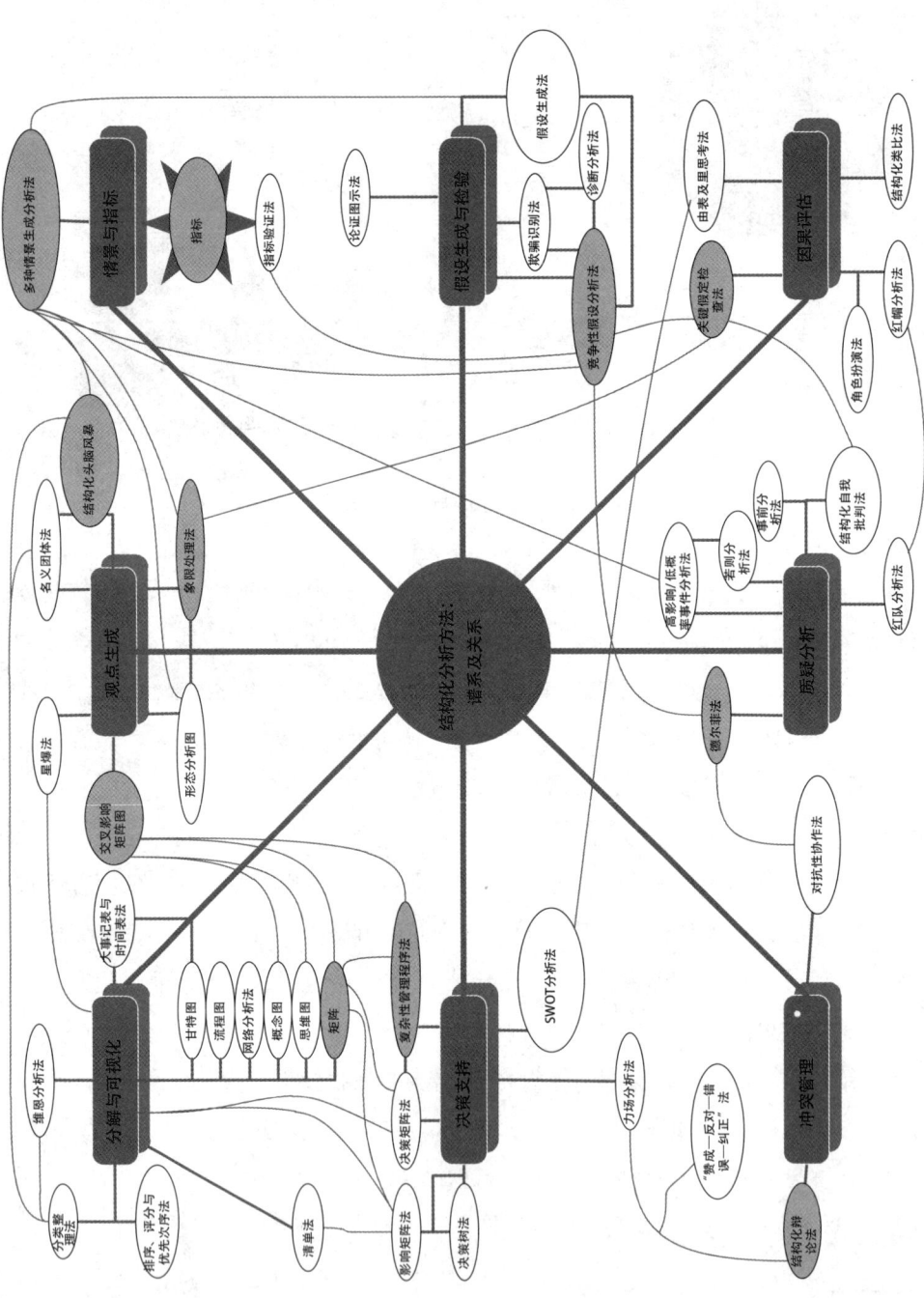

图 5-2 结构化的情报分析方法簇

通常一个情报课题研究需要使用多种方法，利用每种方法的优点有针对地解决特定复杂问题的某个部分，如何在分析流程中合理地融合不同方法来解决实际问题，是应用结构化分析方法簇的核心。结构化分析方法为此构建了系统化的方法论，来帮助处于各种不确定环境中的分析人员在定性分析时能够依据一系列原则和程序，来高效构建合适的分析框架，减少认知局限和偏见的影响，为分析判断奠定尽可能可靠的基础。

在美国情报革命中，结构化分析方法是情报分析培训项目的核心，在 2004 年的《美国情报改革与反恐怖法案》（IRTPA）中被赋予情报共同体规章的地位，成为美国情报共同体的最新通用工作方法[1][2]。尽管情报共同体的高级分析专家已经使用结构化分析方法多年，但是普通分析人员由于时间和能力等因素的限制，并不能有效地使用该工具，影响了在整个情报共同体的推广。兰德公司于 2016 年对结构化分析方法的使用效果进行了初步评估，认为尽管采用该方法体系的人员仍占少数，但是和传统分析方法相比具有潜在的更高价值[3]。兰德公司作为世界知名智库，对结构化情报分析方法的应用和评估如此理解和推崇，也是源于情报分析方法与智库工作方法具有相辅相成和互相借鉴的特点。对于情报分析人员和智库工作者而言，比聪明更重要的是努力，比努力更重要的是勤奋，比勤奋更重要的是思考问题的能力。这也是结构化分析方法簇的意义所在。

5.1.2 大数据时代的情报分析范式

大数据技术改变了人们思维决策的方式，更加复杂、变化和不确定的决策环境迫切要求情报分析方法体系的适应性创新。大数据分析理念的突出表现是：在数据基础上强调全体数据而非抽样数据，在分析方法上重视相关性分析而非因果分析，在结果上追求效率而非精确[4]。大数据时代，情报分析方法开始关注多源数据之间的比较，或者是基于不同数据源开展情报分析方法比较及应用研究。新环境下的情报分析要打破数据壁垒和数据局限，不仅要正确利用自身产生的数据，还要充分利用外界所有的大量相关数据。针对上述环境变化，情报领域的学者和从业者提出了新的情报分析方法体系。大数

---

[1] CHANG W, BERDINI E, MANDEL D R, et al. Restructuring structured analytic techniques in intelligence [J]. Intelligence & national security, 2017, 33（3）：337-356.

[2] COULTHART S. Why do analysts use structured analytic techniques? An in-depth study of an American intelligence agency [J]. Intelligence & National Security, 2016, 31（7）：1-16.

[3] ARTNER S, RICHARD S G, JAMES B B. Assessing the value of structured analytic techniques in the U.S. intelligence community [R]. Santa Monica, CA：RAND Corporation, 2016.

[4] 汤镕昊. 从"棱镜门"事件看美国的情报监督机制 [J]. 情报杂志，2013（9）：6-10.

据时代，从数据向知识转化的过程，包括了数据获取（收集、存储）、数据处理（数据清洗、转化）、特征提取、数据挖掘（聚类、分类）、评估、知识存储、知识利用（重用、分析、转化、测度和评估）等不同环节。围绕着数据—信息—情报—决策链的不同环节，形成了相应的情报分析方法群。

（1）面向领域应用的多源融合情报

快速发展的互联网、传感器和物联网等多种智能设备产生了越来越多的数据。《数字2019报告》[①]指出截至2019年1月，全球网络用户超过43亿人，超过34亿人是社交媒体用户，其中移动社交媒体用户超过32亿。此外，据IoT Analysis报告[②]，2018年全球联网设备预计达到178亿，其中物联网设备连接数预计达到70亿，而到2025年，物联网设备数预计将达到220亿。互联网的快速发展，使得人类社会的绝大多数信息在网络上产生和传播，包括由政府各部门发布的国民经济数据、人口数据等官方信息，以及各类新闻报道、天气数据、影视文字等非官方信息，同时开放存取运动（Open Access，OA）大规模地兴起，科研成果和学术信息在互联网上的传播也得到了迅速推动与交流，大量科研数据不再受到版权费用和获取权限的限制，智库等咨询机构及学术机构可以更便捷地获取到各种类型的科研数据和学术资料。

在进行网站及社交媒体数据采集时，必须要考虑的一个问题是如何根据已有信息源或关心的信息类型自动发现并采集新信息源，将信息源监控、发现、采集等多项任务自动化、流程化。此外，将大规模多源异构的数据实现高效存储与管理也是数据收集阶段必须考虑的问题，大数据存储系统不仅需要以极低的成本存储海量数据，还要适应多样化的非结构化数据管理需求，具备数据格式上的可扩展性。

李广建等提出应从单一领域情报研究转向全领域的情报研究，实现综合利用多种数据源、重视分析非结构化信息、强调研究的严谨性和智能化。化柏林博士从数据环境、情报流程和决策需求3个方面入手，发现多源融合已经成为大数据环境下情报分析的新特点。在梳理多种情报分析方法的基础上，提出了面向情报流程的情报方法体系[③]。

贺德方指出将工程化思维引入科技情报研究，需要从大数据发展、科研方式转变、方法工具丰富和用户需求变化等方面发展科技情报研究新范式。贺德方提出"事实型数据库＋工具方法＋专家智慧"的综合研究法，基本思路是在信息资源数据库的基础上，

---

① https：//wearesocial.com/uk/digital-2019.
② https：//iot-analytics.com/iot-2018-in-review/.
③ 化柏林，李广建.面向情报流程的情报方法体系构建［J］.情报学报，2016，35（2）：177-188.

针对某些特定问题组织研究队伍，采用系统集成的方法对事实型数据进行深入分析从而发现规律，通过专家智慧提炼出可指导实践的政策建议[①]。吴晨生在北京科技情报所转型实践的基础上，提出了（科技）情报服务3.0，强调在互联网＋大数据背景下新型情报服务的主要特征包括：多源的数据全息化、情报分析的方法集成化、情报生产的智能化和情报推送的服务全纳化[②]。苏新宁指出，面向突发事件应急决策的情报体系应当以大数据环境为基、以情报技术为力、以情报流控制为策、以应急决策为标，并提出了相应的情报分析框架[③]。

纵观国内外的最新研究进展，我们认为：满足决策支持需求是推动多源融合发展的根本动力。决策环境不断增加和变化的不确定性，使得决策者愈发需要高质量的情报支持，而多源情报融合通过相互支持或者验证等方式能够提高情报可靠性，满足了这一点。

依赖特定门类情报、多源情报融合一直都是情报共同体发展的趋势和方向。尽管多数情报机构是以情报收集处理手段来划分的，例如，美国国家安全局主要负责信号情报，国家地理空间情报局主要负责图像情报，但是多源情报融合一直存在于情报分析业务之中。事实上，国家地理空间情报局本身就是分析融合开源情报、信号情报、人力情报和测量与特征情报等生产地理空间情报的机构。而且，看似来源单一的情报收集机构之间实际上同样存在一定的信息共享，例如，信号情报分析师也会融合其他来源情报（被其称之为"附带情报"），生成信号情报产品。21世纪以前，多源情报融合主要是由情报人员依靠人力完成的，发展受限。

当前，大数据分析处理技术的突破性进展为多源情报融合发展提供了技术条件、工作平台和新的发展前景。在大数据技术支持下，多数来源的情报信息均能够以数据形式标记、处理、分析和分发，实现对实体对象特征的深度挖掘和关联分析，使得大规模、近实时的全源情报融合成为可能。而结构化情报分析方法为更大程度上发挥大数据支持下的情报分析，提供了系统化融合多种方法的思维工具。

可以预见的是，新需求、新技术和新方法将赋能全源情报分析融合，为情报业务带来新的发展机遇。

---

① 贺德方.基于事实型数据的科技情报研究工作思考[J].情报学报，2009，28（5）：764-770.
② 吴晨生，李辉，付宏.情报服务迈向3.0时代[J].情报理论与实践，2015，38（9）：1-7.
③ 徐绪堪，蒋勋，苏新宁.突发事件驱动的应急情报分析框架构建[J].情报学报，2017，36（10）：981-988.

（2）大数据背景下的情报信息处理

数据从结构上可以划分为结构化、非结构化和半结构化数据，在进行数据处理时，首先需要将视频、音频、图片及其他非结构化和半结构化数据进行自动清洗和抽取，将其中的知识片段抽取出来，并转化为机器能够读取和处理的结构化的知识，并按照信息资源特点进行组织和入库。区别于传统信息处理和抽取，大数据时代下的信息处理可以利用语义、时空、逻辑等文本或音视频中所包含的高层次知识信息，将隐性知识转化为机器可识别的、具有明确语义的信息，合理地对原始信息进行加工、提炼、评价和组织。

美国列克星敦研究所网站2017年12月7日发表文章指出，以严格控制信息输出的国家为例，提出美国要了解其军事能力、计划和意图具有一定的挑战性。对于情报难收集的国家，美国可利用开源数据定量建模分析方法提升情报分析能力，研判其未来政策选择，预测其未来行动。

通过对开源大数据进行定量建模，可以解决情报难收集的问题。定量分析模型能够深入了解决策制定的内部运行机制；及早发现政策趋势，用以制定获取目标国家或领导人情报的策略。定量分析数据最基本的来源是开源新闻。美国《纽约时报》《华盛顿邮报》等媒体每天发布250～500条新闻，有线电视台和无线电台等平台每天也播出数百条新闻，科技文献也为大数据分析增加了来源渠道。那些情报难收集的国家，对新闻的报道或播出严格控制，导致与之有关的新闻报道很少，但由于其播出新闻都要经过政府批准，所以这些新闻对于情报分析来说同样意义重大。

动态数据统计建模。美国Kingfisher系统公司开发了一种动态数据统计建模方法，可对大数据进行分析，进而用于情报分析。该创新计算平台的工作流程分为3个环节：首先，对世界各地的公开渠道信息进行持续、自动收集，并完成信息提取和存储；其次，利用大型数据库专用解决方案，完成大数据的自动化整合、集成和注解；最后，利用VARYSS计算分析方法，分析特定的情报或政策问题。其中，VARYSS通过分析当前和历史公开渠道信息，识别出与重大事件、战略活动和历史趋势相关的重要线索；通过收集10多年来的开源新闻、技术信息和其他文献，可以对全球性、地区性和国家层面的复杂动态事件进行更好的了解。

探索性数据分析系统使用描述性统计方法建立算法，使用数学公式完成建模，能够解读传统分析方法无法判定的变量间的关系，进而使用基于专门计算模型的统计学和数学分析方法完成更深入的研究，同时使数据分析和综合分析结论得到视觉呈现。

互联网企业在开放信息领域的信息处理方面做了许多工作,并取得了一系列成果。譬如,谷歌知识图谱、百度"知心"、搜狗"知立方"等各类知识图谱产品,集成维基百科等各类百科数据及互联网大规模网页数据,通过自动抽取知识片段、多源数据融合、知识推理等自动处理手段,建立了以实体对象(人、机构、事件等)为核心的大规模知识网络(谷歌知识图谱包含超过5亿个实体对象,超过35亿个属性和相关关系),将存在于网络各处的碎片化知识整合到实体对象中去,从而实现对开放信息领域知识对象准确、详细地描述,并在智能搜索、知识问答等领域得到广泛应用。

(3)面向目标的智能应用分析

面对复杂的大数据环境和战场空间,Weinbaum 和 Shanahan 提出情报机构应当充分利用人工智能技术、云计算平台和公开渠道信息加强跨领域、跨项目、跨门类机器学习能力,充分挖掘情报分析潜力,形成数据驱动的情报分析新框架[1]。作者最后指出,最佳的情报分析源自艺术和科学的结合,因此上述框架为新时代的情报分析方法体系提供了技术工具,应当和其他分析方法相结合。该方法体系建立在美国技术领先的基础上,也极度依赖这种技术领先性。

美国情报共同体已经开始了尝试,通过项目公开招标、风险投资等多种方式广泛引导智库、研究机构、公司等多方面力量参与技术研发和情报工作。通过这些方式,美国构建的国家情报体系能够有效利用多方面力量,有力支撑了美国情报工作的创新发展。兰德公司在2018年报告中指出,现有的开源情报并未得到充分利用,而机器学习和自然语言处理等工具能大大提升情报工作效率,并且充分利用已有的商业工具能够有更多机会为情报共同体带来更大情报价值[2]。美国国防部在2019年报告中指出,人工智能已经在提升情报分析和决策效率中发挥了重要作用,仅中央情报局就开展了大约140项人工智能相关研究项目[3]。此外,情报高级研究计划局(IARPA)作为美国中长期情报科技项目研发指导、管理和实施机构,在智能信息处理、情报分析预测等情报关键领域也开展了一系列包括文本、图像、决策、事件等对象在内的多项研究(表5-1),旨在为

---

[1] WEBIN BAUM C, SHANAHAN J N. Intelligence in a Data-Driven age [J]. Joint force quarterly july, 2018(90): 4-9.

[2] WILLIAMS H J, BLUM I. Defining second generation open source intelligence (OSINT) for the defense enterprise [R/OL]. [2020-08-08]. https://www.rand.org/pubs/research_reports/RR1964.html. Also available in print form.

[3] SAYLER K M. Artificial intelligence and national security [EB/OL]. [2019-06-08]. https://fas.org/sgp/crs/natsec/R45178.pdf.

未来 4~5 年提供先进的情报分析工具。通过这些项目的研发，实现了智能技术在情报工作中的落地和实践，有力地促进了智能技术向情报生产力的转变。

表 5–1 情报高级研究计划局技术研究项目（部分）

项目名称	项目愿景	技术领域	情报业务环节
BETTER	研发增强的语义抽取能力，实现多语言和多问题背景下，对于事件要素的准确识别和抽取	自然语言处理、信息抽取、信息检索、多语言处理等	信息处理
CAUSE	研发测试能够更早地预测和监测网络攻击的自动化方法	网络事件预测、网络行为和文化理解、网络动态事件预测等	分析预测
CORE3D	研发可自动利用多源传感数据产生具有真实物理属性的精确 3D 物体模型的技术，以提高多源传感数据的保真度	多角度卫星图像处理、多源信息融合、深度学习等	信息处理
CREATE	利用众包和结构化分析技术改进分析推理系统，有助于人们更好地理解与结论一致（或冲突）的证据和假设	人类判断、批评性思维、预测技术等	分析预测
DIVA	研发在多摄像头的录像中，人和物体的自动行为检测技术，用于行为提前预判或实时报警	机器学习、物体检测、动作识别、视频活动检测等	信息获取
HFC	研发混合地缘政治预测系统，结合人机功能，实现最准确、灵活、可扩展的预测功能	预测技术、人类判断、机器学习、决策制定、人机交互、文本分析等	分析预测
Mercury	开发自动的信号情报分析方法，以预测/监测政治危机、疾病暴发、恐怖活动、军事行动	机器学习、数据融合、信号情报分析等	信息处理与关联发现
SHARP	加强人类适应性推理和解决问题的能力	认知、人类行为、神经科学等	分析预测

大数据的重要价值在于从纷繁复杂的数据中发现规律并提取新的知识。大数据背景下，数据从产生到应用中间包含数据采集、处理、分析等多个环节，且根据数据源和应用目标不同，采用的模型及相关的处理、分析方法也存在巨大差别，因此，需要建立面向目标的智能应用分析。针对不同的应用需求和使用场景，建立相应的信息资源池，并根据信息资源特点建立相应的信息处理流程，实现在其应用需求下的数据模型建模，实

现当前使用场景下针对其目标的数据智能聚合、处理、分析和应用。

(4) 人机结合的决策生成机制

美国最神秘的大数据明星公司 Palantir 是利用大数据开展情报分析的典型，公司专注于大数据挖掘、处理和可视化分析显示，通过海量数据的整合处理，将特定的人、位置、实体和活动进行关联分析，最终使关系可视化，方便决策判断。其最传奇的战绩之一是发现麦道夫"庞氏骗局"。美国证监会使用 Palantir 的软件，整合了 40 年的记录及海量数据，在进行复杂的大数据分析之后，发现了纳斯达克前主席麦道夫（Bernie Madoff）的"庞氏骗局"。帮助多家银行追回了麦道夫隐藏起来的数十亿美元巨款。此外，Palantir 通过情报分析，为美国抓捕本·拉登提供了重要线索。Palantir 将数据融合至以人为中心的模型，其实质是结合数据、技术和分析师专业能力，将人和计算机完美融合，并将各自优势发挥到极致。

美国国防部的数据到决策项目（Data to Decisions）希望能够最大化数据对人员决策的支持[1]，其研究内容主要包括：一是研究整合感知、认知和决策支持技术或系统，研发具有自主能力的大数据处理系统，使之可以自主作业并做出决策支持；二是研究大数据态势感知技术和工具，为作战行动提供更好的态势信息保障；三是专门研发帮助情报分析人员从多种语言文本中获取情报信息的能力，发现率和准确率的技术指标定位在提高现有水平的二个数据级以上，并促进作战目标、行动和事件 3 类线索分析能力快速同步提升。

Jerome Clauser 认为："情报是经过评估的信息，目的是帮助决策者和计划者做出正确的决定"。靖继鹏等认为"情报工作所要解决的社会问题，就是从浩如烟海并且与日俱增的知识海洋中，提供人们思考与行动所需要的知识，解决知识激增与无知激增的矛盾。情报工作是一种转化工作，使信息和知识转化为情报的工作。"[2] 尽管国内外情报学界存在 Information Science 和 Intelligence Studies 两种 "IS" 的争论，但从功用的角度而言，两者都是为了满足人类特定目的的认知需求。亦即"提供客观和相关的情报支援，帮助用户达成决策优势，是情报共同体永久不变的任务"。[3]

使用以专家系统、知识图谱、数据挖掘、机器学习等为代表的人工智能技术已经成

---

[1] 牛海波，栗琳.智能时代情报工作展望［J］.情报理论与实践，2020，43（1）：12-17.
[2] 靖继鹏，马费成，张向先.情报科学理论［M］.北京：科学出版社，2009.
[3] 王延飞，刘记，赵柯然，等.智能信息技术发展现状、趋势与影响透视［C］//情报学研究进展（第十二卷）.北京：国防工业出版社，2018：117-153.

为助力情报人员提高情报分析效率和质量的重要手段。国防部算法战跨职能团队使用深度学习和神经网络技术为一线部队开发用于目标探测、识别与语境的计算机视觉算法，于2017年12月在中东的行动中显著提高了无人机收集视频情报的"处理、利用和分发"的能力，有力支持了战场指挥官的决策。

大数据分析平台"哥谭"是美国情报共同体最新采用的情报人员工作系统。该平台一方面把人工智能算法和强大引擎相结合，形成了具有精准搜索和挖掘功能的搜索引擎；另一方面通过帮助合并、管理、保护和分析大量数据，能够对语义、时间、地理空间和全文本等信息数据继续深度挖掘和关联分析预测，为全源情报融合分析提供了良好的技术环境。该平台在美国2011年击毙本·拉登的行动中和阿富汗战场上都发挥了重要作用。

2019年1月，美国国家情报总监办公室发布《运用机器强化情报计划》，确定通过人工智能和流程自动化等技术优势强化美国情报优势的AAA战略，标志着发展人机结合的决策生成已经成为美国情报共同体的最新目标之一。该计划作为美国情报共同体首份指导人工智能技术应用于情报领域的国家战略，有助于情报共同体在各方面与人工智能技术的融合，推动情报工作升级甚至产生巨大变革。

5.2　智库工作的研究方法

智库为政府实现科学决策展开咨询，广泛采用定性、定量和混合方法。在定性分析方面，历史研究和案例分析是智库采用的代表性定性研究方法。但定性分析容易受到专家认识的限制。定量方法包含了大量数据分析和假设验证，往往需要严格的适用条件，难以全面考虑国家战略问题和公共管理问题中的多样化不确定性因素，因而应用受限。因此，智库从实际工作出发，发展出了包括德尔菲法、模糊评价法等在内，融合了定性和定量研究成果的混合方法。这些方法既保障了智库决策咨询的效果，方法本身也是智库的重要研究成果。从智库工作的内容看，在对研究领域长期追踪分析的基础上，需要完成预测规划、方案优选、发展评估等研究。根据研究对象的性质特点，可将研究方法大致分为3类。一是预测规划类，主要针对未来战略环境、技术趋势、战略风险预判等问题。典型方法有系统分析法、战略推演法（对抗各方就政治、经济、军事等问题进行模拟推演，分析研究态势不确定性）、情景分析法（构建多种分析背景，研究演变趋势，提出策略手段）、贝叶斯法（基于概率统计的可能性预测）等。二是优选类，主要针对作战方案、重大采办项目排序择优等问题。典型方法有效费分析（构建全寿命费用模型、效能模型等，求解效费比）、探索性分析（对所有可能的问题求解方案，进行大样本分析）、德尔菲法（专家调查法）等。三是评估类，主要针对战略环境、规划计划评价分析等问题。典型方法有净评估法（主要是通过对比分析，扣除敌我对等因素，找出双方优势和薄弱环节）、打分卡法、价值中心法（通过价值分析建模，进行重要度评估）、层次分析法（基于层次分解的方案评估）等。

5.2.1 预测规划类方法

智库在长期追踪分析研究对象的基础上，需要科学预测其发展趋势，从预期目标、重要方案和措施等方面做出相关领域长期规划。在此过程中，智库逐渐形成了以系统工程方法为代表的预测规划类方法。

（1）系统分析方法的主要目标，是找到以最小投入获得最大战略回报的可能途径

系统分析方法来源于系统科学，主要将决策支持所需要的要素集合抽象为系统，发现复杂系统薄弱环节并加以利用。系统科学是20世纪40年代以后迅速发展起来的一个横跨各个学科的新的科学部门，它从系统的着眼点或角度去考察和研究整个客观世界，为人类认识和改造世界提供了科学的理论和方法。它的产生和发展标志着人类的科学思维由主要以"实物为中心"逐渐过渡到以"系统为中心"，是科学思维的一个划时代突破。系统分析是一种研究方略，它能在不确定的情况下，确定问题的本质和起因，通过目标研究，提供可选择的军事、技术、经济的解决方案，尽可能多地采用定量分析工具与手段，通过权衡利弊，对可选方案进行比较，结合专家经验判断，帮助决策者在复杂的问题和环境中，做出科学抉择，以寻求保证国家安全的最佳整体效益。系统分析是一大类具体方法、工具的统称，同时它更是一种提供全局视角的思维理念。它从系统的着眼点或角度去考察和研究整个客观世界，将决策支持所需要的要素集合抽象为系统，通过系统目标分析、系统要素分析、系统环境分析、系统资源分析和系统管理分析，发现复杂系统薄弱环节并加以利用，从费用和效果两个方面进行综合评价，找到以最小投入获得最大战略回报的可能途径。

系统分析方法概念提出后，美国军方认识到该方法可能蕴含的价值潜力。至今，美国已将系统分析方法运用于军事战略、部队结构、国防预算、武器采办等多个领域各类复杂问题的决策分析，取得了明显成效。

系统分析沿着战略制定和资源配置两条明显不同的路线得到迅速发展。在战略制定方

面，主要由美国国防部净评估办公室牵头研究，围绕大国战略竞争和保持长远优势需要，重点采用净评估方法和力量推演方法，对比分析双方优势弱点，推演分析战略环境可能发展走向，预测分析新兴装备技术应用潜力和对战争形态的影响。在资源配置方面，由美国国防部系统分析办公室牵头设计一套提高资源配置优化水平的制度体系和方法工具，于1963年构建规划计划预算一体化系统，即PPBS，2005年拓展为规划计划预算执行一体化系统，即PPBES，将需求生成、规划资源、采办管理等三大环节横向有机融合。

(2) 战略推演法是一套自动化多场景分析系统，为战略分析提供一个新的框架

20世纪70年代，冷战进入高峰期，核战争一触即发。美国国防部投入大量人力物力用于评估美苏间战略力量平衡。随着战略分析的发展，国防部越发感到分析工具和方法的不足。1978年8月，美国国防科学委员会对美军战略平衡分析评估能力做了一个全面评估，在最终评估结果报告中建议开发一个以"兵棋推演"为基础的分析方法，以弥补当时分析方法所存在的不足。之后，美国国防部正式批准由净评估办公室总体负责该分析方法的研究与开发工作。在经过一番比较后，兰德公司的方法最后得到了采用。在国防部净评估办公室的支持下，兰德公司国防研究院在1979年成立了兰德战略评估中心（Rand Strategy Assessment Center），负责研发该系统。

兰德战略评估系统（RAND Strategy Assessment System，RSAS）是一套自动化多场景的全球战争模拟兵棋推演和分析系统。最初开发这个系统的目的是为了改进战略分析的方法，为战略分析提供一个新的框架。该系统率先将人工智能和作战建模技术用于兵棋推演，是美军最早的一套自动化、电脑化模拟推演系统。该系统及其后续版本——联合一体化应急模型（Joint Integrated Contingency Model，JICM）不仅为美国国防部净评估办公室和其他军事部门提供了一套有力的战略研究和战略指导的分析工具，还为各军种提供了高效的作战训练和学习分析工具。

兰德公司根据美国国防部的总体需求，结合自身在分析与建模领域长期积累的智力与技术优势，围绕自动化兵棋推演、基于规则的建模、军事行动分析结构化、互动型部队作战建模等4个方面，逐步形成了独特的"兰德方法"。在此设计思想的指导下，经多年努力，逐步形成了代表苏联行为的计算机模型（红方）、代表美国行为的计算机模型（蓝方）、代表非超级大国的计算机模型（绿方）、用于跟踪世界军队并判定战斗结果的计算机模型和数据库（军方）、用于判定各种自动操作活动的时间和安排各方使用信息及编辑推演记录的内勤模型（系统监视器），以及支撑系统运行的相关数据库、软件工具等。

RSAS经过多年努力得到了不断完善，它力图将"政治—军事兵棋推演"与分析建模

二者的最佳特性相结合，从而提高战略分析人员的分析能力。RSAS 从最初的"优化战略分析方法"，一直到其替代品 JICM，主要经历了计划与示范阶段版本（MARK I）、半自动化阶段版本（MARK II）、作战原型研究阶段版本（Mark III）、3.0 版本、3.5 版本、4.0 版本、4.6 版本和未正式发布的 5.0 版本等几个发展阶段。RSAS 和 JICM 两个系统已经被广泛用于美国国防部净评估办公室、海军战争学院、海军研究生院、国防大学等部门和机构，以及其他国家一些机构。RSAS 曾被用于美苏战略平衡的研究、欧洲常规武装力量和封锁分析、净评估办公室的朝鲜半岛军事平衡分析、海军战争学院等的模拟推演。

随着"兰德系统"（RSAS 和 JICM）在美国各军事部门及情报部门长达 30 多年的广泛使用，"兰德方法"评估框架、评估模式、评估思维也广为流传，深深影响着美军分析人员的思维模式，对美军战略平衡研究、战略分析方法以及后续美军各种计算机兵棋推演系统都将有着深远影响。

（3）情景分析法是根据已知的基本力量，设想未来局势的可能前景

情景分析法是根据已知的基本力量及其结构、带来变化的关键因素和重大的不确定因素，设想未来局势的可能前景。"情景"一词最早出现于 1967 年 Kahn 和 Wiener 合著的《2000 年》一书，是对事物所有可能的未来发展态势的描述，既包括对各种态势基本特征的定性和定量描述，同时还包括对各种态势发生可能性的描述。情景分析法，与想定作业法类似。20 世纪 60 年代，美国战略学家康恩率先将军事想定作业的思路用于核战略研究和商业管理领域，后来这一方法被普遍用于管理和战略研究领域。它是"根据已知的基本力量及其结构、带来变化的关键因素和重大的不确定因素，设想未来局势的可能前景"。

场景也称剧本，就是"关于各种可能的未来的故事"，呈开始、发展和结束 3 段结构，在军事想定中用以描述规划战争、作战"假如设定"的发展过程，构建"概念模型"，提出对"塑造未来动态力量"的基本看法，更加清晰地呈现事件整体发展模式、相互关系及内外影响，有效界定范围、领域及因素，聚焦资源等。

1991 年，在美国主导的北约多国快速反应部队兵力设计中，国防系统分析人员创立了"参量化想定"的概念，使其在多达 27 种作战情况下得到"可接受的效能"；美军战略净评估以 SWOT-CLPV 矩阵分析基本模式，最常用的分析手段就是场景分析法；2008 年，美国国家情报委员会发布《2025 年全球趋势报告》，对全球政治、经济、军事、社会等领域未来十几年的发展趋势做出判断，是美国战略规划的基础。该报告以场景分析为主要方法完成，重点关注了一些关键因素，提供分析这些因素之间多种可能的相互作

用方式，描绘出多种可能的未来情景。在该报告的"场景设计"阶段，有 40 多个国家和地区的 200 多名专家参与。

2010 年，美军在《四年防务评估报告》中提出了"空海一体战"的新作战概念，作为应对"反介入"和"区域拒止"战略而提出的反制措施。"空海一体战"的概念运用了场景分析法，以中美军事冲突为场景想定，根据已知的双方基本力量及其结构、带来变化的关键因素和各重大不确定因素，设想未来局势的可能前景。

5.2.2 优选类方法

政府决策和公共管理往往涉及多个利益相关者，形成立场各异的多种方案。智库需要就决策事务形成资料集，识别多类别关键因素，据此判断不同方案的优劣，并制定相应方案的实现路径。在该过程中形成的就是方案优选类方法。

(1) 效费分析法是对所研究对象的效能与费用进行系统的分析

效费分析法是在 20 世纪 50 年代以后首先在美国产生的，其要求在完成既定效能任务的前提下，把费用减少到最低限度。效费分析法的基本思想是：通过各相关领域的协作，对所研究对象的效能与费用进行系统的分析，不断创新，提高效能，达到降低消耗的目的。以效能分析为核心，进行定性和定量分析，寻求效能和资源的合理匹配，以减少寿命周期费用，可靠地实现必要的效能，增强产品的竞争能力和应变能力。资料统计表明：1964—1972 年，美国国防部由于开展效费分析活动节约军费开支数十亿美元。1993 年，美军对爱国者 PAC-3 开展了效费比分析，解决了有关作战空间和火力效应等问题，效费比分析结果将促使陆军采购审查。美国总统签发的行政命令 12291 号、12866 号、13563 号，要求行政机关对主要规章的制定必须进行效费分析。

(2) 探索性分析方法，可以深入理解各种不确定因素对于特定问题的影响

探索性分析方法主要用于复杂系统的理论分析中遇到的存在大量不确定变量，难以对具体系统或者方案进行优化设计的情况。随着计算机技术的发展，出现了一种可以较好地解决这类问题的系统分析方法，即探索性分析方法，其基本思路是通过考察大量不确定条件下各种方案的不同结果，理解和发现复杂现象背后数据变量之间的影响关系，并广泛试探各种可能的结果。通过探索性分析，可以深入理解各种不确定性因素对于特定问题的影响，全面把握各种关键要素，探索可以完成相应任务需求的系统的各种能力与策略，寻求满意解及后续调整方案。它强调在输入与输出之间进行双向探索来分析解的变化规律，寻找满足不同需求的多种解决方案。其核心问题是不确定性因素处理，全

面尝试不同的因素组合下问题的结果,再从中分析不确定性因素与问题结果的内在关系,进而给出对各种不确定性因素具有鲁棒性的方案。

探索性分析方法是兰德公司于20世纪90年代提出的一种定量系统分析方法,就是对各种不确定性要素所产生的结果进行整体研究。探索性分析结合了人的分析能力与计算机的快速计算能力来探索假设空间中的各种可能假设,其中每一个假设代表了某一个可能对结果产生影响的策略选项。探索性分析是一种面向高层次系统论证的分析方法,其目标在于通过理解系统中存在的不确定性对所研究系统的潜在影响,为战略决策的制定和修改提供定量化的依据。

(3) 德尔菲法适用于缺少信息资料和历史数据的信息分析与预测

德尔菲法建立在众多专家的专业知识、经验和主观判断能力基础上,适用于缺少信息资料和历史数据,而又较多地受到其他因素影响的信息分析与预测。德尔菲法是美国兰德公司于1964年发明并首先将其应用于预测分析的,是以古希腊城市德尔菲命名的规定程序专家评估方法。德尔菲法是一种群体决策行为,具有匿名性、反馈性和统计性的特点。德尔菲法通过一个多次与专家交互的循环过程,使分散的意见逐次收敛在协调一致的结果上,充分发挥了信息反馈和信息控制的作用。德尔菲法主要有两个功能,即预测和估计未来未知事件。常用于对预测数据和领域发展意见一致性的决断。通过预测未知变量,决策者可以根据目前情况制定针对性战略。兰德公司在其众多的报告中采用了德尔菲法。随着国家关键技术选择与技术预见的日趋重要,德尔菲法在其中得到了更充分的运用,如在日本的多次技术预见中德尔菲法一直作为其中的重要方法。德尔菲法在世界很多知名智库的战略情报机构中得到了广泛的利用。

5.2.3 评估类方法

智库需要遵循一定标准原则,对政策执行人员、过程和活动等进行评估咨询,具有明确的价值导向和判断性,往往具有针对分析、比较分析、证据形成和过程控制等作用。在此过程中,智库形成了相应的评估类方法。

(1) 净评估法弥补了传统"系统分析"方法只注重量化指标的缺陷

净评估(Net Assessment)概念是20世纪70年代由美国人安德鲁·马歇尔创始,并被美国国防部采用。作为一种战略分析辅助手段,它通过对美国和对手在某军事领域的短期和长期竞争形势进行对比分析,为决策者制定战略决策提供全面、客观的参考依据,经济学中的SWOT分析模型也经常用于净评估研究,能够将一些重要但是难以量化的因素纳入分析范围。

净评估法最初是冷战期间美国决策者了解美苏军力平衡、制定安全战略的重要分析工具。美国国防部于 20 世纪 70 年代初设立"净评估办公室",最初目的是对美苏军事平衡的发展趋势进行研究,后来净评估的研究范围扩展至武器装备、作战概念及部队效能等领域。净评估办公室对美苏在军事投资方面的分析促使卡特政府做出努力以扭转美国军事开支下降的颓势,几项重大研究报告使国防部高层对战略核平衡的认识产生了深刻影响,其研究成果被第 59 号总统令等重要政策文件采纳。

近年来,净评估法被广泛运用于热点问题分析,如外空间军事化、反恐战争、东亚地区的军力平衡等领域。

(2) 层次分析法能实现决策者定性判断和定量分析的结合

层次分析法(AHP)是由美国运筹学家托马斯·萨第教授于 1971 年提出的,整个流程符合人的决策思维过程,极大地提高了决策效率。层次分析法是一种层次化、结构化的决策方法,它能实现决策者定性判断和定量分析的结合,且具有简洁性、普遍性,因此得到了广泛的应用。层次分析法的基本思想是"先分解再综合",首先对问题所涉及的各因素进行分类,全部因素分为目标层、准则层、方案层,找出相互关系,构造一个有序的递阶层次结构,然后通过决策者对各因素的重要程度比较判断,计算各决策方案在不同准则及总准则下的相对重要程度,最后得出决策方案的优劣排序。整个流程符合人的决策思维过程,极大提高了决策效率。层次分析法的提出就是为美国国防部解决"根据各个工业部门对国家福利的贡献大小而进行电力分配"这一课题。在作战需求分析、战术网络的评估、空军多个物资的采购等过程中,都大量用到了层次分析法。

(3) 价值中心法是一种用定性和定量相结合的手段进行系统分析的方法

以价值为中心的决策分析方法(VFT)是 20 世纪 90 年代由美国南加利福尼亚大学的 RalphL.Keeney 提出的一种新的创造性决策分析方法,一种用定性和定量相结合的手段进行系统分析的方法。其基本的出发点是,潜在的价值观是指导人们进行决策和行动的关键因素。自该方法诞生以来,在美国,特别是在美国空军的战略决策分析领域得到了广泛应用。1994 年美国空军首次采用 VFT 方法开展了"空间投送 2020"发展战略研究,重点研究未来空间作战中的各种系统概念及相关的支撑技术。在此基础上,美国空军又于 1995 年组织 200 多名军事技术专家,历时一年多的时间开展了"空军 2025"发展战略研究。该项研究以"全面获得空中和空间优势"为目标,采用 VFT 方法建立了包括 1 个总目标、3 项职能、8 项任务、29 项子任务和 134 项兵力属性的价值模型,在此基础上分析评估了未来 30 年美国空军提出的各种系统概念和关键技术。

5.2.4 其他方法

智库一般都针对特定领域决策展开咨询工作。服务对象的差异使得不同智库往往具有一些特色性方法。比如，经济领域智库大量采用了经济学的经济计量学方法。

(1) 指标和指数类方法

指标体系和指数类方法要发挥其作用，需要开发一套科学的、恰当的指标体系或指数，以对研究问题进行准确刻画和评价分析。世界著名智库开发的指标体系和指数类方法非常多，评价各国人类发展进步状况的，如联合国开发计划署（UNDP）的"人类发展指数"；评价各国创新能力和发展竞争力的，如瑞士洛桑国际管理学院（IMD）从 1989 年开始开发的"世界竞争力指数"，世界经济论坛（WEF）从 2004 年开始开发的"全球竞争力指数"，欧盟从 2001 年开始开发的"欧盟创新记分牌（EIS）指数"，世界知识产权组织（WIPO）与英士国际商学院（INSEAD）及康奈尔大学从 2007 年开始联合开发的"全球创新指数（GII）"等[①]。在指标体系创新方面，OECD 是最著名的机构，根据研究工作的需要研究设计了一系列指标体系，其中科学技术指标研究最广为人知，也被全世界的研究人员和科技管理人员所使用。

(2) 模型类方法

离散选择模型是一种用于分析和预测人类个性和不同品质如何影响人们选择的分析框架。离散选择模型是一种理解人们如何进行选择的方法。它提供了一种用于分析和预测人类个性和不同品质如何影响人们选择的分析框架。该模型由六部分组成：传输部分、健康部分、邮寄部分、评价研究、劳动力市场模型和消费者需求。离散选择模型的理论基础是经济学中消费理论与心理学中选择行为理论。离散选择模型以效用函数为出发点，假定被调查者会从各种可能的备选方案中选择效用最大的方案，即带给被调查者最大满足感的方案。在实际应用中，离散选择模型通过模拟真实环境来进行测试。通过在被调查者的选择和备选方案属性水平之间建立的方程，可以计算出备选方案不同属性水平对被调查者效用的贡献，进而推导出不同属性对被调查者的重要程度。离散选择模型方法实施步骤可分为 4 个阶段，具体包括：离群选择模型设计、数据收集、数据处理与分析、结果应用与验证。离群选择模型的优点之一在于结果能反映竞争环境下消费者

---

① 张志强，苏娜. 国际一流智库的研究方法创新 [J]. 中国科学院院刊，2017，32（12）：1371-1378.

对产品的偏好。可以根据市场的真实情况设置属性水平，获得更符合实际情况的模拟结果。另外，可由市场真实信息来大致验证离群选择模型测试结果的有效性。

博弈论是研究国与国之间，乃至机构之间竞争与合作的基本方法。囚徒困境是1950年美国兰德公司提出的博弈论模型。两个共谋犯罪的人被关入监狱，不能互相沟通情况。如果两个人都不揭发对方，则由于证据不确定，每个人都坐牢一年；若一人揭发，则揭发者因为立功而立即获释，沉默者因不合作而入狱5年；若互相揭发，则因证据确实，二者都判刑2年。由于囚徒无法信任对方，因此倾向于互相揭发，而不是同守沉默。囚徒困境是博弈论的非零和博弈中具有代表性的例子，反映个人最佳选择并非团体最佳选择。虽然困境本身只属于模型性质，但现实中的价格竞争、环境保护等方面，也会频繁出现类似情况。

5.3　情报分析与智库工作方法对比

传统的智库工作与情报工作有着密不可分的关系，而且，随着情报工作在决策中的作用日益凸现，智库工作和情报工作正在呈现出一种融合发展的态势。实际上，情报工作中使用的许多分析方法借鉴了智库工作方法，而一些情报分析方法也在智库工作中得到了充分运用。

5.3.1　情报分析方法与智库工作方法的共同点

（1）重视多源信息的融合

对于情报机构和智库而言，能否得到准确、全面的信息是其能否生存的前提。一方面，国外的相关机构都很重视通过人际网络、开源收集、特殊渠道、交换共享、商业购买等多种方式获取大量、全面的信息数据，建设了自己的图书馆和专门的情报信息网络。比如，美英法等一些国家的政府都通过驻外使馆、贸易部、联合国等国际机构取得了有关国外咨询业务或项目的所有情报，再通过其国内有关部门传递给国内的各情报机构和智库。

另一方面，情报机构和智库都很注重根据决策者群体的需求，有针对性地定向收集相关信息。在多年定向收集积累的基础上，很多知名情报机构和智库建立了各种独立图书馆和各类专业数据库，如布鲁金斯学会、斯德哥尔摩国际和平研究所、野村综合研究所等多家知名机构都建立了独立的图书馆，并提供各类专业的图书、报纸、期刊和电子资源等数据资源；美国国家经济研究局建设内容丰富的各类数据库，包括经济、医疗数据、人口与生命统计、专利等数据库，并配有专门的信息技术专家提供技术服务。

有针对性的定向收集为少数决策者定制生产，往往集中在高价值的单个事件、设施或者个人上，需要涉及的情报信息类型来源多样，同样需要广泛的加工和开发。对于最为高附加值的任务，情报分析者和智库研究人员可能也会参与定向收集。

(2) 重视多学科方法的应用

多学科、跨领域研究能力是现代智库具备的重要特征，因此许多智库均十分注重多种研究方法的综合运用。智库研究方法的综合运用体现在多个方面，包括随智库工作需求而不断将其他领域方法纳入知识研究，将多个学科进行融合以应对日益复杂的决策需求，以及将传统的以专家智慧为主的定性分析方法，与现代分析方法与技术的定量分析方法相结合等。

20世纪以来，边缘学科、横断学科、综合学科的不断涌现和软科学的兴起，不仅揭示了现代学科的相互渗透、交叉融合的趋势，还展现了丰富多彩的跨学科研究方法，这些方法不但加强了科学研究思维和活动，更成为新的科学创新活动中的行动指南。由于智库工作所服务的政治决策及重大经济问题抉择一般都与经济增长、政治稳定、劳动就业、社会福利、大众文化等领域相关，所以单纯的基于某一单独学科的决策咨询研究已经无法满足决策者的基本需求，只能有目的地将多学科及从事各门学科研究的研究者组织起来，协同作战，才有可能取得研究的进展和突破，进而产生了应用多学科方法开展综合性、系统性研究的现实需要。因此，为了适应新兴决策需求，多学科方法融合已成为各类智库开展研究的必然选择。

随着现代智库的形成与发展，以及智库研究方法的不断演进，美国做出了重要贡献。第二次世界大战结束后，美国国际地位迅速上升，为美国智库快速发展提供了适宜的土壤，在这一特殊历史环境下，一大批智库类研究机构相继成立，以兰德公司为代表的现代智库逐渐在美国兴起。这些新兴的美国智库界不仅继承了第二次世界大战时期的情报分析方法，而且还与时俱进地吸收了定量社会科学的最新成果，形成了越来越规范的研究方法体系。

(3) 定性研究和定量研究的综合

长期以来，大多数智库工作均需要研究人员的创造性思维，定性分析仍是两者产出成果、服务决策的重要研究方法。随着决策需求的日益复杂，智库工作单纯依靠归纳演绎、逻辑推理和综合分析等定性分析已难以适应决策需求的不断变化。定量分析是采用数学方法来描述事物的抽象本质和内在规律，为情报分析提供数量依据，侧重于分析模型的建立和求解。由于它具有逻辑推理的严密性，描述的精确性，形式的简洁性，因此定量分析在智库工作中起着十分重要的作用。同时，随着现代信息技术和数字化技术的不断发展，数据和相应的分析方法工具的可用性不断提升，将定性研究和定量研究进行综合运用已成为现代智库工作的重要趋势。但尽管如此，由于定性分析在把握决策需求的目标和方向、鉴定数据、建立分析指标体系、阐述定量分析的结果和意义等方面的作用无可替代，因此在智库工作的过程中也不能忽视定性分析。而且，一些新的分析方法和工具也逐步将两种方法集成为一体，为智库工作提供了更加有力的方法工具。

5.3.2　情报分析方法与智库工作方法的不同

国际一流智库重视研究方法的创新有多种原因：智库从产生之初就具有了研究方法创新的基因；研究方法创新是一流智库生存和发展的需要；同时，研究方法创新本身也是一流智库的重要成果产出。①随着信息资源的数字化和网络化，不同智库公共信息资源的差别日益减少，竞争的焦点逐渐从传统的信息资源优势转向了特色的资源、创新的方法、工具和服务手段等领域，使得智库的竞争产生了本质的变化。智库工作在研究方法的创新上主要表现在两个方面，一是提出和发展新的研究方法，二是对现有方法的改进和完善。

（1）智库新方法和分析工具更多与"提出解决方案"相关

智库的研究方法不是一成不变的，要随着解决问题的精度、深度和广度不断发展，因此方法的创新是智库形成高质量政策研究成果的主要学术支撑，也是智库的主要成果产出的有机组成部分。智库重视研究方法创新，也是由智库的特点决定的。

全球管理咨询公司麦肯锡咨询公司自1926年创立以来发展和完善了结构行为—业绩模型（S-C-P）、战略地位与行动评价矩阵、定量战略计划矩阵、价值树等诸多分析方法，并开发了将其拥有的用强大数据进行分析的软件，如Periscope、ClickFox、Finalta、Spotlight等，为美国的军事、政治、经济政策的制定提供了巨大的智力支持。全球最具权威的IT研究与顾问咨询公司高德纳咨询公司，其研究范围覆盖全部IT产业，就IT的研究、发展、评估、应用、市场等领域，开创了包括魔力象限、MarketScopes、供应商评级、市场占有率分析等研究评估方法，通过这些方法将数据进

---

① 张志强，苏娜. 国际一流智库的研究方法创新［J］. 中国科学院院刊，2017，32（12）：1371-1378.

行分析，为客户提供客观、公正的论证报告及市场调研报告，协助客户进行市场分析、技术选择、项目论证、投资决策。

兰德公司从策划成立就具有了方法创新的基因，但其对研究方法的应用和创新，又绝不同于其他植根于社会科学研究和研究方法的智库，其脱离了学术导向性模式，而是开辟了智库"研究与开发"模式的先河，并因此被许多机构追捧。兰德公司独创了预测和决策分析的一系列方法和模型，包括预测类方法、系统分析方法、决策类方法和其他方法等。兰德公司的研究方法创新无疑为成就其在全球智库界的盛名发挥了重要作用。

兰德公司将研究方法的创新作为一项重要任务，并在组织结构上专门设有"Pardee研究生院与新兴政策研究与方法部"，设立6个研究方法中心负责开发公共政策研究中所需要的各种创新性的、跨学科的研究方法和工具，用于满足公共政策研究对新方法论和工具不断增长的需求。6个研究方法中心包括：兰德应用网络分析与系统科学中心——可视化、网络指标与描述性统计、网络统计模式模型；兰德定性和复合方法中心——半结构化访谈与聚焦、文化域分析、基于术语的主题方法、语料库；兰德博弈论研究中心——博弈、仿真、建模；兰德因果推理研究中心——双差法（Difference-in-Difference）、工具变量（Instrumental Variables）、偏好计分、随机学习、回归不连续性（Regression Discontinuity）；兰德不确定情况下的决策中心——预见、决策支持、思维模型、行为试验、模型与行为试验；兰德可扩展计算与分析中心——现代大数据技术（Infrastructure）、算法（Algorithms）、蕴含（Implications）。

智库开展高质量的政策分析需要开发和应用科学的研究方法。随着20世纪以来自然科学和社会科学研究模式和方法体系的日益成熟和完善，新的研究方法的创新越来越困难。因此，尽管原创性研究方法是国际一流智库追求的目标，但更多的智库采用的是根据解决问题的需要，对已有研究方法进行改进和完善、集成和整合应用。

中国科学技术信息研究所提出了"事实型数据+专用方法工具+专家智慧"的科技政策研究方法论，该方法论是一种综合集成的方法，将专家智慧、事实型数据资源、文献资料和计算机技术进行了很好的结合。这种以人为主、人机结合的系统集成方法不仅能很好地体现社会科学研究自身的特点，还最大限度地避免了研究个体的某些缺陷对整个研究造成的负面影响，在评价型情报分析研究领域具有很高的推广应用价值。该方法论的基本思路是，在建立和累积、更新信息资源数据库的基础上，针对某些科技问题，组织研究队伍，采用各种定量与定性相结合的系统集成方法，对事实型数据进行深入分析，从中发现某种现象、规律，继而通过专家智慧，提炼出可指导实践的政策建议。

(2) 情报机构新方法新工具更多围绕数据挖掘与分析的方法与技术

情报分析是整个情报过程的核心，决定了情报机构能否完成为决策提供情报支持的使命，利用人工智能技术加强情报能力，实现人机结合的决策新机制是情报机构发展的新方向。情报流程离不开需求、收集、处理、分析、分发等方面，下面从这些方面展开论述。

传统情报流程中，来自决策者或者情报分析者的情报需求往往指导情报收集环节。而大数据分析技术能够通过异常检测和关联算法在海量数据中辨别一般趋势和发现异常，使用数据挖掘能力识别多类型数据集中感兴趣的实体目标，从而发现新的情报需求，甚至改进自己的收集工作。这种潜在关联数据驱动的模式能够跨越不同机构的信息系统，并且不受情报人员固定思维的局限，可以更好地发现"人员尚未意识到的问题"，为减少情报视差提供了更好的机会。

大数据技术深刻地改变了情报信息处理和开发环节。现代采集平台集成了收集和处理工具。由 BAE 公司生产的 Taranis 无人机能够通过传感器收集多种类型数据，在处理器处理、分析后，可以根据目标行为特征识别潜在威胁，并向一线作战人员发出预警。此类基于活动的情报"整合多元数据，围绕人员、事件和活动等对象的关联，发现并表征模式，从而帮助识别变化与异常，从而更好地支持分析"。

情报研究方法更趋于智能化。传统的情报研究方法主要是基于文献、基于数据、基于组织、基于专家、基于认知等，在大数据环境下，情报学研究方法的定位更趋于智能化，更加侧重于从静态知识内容组织向基于用户认知的交互行为发展，从面向过程的信息资源管理研究方向转向以知识、智能为研究核心的方向发展。在新的环境下，情报研究方法不仅要借鉴其他学科的理论方法，更应该将情报学原有的研究方法创新应用到其他学科，以扩大情报学研究方法的影响力。当下，人工智能、机器学习、深度学习等技术为我们提供了可借鉴的研究方法，未来的情报研究更应该面向统计、面向挖掘、面向发现、面向预测，结合多种定量和定性分析方法提升情报的精度和效率。

而人机结合的决策新机制提高了情报工作质量。具有人工智能技术的工作平台一方面为情报分析人员提供更强大更高效的信息搜索引擎；另一方面通过深度挖掘算法帮助情报分析人员更好地实现多源情报融合，同时可以助力情报人员洞察力的长期发展。情报分析人员将大数据分析结果和情报任务背景相结合，和小数据或者具体案例相结合，从而形成质量更高的情报产品。中央情报局数字创新副主任安德鲁·霍尔曼（Andrew Hallman）说，他的机构能够改进预测，"以至于能够预测到 3~5 天内社会动荡和社会不稳定的发展"。

在情报分发环节，在大数据分析基础上的可视化工具帮助情报人员更高效地共享和传递情报信息，促进明智的决策。比如：卡特中心利用 Palantir 公司的软件，对叙利亚 7 万多起冲突事件的大数据进行处理分析，开发形成了一张互动地图来展示多个武装集团之间不断变化的关系和难民的流动，实现了动态追踪叙利亚冲突的演化预测。

应当看到，大数据技术无法考虑广泛的背景，也无法检测社会工程等骗局，需要和人的智慧相结合才能发挥最大的功用。可以预测，大数据技术很适合解放情报分析者来做自己擅长的事情——思考、提问和对复杂情况做出判断。培养具备创造力、直觉、使用大数据技术和科学思维方法的新型情报人员队伍将成为情报工作发展的真正核心动力。

5.3.3 情报分析方法在智库中的应用

智库工作方法多是根据解决问题的需要，对已有研究方法进行改进、完善和应用，有些是为了解决研究问题的各种方法的集成整合应用。我国的传统智库大多是社会科学领域的，其研究方法长期都是定性研究占主导地位，主要依靠文献综述、个人经验、专家智慧开展研究工作。在数据驱动的科学大数据新范式环境下，必须改变传统的研究模式，建立数据驱动型智库研究的新范式。不能再仅仅依靠文献综述，而是要依靠基于长期积累的专门数据库及其计算分析方法，基于事实、数据、案例、模型、模式进行实事求是地计算与分析，得出有理有据的政策规划、政策建议，这才是中国特色新型智库建设成功的基础。

(1) 重视特色研究资源的建设

随着近年来信息资源数字化、网络化的不断发展，智库间公共信息资源的差别日益减少，智库越来越重视利用特色数据资源，以及创新的方法工具开展定量的、客观的研究。实际上，国外许多著名的智库，除了拥有丰富的公开数字化信息资源外，通常都拥有其自身特色的信息资源数据库，将公开渠道难以获得的一些特殊信息资源集中成机构内或只允许授权使用的专有信息资源。许多国外智库均十分重视特色数据资源的建设，并将其作为开展研究的重要基础支撑，一方面可以为开展相关研究服务；另一方面也是保持机构竞争优势的重要因素。

兰德公司与美国自然科学基金会开发的 RaDiUS 数据库、欧盟联合研究中心（JRC）下属未来技术研究所（IPTS）与欧盟委员会研究理事会联合开发的 ERAWATCH 数据和日本的科技振兴机构（JST）开发的 Read 数据库等，都是知名智库特色数据资源的典型代表。加拿大科技信息研究所在信息资源建设的过程中，除了公开出版物数据库外，还特别注重科学技术报告、会议论文、计划和规划、年度报告、案例库等多种形式的信息资源数据库的建设。

（2）重视研究方法的系统化平台化

在特色数字化信息资源建设的同时，将资源、研究方法和研究工具整合形成系统的研究平台也是当前智库工作的一个重要发展趋势。国外的许多智库机构均在其数字化信息资源的基础上，将分析方法、模型和工具整合到系统的分析平台上。

如乔治亚科技政策评估中心 TOA 系统是科技政策与评估中心专门面向技术分析与预见开发的分析系统，该系统由数据收集、数据处理、数据分析与结果可视化 3 个基本功能模块构成。加拿大科技情报研究所专门构建了其专利分析平台，借此实现对专利信息的深度挖掘分析。兰德公司结合 RaDiUS 数据库开发建设了 ECRIS 信息平台。韩国科学技术信息研究院（Korea Institute of Science and Technology Information，KISTI）是韩国的科技信息中心。KISTI 除专注传统的文献收集、管理和传递功能外，还提供情报分析服务，面向政府和企业进行有偿和无偿的决策支持。KISTI 建立一套新的信息分析系统，即下一代信息分析系统（Next-Generation Information Analysis System），为中小企业、科研人员提供更高质量的信息分析，帮助产业、高校和科研机构提高研发效率。其中，顾客定制研发预警系统和产业信息分析系统是两个重要信息分析服务系统。

我国的一些智库机构也在积极地建设此类系统平台。中国科学技术信息研究所正在大力开展基于事实型数据的创新图谱和决策剧场的研发，致力于提供基于科技大数据的科技决策支持服务。它包括四大系统：物理空间子系统用来形塑决策剧场的物理空间，为决策交互提供硬件支持和营造恰当的决策氛围。软件子系统用来管理、维护决策剧场和决策任务产生的智力资产，为展示、交互和决策提供软件系统支持及为科技决策提供信息分析的理论和研究成果支持。人员子系统是决策剧场的灵魂，是专家智慧的来源。决策任务子系统是由委托方提出，交由决策剧场承担的任务所组成的集合。4 个子系统相互配合，构成有机的、智能决策系统。中国科学院科技战略咨询研究院提出，要开展定量预测与预见分析研究，发展定量预测方法、系统分析方法、工具和平台，开展定量预测与政策模拟、大数据管理决策，建设共享数据平台和监测平台等。

（3）重视在智库工作中的应用情报学理念与方法

情报分析方法中的文献计量、引文分析、社会网络分析、信息行为分析、知识地图、专利分析等方法已被有效应用到智库工作中，有效提高了智库产品的质量和价值。

智库利用情报分析中常用的定位分析法、PEST 分析法等方法来提高智库产品的传播能力；利用情景分析法、五力分析法、领域分析及关键成功因素分析法、模型模拟法、定标比超法等构建影响力与竞争力提升策略，从而提高二者的能力；利用科学计量法、信息计量法、多元分析法、德尔菲法等构建自我评估策略，从而提高自我诊断能力。

引文分析方法是情报学界较为成熟且应用广泛的理论方法之一。调研显示，兰德公司发布的诸多报告中均使用到了引文分析方法，如"美国国立卫生研究院期刊评价过程的引文研究""生物医学研究政策的期刊评价与引文分析"均是学术评价方面的研究报告。兰德公司发布的"加利福尼亚疾病预防项目评价"报告，利用引文分析方法评估项目的实施效果，引导新政策的制定；"联邦资助和学术生产力"报告，通过分析学者的出版物及其被引数据，指出在可持续能源技术领域，增加 25% 的经费支持能增加 18% 的参与率，在医学生物研究领域，增加 25% 的经费支助能增加 7% 的参与率，同时研究发现增加某一领域的经费支持与其他领域的产出不是负相关关系。

美国的新经济思维研究所 2015 年 4 月发布的"嵌入式群体思维：评估新自由主义思想的传播和影响"，通过定量分析引文网络，利用序列分析、网络分析、引文分析 3 种方法，选择《美国经济评论》1964—2014 年有关的财政和货币政策的文章为样本。序列分析的目的是分析作者的职业背景，并跟踪其变化；通过计算各研究机构、合作团队的共现情况，给出合作网络结构图，明确人员或机构在网络图中的重要程度；引文数据来自 Web of Science 及其他顶尖经济智库或政策研究机构的报告，分析引用及被引情况，分析研究趋势，确定关键人物，最后综合评估新自由思想的影响和传播规律。

美国国际经济研究局利用文献计量研究捐赠资金对科学生产力的影响；通过引文分析研究学术界知识溢出效应，数据集包括了 240 万篇科学论文及其被引情况。综合来看，社会网络分析及用户信息研究被应用到智库工作中，该种方法能够从大数据中分析用户信息行为，挖掘行为背后的原因等；而情报分析核心的信息计量等方法在智库工作中可以发挥热点识别、研究进展追踪，以及科学安排生产力等作用；竞争情报分析则可以应用到多个领域，如军事、互联网安全、能源等；同时，专利计量分析、知识图谱等情报分析方法也被应用到了智库的研究中；这些方法的有效应用在产生高质量的智库报告方面具有重要价值。

日本科技与学术政策研究所应用技术预见了方法识别中长期科技发展趋势，应用科学计量学方法创新性地开发了"科学地图"用于分析识别科学领域的热点研究方向；日本科技与学术政策研究所（NISTEP）在方法创新上也有着丰富的经验，其最著名的方法创新便是用来识别科学领域热点研究及其特征的《科学地图》。《科学地图》通过高被引论文（各学科领域被引用率居于前1%的科学论文）来识别国际关注的研究领域，再通过分析这些研究领域揭示国际研究趋势和学科内部、学科之间的定量变化。其研究方法是，基于ESI数据库6年的全部引文，选择全部22个研究领域每年前1%的高被引论文，进行同被引分析，识别具有一定规模的热点研究领域；然后根据高被引论文的同被引关系进行聚类分析，获得相似性研究的论文簇，以识别研究前沿[1]。

欧盟联合研究中心使用预见（foresight）和地平线扫描（horizon scanning）方法来观察政策和技术的长期影响，并在此基础上形成了"未来导向技术分析"（FTA）方法体系。欧盟联合研究中心（JRC）发展了一系列新的方法和前沿技术用于帮助决策制定，包括预见、水平扫描、建模和行为预见等。2004—2014年组织召开了5次"未来导向技术分析"（FTA）会议，研讨和发展用于规划与战略研究、政策和决策、塑造未来发展等的方法，并将各类面向未来的技术分析方法和实践统一到FTA这一"伞形概念"体系中，形成了研究热潮。未来导向技术分析方法已经形成了系统的方法体系。

英国皇家国际事务研究所2012年12月发布的"气候变化和能源安全：信息如何影响人们的观点和行为"的报告，采用用户信息行为研究方法，统计了通过Google检索的有关"气候变化"的文献数量，分析人们获取信息的不同方式对个人态度和行为改变之间的关联，得到如何改变信息传播方式影响人们行为的策略，用同样的方法以"能源安全"进行例证。这是典型的大数据环境下情报研究中用户信息行为分析的应用案例。

2014年12月，布鲁金斯协会发布了"智能手机的广泛应用，将为财政决策提供新思路"的报告。该报告利用社会网络分析方法，通过分析低收入人群的网络社交活动，分析用户信息行为，计算使用智能手机获取数据的周期，指出大数据公司应该充分利用大数据造福低收入人群；并利用社会网络分析工具，帮助金融服务公司有效预见人们管理自己的财务需求，帮助提升公共财政决策方案。这一报告综合使用了社会网络分析、用户信息行为分析，并结合大数据环境，综合提出分析结论。

2015年2月，英国皇家国际事务研究所以知识地图的形式展示伦敦地区人们使用第二语言的分布情况，以获取更多的关于教育、人口流动等信息，发表在英国皇家国际事务研究所的期刊 *The World Today* 上，3个月之内收到13万的网页浏览量。知识地图是

---

[1] 张军，周磊，慕慧鸽.国际权威智库定量研究方法进展与趋势[J].图书情报工作，2015，59（7）：132-139，146.

英国情报学家布鲁克斯 (B.C.Brooks, 1998) 提出的, 在各个学科领域都得到了广泛应用。英国皇家国际事务研究所的这一报告正是知识组织在大数据环境下的应用体现。

(4) 重视特色研究方法与情报分析方法的融合

兰德公司首创了许多独特的研究方法和模型, 包括德尔菲法、模型和预测、博弈论、路线图等预测方法; 组合分析工具 (Portfolio Analysis Tool)、探索性建模、离散选择模型、健全性决策 (Robust Decision-making)、长期政策分析等预测方法与模型; 连续性质量改进方法 (用于项目评价)、多方式调查能力系统 (用于调查研究)、半结构化调查与焦点组方法 (用于数据收集)、行动热点方法 (用于决策)、专家棱镜系统 (用于专家调查)、基于假设的规划方法 (帮助处理不确定性) 等其他各种研究方法。

日本科学与技术政策研究所作为国际上有影响力的科技智库, 在科技战略情报研究中非常重视规范研究方法的应用。其使用的研究方法主要有: 文献计量学与科学计量学方法、专利分析、统计分析法、路线图、定标比超、案例分析、政策分析方法、调查法、德尔菲法、专家组方法、情景分析法, 以及投资分析、成本—收益分析、投入产出分析等。日本科学与技术政策研究所的研究工作, 有很大比例是其所开展的调查研究工作, 在该过程中采用了各种形式的调查方法。其非常突出的工作是其开展的技术预见研究, 在技术预见过程中就主要采用了调查法、德尔菲法和情景分析法等多种调查研究方法。

5.4 本章小结

现代情报机构形成的最初情报分析方法以社会科学研究方法为基础。随着实践发展, 广泛吸收现代技术和其他软科学研究等方法, 形成了基于情报流程的相应情报方法体系; 由于情报分析工作自身的特点, 以美国为首的情报分析人员在认知学科基础上形成了结构化分析方法体系。随着大数据时代的到来, 有学者面向领域应用的多源融合情报分析方法、情报工程等融合了数据科学技术的新方法体系。而美国从业者提出应当将数据科学分析和结构化思维融合到情报流程中, 形成了基于实体和基于行动情报的情报生产方法。

智库为政府实现科学决策展开咨询, 广泛采用定性、定量和混合方法。历史研究和案例分析是智库采用的代表性定性研究方法。但定性分析容易受到专家认识的限制。定量方法包含了大量数据分析和假设验证, 往往需要严格的适用条件, 难以全面考虑国家战略问题和公共管理问题中的多样化不确定性因素，应用受限。从智库工作的内容看，在对研究领域长期追踪分析的基础上，需要完成预测规划、方案优选、发展评估等研究，其研究方法也大致聚焦在以上3类。

方法是为研究服务的，随着情报工作和智库工作的融合发展态势，方法也存在着融合创新的趋势，呈现出更加注意融合多源数据的特色资源建设，方法技术工具集成化系统化平台化等新趋势。实际上，情报工作中使用的许多分析方法借鉴了智库工作方法，而一些情报分析方法也在智库工作中得到了充分运用。情报分析方法和智库工作方法在发展中呈现出一些共同的特点，主要包括：重视多源信息的融合、重视在方法引入的基础上实现应用创新、重视多学科方法的综合应用和坚持定量与定性研究相结合。相比较而言，两者也有一定差异。智库机构的方法工具更多与"提出决策解决方案"相关，而情报机构的方法工具更多围绕解决"信息不完备"的数据科学方法应用。

第 6 章
情报视角下的智库评价

无论我们是否意识到，在智库评价流程中，情报学思想、分析方法与技术工具贯穿始终。从情报学视角来审视智库评价，在理论层面，情报属性、情报价值和情报功能与智库评价密切相关，并影响智库评价的导向和评价指标体系的构建；在实践层面，智库评价与情报工作在流程与方法上存在一定相通性与适用性，情报工作可为智库评价提供有效的实践经验。通过辨析情报视角下的智库评价工作，厘清智库评价与情报最紧密的连接点，为智库评价和情报机构参与智库评价提供借鉴。从情报视角分析智库评价国内外典型案例，发现现有案例在设计和实施层面既有优点也有不足。

6.1 智库评价的情报视角

本节从情报价值的视角出发，围绕情报属性、情报价值、情报功能 3 个方面对智库评价进行解析，以期为智库评价导向和智库评价指标体系的构建提供理论层面的分析。基于情报属性，剖析智库评价的研究对象和工作流程；基于情报价值，剖析智库评价价值的两个层面和智库评价产品质量的控制；基于情报功能，剖析智库评价的引领功能。

评价是现代公共管理的重要手段，是衡量公共机构及其产出的重要方法[①]。智库评价是衡量智库水平和智库价值的社会活动，是对智库的运营情况和影响力等进行考察的重要方式。智库评价对智库发展有着举足轻重的作用。具体来看，智库评价研究的重要性主要体现在以下 3 个方面[②]：①智库评价是智库自身发展的内在需求。正所谓"科学

---

① 张旭. 中国智库评价体系的困境与建构反思[J]. 情报杂志, 2018, 37（9）: 15-20, 57.
② 张树良, 张志强. 国际智库评价体系发展现状及趋势分析[J]. 情报学报, 2017, 36（6）: 628-636.

有序发展必须建立在科学评价基础之上",智库自身发展也必须基于自我审视和自主评价;②智库评价是社会监督的必然产物。智库作为主要依赖公共捐资运营的组织,其运营状况和效能必定为公众特别是资助者所关注,同时也为受智库影响的其他利益方所关注;③智库评价是智库研究和科学评价研究的重要内容。总体而言,对智库进行公正、客观、科学、合理的评价,有利于了解智库发展现状,为制定智库相关发展战略提供参考[①];有利于探索影响智库发展的因素,识别优秀智库,提升智库的关注度,促进智库之间的良性竞争,提高智库的综合影响力[②];有利于智库优化其社会功能,向着专业化和客观中立的方向发展,建立起应有的社会信誉[③]。从实践上看,智库评价所发挥的引领和促进作用也是非常明显的。

6.1.1 智库评价的情报属性

智库评价离不开情报与情报学的指导。智库评价需要运用情报学思想和分析方法,对智库的各方面信息进行科学化、逻辑化的收集、整理、计算、排序等。一方面,宏观上将智库作为一个体系化的不断发展的有机体来评价,需要运用情报学思想对智库界的发展状况进行情报层面的复盘;另一方面,对个体智库的运营状态也需要运用情报学的研究方法进行去粗取精、去伪存真的数据化呈现,为智库评估的各项指标提供全面、及时、准确的数据支撑。同时,智库评估的各项指标设计也可以借鉴情报学思想,使之与智库发展规律相契合。将情报学思想和情报研究方法、工具应用到智库评价流程中,有利于促进各个领域的智库评价实现科学而有序地发展。

从某种意义上来讲,智库评价具备情报属性。我们可以将智库评价与情报研究进行类比。从研究对象上看,情报的基本研究对象包括情报机构本身和情报流程,具体来讲即情报机构的运行与管理,以及情报需求分析、信息收集、信息存储与处理、情报分析与情报生产等[④]。智库评价的研究对象是智库的运行与管理,具体研究客体(智库)发展态势的信息收集、信息分析,最后完成智库评价报告的编制。从工作流程上看,智库评价的核心流程可归纳为数据收集、评价指标体系构建、数据分析、评价报告形成,这与情报工作一般流程的数据收集、情报分析、情报产品生产3个环节是大致吻合的。从

---

① 朱敏,房俊民.智库评价研究进展及我国智库评价建设[J].情报杂志,2017,36(8):33-38,46.
② 张树良,张志强.国际智库评价体系发展现状及趋势分析[J].情报学报,2017,36(6):628-636.
③ 薛澜.智库热的冷思考:破解中国特色智库发展之道[J].中国行政管理,2014(5):6-10.
④ 金学慧,付宏.情报与智库对比研究:基于理论研究视角[J].图书情报工作,2017,61(7):42-49.

研究基础和研究目的看,智库评价与情报研究均是以数据为基础,目的均为从数据中提取知识。

可以说,智库评价是一项特定情境(Cotext)的情报研究。在这项研究中,情报研究的对象从情报、情报机构和情报流程具体化到了智库,情报研究的数据资源从文献数据资源拓展到了智库运行和绩效数据资源;情报研究的目的从提炼解决科技发展问题的知识转化为提炼可引领智库发展的知识。可以认为,智库评价是从智库的各项运行数据中挖掘情报的过程。该过程具体表现为收集反映智库阶段性综合表现的数据,利用评价指标体系和情报分析方法将数据关联和剖析,从中提炼出以智库评价报告和智库发展建议形式呈现的情报产品。从某种意义上讲,情报研究的能力越强,智库评价成果的价值就越大。

6.1.2 智库评价的情报价值

什么是情报价值?王万宗先生对此有所阐述:"情报价值可以概括为两方面:一是用户原来不知道的情报或知识,通过情报活动知道了;一是用户已经知道一些情况,但不知细节,通过情报活动使他能更快地了解情况,增长知识"[1]。智库评价过程也正是情报价值的具体体现。与情报价值概念对应的,一方面,智库评价应该做到通过评价指标体系为智库的运营与影响力提供诊断和导向,并且通过评价报告全面揭示智库尚未发现的自身发展与行业发展的问题与不足,这就要求评价指标的构建要高屋建瓴,具备足够的前瞻性、科学性与开放性;另一方面,智库评价应该准确、深入地挖掘智库的深层次问题,洞察那些了解不够深入、不够准确、不够全面的自身和行业发展情况,打破智库行业发展的信息不对称壁垒,并且通过评价报告中的发展建议推动智库洞悉发展现状、明晰存在的问题、获取解决方案。这进一步要求智库评价指标设计具有差异化、层次化、细粒度化的特征,确保精准、高效地挖掘出反映智库核心绩效的数据,以实现科学、客观、全面的智库评价目标。为此,情报价值就变得尤为重要。

情报价值发挥需要高质量的情报产品为支撑。就情报产品的质量而言,有学者从信息收集阶段、情报分析阶段和产品形成阶段提出了可靠性指标、专业性指标和实用性指标[2]。智库评价报告作为一种高级情报产品,同样遵循情报产品质量要求。在智库评价中,数据收集应保证可靠性:收集的数据能客观、真实地反映智库的运行状况;评价的

---

[1] 王万宗.再论情报的定义与属性[J].情报学刊,1992,13(4):250-255.
[2] 许军林,梁光德,钟红英,等.高校图书馆专题情报产品生产质量控制研究[J].情报理论与实践,2013,36(6):68-72.

内容与用户的需求相关，如对各类专业智库开展分类评价；评价所用数据的真伪应可验证；数据分析应保证专业性；系统反映智库在某一阶段的最新运行态势；将收集的数据进行知识化的加工、重组和序化，评价专家充分发挥智慧，保证报告建议的专业性和合理性；智库评价报告应保证实用性；及时、迅速地为用户呈现报告结果；为智库本身、智库行业甚至是国家决策体系带来实际效益；智库报告要契合用户的实际，满足用户对智库建设与发展整体状况了解的需求。

6.1.3 智库评价的情报功能

情报的核心是"intelligence"，体现的是耳目、尖兵、参谋的功能。情报的耳目功能，强调情报工作的敏感性和快速识别有用信息的能力；情报的尖兵功能，要求情报工作及时和准确地捕捉最新、最快的情报信息，持续关注重大问题；情报的参谋功能，强调情报工作的决策咨询与决策参与作用。对于智库而言，从某种意义上讲，智库评价是一项具有决策支撑作用的战略情报活动，也应在智库发展中承担耳目、尖兵和参谋角色。耳目，强调智库评价要以敏锐的情报触觉主动扫描、快速把握全球智库的发展讯息；尖兵，强调智库评价的主动性与积极性，及时、准确获取智库界最新情况，持续关注各行业的重要智库，把握最新动态与智库发展规律。参谋，强调智库评价结果要为智库业务布局和战略规划出谋划策，对智库自身发展的重大决策施加影响。

同时，情报工作不仅仅是耳目、尖兵、参谋，还要发挥"引领"作用[①]。引领，强调前瞻性与谋划规划作用。智库评价应构建前瞻性、国际化与本土化兼具的评价指标体系，以国际化视野洞悉智库未来发展道路，为智库行业的发展提供指导。智库的重要职能之一是通过专业的研究为决策者提供决策参考，充当政府理性决策外脑[②]。智库评价的作用也应该发挥"引领"作用，即为智库的领导层和智库行业的管理者提供专业的发展态势报告，为智库制定战略发展规划提供参考。因此，智库评价可以被称为"智库的智库"，其重要性不言而喻。智库评价在智库发展中要积极承担起相应角色，发挥智囊功能，主动参与智库发展的制度性决策与智库发展前景的战略性谋划，以将中国特色智库建设目标融入评价指标体系构建全过程中，在复杂数据中收集、解析智库发展情报，给予智库及时的预警、反馈与建议，成为其当前和未来发展的引路人。

---

① 苏新宁. 大数据时代情报学与情报工作的回归[J]. 情报学报, 2017, 36 (4)：331-337.
② 薛澜. 智库热的冷思考：破解中国特色智库发展之道[J]. 中国行政管理, 2014 (5)：6-10.

6.2 智库评价与情报工作的关系

智库评价与情报不仅在理论层面存在属性、价值和功能维度的联系，两者在实践层面同样也存在共性，如智库评价与情报工作对数据均高度依赖。这也进一步体现为智库评价与情报工作在流程上存在一定相通性，情报工作方法对智库评价也表现出一定适用性。

6.2.1 智库评价与情报工作的共性

在实际操作中，"数据"这条纽带，使得智库评价与情报工作存在天然联系：数据是智库评价的基础，智库运行状态和水平的呈现由数据作为载体，高质量的评价报告建立在扎实的数据基础之上；"数据"概念是情报学的研究对象，情报工作由数据驱动，情报的作用在很大程度上体现数据的价值。

智库评价以反映智库真实运营状况和综合水平为基本准则，需以客观的真实数据作为基础支撑。智库的组织规模、成果产出情况、对政策决策的支持、对学术研究的贡献、对社会公众的启发、对国际传播的促进等多维度的表现均通过数据来真实反映、客观表达。智库评价所涉及的基础数据体量庞大，类型和来源多样，定量数据和定性数据兼具，文本数据和数值数据并存。定量数据是智库表现指标的数值表述型数据，如发表的论文数量及被引量、网站点击率、主页粉丝数等。定性数据则为衡量智库表现的文字表述型数据，如智库声誉、智库的战略规划及研究内容与国家智库建设导向的契合程度等。数据获取角度，包括主观数据和客观数据。主观数据多为通过问卷调查、专家访谈等方式获得的用户或专家对智库的评价和看法，客观数据多为通过专业数据库检索、网络调研、实地调研等方式获得的智库的实际表现数据。定性的、主观的数据，相对于定量的、客观的数据而言，获取难度和分析难度均较大，却可以使评价更具广度和深度。为增加评价报告的全面性和可信度，目前智库评价中各类型和各来源的数据均予采纳，这使得数据采集、清洗和分析的难度加大，这也为情报界参与智库评价提供了发挥作用的空间。

情报学是与数据联系最紧密的学科之一，情报学和情报工作对数据有深刻的理解与丰富的处理经验。一方面，"数据"这一概念本身就是情报学的研究对象[①]。围绕"数据"，

---

① 彭知辉. 数据：大数据环境下情报学的研究对象[J]. 情报学报，2017，36（2）：123-131.

情报学界已有丰硕的研究成果，例如：元数据的互操作性及解决方案[1]；数据清洗的原理和模型，算法与工具，数据清洗评估方法[2]；多数据类型关系的获取与融合实现方法，多源数据融合流程和发展趋势[3]；基于关联数据的数字资源语义聚合策略[4]等。另一方面，情报工作对于数据的全过程处理有深厚的基础。情报分析是以信息和数据作为基础资源及研究对象，并对信息和数据进行有效组织管理、分析挖掘，从而为用户提供相关服务的过程[5]。随着大数据时代的到来，情报学及情报工作的研究对象也从传统的信息传播、收集、存储和检索等转变为对数据的描述、收集、存储、检索、关联与安全、数据挖掘方式、使用与服务模式等[6]。在多种数据源的综合利用成为情报研究的一大趋势后[7]，不管是面向军事的情报研究，还是面向科技、面向经济的情报研究，都强调对科技数据、政府数据、社会数据等多方数据资源的全面搜集、系统整合、综合利用，情报工作对于数据的把控能力进一步提升。

6.2.2　智库评价与情报工作流程

智库评价与情报工作在流程上存在一定相通性。国内有多人如朱敏[8]、刘登[9]和唐果媛[10]等均总结了智库评价流程，几者之间虽有一些差别，但主要环节基本一致，包括：拟定评价原则与方法、构建评价指标体系、搜集客观数据、进行评价与论证、发布评价报告。情报工作流程是由相互关联的若干环节有机构成，目前由于术语表述缺乏一致性及情报环节选择上缺乏统一性，对于情报分析工作流程基本环节的划分，各

---

[1]　毕强，朱亚玲．元数据标准及其互操作研究[J]．情报理论与实践，2007（5）：666-670．
[2]　王曰芬，章成志，张蓓蓓，等．数据清洗研究综述[J]．现代图书情报技术，2007（12）：50-56．
[3]　许海云，董坤，隗玲，等．科学计量中多源数据融合方法研究述评[J]．情报学报，2018，37（3）：318-328．
[4]　牟冬梅，王萍，张艳侠．基于关联数据的数字资源语义聚合策略[J]．情报资料工作，2015（5）：18-23．
[5]　李广建，化柏林．大数据分析与情报分析关系辨析[J]．中国图书馆学报，2014，40（5）：14-22．
[6]　唐明伟，苏新宁，肖连杰．面向大数据的情报分析框架[J]．情报学报，2018，37（5）：467-476．
[7]　李广建，杨林．大数据视角下的情报研究与情报研究技术[J]．图书与情报，2012（6）：1-8．
[8]　朱敏，房俊民．智库评价研究进展及我国智库评价建设［J］．情报杂志，2017，36（8）：33-38，46．
[9]　刘登，赵超阳，魏俊峰，等．新型智库评估理论及评估框架体系研究[J]．智库理论与实践，2016，1（5）：10-17．
[10]　唐果媛．中美三份智库评价报告的比较分析[J]．智库理论与实践，2016，1（2）：88-96．

种观点尚存分歧[①]。从情报过程的角度总结出情报分析工作的共性环节，包括：情报任务分解与需求定义、信息检索与数据采集、信息融合与数据清洗、信息分析与内容挖掘、信息展现与情报提炼、报告撰写与情报传递[②]。智库评价与情报工作流程的对比如图6-1所示。

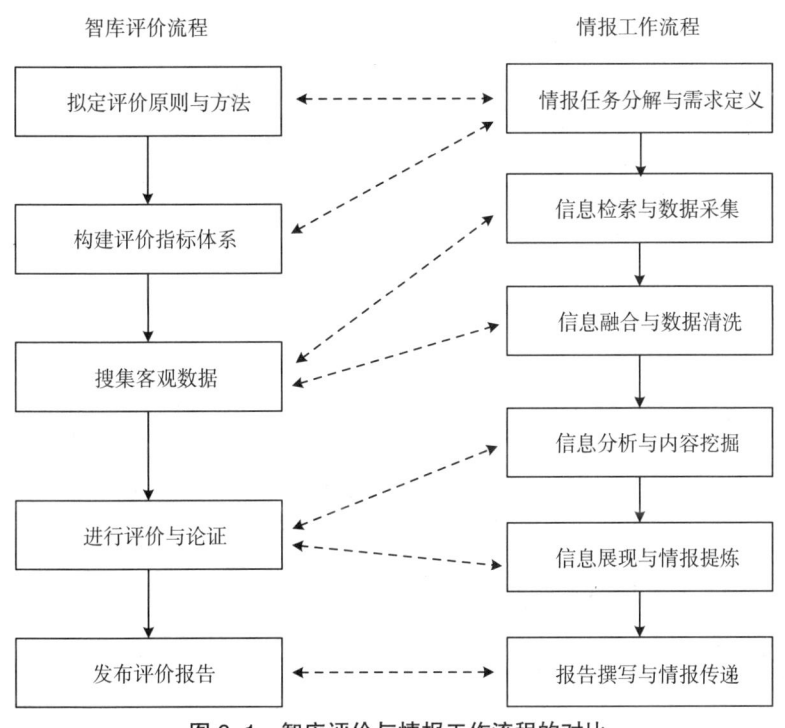

图6-1 智库评价与情报工作流程的对比

智库评价与情报工作流程的细节虽在名称上有所差异，但两者在实际操作中存在相通性。各环节包含的操作内容相似，且表现出对应关系：①将智库评价看作一项情报工作，情报任务分解与需求定义即根据社会公众和政府决策层的需求确定评价任务和目标（如考察智库的影响力）。随后进行任务与目标分解（如将智库影响力分解为政策影响力、学术影响力、社会影响力和国际影响力等方面），据此拟定评价原则与方法、构建评价指标体系。原则、方法和指标体系为分解后的情报任务与需求的具体体现。②智库评价的搜集数据环节，主要为智库各项主客观数据的检索、调查和采集过程，即信息检

---

① 彭知辉. 情报流程研究：述评与反思 [J]. 情报学报，2016，35（10）：1110-1120.
② 化柏林，李广建. 面向情报流程的情报方法体系构建 [J]. 情报学报，2016，35（2）：177-188.

索与数据采集。实际操作中，该环节的工作不单纯是"搜集"，还包括各类信息的融合与数据清洗。此环节将得到可用于进一步分析的数据，其质量的高低将直接影响后续的评价效果。③评价与论证对应情报工作流程的信息分析与内容挖掘、信息展现与情报提炼过程，即对承载了智库发展状态的数据进行统计分析，并将结果用图表进行直观展示与呈现。深度挖掘数据中蕴含的智库发展问题，结合评价者的专业认知从中提炼出与智库发展战略相关的真知灼见。④评价报告是智库评价这项情报工作形成的情报产品。发布评价报告是智库评价流程的最后一个环节，蕴含报告制作和推广宣传两个步骤，可理解为情报工作流程中的报告撰写与情报传递。对于情报分析类任务，尤其是智库评价这类从数据中提炼情报的工作，与情报工作流程一脉相承，可以根据需要对评价的步骤进行相应调整与完善。

6.2.3 智库评价与情报工作方法

对智库的科学评价，除了制定完善的评价流程外，还需要运用科学的评价方法。情报工作的一些常用方法对智库评价表现出一定适用性。智库数据来源繁多，类型多样，对其进行科学分析与深度挖掘时，情报工作中有不少方法值得参考。

数据搜集方面，除问卷调查法和专家访谈法外，情报工作中常用的网络调研法也应作为智库评价的数据搜集主要方法之一。在提升调查效率的同时可作为对传统调查方法的补充，以提高调查全面性。数据处理方面，智库评估的数据量较大且存在结构异化的问题。要提高数据质量，则必须进行数据清洗工作，以检测数据中存在的错误和不一致，尽力剔除或者修正。可以借鉴情报工作中的数据清洗方法，对搜集的数据进行去重和消歧，如对智库的成果数据作者名和机构名消歧、对网络调研获得的文章转发量和点击率数据剔除数据噪声等。数据分析方面，要对定量的数据和定性数据进行充分的内容挖掘与深入分析，可以利用的方法有文献计量法和引文分析法，两者皆为图书情报领域的专业方法。文献计量法是将文献条目（如文献类型、语种、作者、年代等）或者条目间的知识单元（如文献标题、关键词、摘要等）作为统计量单元进行数理统计分析①。在智库评价中，积累了丰富的智库的研究成果数据，所以同样可运用文献计量方法对智库成果进行统计分析，探究智库行业的研究历程、研究热点、变化情况与未来发展趋势，充分发挥智库评价数据的作用与价值。引文分析法是利用数学与统计学方法及比较、归纳等逻辑方法，对科学期刊、论文、著者等的引证和被引证现象进行分析。智库

---

① 王晰巍，范晓春. 图书情报定性及定量研究方法 [M]. 长春：吉林大学出版社，2019.

不仅具有咨政的功能，还有启民的作用。因而在对智库的成果进行评价时，除辅助决策的功能如得到领导批复等需要被肯定外，其在学术和社会传播方面的价值也需要被认可。此时可利用引文分析方法，识别智库领域的高质量成果与高水平研究者，展现成果和作者的价值与影响力。

6.2.4 情报机构在智库评价中的作用

情报机构应积极参与智库评价工作。情报机构与智库在服务目标、组织功能、工作流程和研究方法等方面均存在密切关联，基于更丰富的发展历程和实践经验，对于智库的规范化发展具有借鉴作用，并且情报机构在数据处理方面也更为专业。情报机构应该参与智库评价，为智库发展提供来自情报学的智慧和经验。同时从情报机构自身发展来看，情报机构也需利用参与智库评价的机会，深入一线了解智库行业细节与发展要求，利用评价指标体系对标自身建设。具备条件的情报机构可以大力布局智库类业务（以情报为主、智库为辅），甚至积极向专业型智库转型（以智库为主、情报为辅）。情报机构可以从以下两方面发挥作用，助力智库评价。

（1）以情报专长支撑数据基础

智库评价在数据收集时，收集者需要有数据与信息的敏锐嗅觉；在数据处理时，需要有辨别数据质量、科学清洗数据的能力。术业有专攻，情报机构在数据收集和数据处理方面有着突出的专业优势，可以以此专长加入智库评价队伍，重点参与到数据基础环节中，建设高质量的智库评价综合数据库。情报机构的参与，既可以避免数据基础环节走弯路，节约智库评价的工作成本；也可以延伸情报机构的业务，促进情报机构有效参与国家智库发展建设。

（2）以情报价值引领评价导向

智库评价中，数据的获取以评价指标体系为指导，而评价指标体系的构建需要以评价目标和原则为依据。就情报可发挥的作用而言，一方面，情报机构可以加入评价实践工作；另一方面，情报工作的"耳目、尖兵、参谋、引领"功能也可以引领智库评价的价值导向。从情报学的角度审视智库评价，其本身就可以被看作一项情报分析工作，这项情报分析工作是在反映智库表现的复杂数据中整合情报，客观揭示智库发展状况，目的在于突出优势、挖掘不足、提出合理化发展建议。同样，智库评价这一项情报分析工作，在评价体系的设计中，在探析智库评价国际发展态势的基础上，契合国家科学决策现实需求，用科学、合理、客观、全面的智库评价指标体系和多样化的评价报告为智库

可持续发展擘画蓝图。

6.3 智库评价案例的情报学评析

从智库评价的内容来看，目前国内外主要的智库评价体系主要有智库信息实践评价和智库综合发展评价两类。智库在情报实践方面的效果通过智库发挥影响力来实现，通常通过决策影响力、社会影响力、国际影响力等量化指标来衡量。目前，国内外智库评价都围绕智库实践效果展开，换言之，智库影响力评价是智库实践评价的核心组成部分。

本节通过国内外智库评价的案例分析，将情报学研究方法与应用工具和智库评价的实践工作有机结合，从情报学视角对国内外智库影响力评价指标体系进行理论层面和操作层面的对比，以期透彻了解智库影响力评价指标设计规律、厘清情报学研究与智库影响力评价的关系、促进情报学理论研究与智库评价实践的相融相通。

6.3.1 国外智库评价案例分析

（1）基于客观数据和主观数据相融合的评价体系

ICCG 国际气候变化经济政策领域的智库影响力评价体系。国际气候治理中心（International Center for Climate Governance，ICCG）提出国际气候变化经济政策领域的智库影响力评价体系创建于 2012 年，源于该机构于 2011 年发布的智库图谱（Think Tank Map）。该图谱是一个交互式平台，旨在全景式展现全球气候变化经济政策领域的智库活跃状态，揭示这些智库的研究与发展态势[①]。

为了表彰气候变化经济政策领域的智库为全球气候变化相关议题所做出的杰出贡献，ICCG 每年都会发布该领域的智库排名，入围的智库不包括学术机构附属、政党附属或利益集团附属的智库机构。ICCG 提出的评价体系侧重智库所开展研究的质量及在气候和能源政策方面所发挥的影响力。该评价体系灵活运用系统分析的情报学方法，强调各个评价指标之间的关联及量化要素与非量化要素之间的互补性。该体系的一级指标包括活动、出版物和传播效果。二级指标包括量化和非量化因素。

在情报对象的情报刻画方面，ICCG 主要通过 4 种渠道获取主观数据和客观数据：

---

① International Center for Climate Governance. Think tank map［EB/OL］.［2017-12-05］. http：//www.thinktankmap.org/filepaginestatiche/documents/iccg_think_tank_map.pdf.

通过网络问卷调查法获取主观数据;通过全面浏览目标智库官方网站和第三方相关机构/组织及商业数据库获取客观数据。与其他智库评价体系相比,ICCG 提出的评价体系具有显著的专业领域特色和成熟的情报学分析思想,同时权重设置也颇具系统分析的特点:采用"模糊权重"方法(Fuzzy Weights),该方法的突出特点是将各个指标之间的潜在相关性也考虑在内。首先按照研究人员数量将参评智库归类,然后邀请全球相关领域专家判定各个指标的模糊权重。此外,ICCG 根据这套评价体系推出两类排名:标准排名(Standardized Ranking)和绝对排名(Absolute Ranking)。前者测量每个资本单位/研究员的产出效率,后者是在不考虑效率和规模的前提下测量智库的综合影响力[①]。该智库评价体系是综合考量智库实践和智库综合发展能力的典型案例,值得借鉴和参考。

(2) 主观数据为主、客观数据为辅的评价体系

宾夕法尼亚大学"智库和公民社会项目"发布的《2018 全球智库指数报告》整合全球智库动态信息,并通过设计评价标准和邀请专家评估,对不同领域不同类型的智库影响力进行排名。该项目从 2009 年开始,每年公布上一年的全球智库指数报告[②]。该报告的目的是综合评价全球智库的贡献和影响力。宾夕法尼亚大学项目组认为成果不是测量影响力的唯一指标,智库的资源和相关活动也是评价其影响力的重要因素。因此,项目组设计了资源指标、应用指标、成果指标和影响指标来评价全球各个类型智库的影响力(表 6–1)。

表 6–1 全球智库指数评价指标

评价指标	具体内容
资源指标 (Resource Indicators)	能够招聘并留住领军人才和分析师; 资金支持的水平、质量和稳定性; 与政策制定者和其他政策精英的距离及接触途径; 拥有能够进行严谨的研究并提供及时准确分析的员工; 机构之间的传播渠道; 网络的质量和弹性; 与政策学术社区和媒体的各种重要联系

---

① International Center for Climate Governance. Ranking 2015 [EB/OL]. [2018-02-05]. http://www.thinktankmap.org/Page.aspx?Name=Ranking_2015.
② Think Tanks and Civil Societies Program. Global go to think tank index [EB/OL]. [2019-11-17]. https://repository.upenn.edu/cgi/viewcontent.cgi?article=1017&context=think_tanks.

续表

评价指标	具体内容
应用指标 (Utilization Indicators)	在本国的媒体和政策精英圈子中享有盛誉； 媒体曝光率、媒体引用率、网站点击率、在立法和行政机构中参与提供证词； 简报，官方预约，官员或相关机构/代理商咨询； 销售的书籍的数量； 发布的报告数量； 学术和畅销书目中研究分析部分的引用； 参加会议和研讨会的人员
成果指标 (Output Indicators)	成果的数量和质量； 政策提议和产生的想法； 发表的出版物（书籍、期刊论文、政策简报等）； 进行的新闻访谈； 简报、会议、组织的研讨会； 员工中被提名参与政府咨询及调任到政府相关职位的数量
影响指标 (Impact Indicators)	政策制定者和社会组织考虑或采纳的建议； 在政党、候选人、过渡团队中发挥的咨询作用； 获得的奖项； 在学术期刊、公共证词方面的出版物或学术期刊，公共证词出版物中的参考文献； 影响政策讨论和决策的媒体提及情况； 相关网站的影响力； 挑战本国官僚及当选官员采用的传统观点和相关标准的情况

在以上几大指标的基础上，该项目组建立了历时性的全球智库数据库，持续更新并定期审核相关客观数据，以确保该数据库中的数据全面、客观。从评价方法来看，该报告采用"专家主观评价法"来评定全球各个领域智库的权重，为智库评价提供主观数据支撑。这种专家主观数据与客观数据相结合的方法为其他智库评价机构展开相关评价实践提供了参考。

近几年来，该项目组发布的智库排名结果引起不小的争议。核心争议点是该智库排名的客观性和科学性。因此，该项目组在2018年的智库报告中特别提到，针对智库数据库进行了相关审核工作，通过比较分析法排除相关主观数据、事实性客观数据等的虚假性。此外，该项目组针对历届报告中不甚准确的内容发起了读者反馈的倡议，对收到的建议中提到的内容进行了逐一核实和完善的工作。由此可以看出，该项目组较为充分地意识到情报学研究中"情报的充分性、数据的可靠性、方法的科学性、信息平台的权威性"等特点的重要性和必要性。同时,也反映出该项目组逐步将情报学中的"数据库意识"与智库评价中的专家主观数据有机结合起来的融合式智库评价理念。

6.3.2 国内智库评价案例分析

(1) 评价智库新媒体影响力,突出客观数据实效性

2019年6月,清华大学公共管理学院智库研究中心对外发布了《清华大学智库大数据报告(2018)》,该报告中的智库研究对象包括1065家国内智库和213家全球智库[①]。

通过对智库及专家言论在社交媒体大量无组织的客观数据进行收集、跟踪、提取和分析,从而对智库影响力进行客观评价。该方法的特点是客观、无偏、实时,而且样本量大。覆盖源包括微博、微信、手机App、Twitter、Facebook。就针对国内智库的社交媒体数据收集方式而言,该报告撰写团队充分利用情报研究中的数据库建设理念和大数据抓取工具,在腾讯微信和新浪微博中进行初步数据抓取和批量采集,构建中国智库的基础数据库,再进行数据清洗与精准匹配。最后,获取智库微信公众号、智库微博专家分别在全部活跃微信空间和微博上的活动痕迹数据。数据采集的时间区间为:2018年1月1日至2018年12月31日(表6-2)。

表6-2 中国智库大数据指数(CTTBI)评价指标体系

一级指标	二级指标	权重(%)	Log ($n+1$)	0~100 标准化
中国智库微信引用影响力 33.33%	活跃微信公号中引用智库的文章数加总	40	✓	✓
	活跃微信公号中引用智库的文章阅读数加总	20	✓	✓
	活跃微信公号中引用智库的文章点赞数加总	20	✓	✓
	活跃微信公号中引用智库的文章位置重要性(8篇中位置)	20		✓

---

① 社交媒体成为智库影响力重要组成[EB/OL].[2019-11-15]. http://www.china.com.cn/opinion/think/2019-06/11/content_74874930.htm.

续表

一级指标	二级指标	权重（%）	Log (n+1)	0~100 标准化
中国智库微博专家影响力 33.33%	专家历史粉丝数加总	40	✓	✓
	专家当年发博数加总	10	✓	✓
	专家当年所有博文的转发数加总	20	✓	✓
	专家当年所有博文的评论比例	10		✓
	专家当年所有博文的点赞比例	10		✓
	专家当年所有博文的转发比例	10		✓
中国智库微信公号影响力 33.33%	公号当年发布文章的数量加总	10	✓	✓
	公号当年所有文章的阅读数加总	20	✓	✓
	公号当年所有文章的点赞数加总	20	✓	✓
	公号发布文章的频次（总发布数/监测天数；普通公号每天限发1次，特殊公号不受此规定限制）	10		✓
	公号发布文章的容量（文章数/总发布数；普通公号每天限发8篇，特殊公号不受此规定限制）	10	✓	✓
	公号发布文章的头条点赞比	10		✓
	公号发布文章的单篇阅读比	10	✓	✓
	公号发布文章的单篇点赞比	10	✓	✓

以上内容是围绕国内智库的具体特点而展开的数据分析和评价过程。而就国际智库的数据收集方式而言，该报告也提供了较为科学的大数据抓取方法和情报学评价视角。具体而言，该报告中涉及的国际智库213家，与此直接相关的数据来源包括500万个Twitter活跃账户和1亿个Facebook活跃账户，通过数据匹配识别和人工排查相结合的数据处理方法，基于大数据检索与爬取技术，提取了新媒体社交平台上全球智库活动的两类痕迹数据：一是全球智库官方账户数据，包括2018年213家全球智库的195个Twitter官方账户和194个Facebook官方账户及其发言数据；二是全球智库活动在新媒体社交平台上被提及或引用数据，包括213家全球智库活动在全球监测的Twitter和Facebook活跃账户数据中的被提及或引用情况及引用文章的传播效力。数据采集时间为2018年1月1日至2018年12月31日（表6–3）。

表 6-3　全球智库大数据指数（CTTBI）评价指标体系

一级指标	二级指标	权重（%）	Log ($n+1$)	0~100 标准化
全球智库 Twitter 引用影响力 25%	活跃账户中引用智库的推文数加总	10	✓	✓
	当年引用推文的转发量加总	20	✓	✓
	当年引用推文的评论量加总	20	✓	✓
	当年引用推文的点赞量加总	20	✓	✓
	当年引用推文的转发比	10		✓
	当年引用推文的评论比	10		✓
	当年引用推文的点赞比	10		✓
全球智库 Twitter 账户影响力 25%	历史关注数	10	✓	✓
	历史账户喜欢数	20	✓	✓
	当年发布推文的数量加总	10	✓	✓
	当年所有推文的转发数加总	10	✓	✓
	当年所有推文的评论数加总	10	✓	✓
	当年所有推文的点赞比加总	10	✓	✓
	当年所有推文的转发比	10		✓
	当年所有推文的评论比	10		✓
	当年所有推文的点赞比	10		✓
全球智库 Facebook 引用影响力 25%	活跃账户中引用智库的文章数加总	10	✓	✓
	当年引用文章的转发量加总	20	✓	✓
	当年引用文章的评论量加总	20	✓	✓
	当年引用文章的点赞量加总	20	✓	✓
	当年引用文章的转发比	10		✓
	当年引用文章的评论比	10		✓
	当年引用文章的点赞比	10		✓

续表

一级指标	二级指标	权重（%）	Log（$n+1$）	0~100 标准化
全球智库Facebook账户影响力 25%	历史关注数	10	✓	✓
	历史账户喜欢数	20	✓	✓
	当年发布文章的数量加总	10	✓	✓
	当年所有文章的转发数加总	10	✓	✓
	当年所有文章的评论数加总	10	✓	✓
	当年所有文章的点赞比加总	10	✓	✓
	当年所有文章的转发比	10		✓
	当年所有文章的评论比	10		✓
	当年所有推文的点赞比	10		✓

从评价方法来看，基于大数据的智库影响力评价突破了对智库影响力进行客观评价的技术瓶颈，将情报学的研究工具和大数据研究方法引入智库评价领域，为中国特色新型智库建设和运营提供了崭新的视角。这种对智库影响力进行定量化的大数据研究的尝试弥补了国内智库影响力评价实证研究的不足。

（2）评价智库综合影响力，突出情报学方法中的系统性

四川省社会科学院和中国科学院成都文献情报中心两个智库研究团队联合推出智库影响力评价体系，以情报学分析方法中的系统分析法为基础，解析中国特色新型智库的系统特性、重要功能和系统构成，研判智库实践因素，综合运用理论分析法、频度分析法，挖掘智库内涵和功能，综合考量先验知识和专家经验构建出中华智库影响力评价体系[1]（表6-4）。

表6-4 智库影响力评价指标体系

一级指标	二、三级指标及特征
决策影响力	政策导向、政策制定和政策评估的能力
舆论影响力	传播平台：智库机构承办网站；智库专家接受媒体采访报道的频度

---

[1] 中国科学院成都文献情报中心.《中华智库影响力报告（2018）》发布［EB/OL］.［2019-11-15］. http：//www.cas.cn/yx/201811/t20181128_4672339.shtml.

续表

一级指标	二、三级指标及特征
舆论影响力	传播内容：对突发公共事件的舆论导向；对重要议题的舆论导向
	传播效果：智库官方微博；智库机构官网访问情况
社会影响力	公众影响力：智库机构或专家举办公益性讲座；智库公众知晓及认同状况
	助推发展力：助力社会发展政策导向；智库出版的白皮书
	创新支撑力：智库专家获得的专利授权；智库获得的省部级以上奖励
专业影响力	思想启迪能力：顶级专家及精英学者
	知识编码能力：国家级课题立项；智库专家在国内发表的高质量论文；智库专家在国内报纸发表的文章；公开出版的学术专著
	创意扩散能力：智库举办的全国性专业学术会议次数；智库自办刊物
国际影响力	成果影响：科学引文索引和社会科学引文索引收录论文；论文国际总被引
	国际声誉：智库举办的国际会议；国际合作、学术交流和外脑使用

该指标体系包含三级指标，其中有5个一级指标，分别为决策影响力、舆论影响力、社会影响力、专业影响力和国际影响力。四川省社会科学院和中国科学院成都文献情报中心两个智库团队对这5个一级指标进行了内涵概括。决策影响力指"智库专家参与政策导向、政策制定、政策实施或政策评估，为决策者提供专家意见、辅助决策"的能力。舆论影响力指"智库机构或专家在传播言论过程中影响和改变公众思维、决策和行动"的能力。社会影响力指"智库机构或智库专家服务经济社会发展"的能力，表现在"对公众意识与行为的引导、助力科技进步、帮扶弱势群体"等方面。专业影响力指"智库机构或智库专家以专业性、科学性和前瞻性的研究赢得关注和提升公信力"的能力。国际影响力指"智库的国际知名度和国际声誉，是智库的学术成果和交流活动在国际产生的影响"。对于相对比较抽象的指标，如"对重要议题的舆论导向"，项目组将其量化界定为"智库专家针对重要议题在期刊、报纸上发表的文章"。而对难以采集或在技术方面存在争议的指标，项目组采用问卷调查、专家评分的方法确定数值。

该评价体系一级指标设计的理论框架与加尔东的"中心—边缘"社会结构理论不谋而合，而项目组提到的系统分析法的应用更多体现在各个二级指标的分类设计上，如对舆论影响力而言，从传播过程的角度出发，在传播平台、传播内容和传播效果3个方

面设计相应的三级指标。而对专业影响力而言,则从思想产品研发过程角度,在思想启迪、知识编码和创意扩散3个方面设计二、三级指标。

总体而言,虽然中华智库影响力评价指标体系有待进一步完善,但较为先进的数据平台和情报处理技术为该套评价指标体系提供了较为先进的情报分析工具、技术保障及扎实的情报理论基础,对中国特色新型智库评价体系建设具有重要参考价值。

6.4 智库评价特点分析

本节基于智库评价理论基础和评价体系的情报学应用两个方面,对国内外4个智库评价案例的特点进行了总结归纳,以期为智库评价提供理论和情报实践层面的启发。理论基础方面,重点分析了精英理论、政治学理论等,评价体系的情报学应用方面,总结了各案例在数据库建设、情报研究工具的应用及信息平台建设等方面的情报学优势。

6.4.1 情报的充分性

智库综合发展评价应以赋能智库可持续发展能力为目标,从科技情报治理中常用的生态解读视角来看,智库评价本质上是对智库运营生态的一种全维度扫描,将智库作为情报分析对象,智库评价相当于由情报目标、评价过程、情报方法、智库、情报人员、研究方法与成果和相关制度等种群要素所构成的具有自适应能力的情报生态系统;在智库评价的生态系统中,各个要素共生共荣,通过情报信息刻画和情报响应以规避信息不对称进而确保整个评价系统所需情报的充分性。建构智库评价指标体系,可以综合借鉴情报学分析方法中的系统分析法,解析中国特色新型智库的系统特性、重要功能和系统构成,研判智库实践因素,综合运用理论分析法、频度分析法,挖掘智库内涵和功能,综合考量先验知识和专家经验,构建出接近智库发展实际、符合智库发展规律的中国特色智库评价体系。

6.4.2 理论与方法的科学性

本章提及的4个评价指标体系共同的理论基础是宏观层面的精英理论(Elite Theory)[①]。根据精英理论[②],智库作为社会精英群体,在政策制定过程中,通过各种途

---

① 朱旭峰,苏钰. 西方思想库对公共政策的影响力:基于社会结构的影响力分析框架构建[J]. 世界经济与政治,2004(12):4-5,21-26.

② MILLS C W. The power elite [M]. New York:Oxford University Press,1959:1-4.

径传播政策观点进而影响决策层的政策意向。在此基础上，本章提到宾夕法尼亚大学项目组等将专家观点作为评价智库影响力的重要依据和相关数据的重要把关者和审核者，采用专家评价法或将专家的文字或活动数量作为具体数据指标，相对简化了智库影响力的评价难度和智库相关主观数据收集的复杂性。

设计评价目标的真正意义在于：在尊重智库实践和综合发展规律的基础上，在多理论视角下灵活运用多种情报学方法工具实现智库实践成果和发展成效的量化分析与具象化表达，为智库良性发展保驾护航。而从情报学视角探究智库发展的本质，则需要深入、全面了解各个类型智库的管理架构、成果产出、参与活动等客观数据和一般发展规律。智库评价机构设计评价指标不能"唯上"、不能"唯书"，而要"唯实"，即一套评价指标要能反映一类智库发挥影响力的关键数据及这些数据之间的逻辑关系。同时，智库评价机构也要兼顾这类智库的局限性，从情报学等学科视角关照这些局限性，保证评价结果既能较为准确地反映不同类型智库的独特优势，也能体现各自的不足与局限，为智库勾勒出未来的动态发展空间和可实现的情报实践路径，为各类智库的发展赋予创新的活力和发展的动力，引导各个领域的智库在国家治理体系和治理能力科学化现代化的征程上贡献智慧与力量。

在建设中国特色新型智库评价指标体系的过程中，既要汲取这些国外先进理论的精华，也要积极进行评估理论和情报学研究方法与工具的创新。创造性地运用情报学理论和方法体系，有益于构建符合中国智库发展特点的、科学的、系统的智库评价理论体系，也有利于提高中国智库评价体系的实操性和指导性。

6.4.3 信息平台的权威性与数据的可靠性

宾夕法尼亚大学公民社会项目组发布的全球智库评价指标及四川省社会科学院和中国科学院成都文献情报中心联合发布的中华智库评价指标均具有相应的数据库和数据平台，并进行定期维护、全面审核，保障智库评价过程中客观数据的实效性。从智库评估的可发展性来看，结合当下智库评价的动态需求，情报学中的数据库意识、平台维护理念、信息架构理念和数据处理工具的应用为落实智库的发展性评估提供了可行的方法，为促进智库发展和多元价值建设提供了更加开放的情报学思考维度[①]。

从智库评价案例的情报学分析中可以看出，选择科学的情报分析方法收集、处理好

---

① 古贝，林肯. 第四代评估[M]. 秦霖，蒋燕玲，等译. 北京：中国人民大学出版社，2008：24-43.

样本数据进而确保数据的可靠性和信息的客观性是智库评价的关键。本章列举的评价体系案例中，问卷调查法和专家评价法占多数。这种主观性较强的评价方法在一定程度上影响了排名结果的客观性。过分依赖专家在智库提名、排名过程中的观点，针对评价指标设计的权重过于单一，那么这种单一的、静态的、主观意见为主的智库评价体系容易误判智库作为情报分析对象所处的情报环境，不能全面把握情报对象的情报实践相关数据和信息，将影响最终评价结果的科学性和指导性。而要保证和提升排名结果的信度与效度，就应该重视前期的情报刻画工作，收集客观数据、坚持"用数据说话"，将通过情报学分析工具获得的客观数据与通过专家评价获得的主观数据和信息等有机结合，促进相应的智库评价指标体系得到更广泛的认可和采纳。

6.5 本章小结

智库与智库评价在诸多方面均与情报和情报学存在十分密切的关联。本章聚焦于智库评价，尝试透过情报视角剖析智库评价，解析智库评价与情报及情报学的关系，分析现有智库评价案例的优点与不足。通过智库评价的情报价值、智库评价与情报工作的关系、智库评价的案例评析及智库评价的特点分析，从理论和实践层面解析智库评价，以期为智库评价工作及情报机构参与智库评价提供参考。

中国特色新型智库建设是完善我国政策决策机制的有力路径，智库评价作为智库建设中的重要一环，可以给予智库建设及时的情报预警、反馈与建议，促进智库规范化发展。智库评价在理论和实践层面，均为情报学和情报工作提供了诸多施展学科特长的空间。参与智库评价工作，是情报学科发挥战略引领作用的有效途径，为国家发展出谋划策也是新时代情报学科义不容辞的责任。对于智库评价而言，可积极吸收情报学的理论知识，调整智库评价导向；借鉴情报工作实践经验，完善智库评价流程与方法。充分认识智库评价与情报及情报学的关系，可以促进情报学科对智库评价和本学科未来发展态势的认识，也可增进智库评价领域对情报价值和情报学科的了解，有利于两个领域的互融互通与协同发展。

第 7 章
智库建设背景下的情报机构改革

智库在现代社会治理中发挥着十分重要的作用。改革开放以来,各领域智库为中国的快速发展提供了智力支持。2017 年 10 月,党的十九大报告明确提出加强中国特色新型智库建设,标志着智库建设已经上升为我国的国家战略。进入新时代,在社会治理模式转变及技术变革的双重推动下,各国情报机构已经开始转型,而智库建设与情报机构转型密切相关,研究智库建设背景下情报机构的转型具有十分重要的现实意义和学术价值。

7.1 情报机构改革的动因与条件

目前,国际安全局势急剧变化,国家安全决策面临更多的挑战和不确定性。一方面,在传统国家安全威胁依然存在的情况下,极端天气、大规模传染病、新兴恐怖主义等非传统国家安全威胁快速涌现,成为各国国家安全领域决策者的心腹大患;另一方面,多种国家安全威胁彼此交织、相互影响,呈现出"牵一发而动全身"的复杂格局。越来越多的国家安全问题演变为典型的跨部门事务,迫切需要国家情报系统为国家安全决策提供更为全面、及时、详尽的情报支持。传统国家情报系统已经逐渐不能适应内外部环境变化,呈现出结构与功能的失衡。新的形势下,局限于情报烟囱之中的情报机构犹如"盲人摸象、坐井观天",依据各自的信息和认知能力无法得出国家安全威胁的全貌,限制了在政府宏观决策中作用的发挥。随着大数据智能技术的快速发展,急需情报信息与智库全方位的决策支持。

7.1.1 改革动因

智库是一个跨学科融合的产物,情报机构的转型改革,既有主动的探索,也有被动的适应,从内外逻辑关系上分析,其改革动因主要涉及以下3个方面。

(1) 国家治理模式改变,呼唤情报机构改革

以情报研究为主要职能的情报机构一般是"面向发展的情报机构",以我国科技情报研究机构为典型代表。这类情报机构主要指从公开来源信息中提取开源情报为国家可持续发展提供决策支撑的情报机构,是新中国成立后面临技术落后的现实选择,具有十分明显的中国特色,很难在美国等其他发达国家找到对应机构。我国的科技情报机构主要包括与国防和军队有关的行业情报所,如兵器、船舶、航空、航天、电子等行业情报所,以及各省市直属的科技情报机构。科技情报机构已经具有智库的部分功能,为了提升决策支撑能力,正在进行转型,其最终目标还是更好地发挥决策支撑作用。而智库"出思想"的建设目标,恰恰是长期以来这类情报机构的短板,因此很多情报机构扛起了向智库转型的大旗。而这类以开源情报研究为主要职责的情报机构,是与智库主题最相关的部分。

在上海社科院发布的智库排名中,科技类智库排名第三和第四的,分别是电子科技情报研究所和中国科技信息研究所,虽然这个排名顺序未必准确,但至少表明科技情报机构向智库转型已经得到业界认可。从实际效果看,科技情报机构向科技智库转型,比科技智库向科技情报研究工作延伸具有更有利的条件。转型的主要标志,是很多机构已经开始国内国外相结合的研究,更加注重业务领域的细分,而不是按照国内研究、国外分析分别进行。专职科技信息机构(科技情报研究机构)的核心工作是情报研究,钱学森称之为"为解决特定问题而必须获取的知识"。罗伯特·克拉克认为,情报的本质是"减少冲突中的不确定性"。由此可见,中外对于情报的理解是一致的,就是通过收集评估和分析研究,为决策提供支撑。过去主要为了"知彼"而开展国外研究,因为过去"知彼"很困难。信息时代的主要工作是解决"信息不完备"的问题,即开展"情报分析"。因此,按照专业领域划分,而不是国内国外划分,成为"面向发展的情报研究机构"向智库转型的重要标志。

情报需求越来越注重国内外结合,这个特点在科技领域尤为突出。目前,随着国际国内环境的发展变化,我国科技实力与发达国家的差距正在发生变化,虽然许多核心技术还是被西方垄断,但科技创新由跟跑为主向更多领域的并跑、领跑转变。正像"华为事件""中兴事件"一样,科技创新白热化竞争越加激烈,科技情报工作不仅要了解"对

手"的情况,"己方"的战略环境,更要在了解对手,分析战略环境的基础上,提出具有战略性、前瞻性的决策建议,才能满足国家的需求。因此,决策咨询出对策、出思想的要求越来越高。以国外情报为主要研究对象的传统科技情报工作模式,已无法适应现有需求。当前,我国为新一轮科技发展确定了更高目标,对情报决策支撑需求不断增强,要求情报研究成果必须以国内需求为出发点,反映国内实际。在这一形势下,科技情报工作迫切需要对国内外情况全面、准确地了解和把握,系统、深入地对国内外差距进行对比研究,以提供有价值的决策支撑。

传统"碎片化"情报研究模式无法满足当前战略决策需求。传统情报研究类似于"小作坊"式的散乱模式,需求、资源、人力和技术分割林立,"碎片化"严重,已经与当前战略决策需求严重脱节。新时期,国家战略决策与管理部门对情报的需求呈现出更明显的系统性、战略性和综合性,如中美贸易摩擦等重大现实问题,不仅是经贸问题,也是科技、外交、国家安全等综合性、战略性问题。过去的单一专业情报已不能满足战略决策需求,而全面的政治、经济、军事、文化、技术和管理等多领域、多渠道情报的综合集成才能有效支撑战略抉择。尤其是在当前大数据、人工智能、5G等技术趋势下,决策与管理部门获取情报信息的来源多样、层次各异,关注度多有不同,极易造成决策"盲区""误区"。当前,情报研究工作的"碎片化"问题已成为发展瓶颈,导致难以形成需求把握准确、观点权威、支撑顶层决策的研究成果,对顶层体系研究和各行业领域研究的影响甚微。因此,必须以系统科学和系统工程思维,建立国家系统化、体系化的情报体制机制。

国家治理现代化亟须提升情报工作的现代化。党的十九届六中全会强调"坚持和完善中国特色社会主义制度,推进国家治理体系和治理能力现代化",这不仅是当前情报工作发展的任务要求,更是情报工作未来一段时期的重要服务对象。情报工作现代化还存在诸多困难,除大数据、人工智能等先进技术应用瓶颈外,宏观体制机制建设不健全、山头林立、各自为政、体系混乱,情报机构治理结构不合理,组织形态过于固化老化,鉴别信息真伪、排除信息"噪声"的策略和渠道混乱,研究方法和手段严重落后,人员结构层次下降严重,高端人才流失较多,不一而足。诸如此类问题,不仅阻碍情报工作的现代化发展,更难以发挥情报工作支撑国家治理现代化和军队"四个现代化"的建设目标,将使情报工作错失历史发展良机。

国家科学决策对智库的高要求使得智库对情报工作的需求上升。决策咨询制度是我国社会主义民主政治建设的重要内容。中国特色新型智库是党和政府科学民主依法决策的重要支撑,是国家治理体系和治理能力现代化的重要内容。纵观当今世界各国现代化发展历程,智库在国家治理中发挥着越来越重要的作用,日益成为国家治理体系中不可或缺的组成部分。当前,破解改革发展稳定难题和应对全球性问题的复杂性、艰巨性前所未有,迫切需要健全中国特色决策支撑体系,大力加强智库建设,以科学咨询支撑科学决策。情报工作在智库开展研究咨询工作中具有不可或缺的作用,随着国家对智库需求的不断增多和建设力度的不断加大,智库对情报工作的需求日益增多。智库通过增设情报研究部门、购买情报产品等方式,支撑自身研究工作的开展。

综上所述,国家战略管理部门对情报的需求和要求在"量"和"质"上都较以往有了极大的提高,迫切需要情报机构成为真正的决策支撑机构,从研究模式、研究手段和队伍建设等方面向"智库化"方向发展。

(2) 支撑决策的情报研究力量薄弱,倒逼"面向发展的情报机构"改革

以情报信息收集为主要职能的情报机构一般是"面向安全的情报机构",以美国的18个机构组成的情报共同体为典型代表。这类情报机构一般根据收集手段的不同,按照情报源分类由不同的职能部门领导,开展与国家安全相关的情报信息收集与分析评估。以美国中央情报局为例,其主要职能包括:协调政府的对外情报活动;通过各种方式收集外国的情报信息,及时评估并解释信息;将国家情报分发给总统和相应的政府部门与机构;保护收集情报过程中所使用的资源和方法等。这类机构转型的主要发展方向,是实现大数据时代情报共同体的一体化,通过跨机构跨地域的虚拟交互空间加强情报协同分析,提升整个情报共同体的"决策支撑能力"。这类情报机构虽然与智库少有交集,而且不需要通过智库发挥决策支撑作用,但提升分析研究能力以支撑决策的理念与智库高度吻合。

情报分析与研究能力无法有效支撑决策。从1991年提出"情报研究属思想库范畴"[①]至今,虽然已经过去了30年,但情报分析与研究的能力并没有质的提升。近些年,由于我国科技领域快速发展,很多科技情报机构对情报支撑的需求越来越多,导致任务方向散乱、研究人员疲于应付,很难在某一领域积累相关知识,时至今日,研究能力仍然无法满足"思想库"的要求。"面向发展的情报机构"特别是科技情报机构,传统上基本以搞清事实的实证型情报为主。多元化海量信息和多样化信息传播方式在丰富信息来源的同时,也对传统科技情报研究构成巨大挑战。不仅要求情报研究人员具备信息甄别、印证的基本素质,保证情报研究的准确性,同时还要求情报研究产品

---

① 国家科学技术委员会.国家科学技术情报发展政策[M].北京:科学技术文献出版社,1991.

能够将"孤立"事件"联系"起来,挖掘高价值信息,提供深度分析,更好地把握事物发生、发展的内在规律。通过知识化的推进,可以建成科学实用的情报与咨询研究知识体系和研究体系,提升信息收集处理与规律揭示能力,推动信息咨询发展,将实证型情报转变为显性事实到内在规律再到隐性事实的演绎型情报,提高研究观点的科学性。

信息获取渠道社会化给科技情报机构带来冲击。过去,专职科技情报机构的主要定位是收集信息,而情报研究人员的定位是筛选信息。要发挥"耳目尖兵"的作用,要先于大部队看到、听到信息,为此,提得最多的要求就是"去粗取精、去伪存真"。然而,随着信息网络技术的发展,专职科技情报机构掌握大量"独家资料"的时代一去不返。过去,信息传递受到时间、地域的限制,如在20世纪七八十年代,普通人要读到美国、日本等国的专业杂志是不可想象的,而专职科技情报机构出于工作需要,能够订阅这些期刊,作为情报研究人员的研究素材。可以说,当年专职科技情报机构"耳目尖兵"作用的发挥,很大程度上是由于信息传输渠道的单一和闭塞,其掌握着"独家资料"。随着互联网的普及发展,信息传递的速度和广度前所未有,地域不是障碍,时效不成为问题。以研究开源情报为主的专职科技信息研究者们,面临着与大众共同拥有信息的局面,在大众皆通过网络拥有"千里眼"和"顺风耳"的客观现实下,专职科技情报机构的地位面临挑战。而公民受教育程度的普遍提高,使得越来越多的人能够读懂、翻译这些信息。同时,随着信息网络技术的冲击,影响决策的可能因素反而在增多。为此,科技情报机构必须在传统"耳目尖兵"作用的基础上向智库转变,承担"智囊团"的使命,也就是要成为"大脑"。

非传统情报机构的业务入侵加剧。近年来,各类民营情报咨询和服务机构不断涌现。这些机构由于机制灵活、人员聘用方便、管理成本低、课题费需求少等原因,承担了相关领域很多基础性研究任务。一些传统科技情报机构承担的资料整理、翻译、梳理、综述、领域分析等工作,这些民营机构可以以更低的成本、更快的速度向用户提交相关产品。因此,倒逼科技情报机构向"两头"相关业务倾斜,提高"高端"服务能力和"引领"领域发展能力。一方面,利用自身的报送咨询报告的"渠道"优势和高端人才聚集优势,产出高水平情报产品;另一方面,利用自身的文献资源及经费投入优势,向以大数据为支撑的"数据"范式的开源情报资源收集、处理方向转变。

"面向发展的情报机构"亟须找准治理体系下的新定位。情报机构掌握着大量的文献资料,在开展服务时具有不可比拟的信息优势,然而在网络时代和大数据智能时代,情报处理对象的主体已经从以传统的文献信息为主转向以数字信息和网络信息为主,情报学的"信源"已经"发散"至互联网网络信息、信息系统、监控终端、人际交流信息等资源,具有大数据特性。再加上互联网具有海量信息资源,以及蓬勃发展的各种信息服务机构的灵活与无孔不入,人们获取信息的渠道越来越多。在新的历史阶段,科技情报机构必须重新找到自己的工作定位,才能不被时代淘汰。

(3) 情报失误频发,推动"面向安全的情报机构"改革

情报工作"为国家重大决策提供情报参考,为防范和化解危害国家安全的风险提供情报支持",对国家长治久安、人民安居乐业和社会发展具有重要意义。根据国家安全需要,发达国家普遍设立了多个情报机构,形成了相应的国家情报体制,履行上述职能。行政隶属部门的不同和国家情报安全的需要,使得不同职能部门的情报机构林立,在情报活动日益专业化的同时,也形成了彼此封锁、各自为政的局面。这种以各情报机构为基础,基于不同情报需求实现纵向整合的情报生产方式,形成了一系列的情报烟囱。针对跨部门的国家情报生产,各国通过设立临时机构或者协调机制,来实现情报与信息的有限流动与融合。

"9·11"事件彻底改变了美国对国家安全的认识。《9/11 委员会报告》认为,冷战时期形成的美国情报系统已经无法适应新世纪国家安全环境的变化,需要从整体治理的角度实现新变革。因为信息共享不足而频频出现重大情报失察事件表明,国家安全问题往往涉及政治安全、国土安全、军事安全、经济安全等多个方面,要求情报机构必须实现情报信息共享才能满足国家安全领域决策科学化的要求。由于情报机构的特殊性,对保密工作的严格要求制约了情报信息共享的推进。例如,美国的情报机构众多、情报资源和能力强大,但各自为政、彼此封锁形成了情报机构的"烟囱"现象。对"9·11"事件和伊拉克战前情报评估等事件的调查均表明,国家情报机构之间的信息缺乏有效的共享,导致国家情报系统难以发挥应有功能,严重危害国家安全。这种"烟囱"现象被认为是美国情报共同体未能分享和联系关键信息,提前预警"9·11"恐怖袭击的重要原因[1]。环境日益复杂,情报失误频发使得"面向安全的情报机构"的改革势在必行。

我国《国家安全法》已经提出"健全统一归口、反应灵敏、准确高效、运转顺畅的情报信息收集、研判和使用制度,建立情报信息工作协调机制,实现情报信息的及时收集、准确研判、有效使用和共享"。我国《反恐怖主义法》规定将成立国家反恐怖主义情报中心,将相关部门收集的情报信息统一归口并分析评估,通过通报和预警方式向相

---

[1] Washington, DC: the National Commission on Terrorist Attacks Upon the United States, 2004.

关地区发布。在地方建立跨部门情报信息工作机制，一方面向上级传递情报报告；另一方面可以通过通报方式与相关地方共享紧急情报信息。从"统一归口"一词来判断，其仍然以"烟囱"内的信息纵向传递为主，跨"烟囱"的横向信息共享仍然有限。而地方跨部门信息工作机制所规定的"紧急"信息共享仍然语焉不详，难以指导具体实践。由此来看，国家情报领域信息共享在整体规划、政策制定、项目实施、环境营造上，都迫切需要情报学界增强系统性研究并为之提供指导。

7.1.2 改革条件

与知名智库取得成功的关键因素进行对标，可以看出情报机构改革具有以下有利条件。

（1）大数据智能技术推动情报机构改革

当前，信息技术对情报机构的影响是本源上的和颠覆性的，其技术环境已经发生重大变化，并对专业情报机构产生巨大冲击，但也提供了诸多有利条件。

情报工作的技术环境发生革命性变化。"云物移大智"等新一代信息技术的出现和发展，将彻底改变传统科技情报工作的工具和手段，以及科技情报服务、科技创新和决策的方式。传统科技情报工作方法技术落后，没有摆脱小作坊模式，没有建立起大数据环境下的定性定量相结合的智能化工作方式。在全球网络信息技术浪潮下，信息服务正在由传统分布式信息服务走向网络集成信息服务时代。联合作业和集成服务都以网络为手段、以先进的信息技术为支持，信息的组织、提供、分发及共享都将在网络环境中实现。网络信息传播具有很强的时效性、交互性、动态性、虚拟性及全球性等特征，同时，网络信息传播还具有多媒体功能和超文本功能、信息传播无序性、主体的隐匿性和个性化等特征。

信息技术发展推进情报信息共享。美国情报机构从2005年开始实施信息共享项目，希望实现情报人员及时通过网络共享收集、处理和生产的信息，通过数据加密从源头加强共享信息的安全，所有相关人员根据身份认证和任务授权及时、高效地获取所需信息。信息共享环境主要依靠先进的信息技术和统一的标准来保障信息的可见性和安全性；共享信息的数量和质量均依赖于情报人员和情报机构共享的意愿；将多门类、多格式、多结构和多安全等级的信息采用同一标准处理是实现该模式信息共享的前提条件，但是必然增加系统平台安全保证的难度，以及在情报的语用信息方面有所损失。美国情报共同体开展的情报百科项目，就是利用新技术提升情报机构共享能力的实例。作为一个自下而上发展起来的交互性共享平台，情报百科是利用技术手段跨越机构、地域等障碍实现人员平等共享信息的典型，研发者希望大量人员主动参与，创造出能够自组织、发展与演化的新型知识共享生态系统。作为情报百科创立者的时任国家情报助理主任梅耶罗斯（Meyerrrose）表示，情报百科现在已经进化成为"情报共同体中维基、公告栏（bulletin board）和内部报纸的合体"。情报百科能够促使情报产品包含更多跨机构来源的信息，帮助情报分析人员提高自身知识技能，并为情报报告获取更多的潜在使用机会，改变情报人员的共享行为和工作方式。

大数据智能技术全面支撑情报工作发展。情报工作的发展壮大，离不开大数据智能技术的有力支持，尤其是在情报收集、分析、应用过程中，大数据智能技术的迅猛发展对情报工作水平和质量的提高起到了关键作用。大数据智能技术为提高情报研究成果时效性提供技术保障，从传统梳理分析到利用计算机进行数据处理和分析研究，从利用现代大数据智能技术建立起来的各种数据库到大数据智能技术支持下的数据网络，从信息识别到以计算机人工智能为基础的智能情报系统与专家系统，大数据智能技术使情报研究具有更加深厚的生存土壤。大数据智能技术不仅极大扩展了情报研究的信息源，还为情报成果的传递和情报人员之间的交流创造了条件。大数据智能技术为情报研究由定性向定量分析研究提供了工具，计算机技术的飞速发展及与之配套的系统软件和定量分析软件的发展，加快了定量分析研究的步伐。大数据智能技术使情报研究的全面性、准确性大大提高，帮助人们较好地提高信息资源共享的信度和效度。

（2）国家推进智库发展的政策制度有利于情报机构转型

国家的宏观政策制度是情报机构转型重要的政策环境和制度推动力。情报是国家的重要资源，制定国家情报政策的目的是使国家情报系统获得最大的效益，情报政策是国家为发展和管理情报事业而制定的行动准则。情报体制已发生根本性变化，传统科技情报工作，尤其是科技情报工作政策制度体系正在重塑、重建。国务院、中央军委于1984年7月30日发布施行的《国防科学技术情报工作条例》是开展科技情报工作的法律依据，在历史上发挥了重要作用。2017年审议颁布并于2018年修改更新的《国家情报法》，意味着国家首次在立法层面规范国家情报工作，具有重要象征和引导意义。但各领域的落地实践，还需要更多立法。

智库政策体系建设对情报机构转型提供了遵循依据。2015年，中共中央办公厅、国务院办公厅印发了《关于加强中国特色新型智库建设的意见》，明确"重视决策理论和跨学科研究，推进研究方法、政策分析工具和技术手段创新，搭建互联互通的信息共享平台,为决策咨询提供学理支撑和方法论支持",强调了情报技术方法与信息平台对智库建设的重要作用,引导情报机构强化相关智库职能。随后相关部委、省市发布了智库建设指导意见和方案,多达50多部,形成了智库建设发展的良好政策制度体系。《中国科协关于建设高水平科技创新智库的意见》提出:"依托中国科协创新战略研究院建设创新战略研究网络,广泛联络国内外智库同行,培育发展特色鲜明的专家网络和信息情报网络,面向科技界开放战略研究资源,集成社会智慧,实现共建共享",也把信息情报网络作为智库建设的基础条件。

(3)情报机构内在特质使其具备成为智库的基本条件

除技术环境和政策环境外,面向发展的科技情报机构的情报收集整理、分析研究能力、协同工作模式、科研基础条件及功能作用等内在特质,使其完全具备成为智库的基本条件。

科技情报机构工作模式完全适用于智库工作。王延飞提出了智库的3个特色功能:出对策、出思想和出声音,并以这3个功能为基础分析我国情报机构在向智库转型过程中的问题和解决方案。在借鉴国外智库的建设经验之上,他认为我国情报机构在转型中,必须把握以需求为导向,营造思想创新氛围,建设传播交流机制3个可行做法。面向智库的转型,需要注意的点不仅是如何实现,更重要的是在转型过程中不要迷失自我,把握情报学的理论与方法最为关键,"谨防情报研究在智库建设中的学科泛化与虚化的问题,强化情报学学科核心领域在智库建设中的优势地位、建构情报学学科在大数据时代智库建设中新的理性基础"。[①]

几十年来,科技情报机构形成了"小核心、大外围"的组织管理模式,完全适用于智库开展研究工作。国际高水平智库一般核心专家人数很少,通过外聘专家和访问学者等方式,扩展研究人员的数量,保持研究团队的活力,也可以随时吸收国内外最高水平的专家学者参与智库的研究工作,这种模式是发达国家智库普遍采取的工作方式。虽然我国的智库很少采用固定的外聘专家参与课题组及研究工作的方式,但也十分注重通过调研、研讨等方式吸纳专家智慧。科技情报机构近些年为了提高研究能力和水平,十分倡导采用"小核心、大外围"的研究方式,主要与相关科技情报机构合作,与科研一线人员合作,与智库的工作思路也有相通之处。此外,目前来看,情报领域对信息资源共享、信息服务、知识管理、专家智慧等研究已经取得了许多进展,这也与智库相关理念

---

① 王延飞,闫志开,何芳.从智库功能看情报研究机构转型[J].情报理论与实践,2015,38(5):1-4,11.

一致。

近年来，向智库转型的主体是科技情报机构，因为这些机构往往在某一专业领域具有长期的研究积累，与智库专业化的发展理念非常契合。国际知名智库都根据自身基础条件和可能获得的机会，聚焦主攻方向，全面收集、长期积累、持续建设，通过对已有的资源、知识、经验等进行重新梳理，不断提高该方向研究成果的质量，最终形成自身独特的优势领域和品牌产品。例如，兰德公司的第一个客户是美国国防部。随着时间的推移，逐步扩大了公司的服务范围，在政治、经济、环境、卫生等公共政策领域提供决策咨询，但是，国家安全战略问题作为其主要研究方向一直没有变。《兰德公司高质量研究和分析的标准》明确要求，"研究要建立在对相关研究成果全面理解的基础上，并做出新的贡献"①。实际上，国外大多数智库都根据自身实际，凝练主攻方向，以发挥专业特长，对复杂问题做出独到分析，拿出实用、管用的成果，形成自身独特的优势和特点。

情报机构的科研条件可满足智库建设需要。国外成功智库不仅拥有大批具有专业特长的研究人员，而且重视基础数据和基本情况积累，同时重视集中优势、持续积累，综合运用前沿的研究手段分析战略性问题，以客观的角度、开阔的视野、前瞻的研究发挥专业优势，聚焦重大问题，提供高质量解决方案，使其研究成果对政府部门决策越来越有影响力。如伦敦国际战略研究所经过长期积累，形成了"武装冲突数据库"，成为国际知名的数据库之一。瑞典斯德哥尔摩国际和平研究所（SIPRI）通过收集和分析世界范围内的军费数据，形成了丰富共享的知识仓库，为编写《斯德哥尔摩国际和平研究所年鉴》提供了依据。兰德公司设有国家安全研究部，经过长期的积累，建立起了坚实的研究基础。通过对研究领域内国内外的重大事件、重要人物的动态信息、基本情况、基础数据的收集、整理、加工与积累，建成对应的数据库，作为决策咨询研究的数据基础和信息来源；通过对自身研究成果的整理与积累，为后续研究奠定基础，保持研究的连续性。另外，在重视公开数据的收集和分析的同时，通过自己的研究方法对各种数据进行进一步甄别与遴选，在一定程度上提高了数据的可信度和全面性。

情报机构与智库在服务决策机制上具有相似性，情报机构在基础数据和基本情况积累方面具有更悠久的历史和更强的技术手段。智库的主要任务是提出新的战略理念与思想、提供咨询服务、反馈数据信息、进行问题诊断和预测未来发展趋势。在科研条件

---

① 兰德公司. 兰德公司高质量研究和分析的标准［EB/OL］.（2020-05-24）［2020-07-16］. https://www.rand.org/zh-hans/quality.html.

上，我国《关于加强中国特色新型智库建设的意见》中明确了智库的 8 个基本标准，对于其中的决策咨询研究领域及其研究成果、专业代表性人物和专职研究人员、学术交流平台和成果转化渠道、信息采集分析系统、国际合作交流条件等几项标准，情报机构完全具备相应的条件，可满足智库的需要。情报研究方法技术是智库工作最为理想的大数据分析和信息支撑条件，发挥情报研究在智库建设中的数据支撑作用，为智库工作提供重要的信息支撑和条件，也可以拓展情报研究的空间，为情报研究提供新的发展机遇。

情报机构和智库都是决策咨询体系的组成部分。情报机构和智库在功能上高度一致，在程序上连接紧密，发挥决策支撑、建言献策的作用。国际上智库类型很多，服务决策、影响决策是所有智库的共同追求。为实现参政议政的目标，智库机构都强调以客观的角度、开阔的视野、前瞻的研究发挥专业优势，聚焦重大问题，提供高质量解决方案。分析国外的主要智库，无论是兰德公司之类的用户导向型智库，为政府官员提供政策专业知识的学术导向型智库，还是强调推行其政治主张、向政策制定者灌输其思想的政策宣传智库，虽然其研究方法、推销手段各不相同，但总体来看服务（影响）决策都是其主要目标，而支撑决策也是情报机构的最终目标。通常，国外知名智库或是选择战略性、前瞻性重大问题开展研究，或是坚持问题导向，主动出谋划策，瞄准重点、热点、难点问题开展主动式综合性研究，不断扩大影响力。英国皇家学会科学政策研究中心一般通过与英国政府和世界其他国家的密切接触，从中捕捉政府所关心的问题来确定研究选题；德国国际和平研究所利用收集的信息对世界性的热点进行研究，如金融风暴对国防建设的影响。情报机构在情报信息资源积累、支撑服务决策能力、思想理论创新能力、情报分析思维基础、信息技术支撑条件等方面具备向智库转型的天然基础与优势，可迅速转化和形成智库能力。

7.2 情报机构改革转型路径

近几年来，学界在情报机构与智库的融合和转型发展、从情报的视角看智库研究与建设、从智库的发展趋势和要求看情报工作发展、情报工作如何为智库建设和需求提供保障服务等方面开展了诸多研究。总体上看，情报机构转型与智库建设研究已备受学界重视，逐步开展了一些研究论证工作。从业务组织模式角度分析，"面向发展的情报机构"转型主要包括情报机构与智库一体化发展路径、情报机构业务迭代升级型路径、情

报机构与智库联合协作化路径等3种模式,"面向安全的情报机构"转型则主要采用情报机构的合作共享能力提升路径。

7.2.1 情报机构与智库一体化发展路径

目前,分析研究能力较强的科技情报机构已基本具备智库的功能。历史上,特别是早中期,文献信息等资源建设与服务是这些机构的核心工作,大数据时代信息资源建设与服务模式受到冲击,许多传统科技情报机构寻求转型升级,逐渐把大数据智能技术推动下的情报分析研究作为机构发展的核心业务,通过向情报研究聚焦,已经实现了工作重心的转变,使科技情报机构向科技智库转型。这类机构多把机构本身称为智库,情报与智库在组织模式上是一体的,可称之为"情报机构与智库一体化"或"情报机构=智库"路径。在这个路径中,情报工作与智库工作,你中有我,我中有你,密不可分。情报机构与智库一体化转型的机构多为科技情报机构,聚焦于情报分析研究和论证研究,以支撑党、国家和军队重大决策为历史使命,同时发挥情报机构与智库决策咨询的多重职能。

钱学森智库的改革转型实践。航天科技集团第十二研究院钱学森智库是近几年较为活跃的智库,于2016年4月24日在北京成立,其发展目标是:建设钱学森高端智库,支撑航天、服务国家,实现军民融合国家战略。该院以原有的情报咨询研究力量为基础,形成了"钱学森论坛"等学术平台,建立了适应新型智库运行方式的治理结构。目前,钱学森智库已经开展了"口述钱学森工程""群星灿烂工程"等重大项目,与美国权威学术期刊 *Science* 共同发行《系统工程在中国》专刊。目前的发展方向主要聚焦两点:一是统筹和发挥航天领域的经验优势与科技力量。该院是航天领域"十五""十一五""十二五""十三五"规划的执笔单位,同时承担航天强国纲要、中国航天中长期发展规划等项目。二是继承和发扬系统科学思想与系统工程方法。在安徽、山东、福建等地建成钱学森综合集成研讨厅,构建了人机交互、以人为主的"从定性到定量的综合集成研讨厅体系",并与国家信息中心共建了宏观决策综合集成实验室,与军方某单位共建了钱学森数据推进实验室。钱学森智库整合情报所与系统院的资源,不但及时跟踪世界航天的发展趋势,对科技前沿、国外航天管理的经验等开展研究,同时也对国家的战略规划、重大系统工程的论证有深入的了解。

大柳树防务研究所的改革转型实践。依托科技情报基础是大柳树防务研究所的改革转型实践的主要特点。中国船舶工业综合技术经济研究院是以软科学研究与应用为基础的智库型科研院所,大柳树防务研究所是依托该院的科技情报工作基础而创建的,是集科技发展研究、咨询、管理、评估于一体的专业机构。该院以"一流研究机构,权威咨询智库"为发展愿景,以"支撑政府军队决策,引领科技发展"为使命,主要开展科技战略、前沿和颠覆性技术、海洋防务、智能决策与数据工程等研究。当前,研究所正在致力于深化资源共享模式及与集团公司下属企业深化协作,建立更加灵活的组织运行模式,从而打造防务领域高端智库型科研院所。目前,已经打造了大柳树防务智库论坛、国防科技 50 人论坛等知名智库品牌。

此外,中船重工第 714 研究所早在 2011 年 11 月就提出了"建设一流智库"的目标;中国航空工业经济技术研究院以美国防务分析研究所(Institute for Defense Analyses,IDA)为标杆,确立了努力方向。这些机构以科技情报机构起家,以情报工作立身,以情报分析论证和咨询研究为核心,致力于智库能力建设,我们也称之为"聚焦情报研究型"路径。

7.2.2 情报机构业务迭代升级型路径

这类路径主要体现在各省市科技情报机构,这些科技情报机构的功能和定位正在由传统的"公共文献查阅中心"向"公共信息服务中心"和"公共知识服务中心"转型,未来将进一步发展成为"公共智慧服务平台"。目前,正在逐步发展成为某一领域内相对专业的"智库",研究人员也由传统的"信息专员"向"知识顾问"和"智库专家"转型发展。情报服务类型也由信息链低端的"数据再现服务""信息加工服务""知识发现服务""情报传递服务"等形态向"智慧决策服务"等高端服务形态转变。这种基于情报机构基础资源条件和能力,迭代增加更多更高级的研究、服务或技术职能的改革转型路径,可称为"情报机构业务迭代型路径",也有专家称之为公益性"情报机构++"模式。①

这类科技情报机构的转型,以省级科技情报机构为典型代表,基本上都定位为公益性公共机构,作为各地科技系统的事业单位,为当地政府和社会提供科技情报服务。例如,北京市科技情报所成立于 1973 年,现隶属北京市科学技术研究院,该所拥有广泛的信息资源、信息渠道和专业齐全的高素质人才队伍,是北京地区信息服务业的重要力量。

2018 年北京市科学技术研究院成立"北科智库",旨在为北京市科学技术委员会、中关村科技园区管理委员会、知识产权局、市委市政府研究室、海淀区人民政府等 11 家政府职能部门提供科学决策服务。北京市科技情报所作为院下属单位,是"北科智库"

---

① 栗琳,卢胜军. 智库建设背景下的情报机构转型研究[J]. 科技情报研究,2020,2(2):1-19.

的 4 支科研力量之一。在机构定位上，该所按照公益科研院所改革发展的要求，立足主业服务公益、服务高端的发展方向，明确了公益建所的思路，确立了"二三四"的指导思想，即坚持为政府和社会服务；坚持信息资源、信息技术和信息服务三大主业；坚持情报信息工作的收集、储存、分析和发布 4 个环节。该所聚焦全国科技创新中心建设、以智库建设为切入点，在剖析情报工作发展所面临的机遇与挑战的基础上，着力打造现代情报生产线，按照数据信息采集—分析研究—成果发布的情报生产过程划分业务部门和分配人才，应用大数据、深度学习、云计算、人工智能等新一代信息技术，自主研发相关情报工具，建设相关的情报数据库与服务平台，以丰富的成果形式，面向政府决策开展情报服务工作。

在用户需求上，根据"为市领导提供最新的科技情报信息"的指示，极力满足政府科技决策的需要，同北京市科学技术委员会、北京市市政管理委员会等市委办局合作，扩大科技情报服务范围。在机构协作上，利用地处北京的天然优势，依靠北京市科技情报学会的平台，强化与各大部委科技情报机构的联系与合作，积极参与全国中心城市科技情报（信息）研究所所长会等协作体系，极具特色。在业务领域上，以传统优势领域为基础，尽可能开拓相关业务领域，面对日益激烈的竞争环境和日益提高的服务需求，结合大数据背景，整合优势资源，研发大数据科技情报服务平台，并在城市交通情报服务、突发事件应急决策、网络舆情监测管理、战略性新兴产业和文化创意产业等领域取得了进展。

作为智库基地，用创新的思维、手段与方法，聚焦北京科创中心建设、城市精细化管理、科技与文化融合发展、城市安全与风险治理等重大问题；积极在《人民日报》《经济日报》等权威媒体发声，就高质量发展、制造业发展等主题发表文章；努力为京津冀协同发展及全国科技创新中心建设建言献策，提交了《关于促进京津冀环保科技协同创新的建议》《日本诺奖计划对北京加强基础研究打造世界科学中心的启示》等专业报道，发挥了决策支撑作用。

7.2.3　情报机构与智库联合协作化路径

许多新型智库或是在原有某些机构基础上重组而成，或是重新组建。但共同的特征是都有情报研究力量参与，形成了"科技情报机构＋战略研究智库"的全链条研究咨询服务模式。这类改革转型路径多发生在国家部委、中国科协等科技情报机构与智库。中国科学院科技战略咨询研究院是这类机构的典型代表。

习近平总书记在视察中国科学院时提出了"四个率先"的具体要求，其中一个即为"率先建成国家高水平科技智库"。为了贯彻习近平总书记的指示精神，2016年10月，中国科学院在原科技政策与管理科学研究所的基础上，吸收文献情报中心一部分情报研究力量，成立了战略咨询研究院。战略咨询研究院吸纳的情报人员主要分为4类：第一类为情报分析方法与技术人员，开展的课题与工具平台相关，如"情报研究与平台建设——智库型科技情报分析工具平台""思想库产品发布平台建设（标准、评议、发布）"等。第二类为衔接学科领域与情报研究的学科科技战略情报研究（如农业、环境、空间、纳米领域等）人员，开展的课题有"纳米科技前沿与发展战略分析研究""国家农业机械产业科技创新战略研究""小天体资源探测路线图研究"等。第三类为科技政策研究人员，开展的课题有"智库参与政府科技创新决策机制研究"等。第四类为科学评估研究人员，开展的课题有《2016研究前沿》报告等。

战略咨询研究院是中国科学院在国家科学技术方面发挥最高咨询作用的支撑机构，是中国科学院率先建成国家高水平科技智库的重要载体和综合集成平台，是集成优势力量建设的智库型创新研究院。战略咨询研究院未来10年的战略目标是：成为国家倚重、社会信任、国际著名的高水平科技智库；对事关国家发展全局和长远的重大决策提出有科学依据的咨询意见；为应对全球挑战和促进人类社会可持续发展提供重要科学思想支撑；成为全球科学技术和创新发展政策思想的引领者。

2019年3月，战略咨询研究院潘教峰院长出版了《智库DIIS理论方法》[①]，将智库基本内涵概括为收集数据（Data）—揭示信息（Information）—综合研判（Intelligence）—形成方案（Solution），这也是智库研究过程的4个阶段：①收集数据阶段，围绕所研究的问题全面收集各类相关数据；②揭示信息阶段，进行专业化的数据挖掘、整理、分析，形成客观的认知和知识；③综合研判阶段，引入相关专家学者的智慧对这些认知进行研判；④形成方案阶段，在问题导向、证据导向和科学导向下提出解决方案或政策建议，最终为宏观决策提供高质量、有建设性的智库研究报告。

从智库研究过程的4个阶段来看，前两个阶段主要是情报工作的相关内容，可以据此说明情报工作在智库研究中起到了收集数据、揭示信息的前端基础作用。后两个阶段以学科领域专家和政策专家为主导，但仍需要情报人员参与，以辅助专家们对揭示出的信息进行研判。因此，情报人员是贯穿智库研究过程始末的，尤其前两个阶段是以情报人员开展情报研究为主。

---

① 潘教峰. 智库DIIS理论方法［M］. 北京：科学出版社，2019：14-15.

战略咨询研究院除了直接吸纳情报人员外，还与情报机构保持着密切的合作。战略咨询研究院每个月会直接向中央上报两种快报：《科技前沿快报》和《科技政策与咨询快报》。这两种快报由战略咨询研究院和中国科学院发展研究规划局联合主办，中国科学院各地方文献情报中心都积极参与，以获得对中央的直接信息上报渠道。《科技前沿快报》聚焦国内外基础学科与前沿交叉综合、能源资源、环境生态等战略必争领域，以科技创新价值链为主线，检测分析这些领域的发展态势、前瞻预见、战略布局、行动举措等重要科技动态，凝练识别新的重大科技问题、前沿技术和创新路径，为科技与创新决策服务。《科技政策与咨询快报》主要监测分析国内外科技发展的新战略、新思想、新政策、新举措，洞察科技与经济、社会、文化、可持续发展互动的新趋势、新规律，研究识别科技创新活动与管理的新特点、新机制，解读科技体制机制、科技投入、科技评价、创新人才等现代科研管理的制度变革，简述中国科学院学部就重大问题组织开展的咨询建议，研判智库的重要咨询报告，剖析智库的决策咨询运行机制与决策影响途径，追踪国内外科学院、智库的咨询活动与研究方法等，为科技决策者、科技管理者、战略科学家等提供决策参考。情报研究在中国科学院科技战略咨询研究院工作中发挥重要作用，也是其智库研究的重要组成部分。

此外，科技部直属的中国科技发展战略研究院与中国科技信息研究所也开展了类似的合作。前者是综合性软科学研究机构，主要从事国家科学技术发展战略、政策、体制、管理、预测、评价及科技促进经济社会发展等方面的研究，为国家科技、经济、社会发展的宏观决策提供咨询和建议。后者在科技信息工作的基础上提供情报咨询服务，同时也为前者提供情报信息支撑。与中国科学院体系相同，也形成了"科技情报机构＋战略研究智库"的模式。中国科学技术协会科技创新战略研究院成立于2015年8月，是中国科协建设高水平科技创新智库的核心载体。总体上，国家部委科技情报机构在发挥部分智库功能的同时，与专业智库共同构筑咨询研究服务体系，可称之为"情报机构与智库联合化模式"或"情报机构＋智库模式"。

7.2.4 情报机构的合作共享能力提升路径

"面向安全的情报机构"虽然没有向智库转型，但也十分注重增强分析研究能力。例如，美国情报共同体正在进行转型，通过共享提升情报分析能力。以情报收集处理为主要业务的美国中央情报局（CIA）等机构，在强化情报收集相关先进技术支撑的同时，逐渐把情报分析作为自己转型的重点。这是大数据智能时代，传统情报收集机构升级转型必然经历的趋势。从美国多版《国家情报战略》和《情报改革与预防恐怖主义法》等文件来看，美国政府认为提升情报共同体支持决策功能需要以一体化为目标，以协同共享为原则，以信息技术为主要手段进行了大刀阔斧的改革，主要措施包括情报机构结构调整、强化信息共享及情报分析革命等。

（1）设立国家情报委员会，实现战略情报协同生产模式

"9·11"事件以来，为了解决情报机构之间信息情报共享不足的难题，美国2004年设立了国家情报总监，负责协调各情报机构的相关工作。美国情报共同体成员包括18家情报机构，其中国家情报总监办公室领导和协调其他16个机构，负责加强对关键性跨部门情报议题的规划管理；通过信息共享环境办公室，加强了情报共同体内信息共享技术平台的发展、相应数据标准和共享标准流程的建设；通过跨部门情报中心和联合情报行动队，加强了情报生产者之间的信息共享。除了情报共同体协同管理外，跨职能领域的情报产品生产是其核心职责所在。这也是美国政府通过共享与协同在机构设计方面所做的努力。办公室设立国家情报委员会，为国家安全领域决策者提供中长期战略情报产品并参与议会听证，是国家安全决策中不可或缺的一环。委员会代表情报共同体就关键国际事务向高层决策者提供综合性战略性情报，其中《国家情报评估》是最权威的中长期战略情报产品，1979年至1999年就有954份公开报告，起到了决策咨询的关键作用。关于苏联战略能力的情报评估构成了冷战时期美国国防规划和战备谈判的基础。国家情报委员会成员包括情报共同体的高级情报分析人员，被称为国家情报官（National Intelligence Officers，NIOs）①。近年来，越来越多曾经的智库、大学等非政府组织成员、退休军事领导、外交官加入了国家情报委员会，以保证情报评估的专业性。

（2）采用新技术新手段新平台推进情报信息共享

2004年以前，美国政府各部门和情报机构为了满足情报生产需要，已经建设了很多信息管理系统。由于保密性的要求，这些系统往往相互隔离，形成了诸多信息孤岛。2005年以后，为了盘活现有信息资源，实现不同信息系统间的共享，各部门根据政府要求开展了多项改革：将不同情报机构分别管理的信息数据整合形成共建共享数据库，如恐怖分子筛选信息库（Terrorist Screening Database）、国家情报图书馆（Library of National Intelligence）计划和为了在机构间形成顺畅信息流而实施的信息共享环境（ISE）项目，目标是实现国防、情报、国土安全、外交和执法五大领域反恐信息的共享，重

---

① Office of the Director of National Intelligence. National intelligence council - who we are [EB/OL]. [2020-07-16]. https://www.dni.gov/index.php/who-we-are/organizations/mission-integration/nic/nic-who-we-are.

点从技术平台、政策规范、程序、纲领、信息系统、架构和标准等 6 个方面"整合协同现有机构信息系统资源,并依据体系思想将信息系统建设一体化"。信息共享环境项目的参与者除了情报共同体成员机构外,还包括国土安全部、司法部和国防部等在内的 15 个政府部门,以及《情报改革与预防恐怖主义法案》所规定的私营部门。

(3) 通过跨机构跨地域的虚拟交互空间加强情报协同分析

情报工作的重中之重是分析研究。为应对国家安全形势变化及信息技术的飞速发展,时任国家情报委员会主席冯稼时(Thomas Fingar)发起了情报分析革命,以打造数字时代的一体化情报队伍,他认为"如果情报共同体不能提供有意义的预测和有价值的洞见,决策者就会转向其他机构寻找支撑"。采取的主要措施包括情报空间(A-space)计划[①]、统一的新人培训课程项目、情报百科等。此外,情报分析方法创新也是情报分析革命的重要内容。

情报空间计划是由国家情报总监办公室主导、国防情报局具体承担,通过综合集成 Web 2.0 应用,充实多个情报机构信息数据,从而为情报人员跨机构跨地域协作而建立的虚拟交互空间,这也是情报分析革命的关键一环,是美国利用社交媒体工具促进情报人员隐性知识显性化和知识协作的代表。该项目 2007 年启动,情报人员能够访问跨机构数据库,实时获取保密和公开的情报信息,也能够交流情报知识技能、和其他从事类似任务的人员培养人际关系等,被《时代周刊》评为 2008 年的最佳创新[②]。

2006 年正式上线的情报百科是为促进国家情报机构间信息共享而开发的社交网络平台。针对信息密级的不同,情报百科分别在绝密网、秘密网和非加密互联网络(针对敏感但不涉密信息或者政府专用信息)3 个不同网络上运行。到 2010 年,情报百科已经发展了来自 16 家情报机构的 57 000 个用户,仅秘密词条就超过了 40 万条。2014 年 1 月,情报百科共有 269 000 篇文章。随着情报百科、情报空间等创新性共享项目的发展,非正式共享已经融入情报人员的生活,成为隐性知识显性化和共享的主要方式,表现出动态化配置的特点。通过相关文献[③]可以看出,并没有单独使用情报百科生产的情报产品,启动联合生产线(Joint Product Line)项目通过将情报产品起草、审阅和分发等环节

---

① 钟亮. 美国情报界情报分析转型的新举措:A-Space 网站 [J]. 情报杂志,2010,29(11):6-9,28.
② WERBIN K C. Spookipedia:intelligence, social media and biopolitics [J]. Media culture & society, 2011, 33 (8):1254-1265.
③ SCHROEDER D A. Efficacy and adoption of central Web 2.0 and social software tools in the US intelligence community [R].Charles Town, WV:Department of Security and Global Studies, American Military University,2011.

融入情报百科的协作过程，将其发展为情报百科生产线。通过将非正式共享方法、网络协同与传统情报流程环境相融合，情报百科生产线已经生产了第一个正式情报报告——国防情报局简报。

其他相关项目包括国家情报图书馆计划，主要通过提高现有情报产品可见性和可获得性将机构层级的已知知识转化为系统范围内的公共知识，以期望通过情报产品的再利用来释放其潜在价值从而提升情报分析质量。到 2009 年，国家情报图书馆可为国家情报生产者提供超过 80 万份的跨部门情报产品，并以每周 2 万份的速度增长。实现隐性人际知识方面的转化和共享能够增强情报共同体成员间的了解和信任，对情报信息共享具有特殊意义。美国国家情报总监通过情报分析人员名录项目（Analyst Resource Catalog，ARC）收集共享了美国情报共同体 17 000 名分析评估人员的基本信息，将隐性化的人际知识转化为情报共同体的共同知识，为国家情报管理者和国家情报分析评估者实现联合情报生产奠定了基础。在该项目之前，没有人确切知道美国情报共同体究竟有多少人分别在哪些领域进行什么类型的情报分析评估工作。

从上述情报改革实践来看，美国正在利用先进的信息技术手段实现情报产品生产的协同，打造一体化的情报共同体，以改变长期以来情报机构单打独斗的工作模式。如果说国家情报委员会成立之前代表了冷战时期的局部协同模式，当前探索所要实现的则是大数据时代的情报共同体全范围一体化模式，最终目标是提升整个情报共同体的决策支持能力。

7.3 情报机构改革的举措与成效

经过长期建设，面向发展的科技情报机构已经具有丰厚的信息资源建设与服务基础，必须在原有职责任务的基础上，转变观念，实现拓展式转型。在"耳目尖兵"的基础上，逐步拓展研究领域，明确定位与方向，承担起各级决策层的智囊团作用。

7.3.1 打通情报与智库的理论链条

在国外，情报机构与智库泾渭分明，一般不会有人将这两类机构混为一谈。国外的智库一般指关注于公共政策研究的"私营"非营利组织。而情报机构一般指政府下属的对国家安全具有重大意义的"对手"情报信息收集机构，当然也开展分析，但首先是情报信息的收集。在我国，一般不强调智库的"独立性"，大量政府下属的政策研究机构成为知名智库。因此，国内智库的概念更加宽泛。而以各领域国外科技发展跟踪研究为主要职责的"开源"科技情报研究机构，也扩展了国外对"情报机构"的界定。可以说，具有中国特色的科技情报工作实践和智库建设对于情报学创新发展具有重要的推动作用。随着大数据智能时代的到来，情报与智库的研究范围不断扩展，内在联系更加紧密，理论体系日趋完善，实践价值日益提升。系统研究我国的"情报与智库"理论方法具有十分重大的学术价值和实践意义。

要实现科技情报机构向科技智库转型的发展目标，履行智库的使命，必须要有一些相应的举措。例如：逐步形成全国业界公认的领军人物和学科带头人，并优化组合成相应的学术梯队；持续承接国家的研究课题及各类能体现情报研究智库核心能力的横向课题，发挥智库的前端研究作用和前期咨询作用，并形成跟踪研究的积累；与时俱进地推出面向各军兵种、全国甚至影响世界的科技情报信息服务新产品，通过新产品来满足用户的新需求，通过新产品的新服务来提升智库的前端功能；每年举办国际和全国的学术会议和学术论坛并将其作为重要的情报源和学术交流的平台，实现从被动地参与到主动地举办的转变。

要在问题和需求上面下功夫。随着我国科技自主创新、跨越发展进程的逐步推进，在研制进程或发展阶段上我国与发达国家的差距正在逐步缩小，正由以往落后、追赶的后发位置向紧跟或接近同步发展的态势转变。在这种情况下，我国科技发展可从国外能够直接借鉴和参考的经验与以往相比大为减少。这就要求过去以国外研究为主的科技情报机构在研究工作中必须更加紧跟实际需要，始终紧密围绕科技管理部门的中心工作，满足高层决策的最迫切需求。而这也是智库的职责。就具体的转型模式而言，全面转型论、协同转型论和审慎转型论都有其存在的合理性。每个机构都有其职能使命，准确把握功能定位，是否需要转、为什么转、怎么转是核心问题，而不应盲目跟从，这样反而可能导致核心情报业务的丧失而智库的决策咨询作用尚未建立的结果。

智库的研究注重其应用，必须与实践相结合，必须把科技情报智库建设摆在国家软实力建设的重要位置，搞好整体规划，加大人力、物力、财力支持力度，不断改善科研条件，形成有利于智库开展研究的资源环境和技术环境等。要采取有效措施，整合分布于各政府机关、各研究机构的数据资源，推进资源共享。要具备设计和打造情报智库品牌产品的能力，创新产品形式、注重产品的外形设计，打造能够代表国家高水平智库的特色拳头产品。鼓励创新分析方法和模型工具，形成一批定性定量分析手段相结合的智库研究平台，针对不同类型的研究项目，选择合适的研究方法、工具和模型，进行量化和实证研究，提高定量分析水平。

7.3.2 推进治理体系和治理能力现代化，完善新型智库的治理结构

学习新时代全球治理体系观，借鉴新型智库治理结构，是情报机构改革转型的"必修课"，要实行科技情报智库的整合、提升和拓展战略，发挥智库前端功能，用新愿景、新产品、新平台、新项目、新机制开展情报机构之间的合作与共享。要在科技情报的旗帜下进行各类资源的整合。

要拓展研究时域并强化核心业务。著名智库均有擅长的学术领域，通过在特定领域进行学术能力、研究团队、影响力渠道、成果推广渠道、信息获取渠道等基础资源积累，采用各种方式包括期刊、书籍、年度报告、研究报告、快报等传播自己的思想和研究成果，增强在一个领域中的话语权，发挥在该领域推动政策形成的显著作用。情报机构强化应面向决策问题的战略研究，提高情报分析的能力，由学科式研究向问题式研究转化，强化战略情报研究：时间要提前，由跟踪分析转向战略预判；范围要扩大，由科技情报转向全领域信息；专业要精深，由情报信息处理转向解决专业问题。同时，根据自身的特色、优势和所处的环境条件来选择核心业务，对传统业务进行转型升级，强化核心优势。要瞄准国家宏观政策和战略需求，以规划计划作为推动机构建设发展的有力抓手，建立科学、规范、高效的智库专项研究和资助计划渠道与模式，推动情报机构改革，为顺利实现战略和规划目标奠定坚实基础。

要完善全链条决策咨询研究工作。情报机构在公共决策中的基本任务是做好决策所需的信息保障，及时向决策者提供信息、情报和知识服务，解决智库工作过程中"信息不完备"的问题。在转型过程中，情报机构必须根据自身条件，坚持和发挥传统优势，不仅要围绕决策需求做好信息收集与分析工作，更要做好问题和对策分析，走完走好"最后一步路"，最后形成独立的研究报告。智库的决策备选方案实质就是对各种相关信息的分析筛选过程，然后做出自己的判断，因此，丰富的信息和第一手资料至关重要。国外的智库大多有自己的图书馆和专门的情报信息网络。发达国家还重视建立各种数据库和联机检索系统为智库收集、处理和提供信息。在美国就有4000多个数据库，约占全球数据库总量的80%，驰名于世的大型联机检索系统有10余个。

借鉴智库优势，建立灵活、开放、高效的运行机制。智库的优势之一就在于其灵活、开放、高效的运行机制。良好的机构运行管理机制是情报机构转型改革的一个重要内容，将极大提升现代化治理的能力水平。我国新型智库的发展建设，必须与国家全面

深化改革相适应，积极借鉴国外著名智库管理运行的成功经验，完善智库体系运行的体制机制，协调推进智库体系在组织管理、人才培养、资源配置等方面的调整改革。综合来看，情报机构应侧重于建立思想创新、舆论引导、成果转化、联盟协作、考核评估、交流协作、人才管理、组织管理、资金保障等机制，从而建立全方位、现代化的运行体系。一要促进各类智库间、智库与其他科研机构间的良性互动，充分利用全社会智力资源为智库体系服务。二要探索与世界著名智库的学术技术交流合作，努力把世界的、相关领域的一切有益的东西吸纳进来、为我所用。三要积极与国外智库开展对话、交流，举办各种国际性的讨论会、讲演会、研讨会来加强与外国学者间的交流，通过举办高层论坛、学术交流、专题访谈等，宣传我们的研究成果和政策，形成向全球输出思想和理念的能力，掌握智库领域制定规则、话题和议程的话语权，与活跃在全球智库领域的西方智库相匹敌，以主动、有效的方式影响世界。

7.3.3 发掘思想成果价值，建设开放的智库思想市场

近年来，"智库思想市场"的概念逐渐得到专家的普遍认同。"智库思想市场"能够灵敏地反映供需关系的变化，引导资源的有效配置。随着政府决策需求逐步开放和智库力量不断壮大，经过大浪淘沙的"智库热"，我国思想市场将迅速成长，将形成类似于实体经济市场的思想经济形态。既然是市场，就应按开放融合的市场经济理念办事。

要真正发挥智囊团作用，科技情报机构必须站在客观的角度，用先进科学的研究方法、严谨规范的研究过程、海纳百川的开放式研究模式、准确翔实的数据及深入严谨的分析，来强化研究过程的科学性，以便得出有价值的研究结论，获得决策者的认可，为自己赢得一席之地。对科技情报机构来说，研究成果的价值和引发的效益是检验其成功实现智库化转型的重要指标。科技情报机构面向用户的各种信息产品的产出过程与面向决策咨询的研究过程有较大差别，沿用原有产品生产模式不能有效支撑决策。因此，科技情报机构必须借鉴国内外著名智库的先进做法，结合自身实际需要，创立新的适合中国国情，特别是适合本行业情况的有效办法。一要进行过程管控。通过严谨的工作流程和工作规范保证研究过程的质量。二要确保依据准确。利用的数据和信息要来源可靠、及时、真实、全面、准确，为定量和定性分析提供支撑。三要保证方法科学。避免产生无因之果。四要严格成果审核。可采用盲审、同行评审、专家评审等多种方式，在研究过程的不同阶段，从不同角度审视研究成果，包括阶段性成果，确保其

最终成果的高价值。

要树立以人才强机构作为提升战略的新理念。人才是智库的根本，无人则无"智"。科技情报研究有其自身的特点和要求，因此科技情报人才的成长也有其独特的规律性，优秀情报人才的成长需要一个漫长而艰难的历练过程。人力资源是第一资源，在科技情报研究机构更是如此。领军人才和学科骨干既是智库研究影响力和辐射力的源泉所在，也是学科资源和国内外交流的脉系所依，同样也是学术成果和人才梯队建设的作用所据。"智库"对研究人员的综合素质提出了新的要求，科技情报人才除必须具有强烈的事业心、高度的信息敏感性、很强的战略思维和综合分析能力、丰富的专业技能和文字能力等基本素养之外，"学习能力""团队协作能力""研究方法的应用能力"是"智库"型人才还应具备的3种重要能力。需要采取有针对性的措施提升上述能力素质，如集中学习培训、举办专题研讨会等，有的放矢地重点培养新时期的重要研究能力。

建设智库型人才的"情报+专业"知识结构和体系。建立完善的人才体系，培养和引进情报人才和专业领域人才，形成有利于出大成果的人才机制，这是情报机构与智库的智力基础和宝贵财富。情报机构与智库要取得大发展，应当采取超常措施，快速吸纳全社会高层次智力资源，积极聘用或引进相关领域学术带头人、管理专家等，参与智库重大问题的研究工作。应采取专兼结合的人才建设之路。一是内外结合。智库在核心领域保持自主力量的同时，积极发展外部的相关领域专家作为智库专家队伍的重要组成部分。二是理技融合。以智库研究领域为平台，打破领域专业界限和行政分割，立足全社会各行业，最大限度地挖掘人才资源，建立专家库为咨询研究所用。三是上下结合。通过紧密或半紧密的组织形式，将在职的或离职的熟悉政策、经验丰富的机关人员纳入咨询研究专家队伍中来，优化咨询研究队伍结构。

7.3.4 形成适应新形势和新需求的工程实践能力

情报机构与智库都需要不断提升工程实践能力，要充分发挥工具、模型和算法的优势，建立数据驱动型的情报与智库工作模式。情报学是一门面向国家需求的实践科学，实践中始终关注数据的处理、分析和深层次挖掘，探索从复杂数据中实现知识发现的方法，使得情报研究从单一领域转向全领域，研究对象从以文献为主向网络复杂数据拓展、从结构化数据组织与处理向复杂结构数据扩展[①]。大数据、物联网、人工智能等信息技术

---

① 苏新宁. 大数据时代情报学与情报工作的回归[J]. 情报学报，2017，36（4）：331-337.

的发展产生了海量数据,对智库工作也产生了巨大的影响,如何用数据说话,怎么用数据说好话成为智库工作必须重点关注的问题。新形势下,传统情报分析中基于"事实数据+工具方法+专家智慧"的研究方法也被赋予了新的内涵,"情报5.0"[①],以及"智慧情报"[②]等理念与技术应用密不可分。

人工智能技术的成功运用高度依赖具体问题和应用场景,且需要人才、知识、数据、技术、政策等多方面要素的有力支持。需要面向多种数据源,面向情报流程和智库实践场景,整合大数据、人工智能等多种信息技术手段,建立相关的数据及技术标准和规范,打造情报与智库泛在基础支撑平台,为决策层提供数据支撑、网络支撑、工具支撑和服务支撑。

应整合各相关方,打造具有安全性、松耦合、模块化、标准化、服务化的泛在基础支撑平台(图7-1)。一是通过建设公有云或私有云等方式,为数据或服务提供高效存储及计算服务(Hardware-as-a-Service,HaaS)。二是整合各机构已有的数据资源,建设安全可追溯的数据流转机制、服务网络和相关数据规范,提供数据资源服务(Data-as-a-Service,DaaS)。三是提供相应的数据管理、处理、挖掘、分析等使用的相关软件、模型和算法等服务(Tools-as-a-Service,TaaS)。四是打造知识建设和融合服务,提升情报研究的起点和效率,实现共建共享的知识产品服务体系(Knowledge-as-a-Service,KaaS)。五是按照专家情报生产需求,设计数据和服务的标准和协议,面向特定情报任务,以情报专家为核心打造全方位、全流程的数据、技术、专业人才和服务支撑能力,打造支持情报专家全流程参与和调整的情报全自动化生产流程,建设情报智慧工作服务(Intelligence-as-a-Service,IaaS),为情报专家决策提供智能化的服务支撑。

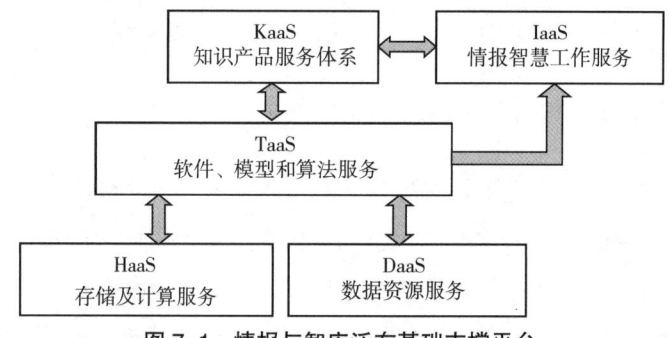

图7-1 情报与智库泛在基础支撑平台

---

① 王飞跃.情报5.0:平行时代的平行情报体系[J].2015,34(6):563-574.
② 罗立群,李广建.智慧情报服务与知识融合[J].情报资料工作,2019,40(2):87-94.

为了提升情报工作的实践能力,美国组成了新兴的情报—工业联合体。目前,美国大约70%的情报预算以合同方式开出,覆盖从硬件支持到情报收集和分析等情报工作各方面。中情局现有1.75万人,中情局使用情报外包服务超过美国情报外包业务总量的1/3。同时,承包商雇员也是国防情报局、国家特勤处及国家反恐中心的主力军,而且往往触及情报活动的核心地带。情报业务外包被广泛用于情报分析、情报收集、情报收集和信息管理系统的开发,以及大量的商业服务和支持服务等。情报人员被分为两类——政府雇员和情报承包商雇员。如今在美国情报共同体,与私人产业的合作对任务的成败有着重要的作用,情报共同体已经将承包商作为重要的一部分,他们提供专业技术的支持,包含科学、语言、区域文化等各方面,其不仅被情报共同体广泛使用,而且占据着关键位置。对情报业务外包有赞成和反对两种意见,一些专家认为,政府雇员相较于私人承包商,更具有对国家利益忠诚的大局观,而承包商只对他们的股东有忠诚的职责,对国家并没有如此义务。因此,目前某些重要的政府文件由私人承包商进行撰写的这种现状必须扭转。但这种大趋势不可能完全改变,只能在具体业务中进行治理控制。智库在未来发展中可以移植借鉴情报工程的技术方法,以便提升智库研究工作的效率和研究成果的科学性。

从情报流程和智库工作角度看,应着重提升几个方面。一是智能数据采集能力。针对访问日志、社交网络、过程行为、传感网络、智能终端等多种渠道的信息资源数据需求,开发可配置、自适应的大数据信息资源采集系统,提升信息源的自动发现、监测、采集能力。二是智能信息处理能力。针对文本、视频、音频、图片及其他非结构化和半结构化数据进行自动清洗和抽取,将其中的知识片段抽取出来,并转化为机器能够读取和处理的结构化的知识,并按照信息资源特点进行组织和入库。区别于传统信息的处理和抽取,智能时代下的信息处理可以利用语义、时空、逻辑等文本或音视频中所包含的高层次知识信息,将隐性知识转化为机器可识别的、具有明确语义的信息,合理地对原始信息进行加工、提炼和组织。三是信息的深度分析能力。多源异构是大数据的重要特征,需要根据问题场景,将抽取出的多源知识进行融合并对结果进行交叉验证,利用基于概率论、模糊推理和人工智能在内的多种方法从海量数据中学习知识和挖掘规律,在此基础上,将有特定需求的数据采集、处理和分析所需要的处理流程、模型方法固定下来,建立面向目标的智能分析应用,形成工程化的情报服务。

在研究思路上,从单兵作战向集体智慧转变,实现情报研究与专家智慧的对接。要树立"不求为我所有,但求为我所用"的用人观念,这是"智库"研究组织模式的前提;

要打破部门、机构、单位、专业、领域间的界限，通过充分挖掘组织内外的可用人力资源，打造一支优势互补、团结协作的虚拟团队，这是"智库"研究组织模式的基础。在研究内容上，要从传统的跟踪国外情况研究为主，向国内外相结合的研究转变，要彻底改变情报研究人员对国外相关领域情况更熟悉，而对国内情况并不掌握的尴尬局面，让科研人员在了解国内需求和领域进展的前提下，开展国内外相结合的研究，实现研究工作与决策需求的无缝对接。在研究手段上，要将"数据科学"和"智能技术"应用于情报工作。随着数据资源爆炸式增长、网络技术迅猛发展，情报分析越来越依赖于庞大、多样的信息来源，对这些信息的分析能力已经远远超出了情报人员的能力，因此，必须提高运用计算机从数据（如原始文本、图像、信号等）中提炼知识（即对人类有用信息）的能力，新的技术、方法、工具的应用将改变研究人员的工作方式，提高情报分析人员的工作效率，使分析人员能更加专注于自身的直接判断、发挥经验优势。总之，不管是情报机构还是智库，都必须在海量数据积累的基础上，实现对"有效数据"的甄别、遴选、处理、分析。要采用专业的分析方法作为研究成果的重要手段和依据；适应"大数据"环境，增强数据挖掘能力，从依靠"专家智慧"向"专家智慧与电脑合谋"转变。

7.4 本章小结

时至今日，情报机构改革势在必行、不可逆转，这既有国家安全与发展的客观需要，也有大数据、人工智能等先进技术的颠覆性驱动，更有情报系统内部的发展压力。情报机构和智库在新的历史阶段面临着技术变革与国家治理模式变化的新课题，如何转型，不仅关系到自身生存发展，也会影响到我国的国家安全和发展。开展相关问题深化研究，将有利于智库和科技情报机构客观审视自己及环境与需求，找准定位，促进机构顺利转型。在中国特色新型智库建设背景下，智库为情报机构改革提供了新的选项，特别是我国科技情报机构，具备转型的天然优势和条件，体现出多种典型路径。本书在梳理美国"面向安全的情报机构"改革转型历程，以及我国多家情报机构与智库有关情况的基础上，进行了理论性、实证性、实例化相结合的分析研究，提出了转型举措建议，对情报机构特别是科技情报机构或安全情报机构，具有参考价值。实际上，不管是"面向安全的情报机构"还是"面向发展的情报机构"，都与国家安全密不可分。例如，科技安全及高科技领域的竞争，已经上升为影响国家安全的重要领域。因此，所谓面向安全和面向发展也是相对的,是本书为了研究不同类型情报机构具有的不同特点而采用的划分方式。虽然这种划分方式难免会有一定的交叉,但这两类情报机构都与国家治理模式转变的社会背景,以及大数据智能技术日新月异带来的情报机构的变革密不可分,其转型的路径有所不同。

第 8 章
情报与智库发展展望

情报（功能）与智库既有天然的联系，又有很大的区别。随着技术的进步、社会治理模式的转变，这种区别和联系体现出新的特点。大数据、机器学习、云计算等新兴技术影响的广度和深度不断增加，技术变革已经改变了情报领域收集、存储和处理数据信息的方式，未来几十年内将改变情报流程的所有环节——从收集到分析再到分发。而技术的进步同样冲击着注重"调查研究"和"专家智慧"的智库的发展。越来越多的社会信息充斥在现实和虚拟空间中，社会治理需要各学科各领域知识的融合、信息的冗杂和融合，政府的决策难度也在增加，如何能做到科学地认识发展的趋势，如何预测和判断国际形势和走势，智库未来发展面临新的环境。目前，数据智能已成为各行各业赋能的关键。情报工作与智库都是我国科学决策的重要支撑，在人工智能及大数据技术方法手段、技术工具开发等方面，可以互相借鉴、互相促进。

8.1 数据智能技术驱动情报全流程变革与智库创新发展

8.1.1 数据智能技术将持续推动社会变革

人工智能及大数据浪潮，得益于 3 个方面的因素。一是互联网的发展产生了海量数据。互联网、移动设备、社交网络的快速发展和应用催生了海量的可获取数据，为机器学习、深度学习等人工智能算法的训练、改进和应用提供了充足的数据基础。二是计算能力的快速提升。随着摩尔定律的持续影响和针对智能算法的计算体系优化，GPU 等各种计算设备的发展，使得深度学习可以充分利用海量数据，在合理的时间内自动地学习抽象的知识表达。三是深度学习理论的突破。Hinton 在 2006 年提出了用于训练 Deep Belief Network（DBN）的算法，突破了神经网络训练瓶颈。在此之后，多种算法和模型相继被提出来,在计算机视觉、语音识别、自然语言理解等领域迅猛发展,并取得了以 AlphaGo、自动驾驶为代表的多项有影响力的成果。从以上 3 个促进数据智能技术发展的影响因素来看,整个社会的数据和计算机提供的计算能力仍在迅猛增长,深度学习在科研院所和产业界的影响力和地位越发凸显,各种新的算法和应用层出不穷,且在 5G、物联网等技术和产业力量的推动下,数据智能技术在可见的未来仍将快速发展,其展现出来的巨大潜力将进一步促进数据智能技术与各产业的深度融合。

正是认识到数据智能技术对社会和产业变革的颠覆性影响,自 2012 年发布《大数据研发倡议》,2016 年 10 月发布《国家人工智能研究与发展战略规划》以来,美国政府陆续发布了多项战略文件,将人工智能发展上升到国家战略高度,白宫还成立了人工智能和机器学习委员会,并通过召开人工智能峰会等多种手段促进数据智能技术的发展和落地。多项战略文件都提出人工智能等数据智能技术是给国家安全带来深刻变化的战略性、颠覆性技术,将对经济、国防和各个行业产生重大影响。与美国相比,海量的数据资源、巨大的应用需求、开放的市场环境形成了我国人工智能发展的独特优势。我国《新一代人工智能发展规划》认为:"人工智能的迅速发展将深刻改变人类社会生活、改变世界","人工智能各发展要素正在引发链式突破,推动经济社会各领域向智能化加速跃升"。为抢抓数据智能技术发展的重大战略机遇,我国出台了一系列相关政策和保障措施,以促进数据智能技术研发、人才培养和产业发展。

著名的计算机科学家、图灵奖得主吉姆·格雷在《科学方法的一次革命》演讲中将科学研究的范式分为 4 类:实验范式、理论范式、仿真范式和数据密集型科学发现范式(Data-Intensive Scientific Discovery,也称第四范式)。与其他 3 个范式相比,数据密集型科学发现范式是通过大量的已知数据,计算得出之前未知的可信的理论。钱学森的情报"激活"理念认为,"情报的本质是激活了的、解决特定问题所需要的、具有针对性和及时性的知识",这一论断的基础认知与大数据时代产生的第四范式高度相似。黄河燕等人也认为情报工作中传统的"事实数据 + 工具方法 + 专家智慧"的研究方法与大数据研究方法不谋而合[①]。情报学一个重要的研究领域就是数据的处理、分析和深层次挖掘,从复杂的数据中发现知识和规律,形成增值的情报产品,以支撑不同层次的科学决策。因此,情报工作和第四范式之间存在着许多重叠和相似的部分。

数据智能源于大数据一词在智能时代的流变和碰撞,是人工智能技术和大数据技

---

① 黄河燕,曹朝,冯冲. 大数据情报分析发展机遇及其挑战[J]. 智能系统学报,2016,11(6):719-727.

术相互交融的概念性产物。在数字时代，数据来源较为广泛，异构程度极其复杂，国内外各行各业的中英文网站、社交微博等都是可采集的数据源。数据智能就是基于机器学习、数据挖掘和大数据分析来实现智能判断和决策，具体通过数据清洗和转换、特征提取和整合、数据的探索性分析等途径，从输入到输出的全过程自主性地解决问题。它主要通过智能化去重、排序等信息过滤方式来提高数据抓取过程中的准确性，减少无效数据对系统分析精准度的影响，进而模拟启动微电子设备到机器人自主平台的逻辑、概率、感知、推理、学习和行动等。随着高级机器学习、分布式计算等先进技术的涌现，数据的发展逐渐呈现出高维度、高阶态、异构性的复杂态势。

数据智能的概念区别于传统的数据科学和普遍意义上的人工智能，具体区别如图 8-1 所示。数据科学是研究赛博空间数据问题的理论与方法，其本身边界较广，且明确以数据界中的数据作为研究对象，为自然科学及社会科学提供了数据研究的新方法。数据科学涉及数理统计、代码编程、商业分析等多样性维度，在不同领域已形成较有针对性的数据学，如行为数据学、气象数据学、金融数据学、脑数据学等。相对而言，数据智能的深层次目标在于帮助开展预测和决策，而非停留在数据科学的分析和展示层面。

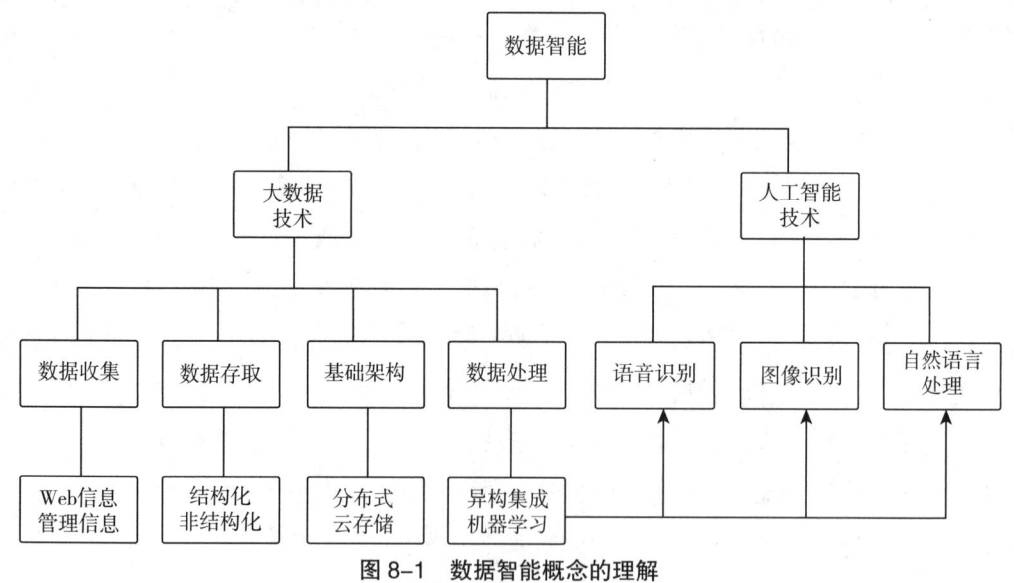

图 8-1　数据智能概念的理解

人工智能在实现方式上有以下特点。一是包括基于规则的半智能，即通过计算机按照规定语法结构录入规则，采用不大灵活的规则进行智能处理；二是具有无规则的统计智能，即发挥计算机在数据统计、概率分析方面的优势，通过读取大量数据进行智能处理；三是具有深度神经网络的新一代智能，随着存储成本的降低和处理速度的提升，深度学习算法大幅优化了智能的精准度。相对而言，数据智能则是人工智能的主流分支，智能服务提供了高附加值的赋能优势，有利于吸纳用户，而流量用户的增多反过来又产生了更多数据，使智能本身更为优化。

人工智能和决策都起源于认知科学，人工智能源于人类的决策需求，是对包括决策在内的人类活动的模拟，可视为通过编程来模拟人类运用智能实施行为的实际过程。决策作为人类智慧的结晶和思维活动，是多层次、多性质、多样式的，决策过程是复杂的、具有不确定性，决策的依据往往依赖经验和认知。情报学以数据、信息、知识、智慧为主要研究对象，旨在解决决策过程中的信息不完备问题，因而情报学与数据智能技术之间存在天然的密切联系。当前，人工智能已经通过多项突出成果证明了其重大价值，并且在计算机视觉、自然语言处理、自动翻译、语音等多个应用领域得到了广泛应用，这些技术完全可以应用于情报工作，带来情报工作的根本性变革。

8.1.2 新时代情报机构与智库面临的挑战

目前，数据量以前所未有的速度快速增长，已成为支撑社会经济发展和国家安全的重要战略资源。如何在情报工作中面向具体问题求解，从纷繁复杂的海量数据中获取、处理、分析、分发情报产品，是大数据智能时代情报学应研究的问题。智库工作的一项重要任务就是数据信息的收集与分析，新时代智库工作同样面临着数据智能技术带来的机遇与挑战。数据科学的进步和数据产业的发展能为智库建设和研究提供技术支撑；智库可以成为数据智能技术发展的实体依托，促进数据智能技术研究成果的转化和落地[①]。

(1) 新时代情报机构面临的挑战

"情报学以情报为核心研究对象，以数据、信息、知识、智能、情报的生产、转化、管理及利用的理论、方法和技术为主要研究内容"[②]，旨在解决信息不完备问题，减少决策过程中的不确定性。因而，情报学与大数据、机器学习、云计算等数据智能技术存在天然的密切联系。情报工作要想充分利用数据智能技术带来的机遇，不仅需要技术、方法、工具方面的创新，还在组织架构、工作流程乃至人才结构方面面临挑战。

传统思维方式和人才缺乏阻碍数据智能技术在情报流程中的应用。随着数据智能技术领域的进步，商业数据智能技术与情报共同体独特的数据和系统相结合的能力，为决

---

① 吴田.大数据助推新型智库建设[N].科学导报，2017-06-13（B02）.
② 杨建林.大数据浪潮下情报学研究与教育的变革与守正[J].情报理论与实践，2020，43（4）：5-13.

策者提供可行决策建议提供了前所未有的机会。但情报机构管理者传统的思维定式，以及情报和数据架构的安全性和技术现状，可能会阻碍情报共同体利用数据智能技术的能力。此外，情报机构内部的专业人员很多是外语等非技术型的人员，在未来应用人工智能的工作场所中，应该如何进行培训，他们是否还需要学习编码？情报共同体人才结构应如何调整？目前还没有明确的答案。对数据的处理和分析需要较强的理论基础作为依托，否则很难发现海量数据背后蕴藏的价值和意义。情报部门如何快速地将先进技术集成到全源情报分析中，对其在未来情报环境中的竞争能力，以及提供及时、准确和相关的分析产品非常重要。大数据时代所需要的是既能够熟练掌握大数据挖掘技术，又在某一传统学科有扎实理论基础的"数据科学家"，而不是仅擅长技术开发的"数据工程师"。分析人员需要具备基本的数字技能，以便在分析中有效地利用数据智能技术和分析工具，并向不太精通数字技术的政策决策者解释工作过程。

信息共享不足导致大数据智能技术工具应用面临挑战。长期以来，情报机构一般围绕特定的"情报源"和具体任务而设计，形成了一个个"烟囱"，积累了独特的专业知识和文化。目前，重要数据通常仍然隐藏在情报机构的各个孤岛，或者无法共享的数据架构中。即使实现简单共享，用于情报应用程序的最有用的人工智能方法也需要大型、高质量且标签一致的数据集。情报机构之间，甚至有的情报机构内部也采用不同的标签标准，以至于加大了数据访问、体系结构和格式化的挑战。因此，即使有大量数据存在，如果分析人员无法共享或访问，也无法转化为具有洞见性的情报产品。总体上看，情报部门的分析人员在应用新技术方面仍然完全滞后于技术水平曲线。数据和颠覆性技术的爆炸式增长，新的全球威胁的快速演变和出现，以及政策制定者决策周期的加快，很可能会颠覆情报分析过程。

智能技术快速发展对情报机构的地位作用带来挑战。尽管情报部门在密级情报收集方面仍有许多优势，但高质量的开源情报、可从商业渠道获得的地理空间情报和信号情报，以及数据融合分析等方面的竞争变得更加激烈。任何受过训练和装备精良的组织都将能够以更快的速度和更低的成本对当前事件进行全源分析，其质量可与情报部门的分析人员相媲美。在未来越来越普遍的传感器和持续感知的信息环境中，商业部门更快的技术采用率和开源情报的优越设施，使其在评估快速变化的全球事件方面比情报部门更具优势。此外，情报共同体的技术采购模式与国防领域类似，采购周期通常需要数年。而数据智能技术创新周期非常快，等到情报机构采购的系统工具、技术产品交付时，这些技术已经过时了。情报共同体漫长的研究、开发、测试和评估时间反映了情报工作的特点,即需要考虑风险和安全性要求,但会阻碍其快速获取、集成和应用数据智能技术的能力。此外,情报机构还需要时间适应已采购的人工智能系统工具,并重组关键任务,如重新训练机器学习算法。这些挑战使得适应不断变化的情报需求和情报任务环境变得更加困难。

(2) 新时代智库面临的挑战

在我国各类型智库中,企业智库在收集、处理和分析数据方面占有绝对优势。阿里巴巴、腾讯、京东等互联网企业下设的民间智库对于国民网购、出行、快递服务等领域的大数据分析已经较为成熟和细致,涉及对各类人群各类行为的深度分析,但其积累的数据主要集中在商业领域,不能充分满足政府决策的需求。智库要想在未来仍然发挥政府"智囊"作用,面临以下挑战:

更高的时效性和科学性要求。传统智库大多存在研究周期长、研究数据缺乏等问题,许多前沿性、时效性的问题难以触及或跟进。区别于传统的数据获取壁垒,新时代下大量研究问题所必需的基础数据都可以通过互联网获取,且随着社交媒体及移动互联网的快速发展,智库工作也面临着更高的时效性要求,海量数据的快速处理和分析能力成为智库工作开展研究的重要瓶颈[1]。譬如,美国大选的实时分析和预测就是智库在政治活动中应用大数据技术的典型案例,其科学性、时效性强等优势将在未来的智库研究中得到进一步体现。因此,保持传统研究的严谨性,运用大数据研究中的数据获取手段,将成为智库提升研究成果准确性和科学性的有效方案。针对已知或潜在的研究目标,如何借助技术手段快速发现海量数据中出现的线索,并通过进一步的数据分析及研究,为研究人员提供数据论据及科学判断依据,是新时代智库工作面临的重要挑战。

更开阔的研究视野和思路。大数据能够为智库工作提供更广泛的研究数据、更丰富的研究手段和更开阔的研究视野。在传统智库工作中,研究手段及研究结论往往受限于研究者个人视野。大数据等技术手段能够极大扩展研究者的数据范围,挖掘时间跨度更广、空间涵盖更大、线索关联更多的相关信息,从而为研究者和决策者提供新方案、新视角、新思路。例如,Maximilian Schich 研究了过去 2000 年来,15 万名西方文化名人

---

[1] KATZ B. The intelligence edge: opportunities and challenges from emerging technologies for US intelligence [M]. Washington, DC: Center for Strategic and International Studies, 2020.

的出生地和死亡归属,揭示了不同时期文化的迁移和传播规律①。此外,以社交媒体为例,其网络连接、话题讨论及传播、时空发展变化等特点为智库研究政治活动、社会治理等大量问题提供了丰富的数据资源,可以通过数据发现社会问题,有助于国家相关政策的制定及维护社会稳定。

更丰富的成果传播形式和渠道。可视化分析是大数据研究领域的重要组成部分,用图像、视频等手段传达信息往往比文字更加直观和迅速。此外,微博、微信公众号、短视频平台等新型媒体在现代社会的广泛渗透为智库成果提供了新的传播渠道。智库在进行成果发布和成果转化的过程中,可借助大数据技术,通过图表、图形等方式更加直观、广泛地阐释数据背后的故事。智库依托大数据技术手段实现成果的可视化,便于决策者迅速抓取有效信息,理解相关智库的主要观点,提高决策效率;帮助媒体更有效地进行报道传播,建立与智库的良性互动机制;将复杂问题以简单易懂的方式进行呈现,增强公众对政策制定过程和智库研究成果的参与和认可②。

8.1.3 数据智能技术促进情报机构与智库转型

对于情报工作而言,数据智能技术带来的影响是全局性和根本性的,从"数据世界"的获取和管理,到"知识世界"的知识发现和情报转化过程,都可以利用数据智能技术。数据智能技术在情报领域的应用具有增强情报全流程各阶段发展的潜力,因此日益成为世界主要国家情报竞争的制高点。大数据时代,数据驱动是基础,技术工具至关重要,但仅有这些还远远不够,问题导向的决策活动需要人们具备驾驭数据的思维方法和专业能力,情报学也要随着时代的发展而不断创新。数据智能技术旨在通过开发利用海量数据信息的创新技术手段,实现对来自各种信息源的文本数据、音频数据、视频数据等进行自动、实时分析和融合,将感知、认知和决策有机结合起来,从根本上改变传统的主要依靠人的经验和智慧做判断的决策模式,从而提高复杂环境下的决策科学水平和快速反应能力。

(1) 开源信息提取能力将成为界定情报机构与智库业务水平高低的分水岭

公开渠道信息往往是免费的,并且很容易获取,从而可以促进情报的收集工作。此外,不同于机密资料,开源情报有利于实现机构之间的共享。国家安全问题往往涉及政

---

① SCHICH M, SONG C, AHN Y Y, et al. Quantitative social science. a network framework of cultural history [J]. Science, 2014, 345 (6196): 558-562.
② 吴田. 大数据助推新型智库建设 [N]. 科学导报, 2017-06-13 (B02).

治安全、国土安全、军事安全、经济安全等多方面,情报机构必须实现情报信息共享才能满足国家安全领域决策科学化的要求。但由于情报机构的特殊性,对保密工作的严格要求制约了情报信息共享的推进。例如,美国的情报机构众多、情报资源和能力强大,但各自为政、彼此封锁形成了情报机构的"烟囱"现象,这是美国情报共同体未能分享关键信息,提前预警"9·11"恐怖袭击的重要原因[1]。开源情报的又一优势是其传播速度快,能够实时、准确地对事件进行决策。同时,开源情报成本较低,并且对数据量没有限制,可对整个时间轴进行数据收集。但是,公开渠道信息也有一些缺陷。首先,庞大的数据量对情报机构来说是一个巨大的挑战,对数据的收集及评估带来很大的困难。其次,这样的工作需要大量有能力的分析人才及计算机专家,才可以迅速地找到正确的信息源及数据并进行评估。

如表8-1所示,第一代开源情报的业务主要是翻译,目标是使情报分析人员能读懂外国的报告,以定期出版物为典型情报产品。美国1941年设立的外国广播监测服务处(FBMS)是典型的第一代开源情报机构,主要负责监测和分析轴心国的宣传项目,在世界各地设立了20多个机构,可以高效收集所需的材料,并开展有价值的翻译。第二代开源情报业务依赖技术专长,往往需要更广泛地获取、处理和利用公开渠道信息,以生产出一个可以被集成到某个已完成全源产品之内的情报产品。正在发展的第三代开源情报,依赖机器学习和自动推理,以提升扩展信息处理及挖掘有价值情报的能力。随着时代发展,针对情报的需求会越来越多,必须借助以大数据及人工智能为代表的技术和工具,才能有效处理海量信息以满足情报需求[2]。

表8-1 开源情报的特征(根据兰德研究报告整理)

开源情报	第一代开源情报	第二代开源情报	第三代开源情报
美国起始时间	始于1941年美国外国广播监测服务处的成立	始于2005年美国家情报总监开源中心的成立	即将到来
发展背景	面向国防与军事应用	Web 2.0——因特网与社会媒介发展	Web 3.0——"语义网"的兴起

---

[1] 栗琳,卢胜军.智库建设背景下的情报机构转型研究[J].科技情报研究,2020,2(2):5-23.
[2] WILLIAMS H J, BLUM I.Defining second generation open source intelligence(OSINT)for the defense enterprise[R].Santa Monica:RAND Corporation,2018:11-12.

续表

开源情报	第一代开源情报	第二代开源情报	第三代开源情报
主要职责	20世纪90年代前，主要是监听和翻译外国的新闻信息源。冷战期间，该机构为军方提供了关键的洞见和决策点，包括苏联从古巴撤走导弹的第一波征兆、苏联从阿富汗撤军的预警，以及匈牙利和捷克危机。20世纪90年代后，情报共同体开始呼吁、探讨开源信息管理、收集、处理、分发方式变革	开源信息的巨大体量，必须花费大量时间把可靠"好"情报与"坏"情报分开。情报分析人员必须能够收集、判断和整理信息，了解信息的局限性，并理解不同用户、需求、任务、信息组合、组织、机构和法律，以便给出分析性结论	目前还未明晰，但主要国家已经开始相关研究。例如，美国地理空间情报专家学者每年都会参加"ImageNet"挑战赛。一种数字驱动的心理学分支——心理计量学，有可能进一步模糊开源情报与心理学作业的界限。可得数据的体量很可能被新型数据存储和处理能力抵消
主要特征	依赖翻译专才； 常需要实体的信息获取途径； 定期出版物； 资料收集是第一代开源情报工作的重中之重	依赖技术专才； 虚拟的信息获取途径； 不间断地获取； 聚焦于利用和生产，情报分析师需要开展基于学科主题的背景分析	依赖机器学习和自动推理； 广泛采用加密技术有可能导致获取途径不畅； 数据智能技术应用于情报流程的所有环节

开源情报的发展历程实际上就是情报共同体观念转变的过程，越来越多的情报专家认识到：运用经验和技术从公开渠道信息（PAI）中寻找和获取有价值开源情报（OSINT）的能力，将是界定未来数十年情报业务水平高低的分水岭，进而影响国家安全、科技发展，以及军事竞争等领域的战术优势与战略全局。

（2）数据处理能力将填补信息收集与信息分析之间的"鸿沟"

数据技术已经改变了情报共同体收集及存储信息的方式。在传感器激增、数据和计算呈指数级增长的世界中，大数据技术可以帮助情报机构实现数据收集自动化，简化数据的处理，并跨各种"情报源"（地理空间情报、信号情报、人力情报和开源情报）确定收集目标的优先级。此外，智能应用程序可以协助分析人员接收，可视化和利用这些数据，从而为决策者提出有价值的见解。

大数据时代情报学面临的一大挑战是，海量数据导致信息收集和信息分析之间出现了"鸿沟"。单纯提高信息收集能力，并不能获得等量的情报价值提升。目前，情报机构一般采用建立情报融合中心、信息共享、强化信息技术工具、实现全面的信息收集和培养优秀的情报分析人员等举措，但这些都无法保证一定会获得高质量的情报产品。

之所以会出现这样的问题,是因为情报机构的信息收集人员和分析人员,都不愿意花费精力对已经收集到的情报信息进行管理,如果在信息收集之后、情报分析之前这段时间内,缺少数据处理框架,则大数据时代情报机构的作用无法保证。

在信息爆炸的时代,对于情报机构来说,想要获得及时、可靠、准确的情报产品,填补数据收集与数据分析之间的"鸿沟",建立起从掌握的信息向有效的情报产品转化的桥梁,离不开情报信息的加工与整合能力,而这些能力都与数据处理密不可分。例如,北约部队在波黑利用分布式更新和分布式查询机制,实现其位于萨拉热窝的指挥部和3个地区分部之间的情报信息管理、存储和共享,希望建立一个地理空间可显示的、相互对照的、联合的、融合的情报工作方式。但在实际工作过程中,由于作战环境恶化、大量的信息和数据丢失、分析人员工作任务繁重等因素,导致情报产品质量下降;情报人员为解决这一问题不断加大工作量,导致恶性循环。针对出现的问题,北约加强了情报部门的数据处理能力,通过后续的实践证明,这些改变是成功的[1]。数据处理作为独立步骤出现,是大数据带来的影响。这一步骤的职责,一般由情报机构承担,但是数据处理所需的方法工具大多由科技公司开发。

据统计,美国前50所大学基本都设置了大数据、数据科学和分析学的本科、硕士、博士教育,包括战略分析、预测分析、数据分析和政府分析等。1992年,第一个推出了美国民用情报研究项目的梅西赫斯特大学(Mercyhurst)通过里奇情报研究和信息科学学院(Ridge School of Intelligence Studies and Information Science)提供多个研究生和本科生情报学位课程,这是美国第一个将数据科学与情报分析相结合的学位项目。规定的学习课程包括:从各种私有和公共数据源检索、组织、合并和清洗数据;存储和查询来自各种私有和公共数据源的数据;应用适当的技术为私营部门和非政府组织发现模式和做出预测,并支持战略决策和行动;以易于理解的书面、口头、视觉和/或多媒体格式交流分析结果。我国部分高校也开设了数据科学相关的课程,建立了学位授予点。

未来,不仅研究人员需要不断提升数据科学和人工智能方面的素养,更重要的是,未来数据科学家将成为研究分析部门的重要组成力量,以便帮助分析人员理解相关的人工智能,联合构建和定制模型,将正确的工具应用到正确的数据集上,并得出有价值的结论。

---

[1] PALFY A. Bridging the gap between collection and analysis: intelligence information processing and data governance [J]. International journal of intelligence and counter intelligence, 2015, 28 (2): 365-376.

(3) 人工智能将在从数据到决策的转化中发挥关键作用

新时代,情报学面临很多新的挑战。一方面,决策者面临的环境更加复杂且瞬息万变,不确定因素日益增多,情报学需要多方面学科的知识积累与应用;另一方面,物联网、云计算、社交网络等技术应用迅速发展。如果按照传统的情报方法,分析人员将因为数据太多无法正常工作,数据科学和人工智能将在从数据到决策的转化过程中起到关键作用①。同时,情报工作仍然保留了其本身的特点:关注的是对手的行为意图;需要从大规模看似无关甚至矛盾的信息中,发现弱信号并管理相关信息,时间要求高。此外,由于情报工作本身的对抗性,对手的战略欺骗将长期存在,即使信息呈现出显著相关性也不一定代表了其真实意图,需要情报人员分析这些信息的逻辑关联。

美国情报高级研究计划局作为情报共同体高新技术研发机构,已发布相关研究项目62项,分别隶属于数据分析、预测性情报、数据采集和计算技术四大领域,具体如表8-2所示②。

表8-2 美国情报高级研究计划局数据智能计划汇总

序号	领域	数量/项	主要内容
1	数据分析	16	主要关注自然语言处理、计算机视觉、图像识别、语音识别和人类行为学等方向
2	预测性情报	12	主要关注颠覆性技术预警、网络安全预测、人工智能安全、政治与社会危机、流行病和生物安全等方向
3	数据采集	18	主要关注传感器技术、地理定位技术、通信信息系统、生物监测等方向
4	计算技术	16	主要关注超导电子学、量子计算、计算神经科学、机器学习和网络安全等方向

分析师应能够利用包括深度学习在内的数据智能技术来帮助筛选报告流,识别并展示其中蕴含的模式特征、趋势和威胁,将其集成到他们的分析中。中央情报局前首席学习官约瑟夫·加丁认为"情报分析将受到人工智能、大数据和机器学习等技术的巨大影响,而这些工作长期以来一直是人类擅长的领域"。分析师可以利用人工智能来更有效

---

① PORCHE I R, WILSON B, JOHNSON E E, et al. Data flood:helping the navy address the rising tide of sensor information [M]. Santa Monica:Rand Corporation,2014.
② 肖翔,李斌. 美军情报体系人工智能技术发展研究[EB/OL].[2020-04-23].https://www.secrss.com/articles/18925.

地查找和过滤证据，使用机器衍生的证据来完善和检验他们的判断，将简单必要，但耗时的任务自动化。情报分析人员有更多的精力，运用背景、历史知识和主题专业知识开展分析工作，以明确对政策制定者的影响和机会。

虽然人工智能将在决策中发挥越来越重要的作用，但情报机构和智库仍有许多优势，包括经验丰富的专业分析人员、决策者对其分析质量的信任、对事件前因前景及影响的独特预见性和洞察力。

8.2 情报赋能智库实现跨越发展，智库提升情报价值

情报工作提供极具竞争力的行动与决策支撑。例如，虽然情报术语起源于军事领域，但随着时代的发展，大国博弈模式的转变，科技情报、国家安全情报的重要性日益突出，成为国家情报工作的核心。而情报工作应用于商业和企业，则形成了竞争情报工作，而应对社会突发事件的应急情报、公安情报等情报工作也日益受到重视。

无论信息资源、信息技术环境如何变化，行业差异性如何，情报工作中"人与情报的相互关系"是不变的根本。在业务领域的情报工作实践中不断思考、辨析、打磨这对关系，得到的理论提升即是情报学学科理论构建过程。简言之，情报学与情报工作密不可分，情报学学科理论构建根植于情报工作实践，脱离了业务领域的情报工作实践，情报学就成了无源之水、无本之木，无法可持续发展。情报工作每一次的"走出去"（与行业领域结合）都为情报学研究带来新领地，为情报学理论体系提供基础构件，为情报学内涵发展提供了研究沃土。此外，情报学学科研究的发展要与情报工作结合起来看待，实践先于理论，不能单纯谈论理论。

8.2.1 情报学方法技术为智库研究提供了新的理论方法支持

（1）情报学理论对智库的适用性

情报学的部分理论研究适合智库研究。在国内，经过几十年的发展，情报研究设立了情报学学科，构建了较为完整的理论体系。美国情报学家约维茨曾提出"广义情报系统"，该系统基于决策论角度，认为情报是"对决策具有价值的数据资料"，对情报和决策进行了联系，可以作为智库研究和情报研究的通用理论。

情报工作更注重信息及信息的整个流程，处于决策支持的前端，对于智库产品的产生有重要的意义和价值。情报学主要围绕信息和信息活动的过程来提炼理论，其中包

括信息的生产、加工、传递、使用等，如布拉德福定律、洛特卡定律、齐普夫定律、文献增长率和老化率，以及苏联科学技术情报所所长米哈依诺夫的科学交流理论、美国情报学家约维茨的科学决策理论等。智库工作则处于决策支持的后端，是以用户为中心，更注重信息和智库产品的价值和效率。智库工作的理论主要集中在公共政策的作用发挥上，源自于政治学、社会学、法律学、公共管理、心理学、传播学等多个学科，如政策过程理论、精英理论、科学咨询理论、决策理论、认知心理理论等。

（2）情报学方法对智库研究的基础性

情报学的方法论是智库工作的基础。情报研究具有较为完善的方法论体系。情报需求分析，有问卷法、访谈法、头脑风暴法等方法；情报收集，有人力情报获取、数据挖掘、搜索引擎、网站监控等方法；信息组织，有信息自动分类、信息标引、本体构建等方法；情报分析，有文献计量法、网络计量法、统计分析法、竞争情报分析等方法。这些方法，都是产生情报增值的基础，是对信息数据的有效整合、挖掘。这些是智库产品产生的重要基础。

智库工作方法论体系，主要基于对咨询效果的评价，包括智库影响力的测度方法、决策咨询的方法。其中，影响力的测度方法包括直接测度法和间接测度法。直接测度法包括获得领导批示的次数、被领导引用的次数等。间接测度法包括媒体引用次数，接受媒体采访次数，网络上被浏览、下载、转载、引用次数，微信公众号的关注数量等。决策咨询的方法，有定性方法和定量方法。定性方法，包括系统分析法、德尔菲法、头脑风暴法、访谈法等。定量方法，包括各种计量方法、数据建模挖掘方法。智库的决策咨询和发声、建言职责，决定了其被决策者的关注程度，也是成功的重要标准。同时，为更好地提供决策咨询和思想产品，智库工作还会广泛借鉴各个学科的研究方法。

（3）情报流程对智库决策支撑的借鉴性

情报学为智库理论研究提供了基础。由于"情报与决策""智库与决策"两者之间存在天然关联性，智库建设需要借鉴情报学的相关内容。智库建设所需的优质资源、资源表示、知识发现、信息组织、信息计量分析等，与情报学的情报收集、整理、组织、分析等相关研究高度吻合。情报研究及情报学可为智库建设提供坚实的基础理论、优质的信息资源、科学的技术方法，所以情报学是智库建设的重要支撑学科。

当前情况下，随着智库的不断发展，智库建设面临理论构建和实践发展的双重任务。从学科建设角度出发，一些学者提出了构建"智库学"，包括预测、咨询、评估、谋划、思想库、智囊团等6项关键内容①。新的智库学包含的智库建设、体系构建与情报学密切相关。所以,情报学是智库建设和智库工作的重要理论支撑,也是未来智库学建设的重要支撑学科。运用好情报学的理论和方法,对于构建新型智库具有十分重要的意义。

8.2.2 面向智库的情报学学科发展

在大数据时代,我国智库建设迎来了新的机遇,关于智库的研究热潮也已经兴起。面向国家的发展与安全,在这一点上情报学和智库是一致和契合的。面临共同的网络大数据时代的挑战,情报学和智库的发展都必定不能独自进行,智库研究和发展的繁荣景象确实会促使情报学转向,情报学应立足情报学本身的理论,同时可以为智库建设提供支撑作用。情报与智库本出自一片土壤,现在又面临同样的发展环境,在相辅相成的道路上关系也将更加紧密。李纲②认为智库的兴起为情报学学科发展提供了契机,也将情报学研究中理论与实践脱节的现象进行纠正。陈成鑫同样认为,通过研究智库的情报能力,在一定程度上为情报学的科学发展确定方向和目标③。

情报具有效用性的特点,情报必然是需求的产物,是为决策提供服务的信息或知识,所以很多战略情报本身就带有智库资政的色彩,情报的作用中,"参谋"就代表了决策咨询的含义。李品认为"情报的战略起源和竞争土壤是决策层天然的变革工具,天生就带有政策咨询的色彩"④。情报和智库都是为决策者提供决策服务的。除情报带有决策色彩,智库也内在地需要情报能力,所以情报与智库(研究)是具有天然关联性的,情报学为智库研究提供重要的基础。

耿瑞利将智库建设划分成3个层次,分别是组织层、资源层和方法层,对3个层次的业务展开分析,将其与情报研究相对应,探究情报学在智库建设中的作用。其中组织层是由情报专家参与专家团队提供智力支持;资源层是将情报学运用到智库的资源建设中,对多源数据集成和整合,进而实现知识共享;方法层是利用情报学的分析方法,如引文分析、专利分析等方法,为智库的研究提供理论与方法的支持。⑤

智库主要针对问题导向型的多学科共同参与的现实问题。首先,情报天生具有"目的性",面对特定问题的解决,提供及时的、针对问题解决的信息和知识。其次,情报

---

① 周小毛. "智库学": 范畴、规律与框架 [N]. 中国社会科学报, 2011-12-22 (16).
② 李纲, 李阳. 情报视角下的智库建设研究 [J]. 图书情报工作, 2015, 59 (11): 36-41, 61.
③ 陈成鑫, 曾庆华. 情报研究视角下智库情报能力建设路径 [J]. 图书情报工作, 2018, 62 (21): 105-111.
④ 李品, 杨国立. 智库建设中情报的功能定位与功能实现 [J]. 图书情报工作, 2018, 62 (8): 93-99.
⑤ 耿瑞利. 大数据环境下情报学在智库建设中的作用 [J]. 图书情报研究, 2016, 9 (2): 19-25.

具有"运动性",具体表现为"激活"和"活化",静止的、不随过程变化的不是情报,情报相当于变量。综合集成思想与理论是情报学的学理基础,情报与智库的学理研究可视为情报学的一个应用分支。

综合集成思想特征和情报学学科属性具有相通性,钱学森以人为主、人机(网)结合、从定性到定量的综合集成思想为实现情报学革命性转变提供了可能的方法和思路[①]。钟丽萍和冷伏海认为,复杂性与系统性是情报研究的基本属性,指出作为解决复杂问题的情报研究,综合集成是情报研究的主要内涵体现。因此,可以考虑将综合集成理论作为情报研究重要理论基础[②]。

综合集成思想是应对复杂巨系统问题逐渐形成的,复杂巨系统具有开放性、多层次性、涌现性和巨大性等特征属性。在钱学森的著名论著《一个科学新领域——开放的复杂巨系统及其方法论》一文中,提出了定性到定量的综合集成理论研究方法,以及综合集成研讨厅,形成了一套可实际操作、行之有效的方法体系和实践方式。综合集成是以人为主体,人机(网)结合的,围绕信息处理、知识增值与高度智能化的综合体。综合集成思想在现代科学技术既高度分化又高度综合的发展趋势下,对于智库建设中需要多学科参与、多部门领域协同的情报体系发展有着重要的理论意义和应用价值。例如,通过构建一个基于信息融合综合集成研讨厅混合的竞争情报系统,提高竞争情报源质量,以此增强企业战略决策的精度和有效性[③];在国家反恐方面,搭建由研讨中心、信息中心、数据中心和利用中心构成的反恐情报分析体系[④];在应急警务方面,形成基于 Cyberspace 提供研讨管理模块、研讨过程支持模块、研讨方式模块、资源集成管理模块的综合集成研讨厅,保证应急警务情报研判的准确性[⑤]。基于已有实践,综合集成思想作为智库和情报学共通的理论根基,在未来智库建设中会继续发挥积极的引领作用。

---

① 王琳.基于钱学森综合集成思想的情报学中知识理论的三维架构[J].情报科学,2015(2):17-20.
② 钟丽萍,冷伏海.基于综合集成论的情报研究理论阐释[J].情报理论与实践,2012(6):7-11.
③ 宋新平,吴晓伟,刘竞.基于信息融合和综合集成研讨厅混合的企业竞争情报系统[J].图书情报工作,2009(22):76-79.
④ 付文达,戴艳梅,王一帆.基于综合集成方法的反恐全源情报分析体系研究[J].情报杂志,2015(12):21-27.
⑤ 邵祖峰,梁小华,徐宗海.基于综合集成研讨厅的应急警务情报研判[J].湖北警官学院学报,2009(4):9-13.

8.2.3 智库提升情报学应用价值

（1）智库为情报学及情报工作拓展了发展思路

"情报学与情报工作"连用表述经常被提及与使用，一方面强化情报学与情报工作的紧密关系；另一方面也体现出情报学的实践性极强。相比情报工作实践，情报学学科体系的理论构建还并不完善与充分，需要在业务结合实践中深挖与升华。

随着社会数字化、信息化、数据化、智能化不断发展推进，我们享受信息技术带来的方便、高效的同时，也默默承受着信息爆炸带来的信息过载、焦虑与混乱。从信息整序层面看，各种主题与类型的数据库、资料库、知识库层出不穷，信息资源建设取得丰硕的成果，与此同时，各种搜索工具的出现，极大方便了基础的事实性信息获取。然而，面向复杂多变问题的解决和决策，需要数据信息管理来支撑，即从数据、信息到情报（智慧）转化，情报学需要随着时代的发展不断创新。大数据时代，数据驱动是基础，技术工具至关重要，但这些不是全部。问题导向的决策活动需要人们具备驾驭数据的思维方法和专业能力，智库研究也随着时代的发展而不断创新。

智库在资政建言、理论创新、舆论引导、社会服务、公共外交等方面发挥着重要作用，尽管与情报工作具有相同的工作流程和面临着相似的本质问题，但其研究领域、应用场景、服务对象等与情报工作有着显著区别。例如，智库报告由于其公共性和开放性的特点，在社会服务及舆论引导等方面有其突出的优势。借助长期以来的数据及情报积累，情报工作通过融合智库能力，能够应用到更多的研究问题和场景中，促使情报研究成果产生更大的影响力和价值，为情报研究提供更广泛的价值呈现舞台。

当前，应整合现有的情报力量，建立统一布局、科学专业、统筹有力的情报研究体系；在现有机构的基础上，设立国家级科技情报服务中心、专业领域情报中心、省市情报中心；充分挖掘利用现有情报资源，资源建设由总部统一协调，经费由国家拨款、服务性收益两个渠道获取，使省市一级的情报机构不再困扰于资源匮乏，而专注于开展服务，从而大大提高资源的利用率；成立全国科技情报研究联盟，运用各种途径联合各种形式的情报机构，建立覆盖全方位、纵体系、各领域的情报研究服务体系；使情报体系成为政府机构制定产业政策的最佳顾问团队、行业领域规划投资及技术发展方向的最佳的产业智囊，并立法保证其信息来源及其服务的公益性。以这种力量整合的方式，改变了过去封闭式的工作模式，建立了各种协同工作方式，促进了供需之间、机构之间、人员之间的信息交流共享与合作竞争，通过不同研究领域的协同、不同信息渠道的融合、不同认知的互补，有效地解决了情报研究问题的综合性、信息来源的广泛性、发展变化的快速性和决策需求的复杂性,以跟上变化越来越快、越来越大的新时代步伐。

情报学学科理论建构一直以来是情报学重要的研究内容,其随着时代环境的变化、应用领域的结合也在不断发生变化。从经典理论运用上看,许多情报学理论对智库建设有着积极的指导意义。国外代表性的情报学理论包括英国情报学家 B.C Brookes 的知识结构方程、美国情报学家约维茨的决策情报体系、苏联情报学家米哈伊洛夫的科学交流体系、美国情报学家尼古拉斯·贝尔金的知识非常态理论等。国内代表性的情报理论包括严怡民等的社会信息交流理论、王崇德的多维情报论、卢泰宏的"大情报观"及面向情报源、面向传递过程和面向情报用户的 SCU 模范。这些情报学经典理论为智库中的情报体系构建提供了设计框架思路与研究方法论。

(2) 新时期智库建设为情报学发挥社会职能提供大好良机

如今身处在大数据浪潮的新时期,情报思想与情报方法需要进一步创新发展。卢胜军等在大数据时代中继承与发扬钱学森的情报思想,提出大成智慧时代的新"大情报"观,丰富情报工作体系,强调同时要保证情报工作独立性、科学性与延续性领域等。这些情报研究的活力将越来越凸显。

智库建设为情报学提供机会。随着智库的不断发展,智库建设面临理论构建和实践发展的双重任务。同时,情报学发展到今天,遇到了一些瓶颈问题,智库建设在一定程度上可为情报学的科学发展确定方向和目标,特别是能够解决情报学理论与实践的脱节问题,为情报学发展提供契机、注入活力。智库建设的思想、方法,通过与情报学进行融合、关联、嵌入,可对情报研究起到较好的指导、定向作用,实现二者合作共赢。

从服务于咨询与决策的根本目标上看,智库跟情报学有着深厚的渊源和"近亲"关系。第二次世界大战之后的美国兰德公司、英国国际战略研究所、日本国际问题研究所等智库组织机构具有高度敏感的情报意识和情报认知,他们提供的战略咨询服务(出谋划策)都离不开深厚的情报工作能力,智库进行的情报信息收集、情报分析、情报产品定制及各类咨询服务都属于情报学研究范畴。

在当代中国社会发展和中文语境下,智库建设与发展面临诸多挑战和机遇,也为情报学与情报工作带来了新局面。智库为情报学与情报工作带来了新的发展机遇,强化了情报学学科中的 Intelligence 元素,聚焦情报服务于分析、研判、决策的主要目标。情报学参与智库建设,是新时期情报学发挥社会职能的一块有为之地。在国家创新驱动发展与总体国家安全观的全局下,情报工作在积极发挥社会职能的同时,应坚守情报阵地,促进情报学的内涵式繁荣,加强情报学的智库功能。智库发展推进中国情报学的

Intelligence 化,形成"情报+智库"特色专业分析,是当下强化情报学学科社会化服务的重要发展方向。

(3)智库建设为情报机构转型提供广阔的应用场景

面向国家的安全与发展,在这一点上情报学和智库是一致和契合的。面临共同的网络大数据时代的挑战,情报学和智库的发展都必定不能独自进行,情报与智库本同出自一片土壤,现在又面临同样的发展环境,在相辅相成的道路上关系也将更加紧密。智库建设已成为国家战略,作为与智库密切相关的情报学与情报工作有了更佳的实践平台。为此,情报学要为智库的建设提供理论、方法、技术、人才支撑[①]。

目前,我国智库建设迎来了新的机遇,情报学发展也到了一个关键点。在 2017 年情报学与情报工作发展论坛中,马费成提到情报学界的典型现象就包括过多的思辨、过少的实际应用和不足的开放兼容。在该次会议形成的《南京共识》中,各位与会学者共同倡导:新时代的情报学学科建设与情报工作的重点应定位于满足国民经济、社会发展和国家安全的需要,成为各项决策的有力支撑。以"先导""引领",成为"耳目尖兵参谋"为目标,将情报机构打造成为国家的重要智库,充分发挥情报在总体国家安全体系中的重要作用[②]。

情报学作为智库建设的支撑型学科之一,在专业作用发挥中进一步扩充、演化、细分。随着智库的不断发展,智库建设面临理论构建和实践发展的双重任务。同时,情报学发展到今天,遇到了一些瓶颈问题,智库建设可以扩展情报学的应用领域,智库工作也可以借鉴情报周期等理念方法,为情报学发展提供契机、注入活力。智库"出思想"的建设理念,能够对情报研究起到较好的借鉴、指导、定向作用,能够在一定程度上扭转情报机构长期以来重视基本情况研究、动态跟踪,而忽视情报研究与情报分析的薄弱环节。

8.3 数据智能时代情报、智库与战略决策的良性互动

情报工作担负着"为国家重大决策提供情报参考,为防范和化解国家安全的风险提供情报支持"的重大责任。近年来,以大数据、人工智能等为代表的数据智能技术发展迅猛,对科学研究、技术创新、社会发展等方面产生了巨大的冲击,并带来了前所未有

---

① 苏新宁.不忘初心、牢记使命 展望情报学与情报工作的未来[J].科技情报研究,2019(10):5-6.
② 司湘云,李显鑫,周利琴,等.新时代情报学与情报工作发展战略纵论:情报学与情报工作发展论坛(2017年)纪要[J].图书情报知识,2018(1):122-128.

的发展机遇。情报工作必须把握时代机遇,系统审视情报工作面临的问题和可能的解决方案,为情报工作未来发展提供思路,面向情报现实需求,从情报理念、基础设施、工程实践、决策支持等方面提升情报工作能力,建立满足情报现时需求、适合时代发展的情报工作体系。在新的历史机遇下,情报工作要积极主动对接国家重大需求,适应智能时代技术发展趋势,充分利用人工智能等战略性技术,充分发挥情报的"引领"作用,让情报工作在国家安全、科学研究、技术创新、社会发展等方面发挥更大作用。

8.3.1 情报研究与智库是战略决策的"左膀右臂"

情报机构与智库是支撑决策的重要力量,各有侧重:一个偏重国外,一个偏重国内;在收集各种信息基础上,一个偏重通过利用"情报学"方法分析研究,减少冲突中的不确定性;一个偏重通过社会科学及具体的领域学科的方法,提出最佳"解决方案"。有个更通俗的比喻,情报是解决"认识世界"的难题,而智库工作则是解决"改造世界"的难题。情报分析能力是通过分析、对比、推理、判断、综合等逻辑思维过程,揭示研究对象的内在变化规律及其与周围有关事物的联系的一种综合研究能力,情报人员的分析和研究能力直接关系到研究成果的价值。

情报产品的目标就是支撑决策。一般以解决信息不完备为主要任务的决策支撑,应该由情报机构负责。因此,支撑决策的战略情报研究,一般是国外或竞争对手的情报研究。美军军语中,"情报"的定义是,通过对现有的关于国外情报资料的收集、处理、综合、分析、鉴定及判读而形成的产品。可以看出,时至今日,美军对情报的定义,仍然是"国外情况"。当然,随着时代的变革,国内外融合的研究工作也日益被情报机构,特别是科技情报研究机构看重。此外,情报机构还需要开展对抗环境下的"对手"情况研究,以及己方战略环境分析等,需要不断提高对动态信息的敏锐捕捉能力、对技术和事件发展的持续跟踪能力,以及对获得信息真实性、准确性的鉴别能力。

智库的主要目标是为政府大政方针提出"解决方案",更多地需要社会学、管理学等相关学科知识,以及具体的领域知识。兰德公司的空军研究部,完成了很多军事领域报告,需要大量武器装备、军事技术等领域的知识,撰写报告的研究人员,一定是本领域的专家,但智库报告撰写一般需要多领域专家的合作。例如,兰德《恐怖的海峡》报告,不仅需要军事领域的基础知识,还利用美国空军空战模型开展了定量研究。而且国外很多高水平智库同时具有情报分析的功能。兰德公司完成了很多具体情报功能的产品,《中国国防工业新走向》对我国航空、航天、船舶、电子、兵器等行业进行了系统分析，是一份典型的情报研究成果，同时也是一份高水平智库报告。此外，兰德公司在少年儿童政策、美国国内司法、教育、能源与环境、健康与卫生保健、人口与老龄化、国际事务、美国国家安全、科技、恐怖主义与国土安全、药物滥用、运输与基础设施等领域都有极大的影响力。

智库工作情报需求主要是指智库的研究人员为满足决策者的决策需求，而从事的一系列研究和管理活动中的信息需求。智库工作需要情报学及情报工作的支撑。武汉大学信息资源研究中心李纲教授提出智库服务概念，提出"智库服务是指智库以面向政府、企业和社会等情报需求为导向，利用其自身所拥有的资料集、方法体系、工具模型、专家智慧等资源进行相应的情报收集（调研）、处理、加工、分析等工作，进而对某项政策性问题提出观点和意见，最终产出诸如研究报告、要报提案、快讯简报、内参、系列书刊等一系列类型的情报产品，以服务于决策[①]。"通过融合智库工作和情报工作，智库可以提供更多、更全面的产品和服务，从而更好地服务决策。

8.3.2 不断提升情报与智库的决策支持能力

情报工作的"参谋"定位明确指出情报工作要服务于决策，要满足决策的需求。起步于文献服务的情报机构曾经满足了当时的情报需求，并为我国的科技发展和社会建设发挥了重大作用。但新形势下，我们应该认识到国家对情报的需求已经发生了新的变化，已有的情报保障能力尚不能完全满足国家决策需要。国家希望情报工作能够为"国家重大决策提供情报参考，为防范和化解国家安全的风险提供情报支持"，希望智库能够"以科学咨询支撑科学决策，以科学决策引领科学发展"。这些充分表明了国家对情报机构在支持国家重大决策中的巨大需求和殷切希望。许多专家学者也都表达了情报工作在新形势下应发挥更大作用，将重点放在决策支持上，成为科学的"引领者"和决策管理的"支持者"。因此，必须加强以下能力。

首先，要形成从"数据到决策"的能力。一是帮助研究人员从多源异构数据中获取情报信息，促使情报人员能够快速获取决策所需情报线索。二是针对部分简单决策需求，通过整合感知、认知和决策支持技术或系统，利用智能信息技术直接从数据中挖掘情报，直接形成决策计划、作战方案等，实现自主作业和决策支持。三是通过人工智能，从海量数据中自动挖掘情报，在决策的不同阶段，通过高度整合感知、认知、决策

---

① 李纲，李阳. 面向决策的智库协同创新情报服务：功能定位与体系构建 [J]. 图书与情报, 2016 (1): 36-43.

支持技术和人员的各自优势，实现数据、系统、人员的高度整合，大大降低决策中对数据、资料和情报成果的"认知负担"，并提升战略决策的效率和成果。

其次，要形成感知能力。情报感知可被认为是情报工作中情报主体对情报对象的敏锐察觉，具有主动、及时、迅速的特征[①]。区别于经典的情报循环重点关注情报的被动响应能力，情报感知是在相关数据基础上，结合特定情境对事物发展态势做出的理解、预判和应对[②]。通过对决策者需求的全面把握和持续跟踪，动态地对可能有价值的情报对象进行长期的监控和全面扫描，对相关数据进行自动处理、分析和提炼，分析感知情报对象的发展态势，在当前决策背景下，结合情报智能感知的算法和模型，科学预判感知结果的情报价值。在这个过程中，数据智能技术能够有效扩展、延伸、强化情报人员的感知能力，是实现情报感知的重要手段。

最后，要形成预测能力。预测是对未来进行感知的一种能力，由于受到掌握信息及其他各种各样因素的限制，想要完美地对未来进行预测是不可能的，但人们可以通过提升数据的规模和质量、改进分析工具及开发新的方法来提升预测能力。在如今这个高度不确定和高风险的时代，对未来进行预测变得愈加困难，也正是处于这样的时代，预测能力变得愈加重要。例如，为了解全球性流行病的结果，《吸取埃博拉病毒的教训》一文采用新技术对埃博拉病毒给非洲西部造成的社会影响和经济影响进行了研究，同时也对导致埃博拉病毒爆发和传播的因素进行了研究，并且为政府如何应对全球性流行病提出了若干建议。国防和安全领域专家认为，前景规划、兵棋推演及红队研判都是可以利用的技术，通过这些技术，可以提高规划和预测未来的能力，这些技术已经在军队使用了很长时间，如今将它们应用于政府决策和商业领域，有助于更好地处理风险和不确定事件。数据、专业知识、洞察力、分析能力及工具的有机融合，可以更好地预见未来，提升竞争力。

孙子认为："明君贤将，所以动而胜人，成功出于众者，先知也。"先知或预测是决策者对情报的无尽追求，美国将预测情报作为国家情报战略的七大基本任务之一。预测是事件未发生或发生过程中，在以往经验和认识的基础上，利用已知的信息对事件的未来状态进行科学的预计和推测。拥有预测能力，将使得决策者在各类竞争中占据重要优势。以科技情报为例，现代国家的竞争优势往往是以先进技术发展为基础的，高层决策

---

① 刘如，王延飞，吴晨生，等.第四范式视野下的情报感知：现实与困惑[J].情报理论与实践，2019，42（5）：1-6.
② 赵柯然，王延飞.情报感知的方法探析[J].情报理论与实践，2018，41（8）：11-16.

者需要高度关注全球技术发展预测，分析技术影响，并估计其经济和政治影响。国家技术安全就需要科技情报人员提供技术发展预测，开展技术提前布局，以抢占技术先发优势。不仅如此，在战略层面，科技情报也可以在大规模杀伤性武器、新兴技术、网络威胁和武器系统开发等重点领域开展分析和预测，并提前开展相关对策和部署，尽最大可能维护国家安全。

8.3.3 数据智能时代的"敏捷情报"和"智库智囊"

情报机构的工作是分析不同的数据、从数据中推断意义，最终基于所有可用数据做出分析判断。然而，指数级速度增长的数据使得情报研究人员不能及时处理、吸收和整合正确的数据，无法将其转化为连贯的、有见解的分析。数据智能技术将解决数据爆炸性增长带来的管理和利用难题，改进对海量数据的获取、处理、分析和利用能力，实现数据到知识、知识到决策、决策到行动的快速转化，推动情报工作创新发展。

（1）促进情报生产方式向"敏捷情报"转型

数据科学当前的处理分析技术因为具有黑箱特征并不能完全满足情报工作需求。因此，唯有将信息处理技术与人的分析相结合，才能应对新时期的情报工作挑战。大数据时代，未来情报发展的一个重要趋势就是将各类情报源（信号情报、开源情报、人力情报、测量与特征情报、地理空间情报）信息的对比分析和关联发现等工作，从情报流程后期的情报分析环节，前推到情报信息的处理阶段，主要目标是避免重要信息遗漏在"不同的情报机构和烟囱式信息系统"之间，增强对情报分析非常重要的弱信号发现能力。美国情报专家Patrick Biltgen、Stephen Ryan将其称为"敏捷情报（基于活动的情报）"（Activity-Based Intelligence），即为了发现关联、解决未知、理解网络、发展知识和驱动情报收集，融合使用多样化、多门类情报数据集的一系列时空情报分析方法[1]。

传统的情报流程如下[2]：计划与指导、收集、处理与利用、分析、生产与分发（PCPAD）。这种情报流程是以情报分类和情报机构为核心构建，具有像工业流水线一样的线性特点，多机构的情报融合一般由全源情报分析人员手工实现。这种流程存在的基本假定是具有已知明确的情报需求和目标，能够根据目标特性展开相应的情报信息收集处理工作（如图像情报），继而由情报分析人员进行类似因果关系的情报研究，得出相

---

[1] PATRICK B, STEPHEN R. Activity-based intelligence: principles and applications [M]. London: Artech House, 2016.
[2] ATWOOD C P. Activity-based intelligence revolutionizing military intelligence analysis [J]. Joint force quarterly: JFQ, 2015 (77): 24-29.

应的情报产品。尽管数据科学分析方法给前期的信息收集处理能力带来很大提升，但是不同情报机构分别实施信息处理，仍然使得很多弱信号信息丢失在"信息系统"之间（这里指因为意义不明确而被情报人员忽视，在事后分析中却被认为意义重大的少数孤立信息）。未能发现潜在联系并未充分利用，而全源情报分析人员却又花费了80%的时间来寻找相关信息（图8-2）。

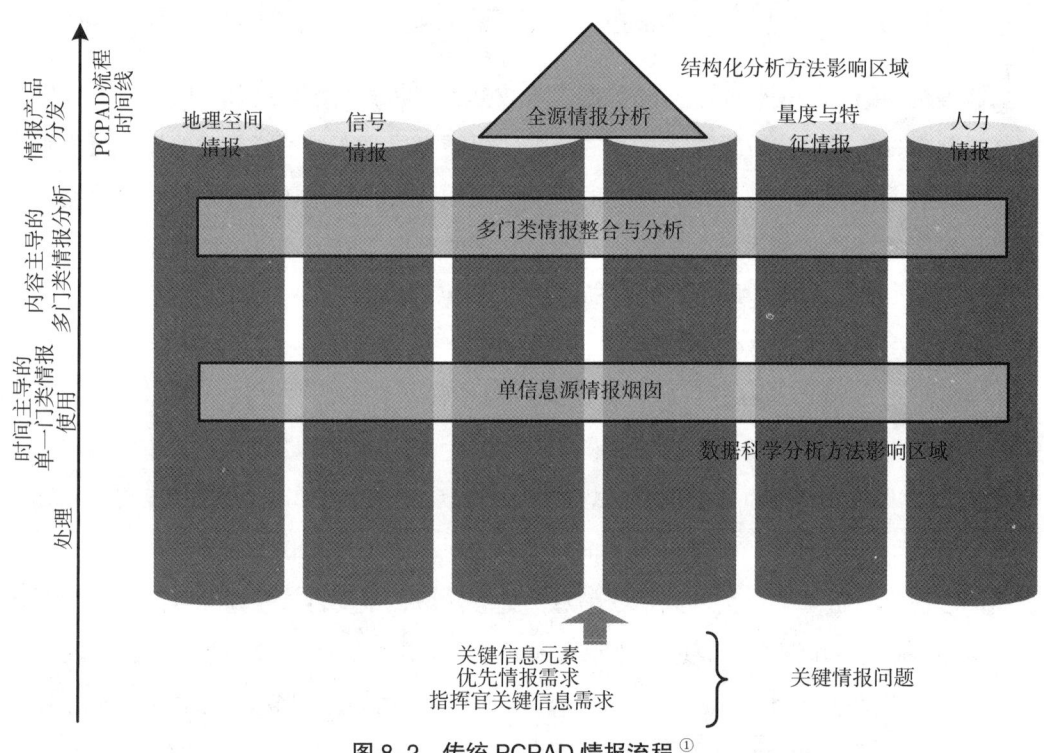

图 8-2　传统 PCPAD 情报流程[①]

反恐战争中，美国情报共同体发现非国家行为体形成的安全威胁具有多样化、动态化和不确定的特点。例如：恐怖分子采用民用交通工具实施炸弹袭击的行为，具有很强的隐蔽性。如何捕捉和预测此类安全威胁？美国国家安全局在对特定地区脸书、推特等新媒体公开情报信息进行处理的过程中发现：将具有共同时间和空间属性的图像信息进行关联分析和模式识别，能够发现感兴趣的特定实体。通过交互可以筛选确定情报对象，以开展下一步情报工作；而暂时不感兴趣的情报信息将被归档，以供将来使用。这

---

① ATWOOD C P. Activity-based intelligence revolutionizing military intelligence analysis [J]. Joint force quarterly：JFQ，2015（77）：24-29.

第 8 章
情报与智库发展展望

一实践颠覆了之前的情报流程,被称为美国情报共同体在伊拉克和阿富汗战争中最重要的情报方法创新①。

在推广应用"敏捷情报"的过程中,美国情报共同体提出利用数据分析技术,将信息综合利用环节提前到数据处理阶段,一方面提前发现各情报机构的弱信号信息间的潜在联系;另一方面减轻情报分析人员的信息收集压力。主要思路如图 8-3 所示,一旦信息获取,无论是哪种收集渠道获得的情报信息,也无论它们是由哪些情报机构获得的,马上对其进行时间、空间与实体性(人物、地点、特征等)的语义标注,利用数据挖掘技术对所有获取信息进行关联分析,尽早发现弱信号和潜在联系,根据标注向承担相关任务且具有权限的情报分析人员,实时推送信息相关性结果。情报人员主要利用自身知识和经验积累,通过综合使用合适的结构化方法对获取的关联性信息进行分析,并向情报机构提出新的情报收集需求,以便动态调整情报收集规划。情报管理人员根据结构化方法产生的相应线索,对情报产品实施评估审查和及时分发。

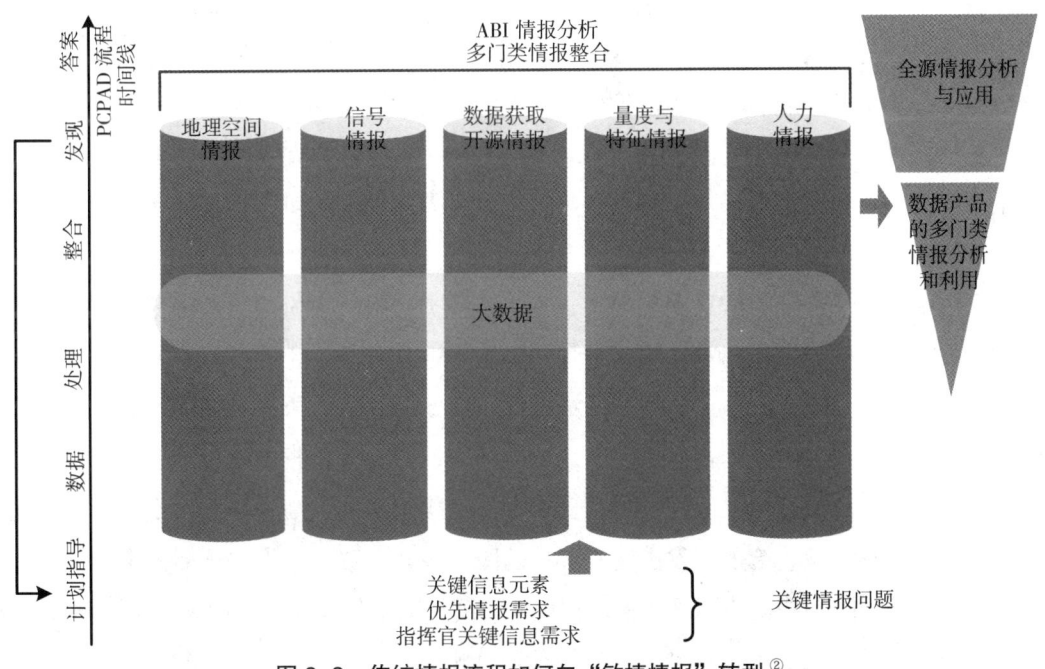

图 8-3 传统情报流程如何向"敏捷情报"转型②

---

① REVERTON T G. Creatively disrupting the intelligence paradigm [EB/OL]. (2014-08-13) [2020-07-12]. https://css.ethz.ch/content/specialinterest/gess/cis/center-for-securities-studies/en/services/digital-library/articles/article.html/182698.

② ATWOOD C P. Activity-based intelligence revolutionizing military intelligence analysis [J]. Joint force quarterly: JFQ, 2015 (77): 24-29.

"敏捷情报"基于大数据处理技术，信息挖掘和多模态智能关联分析为完成复杂情报任务提供了新的方法和工作思路。和传统情报业务相比，该思路遵循以下原则。①时空推理发现：基于所有实体、事件、活动和关系均具备时间和空间共同属性，聚焦在空间和时间上关联的多门类数据集进行信息相关性分析以发现关键事件、趋势和模式；②数据中立性：不考虑情报信息来源，在分析中对所有数据一视同仁；③顺序中立性：先实现情报预测才提出情报问题（尤其适合解决情报中"我们不知道我们不知道"的棘手难题，以黑天鹅事件为代表）；④融合先于处理：尽可能早地关联数据，不依赖已完成的机密情报产品，因为看上去不重要的单门类情报在融合其他门类情报后可能很重要①。

（2）预测研究地位日益提升

一直以来，情报机构的主要功能就是收集整理决策所需的情报信息。美国著名情报专家谢尔曼·肯特在1949年出版的《战略情报——为美国世界政策服务》中就提出，情报机构主要开发三大类战略情报产品，包括：基本情况类、动态报告类和预测评估类。主要目标是要获知"对手"的静态和动态情况，理解其潜在意图；获知既定事实、事情的动态和未来可能的发展，以确保"美国的政治家和军事家在制订计划与行动方案时，不会因为无知而使事业遭受损失"②。但从传统情报机构完成的主要工作看，大部分是基本情况类和动态报告类。特别是第二次世界大战期间，美国情报机构要负责收集世界各地的"基本情况"为决策服务。

互联网改变了传统的信息获取模式，基本情况类情报所占份额日益降低。当前，决策者面临的主要挑战是不确定性不断增加，为了不遗漏可能发生事件迹象的信息，情报机构必须从一个由分析人员提供细节的描述性组织，转变为分析人员描述可能发生事件的预测性机构。利用大数据技术可以实现这一转变，因为大数据能够更准确、更及时地了解对手，辅助决策者更快地进行预测分析并做出决策。美国情报高级研究计划局发起的"水星挑战赛"颁奖给了开发出定制算法的团队，其能够有效地"预测军事行动、国家内乱或传染病的事件，特别是在中东和北非讲阿拉伯语的国家"。2019年8月19日，美国国防情报局局长表示正在开发"机器辅助分析快速数据库系统"（MARS），该系统

---

① PATRICK B，STEPHEN R. Activity-based intelligence：principles and applications［M］. London：Artech House, 2016：33-53.
② 谢尔曼·肯特. 战略情报：为美国世界政策服务［M］. 刘薇，等译. 北京：金城出版社，2012：3.

利用云计算、人工智能和机器学习等技术，使许多目前由人工完成的任务实现自动化。按照设想，该系统将是美军所有国防情报的公共存储数据库，用户可以使用不同的应用程序以获取所需的信息，该系统可以大幅降低分析人员从多个数据库筛选信息的时间。此外，充分利用开源情报，实现开源情报与其他情报数据相结合，可以显著提高情报预测的准确性[①]。

随着新技术工具的开发及应用，未来的研究人员可以快速收集提取从开源信息到高度机密情报的一切信息领域，并快速地在所有信息范围内挖掘、融合、可视化和使用高质量数据，迅速向政策制定者提供高水平的、具有丰富数据的建议。

（3）情报机构与智库协调发展

国际知名智库都根据自身基础条件，聚焦主攻方向，全面收集、长期积累、持续建设，通过对已有的资源、知识、经验等进行重新梳理，不断提高研究成果的质量，最终形成自身独特的优势领域和品牌产品。科技情报机构往往在某一专业领域具有长期的研究积累，与智库专业化的发展理念非常契合。此外，一流智库"出思想""出对策"的研究理念，契合了新时代科技情报机构的发展目标，能够弥补这些机构长期以来缺少有影响力、高水平研究报告的短板。因此，科技情报机构扛起了转型的大旗，凝聚共识，促进发展。

首先，情报天生具有"目的性"，面对特定问题的解决，提供及时的、针对问题解决的信息和知识。其次，情报具有"运动性"，具体表现为"激活"和"活化"，静止的、不随过程变化的不是情报，情报相当于变量。情报具有效用性的特点，情报必然是需求的产物，是为决策提供服务的信息或知识，所以很多战略情报本身就带有智库资政的色彩，情报的作用中，"参谋"就代表了决策咨询的含义。从服务于咨询与决策的根本目标上看，智库与情报学有着深厚的渊源和"近亲"关系。第二次世界大战之后的美国兰德公司、英国国际战略研究所、日本国际问题研究所等智库组织机构具有高度敏感的情报意识和情报认知，他们提供的战略咨询服务都离不开深厚的情报工作能力。在当代中国社会发展和中文语境下，智库建设与发展面临诸多挑战和机遇，也为情报学与情报工作带来了新的发展机遇，聚焦情报服务于分析、研判、决策的主要目标。情报学应用于智库建设，是新时期情报学发挥社会职能的一块有为之地。

---

① 陈培. 美国防情报局局长阐述情报工作三大重点 [EB/OL]. [2019-08-23]. http://www.163.com/dy/article/EN8QA4E00515E/BM.html.

8.4 本章小结

从实践中提炼理论是社会科学发展的一条重要途径。美国学术界非常重视把实践提升为理论。以1945年肯特的《战略情报》等一系列经典情报著作为标志，美国的情报理论已经产生了很多有影响力的研究成果。中国的情报工作实践非常有自己的特色，在"为国家重大决策提供情报参考，为防范和化解国家安全的风险提供情报支持"中发挥着重要作用。随着开源情报的重要性日益提升，以及我国智库建设的持续推进，需要我们花更大的精力去总结、提炼，构建出具有中国特色、符合国家战略需求的情报学学科体系。情报与智库是情报学和情报工作中不可缺少的重要内容，因为在当今技术水平日新月异、全球化的环境下，越来越需要具有不同专业背景、来自不同机构的研究人员开展协作，提升决策支撑能力，最大限度地减少情报预测及战略咨询的失误，而这些需要一整套理论、方法的指导。本章从情报、智库与战略决策的良性互动入手，展望了智能时代情报与智库的发展方向，以期对我国情报学、情报工作、智库工作等相关问题研究提供新的视角。具有中国特色的科技情报工作实践和智库建设对于情报学创新发展具有重要的推动作用。随着大数据智能时代的到来，情报与智库的概念内涵不断扩展，内在联系更加紧密，理论体系日趋完善，实践价值日益提升。系统研究我国的"情报与智库"理论方法具有十分重大的学术价值和实践意义。

参考文献

[1] ABELSON D E. Think tanks and US foreign policy：an historical view［J］. U.S. foreign policy agenda：an electronic journal of the U.S. department of state, 2002, 7（3）：9-12.

[2] ATWOOD C P. Activity-based intelligence revolutionizing military intelligence analysis［J］. Joint force quarterly：JFQ, 2015（77）, 24-29.

[3] ARTNER, STEPHEN, RICHARD S, Girven, and James B. Bruce, Assessing the Value of Structured Analytic Techniques in the U.S. Intelligence Community［R］. Santa Monica, CA：RAND Corporation, 2016.

[4] Brookers B C. 情报学的基础（四）——第四篇情报学：变化中的范式［J］. 王崇德, 邓亚桥, 刘继刚, 译. 情报科学, 1984, 5（1）：66-77.

[5] Prahalad C K, Hamel G. The core competence of the corporation［J］. Harvard business review,1990（5）：79-91.

[6] CHANG W, BERDINI E, MANDEL D R, et al. Restructuring structured analytic techniques in intelligence［J］. Intelligence & national security, 2017, 33（3）：337-356.

[7] CORTNEY WEINBAUM, John NT Shanahan. Intelligence in a Data-Driven Age［J］. Joint force quarterly july, 2018（90）：4-9.

[8] COULTHART S. Why do analysts use structured analytic techniques?An in-depth study of an American intelligence agency［J］. Intelligence & national security, 2016, 31(7)：1-16.

[9] DeepVariant [EB/OL]. [2019-02-20].https：//github.com/google/deepvariant.

[10] DICKSON P. Think tanks [M]. New York：Atheneum, 1971：26-35.

[11] GALTUNG J. A structural theory of imperialism [J]. Journal of peace research, 1971, 8 (2)：81-117.

[12] HANS KLIJN E. Analyzing and managing policy processes in complex networks a theoretical examination of the concept policy network and its problems [J]. Administration & society, 1996, 28 (1)：90-119.

[13] HEATHER J. Williams, llana blum, defining second generation open source intelligence (OSINT) for the defense enterprise [R]. Santa Monica, CA：RAND Corporation, 2018.

[14] HEUER R J. Qualitative approaches to political intelligence：the CIA experience [M]. Boulder：Westview Press, 1978：1.

[15] HICHAM M S, BOUCHRA F. Data intelligence in the context of big data：a survey [J]. Journal of mobile multimedia, 2017 (1)：1-27.

[16] JIM M.Analytic tradecraft and the intelligence community：enduring value, intermittent emphasis [J]. Intelligence and national security, 2014, 29 (2)：159-183.

[17] JOHNSTON R. Developing a taxonomy of intelligence analysis variables [J]. Studies in intelligence analysis variables, 2003, 47 (3)：61-71.

[18] KENT R W. The changing world of think tanks [J].Political science and politics,1989, 22：563-578.

[19] MCGANN J. Think tank second thoughts [J]. foreign policy, 2009 (171).

[20] MCGANN J G. Think tanks and policy advice in the us [EB/OL]. [2016-04-15]. http：//oi2-test3.s3.amazonaws.com/attachments/a6a2ba2e2ef420be7d7c45308fb04134a8ca47fc.pdf.

[21] MILLS C W. The power elite [M]. New York：Oxford University Press, 1959：1-4.

[22] NAKAMURA M. The changing policy environment in Japan [J]. The work of policy：an international survey, 2006：61.

[23] NIGEL F. Creativity and convergence in information science research：the role of objectivity and subjectivity, constraint, and control [J].Journal of the American

society for information science and technology, 2004（10）：1169-1182.

[24] PALFY A. Bridging the gap between collection and analysis：intelligence information processing and data governance[J]. International journal of intelligence and counterIntelligence, 2015, 28（2）：365–376.

[25] PAUTZ H. Revisiting the think-tank phenomenon[J]. Public policy and administration, 2011, 26（4）：419-435.

[26] PORCHE I R, WILSON B, JOHNSON E E, et al. Data flood：helping the navy address the rising tide of sensor information[M]. Santa Monica：Rand Corporation, 2014.

[27] RHODES R A W. Policy networks a British perspective[J]. Journal of theoretical politics, 1990, 2（3）：293-317.

[28] RICH A. US think tanks and the intersection of ideology, advocacy, and influence[J]. NIRA review, 2001, 8（1）：54-59.

[29] ROGERS E M. Diffusion of innovations[M]. Beijing：Central Compilation & Translation Press, 2002.

[30] SCHROEDER D A. Efficacy and adoption of central Web 2.0 and social software tools in the US intelligence community[R].Charles Town, WV：Department of Security and Global Studies, American Military University,2011.

[31] SESTANOVICH S . Vision 2015：a globally networked and integrated intelligence enterprise[R]. Washingtong：Director of National Intelligence, 2008：13.

[32] STOKES R L. Employing the intelligence cycle process model with-in the homeland security enterprise[D]. Monterey, California：Naval Postgraduate School, 2013.

[33] STONE D, DENHAM A, GARNETT M. Think tanks across nations：a comparative approach[M]. Manchester：Manchester University Press, 1998.

[34] STONE D. Global public policy, transnational policy communities, and their networks[J]. Policy studies journal, 2008, 36（1）：19-38.

[35] STONE D. Knowledge networks and global policy[J]. Global knowledge networks and international development, 2004（7）：89.

[36] STONE D. Recycling bins, garbage cans or think tanks?Three myths regarding policy analysis institutes[J]. Public administration, 2007, 85（2）：259-278.

［37］ STUDER R，BENJAMINS V R，FENSEL D.Knowledge engineering：principles and methods［J］.Data and knowledge engineering，1998，25（1）：161-197.

［38］ TAYLOR R S. Question-negotiation and information-seeking in libraries［J］. College amp research libraries，1968，29（3）：178-194.

［39］ The US government. A tradecraft primer: structured analytic techniques for improving intelligence analysis［EB/ OL］.［2021-08-06］.https://permanent.access.gpo.gov/gpo587/Tradecraft%2520Primer-apr09.pdf.

［40］ United Nations Development Program. Thinking the unthinkable：from thought to policy．the role of think tanks in shaping government strategy：experiences from central and Eastern Europe，Bratislava［R］. Geneva：UNDP Regional Bureau for Europe and the Commonwealth of Independent States，2003：6.

［41］ WEAVER R K, MCGANN J G. Think tanks and civil societies in a time of change［J］. Think tanks and civil societies：catalysts for ideas and action，2000：1-35.

［42］ WEAVER R K. The changing world of think tanks［J］. PS：Political Science & Politics，1989，22（3）：563-578.

［43］ WERBIN K C. Spookipedia：intelligence，social media and biopolitics［J］. Media culture & society，2011，33（8）：1254-1265.

［44］ WIARDA H J. Think tanks and foreign policy：the foreign policy research institute and presidential politics［M］. New York：Lexington Books，2010：29-30.

［45］ YEH P F. The case for using robots in intelligence analysis［J］. Studies in intelligence, 2015, 59（4）：8.

［46］ YOUNG B M．One mind or two?an introduction to dual process theories［J］. Consumer Psychology, 2018，7（5）：113-140.

［47］ 弗里曼. 战略管理：利益相关者方法［M］. 王彦华，梁豪，译. 上海：上海译文出版社，2006：30-44.

［48］ 古贝，林肯. 第四代评估［M］. 秦霖，蒋燕玲，等译. 北京：中国人民大学出版社，2008：24-43.

［49］ 加布里埃尔·A．阿尔蒙德. 比较政治学：体系·过程和政策［M］. 上海：东方出版社，2007：200.

［50］ 罗伯特·克拉克. 情报分析：以目标为中心的方法［M］. 马忠元，译. 北京：金

城出版社，2013．

[51] 马克·洛文塔尔．情报：从秘密到政策［M］．杜效坤，译．北京：金城出版社，2015：2．

[52] 小理查兹·J.霍耶尔．情报分析心理学［M］．张魁，朱里克，译．北京：金城出版社，2015：128-140．

[53] 小理查兹·J.霍耶尔，情报分析：结构化分析方法［M］，张魁，等译．北京：金城出版社，2018：359-360．

[54] 谢尔曼·肯特．战略情报：为美国世界政策服务［M］．刘薇，等译．北京：金城出版社，2012：3．

[55] 詹姆斯·麦甘，理查德·萨巴蒂尼．全球智库：政策网络与治理［M］．上海：上海交通大学出版社，2015：1．

[56] 安楠，祝忠明．智库信息组织策略及其在大数据环境下的挑战［J］．智库理论与实践，2017，2（3）：25-35，50．

[57] 包昌火，刘彦君，张婧，等．中国情报学论纲［J］．情报杂志，2018，37（1）：1-8．

[58] 包昌火，马德辉，李艳．Intelligence 视域下的中国情报学研究［J］．情报杂志，2015，34（12）：1-6，47．

[59] 包昌火，谢新洲．关于我国情报学研究中若干问题的思考［J］．情报理论与实践，2006，29（5）：513-515．

[60] 包昌火．情报研究方法论［M］．北京：科学技术文献出版社，1990：1-26．

[61] 包琰．包昌火情报思想剖析［J］．情报杂志，2013，32（6）：1-4．

[62] 毕强，尹长余，滕广青，等．数字资源聚合的理论基础及其方法体系建构［J］．情报科学，2015（1）：9-14．

[63] 毕强，朱亚玲．元数据标准及其互操作研究［J］．情报理论与实践，2007（5）：666-670．

[64] 伯特·查普曼．国家安全与情报政策研究：美国安全体系的起源、思维和架构［M］．北京：金城出版社，2017．

[65] 曹树金，马翠嫦．信息聚合概念的构成与聚合模式研究［J］．中国图书馆学报，2016（3）：4-19．

[66] 常娥，夏婧．多种知识组织方法比较［J］．图书馆论坛，2016，36（8）：1-6．

[67] 陈成鑫，曾庆华．情报研究视角下智库情报能力建设路径［J］．图书情报工作，

2018, 62 (21): 105-111.

[68] 陈浩, 李春雅. 面向中国—东盟的智库情报体系构建研究 [J]. 情报杂志, 2018, 37 (8): 18-22, 31.

[69] 陈美华, 王延飞. 情报感知的条件辨析 [J]. 情报理论与实践, 2018, 41 (8): 5-10.

[70] 陈英霞, 刘昊. 美国一流高校智库人员配置与管理模式研究 [J]. 比较教育研究, 2014 (2): 66-71.

[71] 陈振明. 政策科学－公共政策分析导论 [M]. 2版. 北京: 中国人民大学出版社, 2003: 131.

[72] 陈志新. 智库的分类组织方法研究 [J]. 数字图书馆论坛, 2018 (9): 60-65.

[73] 初景利, 唐果媛. 论从学术研究到智库研究的转化机制 [J]. 情报理论与实践, 2018, 41 (11): 5-9.

[74] 戴建陆, 金涛. 基于智库服务的地方社科院网络公共资源开发研究 [J]. 河南图书馆学刊, 2018 (5): 110-112.

[75] 党洪莉. 社会科学数据的开放与共享: 发展现状、障碍与出路 [J]. 图书馆理论与实践, 2018 (5): 70-74.

[76] 丁红发, 孟秋晴, 王祥, 等. 面向数据生命周期的政府数据开放的数据安全与隐私保护对策分析 [J]. 情报杂志, 2019, 38 (7): 151-159.

[77] 丁晟春, 史金晶. 面向南海问题的智库知识库构建研究 [J]. 智库理论与实践, 2016, 1 (2): 63-69.

[78] 董尹, 刘千里, 赵小康. 基于情报流程视角的情报活动相关变量识别与分类 [J]. 情报杂志. 2012 (10): 6-11.

[79] 范炜, 胡康林. 面向突发事件应急决策的情报支撑作用研究 [J]. 图书情报工作, 2014, 58 (23): 19-25.

[80] 付文达, 戴艳梅, 王一帆. 基于综合集成方法的反恐全源情报分析体系研究 [J]. 情报杂志, 2015 (12): 21-27.

[81] 傅广宛, 刘晓永, 毛志凌. 我国政府决策机制的变迁与思想库的发展 [J]. 当代世界与社会主义, 2011 (1): 131-134.

[82] 高金虎, 张魁. 情报分析方法论 [M]. 北京: 金城出版社, 2017.

[83] 高金虎. 军事情报学 [M]. 南京: 江苏人民出版社, 2017: 19-20.

[84] 高金虎. 美国战略情报与决策体制研究 [M]. 西安: 陕西师范大学出版社,

2004：207-211.

[85] 耿瑞利.大数据环境下情报学在智库建设中的作用[J].图书情报研究,2016,9(2):19-25.

[86] 郭利敏.基于卷积神经网络的文献自动分类研究[J].图书与情报,2017(6):96-103.

[87] 郭路生,刘春年,闫喜凤.领域分析驱动的应急情报需求工程研究[J].情报杂志,2017,36(11):72-77.

[88] 韩文英,卢宇航.基于动力场理论的网络反腐舆情演化与传播仿真研究[J].现代情报,2016,36(3):3-11,16.

[89] 贺德方,曾建勋.基于语义的馆藏资源深度聚合研究[J].中国图书馆学报,2012(4):79-87.

[90] 贺德方.基于事实型数据的科技情报研究工作思考[J].情报学报,2009,28(5):764-770.

[91] 贺德方,数字时代情报学理论与实践:从信息服务走向知识服务[M].北京:科学技术文献出版社,2006.

[92] 侯定凯.人文社会科学的知识转化机制探析:兼论优质大学智库的培育[J].复旦教育论坛,2011(5):33-38.

[93] 侯经川,赵蓉英.国外思想库的产生发展及其对政府决策的支持[J].图书情报知识,2004(5):23-25.

[94] 胡昌平.信息资源管理研究进展[M].武汉:武汉大学出版社,2010:292-295.

[95] 化柏林,李广建.面向情报流程的情报方法体系构建[J].情报学报,2016,35(2):177-188.

[96] 黄如花,李白杨.智库建设背景下的美国中央情报局信息管理实践与启示[J].信息资源管理学报,2015,5(3):37-41.

[97] 黄如花,李白杨,饶雪瑜.面向新型智库建设的知识服务:图书情报机构的新机遇[J].图书馆,2015(5):6-9.

[98] 黄炜,余辉,李岳峰,等.网络舆情事件演化的仿真实践研究[J].现代情报,2017,37(8):65-73.

[99] 黄晓斌,罗海媛.兰德公司的情报研究方法创新及其启示[J].情报杂志,2019,38(5):6-14,28.

[100] 黄晓斌.论我国竞争情报教育的现状与发展方向[J].情报科学,2006,24(3):455-474.

[101] 黄耀煌.近两年我国情报概念争鸣的剖析[J].情报学刊,1983(1):23-27.

[102] 黄忠敬.美国教育的"智库"及其影响力[J].教育理论与实践,2009(5):20-23.

[103] 纪忠慧.美国思想库的舆论扩散[J].国际关系学院学报,2008(2):54-59.

[104] 姜杰,瞿丛艺.TED智库运行机制及其对中国智库建设的启示[J].智库理论与实践,2018(8):70-76.

[105] 金芳,孙震海,国峰,等.西方学者论智库[M].上海:上海社会科学院出版社,2010:13-27,89-93.

[106] 金学慧,付宏.情报与智库对比研究:基于理论研究视角[J].图书情报工作,2017,6(7):42-49.

[107] 金泽龙.企业高层次人员情报信息需求的调查与解析[J].图书馆理论与实践,2009(1):67-69.

[108] 靖继鹏,马费成,张向先.情报科学理论[M].北京:科学出版社,2009.

[109] 柯平.关于竞争情报教育的思考[J].情报资料工作,1996(1):33-36.

[110] 克勒纳帕瑞克.智库概念界定和评价排名:亟待探求的命题[J].中国行政管理,2014(5):25-28.

[111] 李超,周瑛,周焕,等.大数据环境下情报分析方法与情报分析软件探讨[J].现代情报,2017,37(7):151-158.

[112] 李刚.从情报研究到智库研究[J].图书馆论坛,2017,37(9):50-54.

[113] 李纲,李阳.情报视角下的智库建设研究[J].图书情报工作,2015,59(11):36-41,61.

[114] 李纲,李阳.面向决策的智库协同创新情报服务:功能定位与体系构建[J].图书与情报,2016(1):36-43.

[115] 李冠瑶.智囊团:企业家的左膀右臂[J].山西财经学院学报,1995(1):66-68.

[116] 李广建,化柏林.大数据分析与情报分析关系辨析[J].中国图书馆学报,2014,40(5):14-22.

[117] 李广建,杨林.大数据视角下的情报研究与情报研究技术[J].图书与情报,2012(6):1-8.

[118] 李健,毛翔.兰德战略评估系统及其影响[J].军事运筹与系统工程,2015(1):5-12.

[119] 李凌.中国智库影响力的实证研究与政策建议[J].社会科学,2014(4):4-21.

[120] 李彭元.从语源学看"情报"改"信息"[J].图书馆学研究,1997(5):59-60.

[121] 李品,许林玉,杨建林.决策驱动的情报流程理论模型及其运行[J].情报学报,2019(1):46-57.

[122] 李品,杨国立.智库建设中情报的功能定位与功能实现[J].图书情报工作,2018,62(8):93-99.

[123] 李伟.建设中国特色新型智库,推进国家治理现代化:在"国研智库论坛2014"年会上的主题演讲[J].中国发展观察,2014(10):1-8.

[124] 李阳,李纲.我国情报学变革与发展:"侵略"思索、范式演进与体系建设[J].图书情报工作,2016,60(22):5-11.

[125] 李占峰,金家厚,鲍宗豪.中国智库发展亟需理念和制度创新[J].开放导报,2011(6):100-104.

[126] 李姿萱,张帆.基于Gephi的数据可视化与分析[J].科技信息,2018(3):13-15.

[127] 厉以宁.转型发展理论[J].经济研究参考,1997(45):3-11.

[128] 梁战平.我国科技情报研究的探索与发展[J].情报探索,2007(7):3-7.

[129] 林平凡.战略型智库与战略研究能力:基于地方社会科学院转型的视角[J].广东社会科学,2013(1):62-67.

[130] 刘红春.我国社会智库健康发展的几个思路[J].理论探索,2017(3):115-121.

[131] 刘宁.智库的历史演进、基本特征及走向[J].重庆生活科学,2012(3):103-109.

[132] 刘如,唐磊,吴晨生,等.基于情报主动推送服务的用户管理模型研究[J].竞争情报,2016,12(5):10-16.

[133] 刘如,王延飞,吴晨生,等.第四范式视野下的情报感知:现实与困惑[J].情报理论与实践,2019,42(5):1-6.

[134] 刘岩,刘宝瑞,刘伟东.面向科技创新智库的信息资源保障体系建设研究[J].现代情报,2017,37(2):78-82.

[135] 卢晶颖.中国思想库建设的环境因素探析[J].情报资料工作,2008(5):67-70.

[136] 卢胜军,赵需要,栗琳.钱学森科技情报理论体系及其意义[J].情报科学,

2012，30（9）：1418-1423，1435.

[137] 陆国平，江莹．研究型大学与思想库［J］．高等教育研究，2001（6）：49-52.

[138] 栾瑞英，初景利．国外典型高水平科技智库运行机制剖析［J］．中国科技论坛，2017（11）：174-179.

[139] 罗立群，李广建；智慧情报服务与知识融合［J］．情报资料工作，2019，2（40）：87–94.

[140] 马费成．科学情报的基本属性与情报学原理［J］．图书馆论坛，2002，22（5）：14-135.

[141] 马费成．论情报学的基本原理及理论体系构建［J］．情报学报，2007，26（1）：3-13.

[142] 梅松．中国智库崛起的国际借鉴：中国智库期待国际话语权［J］．人民论坛，2009（10）：34-35.

[143] 牟冬梅，王萍，张艳侠．基于关联数据的数字资源语义聚合策略［J］．情报资料工作，2015（5）：18-23.

[144] 穆占劳．美国思想库与美中关系研究［D］．北京：中共中央党校，2004.

[145] 潘教峰，鲁晓．关于智库研究逻辑体系的系统思考［J］．中国科学院院刊，2018，33（10）：97-107.

[146] 潘教峰．智库DIIS理论方法［M］．北京：科学出版社，2019：14-15.

[147] 彭勃，邵春霞．组织嵌入与功能调适：执政党基层组织研究［J］．上海行政学院学报，2012，13（2）：34-40.

[148] 彭聃龄，张必隐．认知心理学［M］．杭州：浙江教育出版社，2004.

[149] 彭知辉．情报流程研究：述评与反思［J］．情报学报，2016，35（10）：1110-1120.

[150] 彭知辉．数据：大数据环境下情报学的研究对象［J］．情报学报，2017，36（2）：123-131.

[151] 齐欣，杨建林．美国智库对华军事研究的信息源分析：以兰德公司2000—2013年报告的引文分析为例［J］．图书与情报，2014（3）：116-120.

[152] 钱学森．科技情报工作的科学技术：关于思维科学［M］．上海：上海人民出版社，1986：426-444.

[153] 邱衡，赵澄谋，张代平，等．中国应该建立和发展非营利思想库［J］．中国软科学，1997（10）：107-110.

[154] 邱均平，王菲菲．基于共现与耦合的馆藏文献资源深度聚合研究探析［J］．中国

图书馆学报，2013，39（3）：25-33.

[155] 邱伟，吕其昌. 试析全球化进程中的思想库［J］. 国际论坛，2004，6（1）：21-24.

[156] 任福兵，李玲玲. 基于主客体信息需求的智库信息资源保障体系构建［J］. 现代情报，2018，38（4）：156-162.

[157] 任福兵，王玉梅. 互动视角下的智库知识溢动影响因素实证研究［J］. 情报理论与实践，2018，41（10）：73-78.

[158] 任福兵. 美国一流智库发展规律与特征研究：以6所美国一流智库为例［J］. 情报杂志，2016，35（10）：18-25.

[159] 任晓. 第五种权力：论智库［M］. 北京：北京大学出版社，2015.

[160] 任晓. 第五种权力：美国思想库的成长，功能及运作机制［J］. 现代国际关系，2000（7）：18-22.

[161] 戎军涛，李华，乔伟荣. 数据与智慧双轮驱动下的新型科技智库知识服务机制研究［J］. 图书馆，2018（7）：24-29.

[162] 萨拜因·马森，彼德·魏因加. 专业知识的民主化：探求科学咨询的新模式［M］. 姜兰，马晓琨，秦兰珺，译. 上海：上海交通大学出版社，2010：294.

[163] 上海社会科学院智库研究中心. 2013年中国智库报告：影响力排名与政策建议［J］. 中国科技信息，2014（12）：20-24.

[164] 邵祖峰，梁小华，徐宗海. 基于综合集成研讨厅的应急警务情报研判［J］. 湖北警官学院学报，2009（4）：9-13.

[165] 师容，李兆友. 公共政策制定中参与者的互动性分析［J］. 理论月刊，2013（9）：102-105.

[166] 史秉能. 情报研究概论［M］. 北京：国防工业出版社，2006：7-13.

[167] 史波，金洪志. 公共危机网络信息扩散的政府应对仿真研究［J］. 图书情报工作，2012（19）：114-121.

[168] 司湘云，李显鑫，周利琴. 新时代情报学与情报工作发展战略纵论：情报学与情报工作发展论坛（2017年）纪要［J］. 图书情报知识，2018（1）：122-128，封3.

[169] 宋新平，吴晓伟，刘竞. 基于信息融合和综合集成研讨厅混合的企业竞争情报系统［J］. 图书情报工作，2009（22）：76-79.

[170] 宋忠惠，郑军卫. 支撑智库研究的信息源建设策略［J］. 智库理论与实践，2016，1（3）：65-72.

[171] 苏新宁.大数据时代情报学与情报工作的回归[J].情报学报,2017,36(4):331–337.

[172] 孙琴.突显情报功能的智库能力提升[J].图书馆,2018(1):59-64.

[173] 孙蔚.中国智库的现状及其参与决策研究[J].中州学刊,2011(2):119-121.

[174] 孙哲.中国外交思想库:参与决策的角色分析[J].复旦学报(社会科学版),2004(4):98-104.

[175] 汤镕昊.从"棱镜门"事件看美国的情报监督机制[J].情报杂志,2013(9):6-10.

[176] 唐明伟,苏新宁,肖连杰.面向大数据的情报分析框架[J].情报学报,2018,37(5):467-476.

[177] 田志立.试论思想库对美国外交政策的影响[J].世界经济与政治,1997(5):65-68.

[178] 汪廷炯.论思想库[J].中国软科学,1997(2):24-28.

[179] 王崇德.情报学引论[M].天津:天津大学出版社,1994:1-103.

[180] 王春法.美国思想库的运行机制研究[J].社会科学管理与评论,2004(2):29-41.

[181] 王飞跃.情报5.0:平行时代的平行情报体系[J].情报学报,2015,34(6):563-574.

[182] 王辉耀.中国新型智库功能定位的思考与建议[J].中国市场,2014(19):21-25.

[183] 王佳英.智库及其对美国外交政策的影响[D].济南:山东大学,2011.

[184] 王健美,魏晨,鲁啸.科技智库的信息服务能力及服务模式研究[J].中国科技资源导刊,2017,49(1):47-52.

[185] 王莉丽.美国智库的"旋转门"机制[J].国际问题研究,2010(2):13-18.

[186] 王莉丽.智力资本:中国智库核心竞争力[M].北京:中国人民大学出版社,2015:5.

[187] 王琳.基于钱学森综合集成思想的情报学中知识理论的三维架构[J].情报科学,2015(2):17-20.

[188] 王龙,王一男.基于ECharts的可视化高校综合信息分析决策系统[J].现代电子技术,2017,40(6):68-70.

[189] 王绍平.组织数字信息资源的元数据方法和Ontology方法[J].上海高校图书情报工作研究,2005(4):10-13.

[190] 王万宗.再论情报的定义与属性［J］.情报学刊，1992，13（4）：250-255.

[191] 王晰巍，范晓春.图书情报定性及定量研究方法[M].长春：吉林大学出版社，2019.

[192] 王馨.战略情报研究模式反思与探索：计划、动态还是协同［J］.情报理论与实践，2013，36（8）：1-5.

[193] 王延飞，刘记，赵柯然，等.智能信息技术发展现状、趋势与影响透视［G］//情报学研究进展（第十二卷）.北京：国防工业出版社，2018：117-153.

[194] 王延飞，闫志开，何芳，从智库功能看情报研究机构转型［J］.情报理论与实践，2015，38（5）：1-4，11.

[195] 王延飞，赵珂然，陈美华，等.情报感知的研究解析［J］.情报理论与实践，2018，41（8）：1-4.

[196] 王益成，王萍.基于用户动态画像的科技情报服务推荐模型构建研究［J］.情报理论与实践，2018（12）：83-88.

[197] 王曰芬，章成志，张蓓蓓，等.数据清洗研究综述［J］.现代图书情报技术，2007（12）：50-56.

[198] 王知津.大数据时代情报学和情报工作的"变"与"不变"［J］.情报理论与实践，2019（7）：1-10.

[199] 吴晨生，李辉，付宏，等.情报服务迈向3.0时代［J］.情报理论与实践，2015，9（38）：1-7.

[200] 吴寄南.浅析智库在日本外交决策中的作用［J］.日本学刊，2008（3）：16-28.

[201] 吴素彬，陈云，王科选，等.美国"以目标为中心"的情报分析流程研究［J］.情报杂志，2013，32（4）：6-9，21.

[202] 吴田.国内社会智库发展综合评价研究：基于AMI指标体系［J］.中国社会科学评价，2018，14（2）：74-86，128.

[203] 吴育良.国外智库决策信息支持研究及启示［J］.图书馆理论与实践，2015（10）：31-35.

[204] 吴育良.从胡佛研究所的转型谈地方社科图书情报机构在智库中的前端作用［J］.四川图书馆学报，2012（6）：15-17.

[205] 希尔斯曼.防务与外交决策中的政治［M］.北京：商务印书馆，2000.

[206] 谢新洲，包昌火，张燕.企业竞争情报系统的功能［J］.图书情报工作，2002

（8）：54-58.

［207］谢新洲．发展情报方法研究，应对大数据挑战［J］．图书情报工作，2014，58（14）：5.

［208］徐芳，金小璞．认知心理学视角的情报分析模型构建［J］．图书情报工作，2011，55（8）：16-19，45.

［209］徐维源．美国中情局：从罗斯福到小布什［M］．上海：学林出版社，2002：276.

［210］徐晓虎，陈圻．智库研究的历史演进及其趋势［J］．重庆社会科学，2011（8）：105-108.

［211］徐晓虎，陈圻．中国智库的基本问题研究［J］．学术论坛，2013，35（11）：178-184.

［212］徐绪堪，蒋勋，苏新宁．突发事件驱动的应急情报分析框架构建［J］．情报学报，2017，36（10）：981-988.

［213］许海云，董坤，隗玲，等．科学计量中多源数据融合方法研究述评［J］．情报学报，2018，37（3）：318-328.

［214］许鑫，吴珊燕．智库知识库的构建研究［J］．情报理论与实践，2014，37：68-72.

［215］薛澜，朱旭峰．中国思想库：涵义，分类与研究展望［J］．科学学研究，2006（3）：321-327.

［216］薛澜．思想库的中国实践［J］．瞭望，2009（4）：21-24.

［217］薛澜．智库热的冷思考：破解中国特色智库发展之道［J］．中国行政管理，2014（5）：6-10.

［218］薛澜．在美国公共政策制订过程中的思想库［J］．国际经济评论，1996（Z6）：48-52.

［219］闫志开，王延飞．新《国家安全法》背景下的中国情报学［J］．情报杂志，2016（7）：3.

［220］严怡民．现代情报学理论［M］．武汉：武汉大学出版社，1996：89-90.

［221］严怡民．情报学研究导论［M］．北京：科学技术文献出版社，1992：3.

［222］杨云．大数据环境下科技智库战略情报研究［J］．数字图书馆论坛，2018（4）：35-39.

［223］姚雅雯，段国章．试论情报研究方法工具的多样性［J］．科技创业月刊，2017（24）：65-69.

[224] 游腾芳.大众传媒与公共政策创新[D].桂林：广西师范大学，2014.

[225] 余章宝.作为非政府组织的美国智库与公共政策[J].厦门大学学报（哲学社会科学版），2007（3）：114-121.

[226] 袁建霞，董瑜，张薇.论情报研究在我国智库建设中的作用[J].情报杂志，2015（4）：4-7.

[227] 袁鹏，傅梦孜.美国思想库及其对华倾向[M].北京：时事出版社，2003：10.

[228] 袁鹏.美国思想库：概念及起源[J].国际资料信息，2005（10）：1-5.

[229] 张策.迈向开源信息时代[J].军事文摘，2018（17）：59-63.

[230] 张福元.论新形势下有效应对国防科技情报需求的途径与对策[J].情报探索，2011（1）：71-73.

[231] 张海涛.大数据背景下智库情报的服务创新：基于协同理论视角[J].现代情报，2018，38（9）：57-63.

[232] 张家年，卓翔芝.融合情报流程：我国智库组织结构和运行机制的研究[J].情报杂志，2016，35（3）：42-48.

[233] 张家年，马费成.美国国家安全情报体系结构及运作的研究[J].情报理论与实践，2015，7（38）：7-14.

[234] 张家年，马费成.总体国家安全观视角下新时代情报工作的新内涵、新挑战、新机遇和新功效[J].情报理论与实践，2018，41（7）：1-6，13.

[235] 张军，周磊，慕慧鸽.国际权威智库定量研究方法进展与趋势[J].图书情报工作，2015，59（7）：132-139，146.

[236] 张树良，张志强.国际智库评价体系发展现状及趋势分析[J].情报学报，2017，36（6）：628-636.

[237] 张晓军.情报、情报学与国家安全：包昌火先生访谈录[J].情报杂志，2017，36（5）：1-5.

[238] 张晓军.美国军事情报理论研究[M].北京：军事科学出版社，2007：28，37.

[239] 张心源，赵蓉英，邱均平.面向决策的美国一流智库智慧产品生产流程研究[J].重庆大学学报（社会科学版），2016（2）：132-138.

[240] 张旭.中国智库评价体系的困境与建构反思[J].情报杂志，2018，37（9）：15-20，57.

[241] 张寅.分析的力量[M].北京：中心出版社，2015.

[242] 张永嘉, 谭培. 科技情报学概论[M]. 北京: 航空工业出版社, 1989: 13.

[243] 张志强, 苏娜. 国际一流智库的研究方法创新[J]. 中国科学院院刊, 2017, 32 (12): 1371-1378.

[244] 章寿荣, 梁剑. 江苏新型智库体系建设中的平台载体研究[J]. 智库理论与实践, 2017, 2 (4): 23-28, 35.

[245] 赵超阳, 卢胜军. 新形势下国防科技智库建设的若干思考[J]. 智库理论与实践, 2016, 1 (4): 57-63.

[246] 赵柯然, 王延飞. 情报感知的方法探析[J]. 情报理论与实践, 2018, 41 (8): 11-16.

[247] 赵蕾霞, 钟永恒, 史海建. 国际权威智库中定量分析工具的应用及特点研究[J]. 情报杂志, 2014, 33 (5): 83-87, 111.

[248] 赵蓉英, 谭洁. 基于共词分析的馆藏资源语义聚合研究[J]. 情报资料工作, 2014 (4): 34-38.

[249] 钟丽萍, 冷伏海. 基于综合集成论的情报研究理论阐释[J]. 情报理论与实践, 2012 (6): 7-11.

[250] 钟亮. 美国情报界情报分析转型的新举措: A-Space 网站[J]. 情报杂志, 2010, 29 (11): 6-9.

[251] 周小毛. "智库学": 范畴、规律与框架[N]. 中国社会科学报, 2011-12-22 (016).

[252] 周晓英, 崔佳佳, 唐宇萍, 等. 情报学的起源与方向: 从布什的《诚如所思》谈起[J]. 情报科学, 2004, 22 (2): 129-132.

[253] 周晓英. 论信息构建对情报学的影响[J]. 情报理论与实践, 2003, 26 (6): 481-486.

[254] 朱峰, 王丹若. 领导者的外脑: 当代西方思想库[M]. 杭州: 浙江人民出版社, 1990.

[255] 朱敏, 房俊民. 智库评价研究进展及我国智库评价建设[J]. 情报杂志, 2017, 36 (8): 33-38, 46.

[256] 朱瑞博, 刘芸. 智库影响力的国际经验与我国智库运行机制[J]. 重庆社会科学, 2012 (3): 110-116.

[257] 朱旭峰, 韩万渠. 中国智库建设: 基于国际比较的三个维度[J]. 开放导报, 2014 (4): 9-12.

[258] 朱旭峰，苏钰.西方思想库对公共政策的影响力：基于社会结构的影响力分析框架构建[J].世界经济与政治，2004（12）：4-5，21-26.

[259] 朱旭峰."思想库"研究：西方研究综述[J].国外社会科学，2007（1）：60-69.

索 引

A

按情报源分类 3
按业务领域分类 6

C

测量与特征情报 3
层次分析法 159
出谋划策功能 61
传统安全领域的情报 10

D

大情报观 34
大数据处理 145
大数据环境下的情报流程 87
大数据时代的情报分析范式 163
德尔菲法 113
地理空间情报 3
地平线扫描 186
电子情报 4
定量分析模型 166
动态数据统计建模 166
动态追踪 51
对外宣传功能 62

E

耳目、尖兵和参谋 48

F

非传统安全领域的情报 10
非文献情报 5
分类法 21
分类—主题一体化 135
服务社会功能 61
复杂情报选题 112

G

公开渠道信息 4
关联数据 137
广义情报系统 89
国家高端智库 15

J

价值中心法 ... 171
结构化的情报分析方法簇 ... 160
净评估法 ... 171
竞争情报 ... 6
决策链 ... 35
决策流程 ... 37
军事情报 ... 2
军事情报机构 ... 48
军事情报学 ... 8

K

开源情报 ... 3
开源情报处理流程 ... 89
科技情报 ... 6
科技情报机构 ... 37
科学地图 ... 185
可视化技术 ... 151

M

美国国家情报总监 ... 3
美国民用情报研究项目 ... 245
面向安全的情报机构 ... 28
面向发展的情报机构 ... 29
面向领域应用的多源融合情报 ... 164
面向目标的智能应用分析 ... 167
敏捷情报 ... 257
模型类方法 ... 177

N

南京共识 ... 34

P

评估类方法 ... 175

Q

钱学森智库 ... 220
清华大学智库大数据报告 ... 201
情报 ... 1
情报百科 ... 215
情报表达和刻画技术 ... 115
情报产品 ... 4
情报分析 ... 5
情报分析方法 ... 34
情报分析革命 ... 55
情报分析人员 ... 5
情报感知 ... 109
情报工作 ... 3
情报管理协调机制 ... 64
情报环境保障机制 ... 65
情报机构的合作共享能力提升路径 ... 220
情报机构改革 ... 55
情报机构业务迭代升级型路径 ... 219
情报机构与智库联合协作化路径 ... 222
情报机构与智库一体化发展路径 ... 219
情报机构运行机制 ... 62
情报价值 ... 52
情报科学 ... 7
情报空间（A-space）计划 ... 226

情报流程 28
情报人员 2
情报需求 2
情报学 1
情报研究 6
情报演化路径 11
情报业务运行机制 62
情报用户 41
情报周期 63
情景分析法 170
全球智库指数 199

R

人机结合的决策生成机制 169
人力情报 3

S

社会网络分析方法 186
数据采集 106
数据到决策 169
数据智能 31
思想库 14

T

态势感知 51
探索性分析方法 174
探索性数据分析系统 166
通信情报 4

W

未来导向技术分析 186
文献情报 5
文献情报学 8

X

效费分析法 174
新型智库治理结构 229
信号情报 3
信息链 11
信息转化理论 128
"旋转门"机制 24

Y

以目标为中心的情报流程 86
引文分析方法 185
用户信息行为研究方法 186
优选类方法 174
预测规划类方法 171
元数据 135

Z

战略情报 6
战略推演法 170
战术情报 6
战役情报 6
政策利益相关者 18
知识本体 137
知识地图 109

知识库...50	智库信息组织与管理..............................128
智库..1	智库学...21
智库服务..115	智库研究..6
智库工作..12	智库影响力..21
智库功能..3	智库运行机制......................................25
智库核心能力......................................83	智库知识库..112
智库建设..15	智库资源..92
智库评价..14	中国特色新型智库..............................16
智库评价流程....................................189	中华智库影响力评价体系................204
智库人才管理机制..............................79	综合集成思想....................................250
智库信息平台....................................122	总体国家安全观..................................10

/283/